感谢中南财经政法大学法学院对本刊的资助！

Legal Traditions of the West and China

中西法律传统

· 第10卷 ·

主　编　陈景良　郑祝君

执行主编　李　栋

中国政法大学出版社

2014·北京

图书在版编目（ＣＩＰ）数据

中西法律传统. 第10卷/陈景良，郑祝君主编. —北京：中国政法大学出版社，2014.12
ISBN 978-7-5620-5801-4

Ⅰ.①中…　Ⅱ.①陈…②郑…　Ⅲ.①法律－思想史－对比研究－中国、西方国家
Ⅳ.①D909.2②D909.5

中国版本图书馆CIP数据核字(2014)第308462号

出 版 者	中国政法大学出版社
地　　址	北京市海淀区西土城路 25 号
邮寄地址	北京 100088 信箱 8034 分箱　邮编 100088
网　　址	http://www.cuplpress.com（网络实名：中国政法大学出版社）
电　　话	010-58908289(编辑部)　58908334(邮购部)
承　　印	固安华明印业有限公司
开　　本	720mm × 960mm　1/16
印　　张	23
字　　数	365 千字
版　　次	2014 年 12 月第 1 版
印　　次	2014 年 12 月第 1 次印刷
定　　价	49.00 元

目录

"法律史研究中的理论与
方法"主题论文

微观法史学刍议

——一项主要针对中国大陆法史学的思考和讨论

孙家红*

一、引言

六十多年前，刑法学家蔡枢衡出版过一本书，名为《中国法理自觉的发展》。[1]在该书第四章，他针对当时中国法学"质低量微"的病相，提出必须要打倒"形式主义"、"超形式主义"和"刀的外语观"三种怪物[2]，摆

---

　*　中国社会科学院法学研究所副研究员，法学博士。

　〔1〕　蔡枢衡：《中国法理自觉的发展》，河北第一监狱1947年版。该书初版为蔡氏自刊，2005年由清华大学出版社将之重印，并增收《罪刑法定主义检讨》、《刑法名称的由来》、《三十年来中国刑法之辨证的发展》等六篇文章，但仍采用原书名。本篇注释页码，乃根据重印本。

　〔2〕　蔡枢衡指出：①"不从学问推论学位资格，而从资格学位推论学问，这是倒转了真理，是形式主义"，在形式主义的支配下，法学不贫困是偶然的，贫困因而被人看不起，却是内在的必然性之表现。②留学原本与学问之间没有内在的必然的关联，而"硬把和特定内容——学问没有内在关联的事情（即留学），当做学问的形式，这是超形式主义的笑话"。留学不是法学，而竟替代了法学的学问。法学的内容，哪能不贫困？③"不唱'唯外语论'，只认为外语对于法学人士是一把刀。这可名之曰刀的外语观。"这个"不长进、没聪明、荒谬绝伦"的认识，这种违反真理的认识，在实践中产生了很坏的结果：其一，使外国整个的法律知识，成了残肢断臂；其二，使外国活的法律知识，成了知识的僵死。"刀的外语观实践之能事，是剽窃外国特定思维体系的全部或一部，据为己有。假使全部接收过来了，也只是抓住了现象，遗弃了本质。在这遗弃本质的一刹那间，思维体系丧失了宝贵的生命，变成了挺直的僵死。……所谓博采诸家之长，融会贯通或折衷至当的办法，只是一种妄想。这种努力的结果之所得只算把无数僵死的残肢断体，堆成了一座山，不会有体系，更谈不到生命。被人看不起，自是活该。"而"形式主义、超形式主义、刀的外语观及其实践，彼此互为因果、互相结合之后，法学的情形，便成了一歪百斜。表现出来的是对象模糊，是民族自我不存在，是法律意识机械化、主观化和神秘化，是意识与主张之间及主张与实践之间互相矛盾，而无关联"。蔡枢衡：《中国法理自觉的发展》，清华大学出版社2005年版，第94~97页。

脱中国法学的贫困状态，祛病复康，并希望中国能在民族国家独立自主的基础上，形成独立自主的法学。[3]他在书中言道：

> 抗战最后胜利后的中国是独立自主的民族国家。独立自主是民族自我意识的表现和基础。民族意识以及独立自主之法学的表现，应是把中国的法律和中国的社会当作法学的对象，从事认识，构成体系，并且哲学性和规范性并重，理论和事实冶为一炉的作风。[4]

据此，我们可以获得三点认识：一是民族国家的独立自主，是使这个民族国家产生独立自主之法学的客观条件；二是一个独立自主的民族国家，需要有独立自主之法学；三是具有民族意识和独立自主之法学，应该以这个民族国家的法律和社会为基本研究对象，并且要能够形成体系。六十多年后，拭目当代中国法学的发展现状，民族国家的独立自主——这样的客观条件是早已具备了，但就中国法学的现状来看，我们却很难理直气壮地说"我们已经建立起一套既成体系又独立自主的法学"了。在现今中国法学的诸多领域，蔡枢衡当年所极力批判的"形式主义"、"超形式主义"和"刀的外语观"这三个怪物，仍旧在兴风作浪，流毒横虐。进而我们发现，民族国家的独立自主并不是产生"独立自主之法学"的充分条件，而只能是必要条件。要建立独立自主的中国法学，还有很多问题亟待解决，还有很多近乎根深蒂固的"病相"需要祛除。依笔者浅见，具有独立自主的民族意识和高度的文化自觉，以及在学术和实践领域的积极主动、勇于探索的务实精神，实是构建未来中国成熟而发达的法律体系的必备动力。然则，兹事体大，又岂是三言两语、三五篇文章或三五本著作能说得清楚，此处也不便展开讨论。总之，建设中国"独立自主之法学"的使命任重道远，需要有足够耐力和魄力的人为之前驱。

尽管当代中国法学的发展仍存在诸多"病相"，但是在众多学科门类中，人所共见，法学已经在事实上成为一门"显学"。如果作更为切近的观察，人们还会发现：在整个中国法学"蓬勃发展"的态势下，某些法学分支正日趋冷门或被"边缘化"。在这些被"边缘化"的法学分支里面，

---

〔3〕 蔡枢衡：《中国法理自觉的发展》，清华大学出版社2005年版，第85～113页。

〔4〕 蔡枢衡：《中国法理自觉的发展》，清华大学出版社2005年版，第93页。

法史学[5]应该是比较典型的。尽管在很多公开的场合，法史学的基础作用[6]从来是"不容否定"的，但对从事此类研究的人员来说，危机感是很明显的。

如今法史学日益被边缘化的现实，迫使我们不得不去思考：我们的法史学究竟步入了何种境地？我们今天需要什么样的法史学？在此，有必要先简单回顾一下近百年中国法史学走过的历程。

二、我们需要什么样的法史学？

一个时代的学术自有其特定的风气和主题，而往往又深受社会政治环境等因素的影响，这在近百年中国的历史发展过程中尤其如此。近代中国法史学的发展，随着社会政治环境的变迁，大致可以分为以下几个阶段：

第一阶段，清末法律改革时期（1901～1911 年）。这一时期，随着法律改革的逐步深入，萌蘖不久的中国现代法学研究获得了一次广泛而大规模展开的良机。在变法成为必然的共识下，对于如何变法改制，如何救国兴邦，各派人士虽殚精竭虑，百计寻求解决之道，却往往歧见迭出，莫衷一是。新学以救国，旧学以济世，新旧杂糅之间，呈现出一种独特的学术状态。当时的法律改革派，由于现实的迫切需要和舆论的巨大压力，一方面既要想方设法稳保政权，另一方面也必须在某些政治法律问题上做出调整，不得不小心翼翼进行法律改革。立宪革命派，包括立宪、革命两派，尽管在社会变革手段和激烈程度上存在很大分歧，但是在从根本上废除君主专制体制这一点上是十分一致的。

然而，作为当时社会变革的主力，不管是立宪派，还是革命派，除了在国家、民主、宪政、人权等宏大的问题上不懈奔走呼号外，在当时的条

---

〔5〕 此处所涉及的法史学，主要是针对中国法史学（一般包括中国法制史、中国法律思想史）而言，并未将西方法史学（一般包括外国法制史、西方法律思想史）包括在内，尽管它们存在的问题有若干共性，面临境遇也有些"同病相怜"，但是二者毕竟还有很多不容忽视的性质差异。

〔6〕 这里所谓的"基础作用"，应该包括：①研究和解决其他法学分支中具体法律问题时，能够从法史中汲取的经验、教训或应该关照的法史背景；②构建现实和未来的中国现代法律体系过程中，足资利用的或者必须考虑的历史法律因素。

件下，往往没有足够的精力，在实现传统法律现代化方面提出专业具体而细致入微的意见[7]。可能这些问题，一方面过于琐细而繁难，因而很难进入一般社会改革家的视界；另一方面，宏大的问题较容易"把握"——甚至于有时就是空喊几句口号，而为了解决琐细而繁难的法律改革问题，却要耗费无数的精力在法律——这件精巧的技艺上。因此，比较而言，清末的法律改革派具有一种相对优势：既有改革法律的专业知识基础和"以法救国"的理想，又可以在现行的体制内，利用政府的资源和力量，进行若干具体法制问题的调整和改良。当然，这里所指的法律改革派是指那些具有"以法救国"理想并愿意为这种理想贡献力量的人，绝不是那些老于世故、明哲保身的官僚们。而为了解决改革中遇到的问题，为了沟通几大法系，就必然要对改革的对象——清代法律体系的现状及其历史进行研究，因为这是解决现实问题的逻辑前提。所以，我们说现代中国法史学研究就是在这样的背景下逐渐展开的。

这种法史学研究，与以往传统的律学研究存在本质的不同，主要表现在三个方面：一是这种法史学研究是在中国现代法学嫩芽初露的时代出现的，并且天然就是中国现代法学的重要组成部分；二是这种法史学研究，已经超越了传统"律学"的樊笼，不再局限于传统的中华法系，为求"折衷世界大同之良规"，而带有了"比较法学"的视野和特征；三是这种法史学研究，是在中国社会整体上由传统向现代转型过程中出现的，不仅是中国社会转型的一个必然环节，而且它的出现本身，就是为了解决中国社会转型中存在和不断发生的现实问题，探求法律上的解决方案。但是，正因为中国法史学研究之发轫，是为了解决迫切而现实的法律改革问题，因此也使20世纪初年的法史学研究带有很强的功利性和实用色彩，而与后来更具专业性的法史学术研究大异其趣。

---

〔7〕 即使在当时隐握政权的内外官僚那里，大多也是着眼于"宏大"问题，而较少关注法律改革的细微问题。这在昔日或可谓之"追求根本，不顾枝叶"，如今看来，实则有些"只见森林，不见树木"。当时作为舆论界主导力量之一的《东方杂志》就此抨击道：一些封疆大吏"皆断断以家族观念反对世界观念、道德观念、法律观念"（第六年第二期，宪政篇）。而在刑律草案定后，"内外各官皆以能翘其疵病为取媚要人之妙诀"（第六年第三期，宪政篇），则在有关法律的修改和签注过程中，真不知有多少官僚习气、利益争斗和官场倾轧交织在里面！

第二阶段，民国时期（1912～1949年）。进入民国，很多立法和司法之举是在清末法律改革基础上的延续和发展。而在清末法律改革时期，已经初步将西方现代法律体系——包括大陆法系和英美法系，尤以大陆法系为主——从名词概念到制度架构全方位地引进中国，作为法律改革的模板和标杆，使古老的中华法系从名词概念到制度架构全方位地发生了蜕化和质变。纵观这三十多年，法学专业发展很是迅速，也一度成为当时之"显学"。但是，作为法学研究的一个分支——法史学的发展状况却差强人意，有分量的研究性著作真是少得可怜。除若干种学校教材以外，在有限的法史著作中，如程树德的《九朝律考》，虽然用功甚深，爬梳史料，聚沙成塔，将汉至隋九个朝代的成文法律概况向世人勾勒出来，却难以摆脱琐屑考据的樊篱，更没有深入到具体的部门法律领域。归结一点，"考证有余"，而"法学不足"。再如杨鸿烈的《中国法律思想史》，虽然已经充分显示了法律专业功底，并且有意识地用现代法理来重新认识中国传统法律思想，却因为在著作中引用和转述他人之研究成果占有太大篇幅（转引日本学者研究中国法律史的成果片段尤多），颇显"整合有余"，而"原创不足"。又如瞿同祖的《中国法律与中国社会》，虽然历来被众多法史学者捧为法史研究之典范，但有趣的是，其一，该书无疑首先是一本社会学专业著作；其二，作者虽然将家族和阶级视为中国传统法律的基本特征，而相关论述内容，在"中国法律和中国社会"这样的大背景下，显得"宏大有余"，而"细微不足"，尤其对部门法律领域的很多问题深入不够。除此以外，我们实难举出几本出自法律专业学者之手、更具分量的法史专著了。整体来看，这一时期法律史学科远不如其他部门法发展迅速。究其根本，实由于我们缺乏良好的学术生态环境。整个民国时代，社会政治形势动荡不堪，风云变幻之中，覆巢累卵之下，能有一个稳定平和的心态，从事专业领域的深入研究，难上加难。所以，尽管优秀的法史学术成果如此稀少，尽管此处的批评实属"吹毛求疵"，但是，面对这些著作以及它们的作者，我们还是应该充满历史的敬意。

与此同时，从民国法学自身的发展来看，当时的法学发展业已呈现不均衡态势。民国法学采用大陆法系中公法、私法的分类，笼统而言，在这三十几年中，其一，关于公法的研究成果最为显赫而风光无限，因为这与近代中国急需解决的"救国救民"的大主题、大问题是合拍的，人们也普遍关注这根本问题的解决，争论也最突出、最频繁，尽管理论研究遇到现实总是苍白的，现实最终还是要靠强力来解决。其二，关于私法的研究比较匿迹潜踪，对现代国民权利义务观念的涵育养成，所发挥的作用也较为有限[8]。私法总是要为解决人们彼此之间现实的利益纷争提供合理的方案，而这些问题过于繁多而琐碎，同样在"救国救民"成为时代主题的大背景下，反不如某些宏大的"主义"和"纲领"更容易附丽。其三，关于法理和法史的研究最为薄弱而缺乏精彩之作，这里的原因其实也很简单，一方面是因为中国近百年法理不能独立发展，另一方面是因为法史研究客观上被"边缘化"。兹附论如下：

一国法理之发达与该国法律体系之成熟，具有很强的"共生共荣"的关系，古罗马法和传统的中华法系皆是明证。暂将价值评判搁在一边，可以看到，正因为古罗马法理之发达，才使罗马法成为后人不断研究之经典；正因为中国传统律学之成熟，才使中华传统法系在这片广袤的土地上历经几千年而不衰。然而，古罗马亡国了，最终成为西方法律传统（尤其在私法或民法领域）的源头活水；清朝灭亡了，传统的中华法系却受到前所未有的质疑和抛弃。可是，几十年间，没有也不可能完全摧毁传统法律的影响。欲求在中国建立起一套全新、完善的法律体系，也不是旦夕可即的。在这社会转型、新旧杂糅的年代，法律移植成为时髦话语，法理的"西学东渐"也成为一些学者的惯习。可以预言，一套全新、完善的法律体系一天不在中国大地上重新建立起来，中国的法理学就将永远无法正常行走；反之，如果没有独立成熟的法理或法哲学体系作支撑，中国的法律体系则必然是缺乏灵魂的。与此同时，很少有人反思如何重新认识和评价传统中华法系之于现代中国的价值，也很少有人从法史学的角度挖掘传统

---

[8] 这在鲁迅、费孝通二人的文章和著作中，表现得尤为明显。鲁迅的文章中，有相当一部分揭示了辛亥革命后，尤其是 1910 年代至 1930 年代中国基层社会的贫穷落后面貌。简言之，在鲁迅的眼中，辛亥革命是彻底失败了，非但没有实现革命的理想，反倒为中国人诸多"劣根性"的放肆发挥打开了闸门。尽管城头上频繁地变换"大王旗"，底层民众依然我行我素。而透过费孝通 1947 年出版的《乡土中国》，我们会惊奇地发现，那时的中国基层社会仍旧没有从传统中走出来。它与传统中国（或古代中国）的相似性，远远大于它与理想中的（或带有很强的西方色彩的）现代社会的相似性。而如果把目光投向经过了几十年"革命"洗礼的当今中国，我们同样可以发现，费孝通所描述的"乡土中国"在一定的范围内仍旧根深蒂固地存在着——权利义务观念依然淡薄，生活方式依然故我，很难谈根本上的改变。

中国法理的丰富内容〔9〕。中国现代法学和法律体系的建构，很多"部件"是从东西洋移植过来的，这不仅与传统的中华法系在诸多层面格格不入，也与中国社会的现实情况扞格。欲实现中国法律的现代转型，传统的中华法律在一些人眼里，是怎么忽视、排除和抛弃都不为过的。因此，民国时代部门法的"蓬勃发展"成为必然，法史学被"边缘化"似乎也有点"命中注定"。再加上几十年的政局纷争，社会动荡，法史学的研究如水上浮萍，实难开出几朵艳丽的花来。

第三阶段，1949 年至今。〔10〕1949 年 10 月，中华人民共和国宣告成立。不容否认，这是一次划时代的政治与社会变革。这一变革在学界很快造成的影响是：一方面，学术界的思想改造运动接踵而至，政治运动此起彼伏；另一方面，以马列主义理论为指导、用马列主义的研究方法从事各自学科的研究成为那个时代相当一部分学者追求的时尚。如果再行细分，1949 年以来中国法史学研究似又可分为三个阶段：

第一阶段，20 世纪 50 年代至 60 年代中期。虽然新中国成立之初，也曾有过短暂的讨论〔11〕，但"法史"之名称随即湮灭。结果，已经奠定初基的法史研究，或者被从苏联拿来的"国家与法权的历史"取而代之，或者沦为"史话"之类，在一些刊物上偶尔占有一块边角。中国法史学研究以苏联为榜样，以马列主义为指导，运用阶级分析的方法，初步建立了"国家与法（或权）"的学科体系。然而，在正常的法史学研究被意识形态严重扭曲之后，仍有一些从事这个专业教学和研究的学者在苦守着青灯黄卷，不断地爬梳剔抉，进行着学术的积累。尽管他们的研究视野、研究方法很受当时政治形势和意识形态的局限，但后来的事实表明，也正是这批

〔9〕 这里所谓的"挖掘"，实也包含批判的工作。因为在中国古代的法理中，有关国家权力机构的建制（集权专制），人民权利的实现（压抑和忽视，更不注重程序），司法权力的行使（司法不独立，行政、司法不分）等方面，皆有值得"大批特批"之处。然而，在批评的同时，其实还有更重要的、更有价值的工作，即挖掘和发现其与现代中国法律的关联（绝不是胡乱比附），对于反动者和谬误者，亟谋斩断之、纠正之；对于合理者和成功者，继续发挥之和推进之。因为，要想改造现今中国法律的诸多弊端，单单批评是不够的。批评之同时，必须要有合理的创见，指引我们去开辟前方的路。坐而论道，空发几句牢骚的话，很多人都可以做到。但是，起而行之，并能真正带领我们走向中国法律的成功之路，必须要有大勇气和大智慧。

〔10〕 由于本文主要针对大陆范围立论。台湾的法史学发展状况，既有对民国法史学的成果的继承，也有许多突破和创新，兹不赘言。

〔11〕 王昭仪："法学界座谈关于中国法制史的几个问题"，载《人民日报》1957 年 2 月 4 日。

勤奋的学者为这个法史学科的重建起到了开创和奠基之功。

第二阶段，"文化大革命"时期。"文化大革命"的发生，使很多学科研究陷入停滞，"影射史学"大行其道。"中国法史学"作为一个学科（如果能称作"学科"的话）早已沦没。中国法史学的研究一片沉寂（实际是另一种"繁荣"），学者们首先注意的是如何在研究中体现马列主义关于法的理论、如何运用历史唯物主义与辩证唯物主义的方法，"以阶级斗争为纲"对中国历史上的法律制度予以"科学"的批判与分析。在十年浩劫后期（1973~1975年），中国的思想界曾发生一场著名的"批儒反孔运动"，其声势和规模可谓"空前绝后"。而"批儒反孔"的反面，就是推崇法家，在以"阶级斗争为纲"的方针指引下，儒、法两家思想的斗争被简单机械地扩大为中国历史上、现实中无数冲突的总根源。尤其甚者，在当时对于一切历史人物的研究和评论，必须做出"阵营"的划分，即除了必须标明他们的阶级立场外，更要在儒家和法家之间做出选择，贴上一个像样的标签。这种机械搬用历史唯物主义和辩证唯物主义的"研究"方法，与法史学术研究的正路相比，真可谓背道而驰了。这也再次说明：真理一旦被教条化，往往会滑入谬误的深渊。

第三阶段，"文革"之后近三十年。1979年1月《法学研究》复刊，以及同年9月在吉林省长春市召开的第一届全国法制史、法律思想史学术讨论会，堪为这一阶段的标志性事件，也为后来的法史学研究的开展埋下一个很好的伏笔。而20世纪70年代末80年代初参与恢复和重建法史学研究的最初几批师生，几乎无一例外地亲历过"评法批儒"的斗争，耳濡目染，浸淫日久，所以在法史学"断裂后的再续"之初，阶级分析的方法和带有鲜明意识形态特征的价值判断，在那一时期的法史学论文和著述中仍有十足的表现。十几年后，时过境迁，上述"病灶"渐渐消减，阶级斗争和意识形态的紧箍魔咒终究被缓慢解开。法史学研究不断深入，法史研究的视野逐渐开阔，学术研究的旨趣也日益提高。

然而，在"群芳争艳"的表象下，法史学研究实际上日益陷入前所未有的危机。如果说"危机"一词有点儿危言耸听，那么，换句话说，现今的法史学研究确实存在一些问题必须正眼面对。当然，下面所列举诸问题，并不是说存在于任何学者任何具体的法史研究中，或者存在于每一个具体的法史研究中。这些问题不过是从整体的角度出发，通过体察法史学研究的宏观趋势而概括出来的。

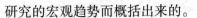

问题的来源主要有两个方向，一个是内部，一个是外部。先说法史学内部的问题，大致表现为三个方面：

第一，"宏大叙事"不切实用。这里所谓的"宏大叙事"，并不专指研究的题目和对象或得出的结论是极其宏大的，同时包括那些题目看似细小具体，得出的结论却与研究的对象极不相称——换句话说，就是一种不适当的"扩大解释"——之类的研究取向。举例言之，对于中国古代人治和法治的问题，专制国家的中央集权问题，中国古代司法缺乏独立性的问题，这些早已接近常识性的大问题，就没有必要再长篇累牍地重复写文章、出著作，来做更多的说明和注脚。因为，一方面，知识一旦成为常识，既然正确，就没有必要再反复地去证明；另一方面，常识被证明一千遍一万遍，还是常识。欲求新知，只能在研究对象的深度和广度上下功夫。与此同时，以往一些宏大的观点和结论，在遇到一些具体法史问题时，很难给出合理满意的解释。例如关于中国古代"无讼"和"息讼"的问题，论者往往倾向于批评官员为了实现"无讼"的目标，经常漠视人民的权利诉求。对于这样一个宏观的价值判断，我们自然可以举出不少的例证。但是，面对明清时代留存下来的大量的案例汇编、判牍汇编、司法档案和诉讼文献，我们又不得不怀疑"无讼"的效果——既然"无讼"和"息讼"，为什么还会有这么多的案件存留？而在阅读大量的古代司法材料之后，我们更发现中国古代的官员（尤其地方承担司法的官员）一般每年受理的案件数量并不在少数，针对平民百姓的鼠牙雀角之争，一方面或苦口劝谕，或当头棒喝，另一方面却也在不断接受审理，化解纷争。这些客观存在的现象，与"无讼"或"息讼"之类的"宏大"论旨存在很大矛盾。再如，近代尤其自清末法律改革以来，中国社会和法律整体上变化甚剧，这属于一种宏大的结论，基本无误。但是，如果面对某些具体的法律原则、法律规范（例如刑法中对"故意"和"过失"的区分），我们又很难说变化很大或者变化很突然。诸如此类的问题，还有很多。这些事实说明：往往"宏大叙事"得出的结论，在遇到一些具体的法律问题时，难免会遭遇尴尬的解释困境。

第二，法律史料的局限。此又可以分为三个方面：一是主观上不注意原始文献的发现、阅读、研究和整理。目前很少人——其实是越来越少的人——有兴趣和有能力在法史文献的发现、阅读、研究上下功夫。对于法史文献的整理，很多人更视为畏途，认为这是费力不讨好的事情，倒不如等别人把材料整理出来，再直接利用。二是看似注重史料的征引，实则征引材料来源或不够可靠，或处于"堆砌史料"的水平。前者的一个重要表现是征引二手、三手或多手材料，有些人还较为老实地注明转引自哪本著作或哪篇文章，只是懒得去核对原始材料[12]；有些人竟干脆不注明出处，俨然是自己亲手所得，在文中或书中堂而皇之地作为原始数据处理，实属"文贼"盗窃行为。作为后者，史料是原始获得的，却不加采择，囫囵吞枣，将材料成段成段往上堆砌，看似材料很丰富，篇幅也上来了，却没有重点。有时，甚至诸多材料之间存在互相矛盾之处，却不加辨别，生硬地搬上来，拿成堆的史料"唬"人。这样写出来的法史文章或著作，真正是与读者为难。三是客观上由于以往对于法律史料的研究、整理、认识程度不够，局限了我们的视野。当然，这里面的问题也要分开看。一方面，客观上某些历史阶段、某些法史专题的法史资料现存十分有限。例如关于秦汉两朝的法史数据，就存在诸多盲点。尽管几十年来有若干重大考古发现（如《睡虎地秦简》、《张家山汉简》等），但是对于全面把握秦汉时期立法和司法的全貌还是远远不够的。另一方面，尽管有些时期法史资料数不胜数，但是对于研究某些具体法律专题，因为一些特殊的原因，也未必可以找到足够丰富的材料。对于这种客观上的"史料瓶颈"，一时之间（有些可能是永远）无法突破，作为研究者本身可能真是无能为力。但是，对现有法律史料的发掘、认识、整理、研究应是永无止境的，不应该囿于现有的结论和观点，而丢失可贵的怀疑精神。

很多事例告诉我们：在研读、利用史料的时候，对于材料本身的认识、辨别和研究也是不可或缺的。我们应该对史料的作者、背景以及由此引发的史料的权威性、可靠性等，给以适当的关注和思考。另外，由于主观上对于一些常见的法史数据过于信任，也会障蔽我们原本明亮的双眼。在此有必要重申，以上关于法律史料的局限，主要是针对法史学中关于中国古代的法史研究而言。相比之下，关于中国近代和现代的法律史料可谓

---

〔12〕 当然，由于条件所限，一时之间无法去核对原始数据，在一定程度上是可以理解的。但是，不宜超过一定比重，否则这样的文章或著作就没什么价值了。

汗牛充栋，比比皆是，客观条件似乎好些。对于法史研究来说，法律史料的现存数量是否足够，以及是否容易获得，皆是很重要的条件，但是，更重要的是研究者的主观努力。如果没有研究者的主观努力，上述三方面问题只能愈演愈烈。学者们不能因为近现代的法律史料获取相对较易，就趋之若鹜；因为中国古代的法史研究中存在史料"瓶颈"，就"难得周郎顾"。从完整构建一个学科的大局着眼，必须不断努力，寻求突破。[13]

第三，理论和观点的误用。此问题又可分为两层。

首先，理论的误用。此处的理论，包含法学理论和其他学科的理论两个部分。运用法学理论知识或理论框架为基础、为参照，进行法史学的研究，几乎是法史学的必由之路。然而，在法学理论的运用过程中，有两点是必须反对的：其一，不顾历史事实，不做具体研究，运用法学理论做毫无根据的讨论、阐述和发挥；其二，以部门法或法理学的一些理论框架作为"刀"，去机械地切割法史研究的对象。在以往一些关于中国古代法史的研究中，暴露出来这样一种倾向，好比是根据现代法律体系打造出来一个书架，并且对这个书架的每个格子做了分类，贴了标签，再从中国古代的法律历史中，按照这种分类，择取相应的内容，放到书架上。结果发现，其实有些内容很难在这个书架上找到对应的格子，或者有些内容比较模棱，好似可以同时放入两个格子，甚或有些内容根本就不属于这个书架。这种中国古代法律内容与现代法律体系的类型上的差别，或可以比作清代四库全书分类法与现今中文图书分类法的差别。面对这种问题，硬是用现代的法律体系去"肢解"中国古代的法律内容，很容易犯"削足适履"的毛病，其实是很危险的。

除去法学理论之外，运用其他学科的理论进行法史学的研究，目前也有不少研究者予以尝试。然而，一方面，法史学本身已经是兼涉历史和法律两门学科的交叉门类，并且在史学界和法学界对于法史学的学科性质已然存在不少争议的情况下，再将其他学科引进，势必更加聚讼纷纭；另一

---

[13] 历史学研究一贯主张"穷尽史料"，事实上，相当多数的问题是不可能穷尽史料的。法史学的研究虽然也很难做到穷尽史料，但必须要有相当的史料作为基础，讨论的根底才是可靠的，得出的结论才是有说服力的。

方面，对于法史学来说，法律的、历史的因素是必须考察和依赖的，如果再引入其他学科的理论（比如社会学），结果很可能会冲淡法史学研究的法学专业气味。从法史学自身的角度来看，法史学本身并不反对学科交叉，因为它本身就属于交叉学科。但是，之所以要对将其他学科理论引入法史研究的做法引起注意（绝不是反对），根本的原因在于：这样的做法很可能造成最大的风险，即改变法史研究的特质。长此以往，法史研究作为一种专门研究的独立性、专业性，亦将不复存在。

其次，观点的误用。此处的"观点"，与上述"理论"有点相像，因为它们经常成为时下一些研究者偏好的理论前提或"理论架构"。而所谓的观点往往并不系统——似乎也不需要系统，可能是只言片语，可能是几段文字。这里更倾向指一些东西洋学者在他们的著述中所表露的，关于中国问题的所谓"经典性的"、"权威性的"观点。曾几何时，有些人喜欢"拿来主义"，从法理学、部门法或其他学科"肢解"或"嫁接"来一个较为时髦的理论框架或者观点，然后找各种对这个理论或观点有用的材料，以之为论据，证明事先早已确定的"结论"（注意：所谓"事先早已确定的结论"，绝不等于事先的假设）；而对自己观点不利的材料或视若不见，或根本不肯下功夫寻找，也就无法知道有那些材料的存在。在以往一些法史研究中，令人感到有趣的是，有些专业的法史论文或著作，在长篇大论之后，在结尾之处，往往喜欢以"正如某某人所言……"之类的话语做总结。实际上，这样的文章或著作无异于在给"某某人"的那个观点、那几句话重新做个注脚。而从获取知识的角度来看，与其读这样的文章和著作，不如将"某某人"的原著（或者译著）亲自读一遍更直接有效。并且，也很可能发现：原来"某某人"的观点竟是如此精辟，真正不需要去读那么冗长的文字，徒受一番折磨了。极端言之，上述这种做法根本就是在"用别人的脑子思考"，缺乏学术独立的自觉。然而，令人遗憾的是，现如今，此类论文和著作似乎还是屡见不鲜。

对于来自法史学研究内部问题的揭示，既如上述。下面，再对法史学研究的外部问题简要概括，以见法史学的危机。此问题也可大致分为两点：

第一，与其他学科领域的交混。如前所述，从名称来看，法史学兼涉了法律和历史两个学科。因此，较为平常的解读就是法史学兼具了法学和历史学的双重特征，属于交叉性研究。但是，交叉性研究[14]往往又会具有两个极端状态：一是左右逢源，即受到双方学科人士的认可和欢迎，并对双方学科的发展均起到推动的作用，这属于一种相当理想的状态，或称为"双赢"；二是左右无援，即受到双方的否定和排斥，对双方中任何一方都没有积极的影响，这属于一种令人沮丧的局面，或称为"双输"。在这两极之间，往往还会存在两种变量，或曰中间状态。第一种中间状态是"单赢"，即对其中某一学科产生积极的影响，而对另一方毫无或无大的影响。第二种中间状态是"单输"，即非但没有对主动进行交叉性研究的学科产生积极的影响，反而影响了这个学科自身的正常发展，甚至搞得"不伦不类"。其实，现今中国"方兴未艾"的交叉研究，多半处于中间的状态，远没达到"双赢"的结果。当然，这林林总总的所谓"交叉研究"，将来哪些会取得成功，哪些会失败，尚有待时间之检验。然则，对比上述四种情况，就此设问：现今的法史学研究又处于哪一种状态？想必很少有人会乐观地认为是"双赢"的，也一定很少有人会极度悲观地认为是"双输"的，大多数会在这两种中间状态中选择答案。而在这两种中间状态中，笔者更倾向于"单输"的选择——因为现今法史学研究的根本危机产生于法学内部，并非来自法学之外。

然则，又何以说法史学研究与其他学科领域的交混是一个严重的问题？首先，我们应该弄清楚法史学容易与哪些学科领域发生交混。从众多的法史学论文、著作和教材所征引的文献来看，这些学科领域主要有三：历史学、思想史学和政治史学。其次，法史学研究又如何与其他学科领域呈现交混的局面？法史学和历史学的密切关联自不必多说，此外，一是现有的法史学一般分为法律思想史和法律制度史两部分，其中法律思想史的部分与通常所理解的思想史研究尤其存在不少交叉和混同（比如孔子关于仁、礼、德等方面的思想）；二是因为历来法律与政治的界限很难划分，尤其在中国古代，二者更是纠缠不清，导致法史学的研究经常涉入政治制度史、政治思想史领域而不自知。越来越多的人意识到：应该在法史学研

---

[14] 交叉性研究，一般为两种学科之间的交叉，有时也会有将两种以上的学科进行交叉研究的。此处为叙述方便，仅以两种学科的交叉为例，多种学科的交叉情况可能更为复杂，但基本原理是相通的。

究与其他专门史的研究之间做出一定的区分，从而体现一定的法学专业性。[15]当然，如前所言，法史学研究本身就属于交叉研究，从根本上不排斥其他学科的理论，而因为研究问题的广泛性、多样性，必然要有"万物皆备于我"的气魄，采众家之长，为我所用。但是，如果欲图法史学研究长久地进行下去，并希望它能成熟地发展成一个相对独立的学科，在法史学研究和其他专门史的研究之间划出界限，仍是十分必要的。事实上，现今这样一个界限非但没有划出来，反倒引来一些异样的观感。有人说，法史学的研究太不"历史"了，因为不仅史料的根基薄弱，而且叙述缺乏一种"历史感"——尽管这种"历史感"也经常是众说纷纭。也有人说，法史学研究的有些问题，不仅在思想史上已经讲过了，而且为什么硬要将法律思想和法律制度分开？更有人说，法史学研究的有些问题还只是停留在政治层面，与真正的法律问题还有很大距离。诸如此类的说法，虽不能说很普遍，却也不能说是空穴来风，无稽之谈，很值得我们认真思考。

第二，与其他法学分支的隔阂。此一问题，是一个根本性的严重问题。如果说，法学以外其他学科的非议和压力可以忽略不计的话（其实也不现实），来自法学这一学科内部的、对于法史学的排拒力量却是怎样重视都不够的，因为它足可以造成法史学的"根本生存危机"。通过前面对法史学的历史回顾，我们知道，自中国现代法学发端以来，法史学就是作为法学的基础课程门类而存在的。通观这百年中国法学的兴衰演变，我们还可发现这样一个现象：在法学开始起步或再起步阶段，诸如清末和1980年代之初，很多问题的研究往往是在法史学领域首先取得突破，由法史学先唱一阵主角，而后却被其他部门法赶超而过，法史学由"主角"沦为"配角"，甚至有时连登台献演的机会都没有。但是，诸多部门法"其兴也勃焉，其亡也忽焉"，当其兴盛之时，恰如百舸争流，气贯长虹；当其湮灭之时，却似风行草偃，暮霭沉沉。相比之下，法史学研究好似一叶扁舟，随着历史的细流，虽经千回百转，曲折前进，却不绝如缕。因此，可以说，在中国现代法学所经历的百年时间里，法史学事实上发挥了不可磨灭的作用。尽管百年来中国现代法学的曲折发展是由独特的社会历史环境

---

[15] 梁启超的《先秦政治思想史》和萧公权的《中国政治思想史》两部书，成为时下众多法史学者经常引用的参考书籍，并有不少学者大力追捧，这一现象就是很好的说明。

造成的，但是始终不可否认的一点是——法史学天生就是法学的一个基本课程门类。

即便如此，目前法史学面临的、来自于其他法学分支的排拒力量实在不容小觑——或更坦率地说，法史学早已经被"边缘化"了！排拒的根由，似可归结为一点，也就是法史学与其他法学分支的隔阂。经常听到一些法学专业的学生抱怨，在众多的法学课程里面，法史学（主要是中国法制史和中国法律思想史）最难学，考试也最难通过。很多从事其他法学分支研究和教学的老师也经常反映，法史学对于部门法的意义不大，很难从中发现可用的资料。这里面，对于法史学的知识是否难学，以及考试是否容易通过之类的问题，暂搁不谈，这也不是造成法史学被边缘化的根本原因。单从法史学和其他法学分支之间知识的接轨和融通这样的角度来看，这个问题就够严重的了。为什么其他法学分支会认为法史学中可用的内容不多？为什么有些人会认为法史学越来越无用了？毋庸讳言，现今中国各大学法学院（或法律系）里面，如果还有从事法史学研究的人物"占据要津"的话，往往都是通过行政的力量保住一时之位。一旦失去行政力量的支持，在任何法学院（或法律系）里面，法史学与其他部门法相比，往往最易滑入低谷。当然，对于上述法史学被边缘化的问题，我们必须要从多方面去寻找原因。但是，本着"反求诸己"的精神，正在从事或即将从事法史学研究的人，确实应该首先反思一下：法史学出了什么问题？我们需要什么样的法史学？

三、"微观法史学"如何可能？

现有的法史学教材格局大致包括《中国法制史》、《中国法律思想史》、《外国法制史》和《西方法律思想史》，一共四种。在实际的法史学研究中，似乎除此四种以外，还可以有其他一些更细致的分类。下面，在上述四种分类的基础上，提出其他一些可能的分类方法，并结合一些具体法史问题的研究，摘要指出其中潜存的局限或问题，最后尝试提出一种新的分类方法，以资探讨。

第一种，从广袤的地域空间上看，可以分为关于中国的法史学和关于外国的法史学研究两种。在此基础上，又有了第二种分类，即关于法律思想的法史学研究和关于法律制度的法史学研究。现有的教材体系，就是这样一种格局：先分中国和外国，再分思想和制度。然则，这样的教材分类体系存在相当的局限。

第一，将法史学分为中国和外国，一是相对而言，在学生的知识接受难易程度上，普遍反映是《外国法制史》和《西方法律思想史》比《中国法制史》和《中国法律思想史》较为容易，个中原因在于，现有的法律门类划分基本是在移植和模仿西方法律体系的基础上逐渐衍生而成的。尤其关于外国法律思想史的研究，与诸多部门法、法理学或宪法等方面的研究存在天然的知识关联。因此，相对于本文所主要讨论的关于中国法史学的危机，关于外国的法史学研究（包括制度和思想两个方面）所遭受的危机要轻得多，甚至很少有人感受到此类危机。二是从关于中国的法史学来看，大致是制度与思想相对应，而在关于外国的法史学研究，显然在范围上没有完全对应。因为"西方法律思想史"的范围，至少没有将东方的日本包括在内，而外国法制史却不仅将日本囊括其中，甚至将东西洋法史的演进大势也做了整体概括。固然现今这种学科架构隐含了中国要"踵武泰西"的雄心，但是作为与外国法制史相对应的课程门类，西方法律思想史是否有必要或有可能将东西洋法律思想演变的历史均包罗进来？三是将法史学研究仅仅分成中国和外国是远远不够的，比较的法史学研究自然也是需要的。尤其，近现代中国法学、法律的宏观和微观演变，往往具有深刻的国际背景，没有比较研究，是难以想象的。可是，比较法史学的研究在现今的学术研究中尽管事实上存在，但是很显然，较难在现有的法史学教材框架中谋得一席之地。[16]

第二，将法史学分为法律制度史和法律思想史之后，存在的局限也不少。

（1）在这样的分别下，法律制度史往往着眼于立法的演变或制度的构成和兴衰，较少关注具体立法或制度背后的思想因素；法律思想史往往关注的是历史上一些重要时期重要历史人物（如思想家）的相关思想。一方面，思想与制度本不可分，有不具制度的思想，却没有不具思想的制度。

---

〔16〕 教材教学固然与学术研究是不同的事物，但是比较理想的或成功的教材，一方面，应该能够承载基本的知识要点，又要能反映这个学科领域较新新的学术成果和研究动向；另一方面，既能"授人以鱼"，又能"授人以渔"，即传授基本的学术规范和方法论。

只注目于法律条款的演变或制度的构成兴衰，而不去发掘法律背后的人物历史背景及思想因素，这样的法律制度史给人的印象往往是呆板的，或是细碎的，既会令阅者兴味索然，又会令学者摸不着头脑，辨不清方向，非但不易呈现法律的精髓，反倒容易混同于单纯的史学研究或政治史研究。另一方面，思想家的思想或政治家的思想自有其本身的价值，但是，忽视而不去讲解或无法讲清这些思想与法律制度的具体关联，在法律思想史的学科体系下，这样的做法注定是失败的。结果，使人感觉这些所谓的法律思想史内容与平常的思想史与政治思想史的内容没什么两样，甚至有些基本的知识点可能还会与历史学存在雷同。另外，思想家的思想和政治家的思想，尽管会对具体法律制度的形成、法律内容的出现产生影响，但是，正如前面所强调的，这些内容毕竟不能等同于专业的法律思想。如果说中国古代法学专业性不够发达，很难找到法学家或立法家的身影，那么尽可以从立法和司法的领域去探寻法律思想的演变以及法律的运用与施行。除此以外，中国古代基层社会民众法律知识的传播、法律意识状态及其转变，已经逐渐进入法史学的研究领域。这些现象，既标记法史学研究的空间仍然十分广阔，又足以说明法史学研究的对象和内容并不总是索然无味和脱离现实的，而是与历史现实均有着密切联系。如果说关于中国历史上在一些重要时期产生影响的立法思想，在现有的教材体系下只是略有涉及，那么关于司法实践中体现的法律思想，以及基层社会民众法律意识形态的历史演变等内容，却几乎找不到任何影子。尽管我们不能说这与现行学科架构完全不兼容，但我们确实很难在现有的框架下为之找到合适的位置。

（2）经过几十年的知识积累，尤其经过 1970 年代以后这三十年法史学界的努力，事实上，在法律思想史和法律制度史领域，已然取得不少有价值的研究成果。但是，在对若干法律思想和制度的宏观情况基本了解清楚后，法史学很有必要在研究的深度和广度上继续前进。然而，何谓研究的深度和广度？举例言之，一是思想的演进往往是缓慢的，尽管在特定的历史阶段会形成风潮，但它总不如一些制度的内容变迁更为明显。有时一些法律制度可以通过立法在很短的时间内创造出来，但它未必成功，终究不如思想的力量更为持久和沉着。在社会大转型时期，往往那些变化剧烈的方面，会首先引起大家的关注。但是，整个社会的转型不是一朝一夕之事。尤其对于中国这样一个偌大的国家来说，更不能妄想"毕其功于一役"。在社会转型的大背景下，制度上的兴革变化，起承转合，思想上保守与激进的拉锯，经常呈现纷繁复杂的状态。因此，法史学研究势必既要关注法律思想和法律制度的"变"的层面，同时也要关注其"不变"的层面。只有在"不变"的背景下，观察"变"的内容，才能更加清楚"变"的实质、价值与含义。二是制度形成以后，"徒法不能自行"，就像机器一般，必须借助人力来发动实施。在通常所说的"人治"盛行的中国古代（也包括近现代中国很长的时期，甚至今日），"其人存则政举，其人亡则政息"，人对于制度的作用尤为突出。但是，尽管法治与人治在制度设计的科学性、理想的价值标准、运行的原则逻辑等方面存在天壤之别，我们却不应该用现代"法治"的理想标准，去完全忽视"人治"曾经存在和现实存在的意义。因为，二者有一点是共通的，即都是以人为对象，并且必须藉靠人的力量，才能实现制度的目标。倘若我们将"法治优于人治"之类的常识性价值判断搁在一边，心平气和地去体认和观察中国古代法律制度的构建和实施，掌握其制度运作的微观情况，一定会给"法治优于人治"这样的观点找到更充足、更有力的证据，也一定会对"人治"之于中国古代社会特殊的效用和价值有更深刻的认识。归结一点，如能深入细致地去研究法律制度的实际运作情况，一定会获得更为丰富、更有价值的认识成果。

在上述两种基本的分类之外，法史学的研究大致还可以从下面两个角度进行划分：首先，以时间的角度划分，法史学研究可以分为关于古代的法史学研究、关于近代的法史学研究和关于现代[17]的法史学研究。这与上述两种分类可以兼容，关于中国的法史学研究可以分为古代的[18]、近代的和现代的，关于外国的法史学研究也可以分为古代的、近代的和现代的；关于制度的法史学研究可以分为古代的、近代的和现代的，关于思想

---

〔17〕 这里的"现代"是一种历史的分期，根本上排斥所谓的"后现代"说法。因为，后者更属于文化或观念层面。如果以历史为观照，凡是同处于我们现今这个时代的思想和制度都可以认为是现代的。这个"现代"，包罗可以相当广泛，可以是新近流行的，可以是古代遗传的，可能是进步的和积极的，也可能是没落的和腐朽的。一些先进的人类学家告诉我们，从人类历史的长期来看，我们甚至没有必要傲视那些处于群居社会的原始部族，因为他们自有他们的古代、近代与现代，只是不被我们理解而已。

〔18〕 本研究即是主要站在关于中国古代的法史学研究立场上进行的，对于关于外国的古代、近代和现代的法史学研究不遑置论。

的法史学研究也可以分为古代的、近代的和现代的。以此为参照，现今中国的法史学研究整体上比较热衷近代[19]部分，从事研究人员较多，发表成果也甚多；关于中国古代的法史学研究，或限于学力，或限于兴趣，越来越少有人问津；关于中国现代的法史学，一般从属于其他法学分支的研究领域，单纯的法史学者较少。尽管关于中国近代的法史学研究较为"热门"，但有些重要法律领域和法律问题，限于意识形态或政治因素，还是一时之间无法触碰的禁区，研究空间仍然很大。其次，以时间的角度观之，法史学研究或可以分成断代的法史学研究和贯通的法史学研究，断代的法史学研究专门以一特定的历史时期（例如朝代）的法律内容为研究对象（如唐律），贯通的法史学研究一般在跨度较大的历史时间背景下，对相关法律内容做历时性的考察（如中国司法审判制度史）。同样，这与前两种分类也是可以兼容的，不用赘言。在此需要指出，以往诸多法史学研究成果给我们留下的印象是：断代的法史学研究虽务专而难精，贯通的法史学研究务博而易流于"宏大叙事"。

从研究对象和范围的角度出发，我们又可以进行以下五种分类：

（1）关于立法的法史学研究和关于司法的法史学研究。所谓关于立法的法史学研究，指那些以法律条款的出现、删改和消失，以及法律制度的形成、演变为主要对象的法史学研究。所谓关于司法的法史学研究，是指那些重点关注法律条款和法律制度的施行层面而进行的法史学研究。在以往的法史学研究中，关于立法的研究成果较为显著，近年来越来越多的学者意识到应该深入到司法层面，观察法律运作的实态。但是，沉睡在各大图书馆、档案馆中大量的司法材料，由于现今图书和档案管理方面诸多不合理规定，在研读、整理和利用等方面存在不少障碍，客观上限制了某些研究材料的获得和使用。主观上，提高发现、阅读和理解法史材料——尤其那些"藏在闺中人不识"的中国古文法史材料——的能力，对于今天一些法史研究者来说，也的确是一个不小的挑战。

（2）关于专题的法史学研究和关于通识的法史学研究。所谓关于专题的法史学研究，主要是指对某一特定法律专题而进行的法史学研究；所谓

---

[19] 更准确地说，从中国法史的演进序列来看，这里的近代一般是指鸦片战争以后至1949年以前，现代是指1949年之后，与历史学上的分期稍有不同。

关于通识的法史学研究，主要是指对较多且相互关联的法史专题而进行的法史学研究。此二者是相对的概念，往往后者可将前者包含在内。例如，明代的廷杖相对于明代的刑罚制度来说，前者就是专题性研究，后者就属于通识性研究，前者属于后者的内容之一。再如，明代的刑罚制度，相对于中国古代的刑罚制度来说，前者就是专题研究，后者就属于通识性研究了。因此，对于专题和通识不可执一而论，惟有对举，方能有所区别。但可以肯定的是：随着法史学的不断发展，法史学的专题研究会越来越多，越来越细致。相反，通识性研究成果总体数量上或许会增加，但是自然淘汰的数量也会随之增多，因为"学术经典"毕竟难得。

（3）比较的法史学研究和单一的法史学研究。此二者也是相对的概念。所谓比较的法史学研究，在空间上，小则可以在地区之间进行比较研究，大则可以在国家或法系之间进行比较研究；在时间上，可以在古今之间，短则十几年、几十年，长则百十年、几百年甚至上千年之间，进行相关法律问题的对比研究，比较得失，评价优劣，在比较之中更好地认识研究的对象。所谓单一的法史学研究，一般是指局限于特定的、具体的时空范围，尽可能在这个时空范围之内，进行一定的法史学术研究，完全不去参照或很少参照这个体系之外的相关的或类似的法律内容。二者相比，单一的法史学研究，短处在于视野相对受到限制，所能发现的知识可能会较为闭塞或者孤陋，"不识庐山真面目，只缘身在此山中"。但是，如果做得成功，长处却在于能够切近研究对象所处的特定历史时空，设身处地，更易获得"同情之理解"。而比较的法史学研究，如果不能对比较的双方都有深入切近的了解，短处在于很容易产生隔膜，使比较流于片面或浮泛。但是，如果比较的基础扎实，分析透彻，往往会使比较的对象特征更明显地呈现在读者面前。一如前述，中国法史学研究自产生之日，即具有相当的比较法色彩。个中原因，一方面在于，中国已无法摆脱与世界各国的关系，不可能再退回到闭关自守的境地，中国近现代法律体系的变革、更新和再造也必然要在比较法的背景下才能完成；另一方面，学术的基本要求和训练，使我们努力减少主观的片面之见，以免将其掺杂进正常的学术研究当中，但是今人毕竟是今人，古人毕竟是古人，在今古之间时空的置换，所谓"历史的同情"，也只能不断接近而实不可及。

（4）部门的法史学研究和全科的法史学研究。所谓部门的法史学研究，是指以现有的法学分科体系为参照，对某一具体的法学分支所做的法史学术研究，诸如宪法史、刑法史、行政法史，等等。而所谓的全科的法史学研究，是以法学体系的整体为考察对象，进行广泛的法史学术研究。此类法史学研究，一般属于教材或法学通史之类。不管是部门的法史学研究，还是全科的法史学研究，在面对中国古代法律思想和制度内容时，往往容易犯"削足适履"的毛病，难以尽善，一如前述。

（5）地方的法史学研究和全域的法史学研究。所谓地方的法史学研究，是指以某一特定地区的法律变迁历史为研究对象而进行的学术研究。这里的"特定地区"，可能是一省一市，一区一县，一乡一村，也可能是几个有关联的地区单位。所谓全域的法史学研究，一般是着眼于一个国家的法律全域，而不是局限于某地区而进行的法史学术研究。比如，研究中国古代江西地方健讼及相关法律问题，属于地方的法史学研究，而研究中国历史上民间诉讼法律知识的传播状态和法律心理演变，则属于全域的法史学研究。全域的法史学研究非突破地区的制限不可，否则，得出的结论虽然可能具有一定的普遍性，但是相关的论述和论据不足以支撑一个宏大的结论。[20]

在上述九种分类之外，还有一个十分重要的分类，即以史学为特征的法史学和以法学为特征的法史学，此二者或可简称为史学法史学和法学法史学。为什么说这是一个十分重要的分类？不仅因为历史学和法学是法史学研究得以顺利进行的最重要也是最基本的两种知识背景，更因为这涉及法史学的学科性质，即法史学究竟属于法学，还是属于历史学？如果它属于法学，那它与历史学有什么本质差异？如果它属于历史学，那它与法学的区别又何在呢？

现今的基本事实是，中国的法史学多半还是属于法学的分支，但在历史学领域也不断有人在进行着相关研究[21]。一方面，在了解前述中国法

---

[20] 目前也有一些个案式的法史研究，即试图通过某个或某些个案来研究法史的问题。但是，从统计学的基本原理来看，研究的对象即样本的数量和代表性不仅不够，甚至是很值得怀疑的。因此，也就不适合在个案研究的基础上草率地扩张成一个全域性的结论。

[21] 而且，据笔者观察，在历史学界有关法史学的研究，整体上呈递增的趋势。这部分反映了传统的历史学研究需要拓展新的研究领域，开展更为专门性的研究。结果上，一方面，可能会给法学的法史学研究提供更多的借鉴；另一方面，也会对法学的法史学研究产生学术竞争的压力。

学及法史学的演变历史之后，人们对于接受和认可法史学是法学的分支这样的说法，应该相当容易；另一方面，因为历史学的研究范围本身就无比广阔，随着研究分工的日益专门化和细致化，法律史研究进入其视野，似乎也是题中应有之义。然而，一般说来，法学和历史学对法史学的定位还是很不相同的。在法学家看来，法史学研究尽管兼有法学和史学两个方面，但是，法学有自身的理论和学科体系，有其独特的专业性，因此法学是法史学的目的；历史学的长处在于弄清基本的事实，重视真相而弱于抽象，历史学只能是工具，工具必须为目的服务。套用美国经济史家熊彼特的经典说法[22]，不妨这样说：我们必须面对一个事实，即法史学是法学的一个部分，历史学家的技术好比是法学研究这辆大公共汽车上的乘客。相反，在历史学家看来，史学本身更是一门比较成熟的学科，也有其特有的研究任务和研究目的，并且是不能也不该用任何理论去框住的；法学的长处在于思辨和理论架构，但短处往往在于掌握的材料有限，强于抽象而有时忽视真相，因此在法史学研究当中，历史学是目的，法学只能是工具。再次套用熊彼特的说法：我们必须面对一个事实，即法史学是历史学的一个部分，法学家的技术好比历史研究这辆大公共汽车上的乘客。[23] 如此看来，似乎法学和史学对于法史学的定位存在根本分歧——这种分歧

---

〔22〕 〔美〕约瑟夫·熊彼特：《经济分析史》（第 1 卷），朱泱、孙鸿敬等译，商务印书馆 1991 年版，第 28～29 页。熊彼特教授原本是用公共汽车和乘客来比喻经济分析和史学家的技术，相当贴切。

〔23〕 台湾那思陆教授在《法史学的传承、方法与趋向》一文中，曾经言道："法史学是法学还是史学？或是两者兼有，我认为法史学研究的是古代法律或法学的历史（包括法律制度史与法律思想史），所以法史学基本上是史学。但正因为它研究的是古代的法律或法学，它与法学的关系极为密切。因此，法史学也有法学的成分。古代的法律与当代的法律尽管在表面上差异很大，但两者的本质仍然是相通的，而且当代的法律很快就会变成古代的法律"。参见正义网，http://www.jcrb.com/zyw/n316/ca276851.htm，2007 - 07 - 29. 同时，在其大著《中国审判制度史》的自序中，也明确表示"史学是研究事实的学问，法学是研究价值的学问。……法史学是史学的一支"。在大陆法学界，类似那教授这样倾向认为法史学属于史学的学者比较少见。笔者对上述说法虽心有戚戚，但还是认为：①法史学要想谋得长足的发展，还是应该有自己的特色，不能完全混同于一般的史学研究，尤其要与思想史和政治史划清界限；②法史学作为沟通法学和史学两大学科的桥梁，应该在发展和保持自己特色的同时，更好地吸收、运用和发挥双方的优势。两手都要硬，而不是一手软、一手硬，或者两手都很软。另外，北大历史系的张传玺教授曾当面以"圭"和"土"字喻解历史学与其他专门史研究的区别，令人印象十分深刻。可见，历史学的视野本来是十分广阔的，其他专门史与之相比，有类河汉之于江海，容量大小立辨。

尽管很大，事实上，却从来没有在法学和史学之间关于法史学的定位问题引起激烈的讨论。之所以没有或不会引起激烈的争论，大致有两个原因：其一，现今在史学和法学领域（尤其后者）从事法史学研究的众多学者当中，具有史学或法学背景之一，或者同时具备法学和史学的双重背景的不在少数。这说明法史学与法学和历史学具有很深的渊源，往积极一面看就是前面所说的"左右逢源"。其二，从双方的关心和认同程度来看，依笔者浅见，在历史真实性的发现上，前者对后者的关心和认同程度应该超过后者对前者的关心和认同程度；在理论的掌握和运用上，则恰恰相反。从本文所持的"法史学危机论"出发，缺乏法学之外学科——尤其与法史学研究具有如此密切关联的历史学——的认同，有力说明了法史学的不独立和不成熟。与此同时，我们注意到其他法学分支的发展如排山倒海，却从法学内部对法史学的存在发展日益构成不小的排拒力量[24]。内部产生排拒，外部认同不够，法史学如何在这内外的夹缝中求得独立和长足发展，乃至晋升为一个有成熟的理论、成熟的方法的学科门类，这实是一个严峻的考验。

以上十种分类方法，或者以时间为依据，或者以空间为依据，或者以研究对象和范围为依据，或者以研究中主要运用的方法和特征为依据。这样的分类依据，尽管相互之间存在一定的兼容性，但标准之分歧与琐碎是很明显的，更无法反映法史学研究的发展规律和整体特征。笔者在此尝试提出的是一种新的分类方法，即宏观法史学和微观法史学的分类[25]，并且主张——微观法史学应是现今法史学研究努力前进的方向。然则，在法史学已经被边缘化的今天，为什么要提出这样一组概念？区分的依据何在？这样的分类又有什么意义？兹事体大，一时还无法提供圆满的解释，

---

〔24〕 当然，这里所说的"排拒"，未必来自其他法学分支的主观故意，更主要是由客观的学科竞争造成的。

〔25〕 此处宏观法史学和微观法史学概念的提出，一定程度上受到现代西方经济学分类（包括宏观经济学和微观经济学）的启发。但是，之所以提出这样的分类，主要是建立在笔者近几年对于法史学体察思考的基础之上。因为，法学与经济学不同——尤其没有宏观法学、微观法学之别，法史学与经济学更是不同。同时，从平日与几位交往密切的师友交谈中也获益不少。特别此前与导师无数次的推心交谈，他有很多高瞻远瞩的洞明之见，给我很多思考的指引。

试先作铺陈如下：

首先，如何区分法史学的宏观与微观？简单言之：一是，要解决的问题不同。宏观法史学要解决的是研究和发现法律制度、法律思想的整体演变趋势的问题。比如，中国古代司法制度的形成经历了哪些重要的阶段？国家与家族的权力消长规律如何？表现在法律中的国家意识形态有哪些特征？等等。微观法史学要解决的是法律制度、法律思想在宏观演变趋势下，具体的制度存在形态和思想影响方式的问题。比如，秦汉至隋唐之间法律语言的风格发生了哪些重要的变化？唐代官吏选拔的四个标准"身、言、书、判"对官员法律素质的养成起到什么样的影响？宋明理学如何在当时具体的司法案件中发挥影响？等等。二是，研究的视角和进路不同。宏观法史学往往关注法律制度和思想的全域和整体，微观法史学则是关注法律制度和思想的部分和个体；宏观法史学往往是从大的背景出发，微观法史学则是从细微的问题起步。分别用八个字来概括，宏观法史学就是"全域着眼，整体入手"，微观法史学就是"大处着眼，小处入手"。但是，除了以上两点大不同外，二者也有不少的关联和相同之处。言其关联，宏观法史学不是"宏大叙事"，不应该忽视微观法史学的研究和发现；微观法史学也应该有一个宏观的眼光，而不能"只见树木，不见森林"。若言其相同之处，则二者都研究具体问题，而不是空谈理论；都提倡客观全面，而反对主观偏执；都推崇开放相容，而反对闭锢自守。将二者结合起来，就是"宏观把握，细微观察"，全方位地考察历史时空下的法律现象。

其次，将法史学区分为宏观和微观，符合法史学发展的根本趋势。尽管宏观法史学和微观法史学的概念，以前不见有人提出，但是这两类的学术研究（尤其前者）皆早已有人在不断实践着。在上述十种分类方法中，全域的和通识的法史学研究就比较接近宏观法史学研究，地方的和专题的法史学研究就比较接近微观的法史学研究。但是，一方面，很多学科的研究发展，往往都有一个从宏观到微观的过程，法史学从宏观研究进入到微观研究，本身就意味着法史学自身的前进和发展，这也比较符合人类"由表及里，由浅入深"的认识规律；另一方面，宏观法史学和微观法史学的分类，既是建立在法史学不断向纵深发展的现实基础之上，也客观上反映了这样一个前进的过程和趋势。因此，全域的和通识的法史学与宏观的法史学研究，地方的和专题的法史学研究与微观的法史学研究，只能是接近，而不能等同。一言以蔽之，与上述十种分类相比，法史学的宏观和微观的区别标准是立体的；其他十种分类标准，基本是平面的。

再次，将法史学分为宏观和微观两个层面，不仅仅在于反映法史学研究纵深化的客观现实，更重要的价值在于——通过这种区分，尤其对微观法史学研究的重视和努力，帮助法史学摆脱目前的困境。一是，成为联结法史学与其他学科的纽带。在宏观法史学和微观法史学的分类下，不仅可以将上述十种分类及研究方法统统囊括，而且可以将很多其他学科（如统计学、社会学、人类学、经济学等）的研究方法和理论引入其中。比如，在研究明清时期讼师应对官府的诉讼技巧时，从博弈的角度出发，或可以有更多新的发现。再如，在研究徽州契约中"罚则"（违约责任）的应用时，将契约中罚金与标的的金额进行对比统计分析，或可以发现此类民事习惯与成文法律的离散规律。诸如此类，可资利用的研究方法和理论还真不少。但是，一方面，方法终究是方法，必须为研究目的服务，而不应成为炫弄和摆设；另一方面，万变不离其宗，法学的和历史的方法始终是最基本的研究方法。二是，成为沟通法史学与其他法学分支的津梁，拉近法史学教材教学和学术研究的距离。不管是宏观的法史学研究，还是微观的法史学研究——尤其后者，关心其他法学分支中的相关问题，从具体的法律问题进入，全方位、多角度地揭示法律的原生状态，使法史学的研究不再沉陷于琐碎和呆板，不再因与其他学科交混而"失去自我"，打通与其他法学分支之间的隔阂，这或许是减少法学内部排拒压力的一个可行之路。即使上述两者都不能实现，仍旧无法缓解和摆脱现存的危机，但是，至少法史学研究本身在向纵深前进，距离我们的最终目标——使这个学科成熟发展和早日独立——会越来越近。

最后，宏观法史学和微观法史学是一种共生共存的关系，又皆有各自的研究对象、研究进路和要解决的问题。从辩证的角度看，没有宏观，也就没有微观；没有微观，也就没有宏观。只不过，以往法史学在宏观的方面取得的成果较显著，微观的研究比较薄弱，近些年才日渐增多。但是，从法史学的整体考虑，宏观的和微观的法史学都应该发展。尽管宏观的法史学成果较多，其中有些成果却难免存在重复，或有"宏大叙事"之嫌。现在法史学的整体趋势是向纵深前进，微观的法史学研究亟待加强，才符合这样一个大趋势。然而，宏观法史学和微观法史学互相不能替代，各自有其独特的学术研究取向，在一段时间内可能有所偏重。但从长远的眼光看，将来有朝一日法史学成为独立而成熟的学科门类，作为法史学的两大支柱应该齐头并进，共同构筑完善的法史学教材教学和学术研究体系。

（文字编辑　康骁）

"回到规范"与"追问意义"

——中国法律史研究对象与立场之我见[*]

陈　煜^{**}

法律史学作为一门法学，与其他法学诸科情形迥异，与相关理论法学与应用法学相比较，更可以显现出此中的问题。虽然在法学分类中，一般将法律史学放入理论法学之列，但是与更具有理论气质的法理学相比较，中国法律史学似乎并无多少理论色彩，更多的是由具体的事实堆砌而成，诸研究者探讨法律史学，似乎也重在追寻其具体事实的"史"，而对其"理"则有所忽视。这里似乎有两个原因，一方面是为了恪守史学传统，以求"真"为纲，钩沉索引，避免空论；另一方面则是因为用现代法学去关照法律历史，会碰上诸多窒碍，比如"体"与"用"、"词"与"物"、"规范"与"事实"等方面的困境，所以让人感到无从下手，其"理"自然抽绎不出来。而与应用法学相比较，差距尤为明显。部门法有自己的术语和体系框架，针对的是现实的问题，且都来源于西方。这样如果以部门法的观点强行落实到传统法制中，只会有盲目比附之嫌。而如果不再这样做，那么让法律界同仁产生"中国法律史还是法学吗？"这一疑问是再自然不过的。不过，尽管存在诸多困难，但这不能成为我们回避这一疑问的理由。

笔者以为，要想使得中国法律史学成为一门法学，就对象问题而言，

　　＊　本文部分内容曾经以《作为法律科学的中国法律史》、《作为民族精神的中国法律史》、《同情法在中国法律史解释中的应用》为名，在相关刊物上发表过，本文又重新进行了总结分析，立足于法学学科的视角，着重分析研究的对象和立场。
　　＊＊　中国政法大学法律史学研究院副教授，法学博士。

要"回到规范"，就立场问题而言，要"追问意义"，如果两者解决好，则中国法律史学作为一门法学的品格，就更为完善。中国法律史作为一门近代法学，其研究的对象和立场在历代学者的探索中一直在不断变化，我们仔细研究，可以发现大致存在着这样一个发展脉络。我们先来梳理一下近代以来中国法律史学发展的脉络，以期发掘法律史作为一门法律科学的科学精神。

一、中国法律史学研究的发展脉络

实际上，要阐明近代以来中国法律史学的学术史，必得经过细致的材料爬梳、系统总结，这不是一篇文章可以解决的，所以我们在此只是简单地叙述一下其发展脉络，找到研究的"倾向"，大致而言，中国法律只学研究有三个方面的"转变"：

首先，从一开始将"中国法制史"中的"法制"仅局限于"刑法"内容到后来的"法制"内容的扩大化，并逐渐以现在西方法学知识诠释中国古代法制。中国法律史学科成立之初，研究者尚不能摆脱《历代刑法志》确立的范式，一律将古代法制视为刑法，或者他们可能已经意识到古代除了刑法外还有别的规则，但并不将它们列为研究对象。这方面的代表人物有沈家本、程树德[1]，他们的研究方法还是延续传统的治学模式，侧重于考证。到20世纪30年代，中国法律史学者视角更为开阔，杨鸿烈、陈顾远为个中翘楚，他们已经基本上突破了前人的局限，比如陈顾远就将法制史分为总论、政治制度、狱讼制度和经济制度四编，认为"中国法制史之范围，不仅限于法律一端，举凡典章制度、刑政教化，莫不为其对象。"[2]但更具时代特征，影响后来更深远的是杨鸿烈，他的名作《中国法律发达史》，所叙内容是中国古代的法律，但使用的语言、框架体系则完全是近代的。比如，在研究中国古代刑法时，他使用的分类是刑法总则和刑法分则；在研究中国古代民事法律时，他使用的是人、法人、法律行

---

[1] 当然这可能是受西方法律术语的局限，并且主观上想"尊重历史真实"，不认为中国古代有民法、经济法等内容，所以第一代学者对古代民事、经济制度避而不谈。这方面的代表作可参见沈家本：《历代刑法考》，中华书局1985年版；程树德：《九朝律考》，中华书局2003年版。并且程树德认为中国法制只限于刑法制度和诉讼制度，见其《中国法制史》，商务印书馆1928年版。

[2] 转引自刘广安："二十世纪中国法律史学论纲"，载《中外法学》1997年第3期。

为、行为能力、所有权、债权等概念；在研究其他领域的法律问题时，他使用的也是国际公法、法医学、法院编制法、诉讼法等概念。而这些，在中国古代法律分类和术语中是没有的。何勤华先生认为："……这种模式，即用近代西方的理念、方法、体系和概念术语等来研究中国的材料，是当时中国学术界通行的做法……这种模式虽然会带来因以今人的立场来诠释古人的思想而会出现误读、误解的弊端，但对沟通古人与今人的思想、使现代读者更好地了解、理解古代的制度和思想是非常适合的"[3]，此论可谓精到。后来的研究者，一直延续杨鸿烈的这种方法。新中国成立后，大陆因受法律虚无主义政治气候的影响，法学包括法律史研究一度中断，但台湾学者继续以西方的理念、方法、体系和概念术语等要素在中国古代法制上深化研究，成绩斐然。[4]直到20世纪80年代学术解冻后，大陆的中国法律史研究才重新焕发生机。张晋藩教授于1981年4月完成并出版了《中国法制史》（第1卷），这部教材成为新中国成立以后中国法制史学科初创的重要基石。1982年由他主编的全国法学统编教材《中国法制史》出版，先后印行四十余万册，产生了极为广泛的影响。[5]诚然，以今日眼光来看，这些作品存在不少问题，但我们不要忘记，这个是在学术刚解冻时，是在信息、资料都极其缺乏的情况下成就的作品，其困难可想而知，而且在当时的情况下，中国法律史学者从事的第一要务是建立学科框架体系，重在恢复先前的水平，时间不允许十年磨一剑地精耕细作。所以利用现在的资料与有利因素，无端地批判二十年前的法律史作品，这样的做法恰恰缺乏了"同情的理解"，是有悖科学精神的。上述这些作品借鉴了台湾的研究成果，同样是以杨鸿烈的方法来展开的。体例上大致有两类，一种体例是以朝代的沿革为纲，分别叙述每一朝代的立法、刑事法制、民事

---

〔3〕 参见何勤华："杨鸿烈其人其书"，载《法学论坛》2003年第3期。

〔4〕 仅以台湾数十年来经典法制史通史教材或专著为例，如戴炎辉：《中国法制史》台湾三民书局1966年版、1982年版、1987年版、1995年版，这里面版本可能还不是所有的版本，但从再版次数之多，可以看出此书的风行与厚重。该书按现代部门法分类体系，在叙述制度时侧重阐释法理，为台湾研究法制史的经典制作。此外具有代表性的尚有林咏荣：《中国法制史》台湾大中国图书公司1976年版；张金鉴：《中国法制史概要》，台湾正中书局1973年版；李甲孚：《中国法制史》，台湾联经事业出版公司1988年版。

〔5〕 有关张晋藩先生学术简介可参见顾元："张晋藩教授：新中国法律史学的主要开创者和奠基人"，载《中国地质大学学报》2004年第1期。

法制、经济法制、行政法制、司法制度等等，这样叙述的好处是使读者对每个朝代的法制可以有一个清晰明白的了解，弊端是缺乏对法制沿革过程的总体介绍，也就是说明白了"法"而模糊了"史"；另外一种体例刚好相反，它按部门法体系来分类，分成立法史、刑事法制、民事法制、经济法制、行政法制、司法制度等，然后按照各个门类从古写到今，这样照顾到了历代法制的延续性，但可能无意之间忽视了法律体系的有机统一性。这天然是一个矛盾，但欲令初学者明白了解，却不得不如此。上述何勤华先生对杨鸿烈书的评价同样适用于此。论者或者可以讥此为曲解古人，但这样的做法恰恰是使法律史成为一门法学，使之具有不同于一般历史而有自己独立品格的很好的办法，我们所要注意的是不能生搬硬套，将"专卖"比附"禁榷"，将"担保"比附"典当"，而是尽量用现代的语言界定古代概念，如果我们将古代的"为有"、"归于……名下"用今天的"对……享有物权"来表达，则未尝不可。

其次，从开始专注"静态的法"到后来拓展到"动态的法"的研究，即从纸面上的法到行动中的法的研究。学科研究对象范围相应也逐渐扩大，从一开始的"制度史"与"思想史"的两分到后来的"文化史"、"社会史"等分支的出现，日益体现了法学与其他学科的交叉。上文所述的法律史学名家，无论是沈家本、程树德，还是杨鸿烈、陈顾远，还是当今的张伟仁、张晋藩，侧重点都在"静态的法"的研究，简言之就是一种规范的研究，当然这并不意味着这样的研究已经过时或者价值较后者低，事实上规范性研究对研究者法学专业素养的要求可能更高，并且它始终必须作为法律史研究的基础。随着研究的深化，渐渐地在规范研究之外，学者开始进行功能的研究。对此瞿同祖先生做了开拓，在他的经典作品《中国法律与中国社会》中对研究思路的转化做了很好的诠释："研究法律……如果只注重条文而不注重实施情况，只能说是条文的、形式的、表面的研究，而不是活动的、功能的研究。我们应该知道法律在社会上的实施情况，是否有效，推行的程度如何，对人民的生活有什么影响等等。"[6]他认为这样的法律史才是立体的、真实全面的法律史。离开对当时法律所处社会背景的研究，法律史研究难免沦为对历代法典的诠释。这样的研究一

─────────────

〔6〕 瞿同祖：《中国法律与中国社会》，中华书局1981年版，导论。

定程度上是为了回应中国法律史"体用问题困境"而萌发的，既然历代的实体规定在今天已经不能起到实质的作用，那么我们只能探求当时的法制在当时社会上的作用以及开展情况的优劣，以期作为对现代法律之于社会功能等一系列问题上的借鉴，所以法律的功能与实际运作成了这一派学者最大的关注对象，这和西方 20 个世纪社会史的兴起是密切相关的，[7]有关学者把有关社会史的理论引入法学研究当中，蔚然成为法律史研究的新气象。早先中国法律史仅含两个分支，一个是中国法制史，另一个是中国法律思想史，对这两个部分，学者都没有异议，唯一的分歧就在于该分还是该合的问题，对此，学者展开了争鸣，赞成合的理由大致是思想和制度本不可分，制度的背后必定蕴涵着某种指导思想，而思想也需要用制度展示其社会效用，何况在别的国家中法律史也很少有思想与制度的区分。[8]而赞成分的理由则是两门学问有不同的体系、特征，研究方法也不一样，而且如果作为一个学科，那么教学就会背上难以负荷的重担。[9]其实在笔者看来，这实在是一个不成问题的问题，笔者赞同并主张这样的看法：研究各随其便，教学且宜分立。现在的问题是有没有必要将法律文化史与法律社会史列入中国法律史研究的范畴，笔者认为完全有必要。法律史除了关注法的本体（制度与思想都可算在本体之列）之外，还得关注法的运行与价值，法律文化更多关注法的价值，兹列入作为民族精神的法律史论

---

〔7〕 一般以 20 世纪 20 年代末的法国年鉴派史学的兴起为社会史学的成熟标志，年鉴学派由吕西安·费弗尔和马克·布洛赫创立。他们以 1929 年创刊的《经济和社会史年鉴》杂志（1946年起改称《经济、社会和文明史年鉴》）为阵地。他们所主张的新史学，是"整体的历史"。该学派的第二代代表人物是费尔南·布罗代尔，也是年鉴学派的集大成者。布罗代尔力图把人类社会的历史作为一个整体来研究，并以该体系及其各组成部分密切相关、相互作用所形成的结构和功能关系，再现处于动态过程中的历史总体。这种史学理论被译介到国内，成为 20 世纪早期历史学家写作社会史的理论依据。

〔8〕 比如朱苏力先生在《关于中国法律史研究——〈美国学者论中国法律传统〉读后》一文中就指出在外国人的法律史作品中，"所谓法律史与法律思想史，或法史与法理之分都变得极为模糊了。在读这些著作时，我们在制度中看到了思想，从事件、程序中看到了思想，看到了理论。"朱苏力："关于中国法律史研究——《美国学者论中国法律传统》读后"，载《法学研究》1995 年第 3 期。

〔9〕 这个分歧在 2002 年中国法律史年会所收论文中就可以发现，可参考王强《"两张皮"、危机与历史转折——关于中国法律史学科体系的一点思考》一文与金敏《关于中国法律史学学科体系、结构与特征的几点看法》一文，前者赞成合，后者赞成分。载倪正茂主编：《法史思辨——二〇〇二年中国法史年会论文集》，法律出版社 2004 年版，第 36～46、85～92 页。

述，此处仅就法律社会史做一点看法。前已论及法律社会史主要观察人们在法律的制约下形成的社会秩序，关注法在社会实际中的运行，是一个动态的过程。当然瞿同祖先生做这方面尝试时，并没有系统提出法律社会史的概念，近年有学者开始自觉地构建法律社会史的理论，张仁善先生的《礼·法·社会——清代法律转型与社会变迁》一书由此可看成是一个学理上的创新，他明确地给出了中国法律社会史的定义，即"研究中国法律与中国社会结构、社会阶层、社会生活及社会心态关系的历史，目的是揭示中国法律发展与中国社会变迁的内在联系，探求中国法律演变的历史规律。"[10]这就将法律史的研究视野拓宽了。笔者认为法律制度是为了规范社会生活，社会生活的主体恰恰应该是中下层民众，所以法律史应当将视角更多关注中下层民众，继而考察影响法律变化最基本的社会结构，这才是法律作为一种行为规范在社会上实际运行最值得注意的东西。政治多是上层精英注意的内容，而法律则更多是大众所要知道的事物，法律史因而也应该是法律之于大众的发展史。[11]就行为这一层面上，的确是如此。[12]

最后一个趋势是从开始的"规范秩序"到后来的"非规范秩序"的研究，从"王法下的秩序"到习惯法、宗族法、民间法、民族地方法，乃至到其他的社会共同体，比如部落、寺庙、帮会、商业团体等内部规则以及由此形成的"地下秩序"的研究。中国法律史不仅要研究历代法制，而且要研究在这个法制指导下的秩序问题。如果说当今法律史学有超越于前人的地方，则当之无愧是在这一部分内。其实这个研究趋势是上述第二个趋势的必然结果，当我们不局限于具体的制度条文而将法律置于广阔的社会背景中去考察时，当我们通过考察人的行为模式继而力图还原古代法制体

---

〔10〕 张仁善：《礼·法·社会——清代法律转型与社会变迁》，天津古籍出版社2001年版，第4页。

〔11〕 不如我们看孔飞力《叫魂》一书，就会发现行政系统执法的低效率性与民众法律观念不清是有很大关系的，如果我们仅仅从乾隆朝颁行的法律条文来看，就会发现在这一问题上法律规定的特别完善，这就是纸面与生活中的法的背离，当然其中也涉及民间法或者习惯法的问题。参见〔美〕孔飞力：《叫魂》，陈兼等译，上海三联书店1999年版。

〔12〕 最近若干年以来，一批中青年学者开始以社会史眼光观察法律在现实生活中的样态，得出了许多成果，如邓建鹏对清代诉讼费用、诉讼模式的考察，尤陈俊利用明清日用类书，得出了基层人民的法律观念和法律实践究竟为何，这些都是研究"生活中的法"的典型，侧重于"法的实然"的分析。

系中人与人之间的关系时，我们无法回避正规制度作用下的其他秩序。滋贺秀三和黄宗智在清代民事诉讼与民事法源上的分歧，很大程度上就是对秩序解读的分歧。[13]这给中国学者的启示就是"法"在中国历史上的样态是多样的，如果仅仅关注"规范秩序"，对于历史上丰富的民间秩序视而不见，那么反而违背了历史的真实。20 世纪 80 年代后期曾经有学者在这方面进行开拓，取得了不少成就。[14]可惜到了 20 世纪 80 年代末期以及 90 年代，随着法律文化研究的异军突起，文化热席卷整个法律史学界，不少学者转向法律文化研究。而习惯法、宗族法、民族地方法秩序的研究反而缓慢下来。这是有原因的：一是研究王法之外的秩序，需要开展相关的人类学调查，需要实地调查，收集现实资料，以关照古今。法典的生命力毕竟有限，而内涵在人们心目中的法律意识和法律思想，则会世代相延，尤其是相对闭塞的地区更是如此。这样我们才能明白这部分人群中的"法"到底是怎样的。做调查，不仅需要艰苦的努力与耐心，而且需要深厚的知识积累，比如要掌握历史语言、少数民族语言，掌握人类学方法与心理学方法，难度比较大[15]。二是实地的调查得出的都是地方性知识，到底能不能据此得到普遍性经验，比如研究徽商的商业习惯或者行业惯例，是否对晋商同样适用，这一点难免引起研究者的怀疑，继而使他们怀疑研究的价值。三是还有一个现实的考虑，调查需要大量的资金，比如黄宗智研究清代第三领域中的民事问题，几乎将巴县、宝坻、淡水所有的诉讼档案都

---

〔13〕 滋贺秀三认为清代的民事诉讼的法源涵盖了中国人的"情理法"三种概念，在诉讼的任何一个阶段都体现了这三者的交融，故清代民事诉讼中运用的法源是三者的混合形态。而黄宗智则在民事案件调处与审判之间划出了一个"第三领域"，继而认为每一部分适用的"法"是不一样的。关于各自的主张，参见 [日] 滋贺秀三："中国法文化的考察"，载滋贺秀三等：《明清时期的民事审判与民间契约》，法律出版社 1998 年版，第 2～15 页；及黄宗智：《民事审判与民间调解：清代的表达与实践》，中国社会科学出版社 1998 年版。

〔14〕 这方面早期的成果主要有朱勇：《清代宗族法研究》，湖南教育出版社 1987 年版；刘广安：《清代民族立法研究》，中国政法大学出版社 1993 年版等。

〔15〕 中国政法大学的教授刘广安先生，是研究清代民族立法的佼佼者，其博士学位论文就是其在深入西南民族地方实地调查后写成的《清代民族立法研究》，为大陆最早专门研究民族立法的作品。但后来刘先生学术发生了转向，笔者曾有幸就教于刘先生，问为何不继续在此民族法制秩序方面深入下去，刘先生喟然长叹，称语言难以悉数掌握，现有的民族语言都不能很好运用，更遑论历史语言？以刘先生的天赋与渊博，都对这一块内容望洋兴叹，就可想而知个中的研究难度了。

调出来了，没有大量的财力支持这是不可能实现的。当然毕竟这是一个有价值的研究领域，所以虽然困难重重，法律史学者依然在此领域不断开拓。对古代法律的多元格局探讨得较为成熟的是梁治平先生，他写了系列文章指出帝国秩序的构架问题，笔者赞同他这样的论点："因此，中国古代的法律多元格局就呈现为一种多元符合的统一结构，它既是杂多的，又是统一的；既是自生自发的，又是受到控制的；既有横向的展开，也有纵向的联系；既是各个分别地发展的，又是互相联系和互相影响的。这些彼此对立的方面，一方面包含了造成动荡的因素，另一方面也蕴涵了解决社会问题的创造性力量。正是因为同时存在着这些不同的方面，也正是通过这些不同方面持续不断的相互作用，帝国秩序才能在长时期的变化当中保持结构的平衡。"[16] 至 20 世纪 90 年代末期，随着对古代多元格局的法律秩序体认的加深，王法以外的秩序的研究重新成为研究的热点。[17] 这显示出当代中国法律史学者不迷信于古代法典，而在更宽广的领域内探讨法律史的"真"，而这个"真"正是法律史作为一门法学的科学精神的体现。

二、"回到规范"——中国法律史学研究对象的定位

历史学更多的是一门"人学"。自《史记》以来，人是历史研究的主体，所以人物传记乃是二十四史之主体。而法学乃是一门"规范学"，虽然也涉及人物、社会、思想等诸多领域。但是其要者还在于"规范"。我们谈到的"法律"，应该不仅仅限定在今天意义上的由全国性的立法机构（人大及人大常委会）颁布的"法律"，而应该包括广义上的"法"，包括地方性法规和宗族法，只要具备"法"的形式要件，应该都在我们的研究范围之

〔16〕 参见梁治平："中国法律史上的民间法——兼论中国古代法律的多元格局"，载《中国文化》1997 年第 21 期。此外，梁治平先生关于民间法、习惯法、民族法律史理论的研究另见其《法律史的视界：方法、旨趣与范式》一文，载《中国文化》2002 年第 21 期，用这些理论来撰写的代表性专著是《清代习惯法——社会与国家》（中国政法大学出版社 1996 年版）。该书可以看做是 20 世纪 90 年代研究习惯法、民间法的代表之作。

〔17〕 不仅是中国法律史领域中有许多学者着力研究民间法、习惯法、民族地方法，而且法学其他学科，如法理学也在加强对此的理论探讨，谢辉、陈金钊先生还专门编辑刊物来推动民间法的研究，见山东大学《民间法》刊物。除此以外，其他相关学科，比如民族学、社会学也在开展研究。近年由张晋藩教授主持，召集众多学者正在编撰《中国少数民族法制通史》，着重考察各少数民族地区的法律史，里面牵涉到文本考证、田野调查，是近年这方面研究的最重大举措，年底有望出版其中的一二卷。

列，同时这些规范的制定者、制定机构以及规范的实施情形，都应该是重点的研究对象。故而，我认为，中国法律史学研究的对象有这么几个层次：

第一个层次是法的历史发展，侧重于描述中国法制发展的源流。首先，法的历史发展研究法律的起源，分析法在什么状态下产生，比较世界其他国家法律的起源，阐释中国法制何以有自己独特的发展脉络。在这方面中国法律史学者虽然进行了许多思考，但多在叙述"法"起源于何时，且仅限于国家制定法，而对法起源的背景，以及为什么需要规则等问题并没有加以深入研究，依然存在着描述多而分析少的弊病。[18]其次，法的历史发展研究法律的发展，包括从古至今的法典与制度的沿革，法律的发展应该作为这一层次研究的主要内容，这里面的典范之作当推梁启超写于1904年的《论中国成文法编制之沿革得失》，该书近十万言，是我们迄今看到的第一部由中国学者自己撰写的比较系统的法制通史专著。该著自"战国以前的成文法"起，直到"明清之成文法"，进行了纵向的考察，首次整理出了中国成文法的发展脉络，揭示了律系。又首创了历代律典篇目变迁规律之研究，总结了中国成文法发展史的四大缺点，影响深远。[19]在叙述法律发展的时候，该书特别注意其中关于法的继承、法的移植、法制改革的问题，这些内容对后来的法律改革与今天的法制建设有着很强的借鉴意义。比如杨鸿烈的《中国法律对东亚诸国之影响》一书，就是其中比较杰出的作品。最后，法的历史发展研究法制近代化问题，中国古代其实只有两次巨大的法制革命，一次是春秋战国时期，另外一次就是清末，而后者尤其具有启示意义，可以说直到今天，我们国家的法制近代化过程还没有走完，目前仍然处在从近代向现代过渡的过程中，一百年前困扰康有为、梁启超、沈家本、伍廷芳诸公的问题，在我们目前依然存在着，只不过我们可以更加心平气和地加以研究而已。其间的利弊得失，在经过了百

---

〔18〕 这方面的研究成果主要有张晋藩："中国古代国家与法权历史发展中的几个问题"，载《法学研究》1963年第2期；倪正茂："论法律的起源"，载《社会科学》1981年第1期；游绍尹："略论我国法的起源"，载《中南政法学院学报》1986年第2期。在20世纪80年代围绕着法律起源于哪个朝代有许多争论，而实质上是对法的理解的歧异造成的起源问题的分歧。

〔19〕 载范忠信选编：《梁启超法学文集》，中国政法大学出版社2000年版。本文参考了范忠信先生对该书的评论，参见范忠信："梁启超与中国近代法理学的主题和特征"，载《法学评论》2001年第4期。

年的扰攘，今天也该是冷静客观进行总结的时候了。学者近年已经开始重视这个问题，还形成了一些具有研究性质的团队。[20]由于此类问题距今较近，过去限于意识形态间的斗争，这些问题的研究具有很大的政治敏感性，现在随着学术气氛的逐渐自由，对法制近代化有必要更为关注。总体而言，作为法律科学的法律史研究对象的第一个层次大致就有这么三块内容，这里面侧重描述制度的历史变迁，基本属于杨鸿烈所说的"外包的法律史"（更侧重于历史过程），是外部研究的一种路径，重在解决前述的法律治理体系转化问题的困境。

第二个层次是法的本体，侧重于分析古代法制"是什么"的问题。法分为形式上的法与实质上的法，本体论注重对法的形式和本质进行分析。或者我们可以称它为"本体法律史"。在这个层次内，研究者首先应该界定法律制度的概念，求得它的定义，指出历代法制所具有的特征，揭示出其本质是什么，然后指出法表现的形式是法典还是礼法或者其他形式，并且指出各个形式的法的效力到底如何，强调法的位阶性。这方面的研究比较少，学者更多将有关效力问题放在法的实际运行部分去阐释了，而对法律本身的效力渊源和层次则无意当中忽略了，倒是外国学者更为仔细，在前引的滋贺秀三等著的《明清时期的民事审判与民间契约》中，我们已经可以看出外国人试图从法的本体论中去探索法律之间的效力高低问题。在界定概念、明确效力的基础上，研究者下一步的任务是精细的法条分析，明确其中法的要素，分析法典中法律规则有哪些，法律原则有哪些，法律概念有哪些，技术性法律规范有哪些，继而从权利义务的角度阐释古代法制的体系。以权利义务为参照系，是法学研究特有的范式，[21]法律史必须

---

〔20〕 近年来，中国政法大学的朱勇先生与北京大学的李贵连先生专力于中国法制近代化的研究，并且指导一批博士生在法制近代化研究上取得突破性进展，相关成果可参见韩秀桃：《司法独立与近代中国》，清华大学出版社 2003 年版；张德美：《探索与抉择——晚清法律移植研究》，清华大学出版社 2003 年版；张生：《中国近代民法法典化研究：1901～1949》，中国政法大学出版社 2004 年版，以上三位均为朱勇教授之博士研究生；另见李贵连：《近代中国法制与法学》，北京大学出版社 2002 年版。

〔21〕 这也是法律和其他社会规范最大的区别之处，法律旨在通过外在可操作的权利义务的划分，来指引规范人的行为，履行义务、行使权利就意味着合法。反观道德规则则无法划分外在的权利义务，常常是通过内心信念、社会舆论等方法解决道德问题。所以权利和义务由此成为最典型的法的内容。

要借助这个分析工具，否则就难以对古代法制做法理上的阐释，并最终没有办法将它纳入到现代法学视野。在分析清楚权利和义务性规范的前提下，本体论继而探究法律规定了何种法律行为，分析法律行为的结构，看看历代法律制度里面设立了哪些授权性行为，哪些命令性行为，哪些禁止性行为。众所周知，法律通过调整人的行为来调整社会关系，古今中外的法律莫不如此，所以不管古今法律规定发生了怎么样的变化，在法的规范性调整这一点上是一致的。这就给我们以分析的逻辑结构，即通过不同的行为模式，成立不同的法律关系，这就要求我们还得研究法律关系，明白这个行为最后旨在成立什么样的法律关系，比如法律允许订立田宅买卖契约，通过授权性行为，在当事人之间成立了契约关系，那么契约关系的主体就是买卖双方，客体就是标的物田宅，内容就是双方约定的具体行为，比如买方给予卖方三千两银子，卖方交付田宅。由此我们自然而然推导出，法制的最后一个环节就是法律责任问题，如果一方或双方都不履行契约，就产生违约问题，法律最后设置了处罚，对责任进行认定。在这方面，滋贺秀三先生提供了最成功的范例，他的名作《中国家族法原理》就是典型的本体法律史作品。为了最大限度地接近历史的真实，滋贺先生特别用一章去界定相关概念，从而使得一些专业法律术语在古今两种语境下得到了很好的转换。[22]总体而言，本体法律史研究的思路是顺着这样的路径开展的：界定概念——分析效力——剖析要素——明确权利与义务——明确法律行为——形成法律关系——追究法律责任，这个一定程度上立足于解决上述"词"与"物"的困境问题。

最后一个层次是法的运行。上文在梳理中国法律史研究脉络时已做了

---

〔22〕 在《中国家族法原理》序言里，滋贺秀三写道："（旧中国亲属继承法）体系颇呈特异之态，而且成为论述的主线的那些基本的诸概念，只使用我们现在的法学中既存的概念是不够用的，所以决定导入几个切合中国的事象的独自的概念。由于这一原因，就有必要做一些将中国人无意识地经常使用的几个极普通的词汇，改为从论理性的角度加以省察，通过认真地加以定义，使之达到学术性概念的高度的那样的工作。可以说作为总论的第一章特地为这一原因而补充的。我想，通过这样的作业，中国法制史这样特殊的一个法学分科，不是真正能够有助于法学全体的深广化吗？要而言之，可以说应将自己置身于有关家族生活的中国式思考样式中，像中国人那样去思维，让这些思考的基本步骤尽可能的恰当，并且经得起现代学术性批判的正确和整合的形态来加以表现，这正是本书中著者一贯并努力要做到的事情，也是书名特别的称作原理的原因。"参见［日］滋贺秀三：《中国家族法原理》，张建国·李力译，法律出版社2003年版，第5页。滋贺的这一段话适足以告诉我们解决"词"与"物"的困境之道。

说明（主要是在后两个趋势中），此处简单说一下它所涵盖的内容，所谓法的运行，包括法的生成、法的实现、法的实效。法的生成，主要回答我们在生活中从哪里发现法的问题，法的生成无非有二：一个是国家法（王法），另外一个就是除王法外的其他法，包括民间法、习惯法、民族地方法、宗族法、乡规民约、帮会规则、寺院规条、商业惯例、行会公约等等多元形态。法的生成主要研究法是在什么社会背景下生成，并追问为什么在这个地方这个时段出现了这种类型的法。比如明清之际，官府加大了打击讼师的力度，直接在法律条文中增加了禁绝讼师的规定，而乡规民约中也多有"息讼"、"止讼"的规条，这是和当时商业经济的发展与主流话语劝导息讼是不可分的。如果说"历史论"和"本体论"更多停留在"是什么"的境界之上，那么"运行论"更多强调是"为什么"、"怎么样"的问题。就法的实现而言，从普通国民的视角来看，就是一个守法的过程，从政府官员的视角来看，就是执法和司法的过程。法的实现重在探讨官员是如何将纸面的法运用于社会生活中，变成生活中的法，将规范转化为一种秩序的，以及普通百姓在这一过程中对法是怎么看待的，所以法律史还有必要对百姓的法律心态史加以研究，这是社会生活中的重要方面。至于法的实效，实质是探究法律在社会生活中的程序保障问题，这里面主要牵涉到古代法制监督、法律的解释与推理、法律程序的规定，比如探讨古代御史活动、清代诉讼审判模式、古代律学，都属于这一类研究范围，在法的运行的研究方面中国法律史学界近年佳作迭出，笔者就不再举例了。这一部分涉及"外包"和"内含"两种研究手段，既研究功能，又研究规范，重点用来解决当下的"体用"问题。

总之，作为法律科学的中国法律史应该由"历史论"、"本体论"、"运行论"三部分组成，并且三部分虽然解决问题的视角各有侧重，但并不是截然分开的。事实上，我们做层次分析只是为了叙述的明晰，而三者在事实上是彼此交融的，规范的研究和功能的研究在三个层次中均可适用。只有将三者紧密结合，系统研究，中国法律史才能避免被仅仅视为历史的分支，而成为真正的法学。

但是不管上面三个层次的研究如何开展，有一点毋庸置疑，即所有的中心点，应该都是围绕着"规范"展开，切不可抛开规范而大谈特谈某些社会现实，譬如许多学者谈及古代廉政建设，却只谈官员的以身作则、社会对官员的评价等问题，而抛开制度性约束机制，这样实际上已经超出了"法学的法律史"这一范畴。此外，许多学者非常关注司法实践，但是却往往舍去规范而大谈制度外解决措施，这也容易陷入"没有法律的社会"这种深渊中去，所以今天我们呼吁"回到规范"这一取向，实际上恰恰是为了实现中国法律史这一法律科学的目标。

三、追问意义——中国法律史学的研究立场

作为一门法学，中国法律史学不应该只是一种历史材料的堆砌，或者只是某些字词的考释，当然这不是说材料的积累和字词的考释不重要，恰恰相反，没有这些东西，中国法律史学就没有了基础。然而，我们的目标不能仅停留于此，历史考证不过是个工具，历史意义才是研究的最终价值所在，所以我以为，要想确保一种法制的品格，"追问意义"应该是中国法律史学的研究立场。

追问意义，并不见得就是回答"学了中国法律史学有什么用"这个问题，尽管这也不可回避，但是笔者认为应该从更为广阔的视野来解释何谓"追问意义"，一般说来，"追问意义"有三个层次。

第一个层次，是追问法制历史的法律意义，这叫法律的"本义"。因为不可避免历史上许多法律词汇，与现在许多法律词汇并不存在一一对应的关系，比如"关白"、"甘结"、"磨堪"等等，可能在传统的背景下，这些词汇属于日常百姓的词汇，不需要解释，但是经过了历史的演变，这些词汇，已经不为今人所熟悉，所以需要中国法律史学承担这样的解释或者"翻译"使命，从而将古人的法律智慧和法律意识传达给今人，这一点在上文谈到法律科学的"本体"时，已经有所论述。走法律史学考证路径的学者，追问的实际就是这一层次的意义。没有这些学者的工作，就没有办法"复原"某种制度。[23] 这种做法有点类似于清代"汉学"考证的做

---

〔23〕 某些古代法律词汇或者法律故事，有其特定的时代背景，解释尤为必要。给笔者印象比较深刻的，是一次中国政法大学的张立新教授问笔者，何谓"因奸射射"，笔者当时全不知道。后来查阅了《名公书判清明集》，当中就有一案例名称即指此，乃是指对于犯奸之妇，由国家强制配给在边远地区服役的军人为妻，这种强制配给即称之为"射"。另外，笔者看到的比较近的写得比较详尽，能解释法律词汇本义的文章为陈景良先生的《释干证》一文，为2012年其在中国法律史学会年会的参会论文。

派，"先识字而后通经"，他们所起的作用乃在于"识字"这一层。

第二个层次，乃在于追问法制历史中的理论意义，这便上升到了"历史法学"的高度。法律史学作为一门科学，它由过去的法律事实和今天的理论认识构成。但事（事件、材料、制度）有具体性、时空局限性和事后流逝性，理（事理、学理、原理）却有抽象性、普遍性和超时空的连续性。所以，探讨学理比描述事实更具有现实性的价值。历史研究的目的更在于解释而不在于描述。就法律史学研究而言，复原以往的法制图景固然重要，然而更为重要的是关照现实，而关照现实的前提，则在于正确的理解法律史。要正确理解殊为不易。做居高临下的鸟瞰，只能取得一个历史的侧影；做繁琐细致的考证，得到的是一堆历史的碎片，实际上这二者割裂了"知人"和"论世"的内在联系，偏重一端，其后果是解释力的不足。清儒章学诚认为："是则不知古人之世，不可妄论古人文辞也；知其世矣，不知古人之身处，亦不可遽论其文也"[24]，章学诚举的例子就是同样著史，关于哪个王朝继承了大汉之统，殊多不同。西晋陈寿以魏为正统，东晋习凿齿则以蜀为正统；北宋司马光再以魏为正统，而南宋朱熹再以蜀为正统。孰是孰非，众声喧哗。而章学诚则认为只需要考查以上陈寿、习凿齿、司马光、朱熹各自所处的朝代和地域，即可明了各自的立场。所谓"诸贤易地则皆然"，无所谓对错。在清代这个问题尤其敏感，作为思想家的章学诚对此应该体会很深，只不过章学诚处在那种环境中，无法继续进一步申述清代的实际罢了。[25]清初帝王一方面表示自己承接的是元明"大一统"一系的正当性，同时针对那些处于"闰位"的政权如辽金、两晋、五代等朝代，亦表示应统统加以祭祀。杨念群先生认为："乾隆申谕把所有偏安政权全部纳入祀典行列的一个好处是，既保留了清朝在'大一统'意义上与前朝的承继关系，同时亦坦率地承认满人和金人在历史上存在着种族血缘关系，表示这种血缘关系的存在并不妨害其对正统的

---

〔24〕（清）章学诚：《文史通义·文德》，上海世纪出版集团 2008 年版，第 82～83 页。

〔25〕 杨联陞教授举的一个例子很能说明问题。即古今有关正统的文编在《古今图书集成》卷四五二"帝统部"。但杨发现："有趣的是这一部并不像其他各部，它只有艺文，而没有一小节总论。总论通常是用来或多或少叙述公认的观点的。这一部的短序中，该书的解释略掉总论的理由是关于这个论题并没有公认的看法。在清朝统治下，这是再正确也不过了。"参见杨联陞：《国史探微》，辽宁教育出版社 1998 年版，第 16 页。

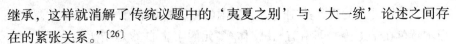

继承，这样就消解了传统议题中的'夷夏之别'与'大一统'论述之间存在的紧张关系。"[26]

以上所表达的"事"虽不一，然而有一点却是共同的，即都表达了一种制度上的"正统观"，为求得"正统"，他们书写历史的立场因此是不一样的。

更为生动的例子，乃是在南宋《庆元条法事类》中，有关于流犯"刺配沙门岛"的相关规定，而此时，沙门岛在金国政权境内，根本没有实现的可能，那么为什么明明此条已成具文，而立法者仍旧将之定在法典之内呢？从法律规范字义本身很难解释，而一种合理的解释为，这正是南宋主权意识的凸显。虽然只是偏居一隅，然而大宋的主流意识形态和法律观念仍旧是"中华"之正统观，法律保留"刺配沙门岛"，意在宣示一种主权。[27]虽然事实上南宋从未做到"恢复中原"，但是这种"道理"却从未在表达上放弃过。

解释历史，以关照当下，实际上是"通古今之变"的现代表达，对人类的终极意义则在于传承文明，"接通慧命"，促成一种文化自觉，从而使人活在一个"有意义"的世界中。如何让古月照今尘？牟宗三提出要"纵贯地接通慧命"，他为此批评"今之治史者"说："今之治史者，其头脑皆成无色者，其心灵皆成光板者，无性无情，无仁无义，只印上一些事件之黑点。此之谓科学方法之用于史。其结果是治史者不懂史，成为历史意识文化意识之断灭，成为慧命之斩绝。虽曰纵贯，实是横列。他们把历史事件化、量化、空间化，哪里还有纵贯？"[28]牟氏的批评显然过于极端，然而在凸显历史研究的意义、历史解释的目的方面，此言非虚。

诚如张中秋教授所言："由于学理具有正当性、支配性和持久性，而且返本才能开新，所以如果我们能从法史中抽绎法理、用法理来解读法史，其结果对构建中国法律文化哲学，对吸收中国传统法律文化有益要素

---

〔26〕 杨念群：《何处是江南？——清朝正统观的确立与士林精神世界的变异》，三联书店2010年版，第268页。

〔27〕 此点乃是笔者参加2013年11月9日至10日在厦门由厦门大学法学院主办的"中国法律史前沿"国际研讨会上，承上海师范大学戴建国之教而得，在此谨向戴先生表示感谢！

〔28〕 牟宗三：《生命的学问》，广西师范大学出版社2005年版，第122页。

以建设中国特色的现代法制（因为中国的根本特色在于文化，中国文化的根本特色在于道德，即由有机/整体/多元的宇宙自然观衍生出来的共生、共荣、共享的道德世界观），以及对参与中华文明复兴都有不可或缺的价值，就是对我们克服由西方文化和现代性所带来的个人主义危机亦是一剂良方。"[29]

第三个层次，乃在于追问法制历史中的文化意义，即抽绎出个中的"民族精神"，"作为一种文化现象，法律被认为是人生活于其中的人造世界中的一个部分，它不但能够被用来解决问题，同时也可以传达意义。"[30]当作为技术性的法律规则不足以熨帖人心时，我们怎么能指望百姓喜欢乃至信仰我们的法律？所以对于中国法律史研究者而言，他们的任务即借用许章润教授的话，是通过对法律史的研究，要为当代的中国人寻找一个妥切的立法、求得一个明白的说法、最终过上一个惬意的活法。[31]这种研究立足于追求价值，传承文明，指导现实法律生活，如果说作为法律科学的中国法律史是在"器"的层面，也就是在浅层次上对今天的法律建设发生作用的话（包括以古代法制鉴今日现实），那么作为民族精神的中国法律史是在"道"的层面，也就是在深层次上对今天的法律建设发生作用。

要想追问法制历史中的文化意义，需要解决两个问题：

第一个是认识传统的问题。首先，我们应当有这样一个观念：传统与现代是不能截然分开的，尤其在文化研究中更是如此。在作为法律科学的法律史中，我们可以确信传统法制已经退出历史舞台，但从民族精神方面而言，传统依然散发着勃勃生机。正如美国汉学家柯文先生所说的那样："我认为我们没有理由把自己局限于'现代的'与'传统的'这两个范畴之间，每个社会的组成元素中，总有些东西并不能正好符合这两种成规……现代性是一个相对的概念，而且所有的社会——无论多么现代——都会保

[29] 张中秋教授的《坚持有理想的现实主义，做中国的历史主义法学》，即将刊载于《中华法系》第4卷，类似的观念可参见张中秋："如何使法史学有思想和影响"，载《法学》2013年第5期。

[30] 梁治平编著：《法律的文化解释》，三联书店1998年版，第4页。

[31] 参见许章润：《说法 活法 立法》，清华大学出版社2004年版相关章节。

有某些传统的特点。"[32]传统因此也可以理解成为"传承下来，依然统治着现代和现代人的某些方面"。换言之，如果传统意味着早已消亡而与今天无涉的事物，那么我们的法文化研究到底还有多少价值？其次，我们还必须区分"活的传统"与"死的传统"。有一个问题在清末的时候曾经令改革派人士迷惘，也令研究近代史的专家深思，即何以日本明治维新时，改革派人士最初都是道德上的保守派，他们却能将儒学传统与现代工业文明很好地结合了起来，直到今天日本人还大受其惠。而反观我国，打倒了孔家店后思想文化并不见得提高到一个新的高度，百姓在新的法律模式下形成的人间秩序未必比传统时代更和谐，其幸福和自适自恰程度是否得到提高也难下定论。这里就牵涉到一个"活的传统"和"死的传统"的调适问题，法律文化史家尤其应当重视这个问题，对此萧公权先生做了最完美的解释，他认为："也许我们需要分辨活的传统和死的传统。一个活的传统在长时间中，每一代人都能身体力行其价值。因此，一个社会维持其旧传统的能力乃是其本身活力的指标，显示社会之人大都能关心到眼前以外的事。在这种社会中，当环境迫使改变以图存时，保守派（传统为他们道德存在的根本）会扮演创新的角色。相反的，在一古老社会中，大部分人已不能掌握传统，反对改革的并不是真正处于希望维持式微的传统，而是不愿改变习俗，或者惧怕伤害到既得利益，传统成了文化上的'余痛'，自不能形成向上的动力，'保守主义'并不包括个人的信念，而常常被用作借口，像这样一个社会，不会有任何建设性的成果，无论是要发展一新社会秩序，还是要保存既有的社会结构。"[33]反观我们历史上的数次变法，又何尝不是如此呢？所以今天我们高倡传统，大可不必害怕背负"保守主义"、"传统卫道士"之类的"恶名"，时代在进步，现在该是我们凝敛心志，冷静思索，从中解析出"活的传统"的时候了，惟有如此，才能在近年中华民族文化复兴的大潮中使中国法律史占据一席之地。余英时先生所谓的"基于我们今天对文化的认识，中国文化重建的问题事实上可以归结

---

　　[32]　[美]柯文：《在传统与现代性之间——王韬与晚清改革》，雷颐、罗检秋译，江苏人民出版社 1994 年版，第 135 页。

　　[33]　[美]萧公权：《近代中国与新世界：康有为变法与大同思想研究》，汪荣祖译，江苏人民出版社 1997 年版，第 351 页。

为中国传统的基本价值与中心观念在现代化的要求下如何调整与转化的问题。"[34]他讲述的实质上也是发现"活的传统"的意思，表现在法律方面，就是学者高呼伟大中华法系复兴的问题。中国法律史学者应当负起责任，成就真正民族的法学。

第二个是对待经典的问题。在作为法律科学的中国法律史的研究上，我们参考的文本材料主要为档案、正史与文学，取材范围比较广，但有一个基本的范式，即必须与法律有直接关系，或者是文本所记载的内容，或者是文本本身。但是在作为民族精神的中国法律史方面，所用来分析的文本材料未必与法律内容直接相关。其中尤其应当重视的是对历代经典典籍的研读，即使该典籍不涉及具体法制。其原因有二：首先，经典涉及的是古人对宇宙框架、社会秩序、人生态度、生活样法最核心和最根本的思考，可以说经典是古代法律之外的"自然法"，表明了一个应然性的价值。雍正皇帝就认为"律例之设，乃详查情理，揆度至当而后定者也"。[35]先民的"情理"观念集中体现在经典里，尤其是中国人人生智慧的精华——"十三经"中间，古代人早就能认识到"六经"在规范中国人世道人心当中所发挥的不同作用了，司马迁即论述道："《易》，著天地阴阳四时五行，故长于变；《礼》，经纪人伦，故长于行；《书》，记先王之事，故长于政；《诗》，记山川溪谷禽兽公母雌雄，故长于风；《乐》，乐所以立，故长于和；《春秋》辨是非，故长于治人。是故礼以节人，乐以发和，书以道事，诗以达意，易以道化，春秋以道义。"[36]这体现了古人综合治理的杰出智慧。其实从"经"的语义上分析，我们就可以知道它在中国文化中所占的分量。比如《文心雕龙·宗经篇》中就论到："经也者，恒久之至道，不刊之鸿教也。"近人蒋伯潜先生对此做了一个简明的考释，认为"孔子之道，万世不变，六经之教，亦万世不变"，[37]所以绕过经直接去读法律材料，无疑是未得中国文化之道的。其次，朱自清说过："经典训练的价值不在于实用，而在于文化。"[38]我们进行经典训练的时候，不自觉的会将

---

〔34〕 ［美］余英时：《中国思想传统的现代诠释》，江苏人民出版社 2003 年版，第 37 页。

〔35〕 《清朝通志》卷七十七，"刑法略三"，"雍正六年上谕"。

〔36〕 《史记·太史公自序》。

〔37〕 参见蒋伯潜：《十三经概论》，上海古籍出版社 1983 年版，第 2 页。

〔38〕 朱自清：《经典常谈》，三联书店 1980 年版，"序"。

自己融入古代文化中去，慢慢地就会进入古人的思想世界，这样此心同彼心，今古之间才能得到交融。我们才会像古代人那样思考，复原到过去的同情，惟有此，我们才能同情的理解。所以对待经典，我们不要以为它表面上与法制无关而忽视，恰恰相反，它们是我们寻找作为民族精神的法的入门之钥。治法律史者能善待经典，则善莫大焉。

如此，当中国法律史学研究能追问"法律本义"、"理论意义"、"文化意义"三个层次上的"意义"，那么对于摆脱现有的困境，使其更具备"法律科学"的品格是相当有裨益的。

四、结论

中国法律史学可能并不具备统一的、模式化的所谓"法学方法"，何况，谈到一种方法，它更多的是"个性化"的，从这个角度上讲，方法问题见仁见智，本文不想也不可能呼吁将中国法律史研究方法"定于一"，苟能认真研究，都能获得成果。但是如果将中国法律史学定位在一门"法律科学"之上，则应当将研究对象收回到"规范"上来。法律史可以研究的领域很多，人、事、思想、文化都在其列。不过需要注意的是，不管是何人何事，何种思想和文化，都不能脱离"规范"的范畴。人必须是规范中的人，事必须是规范中的事，如此才不至于离题万里。这是治法律史学者首先要注意的，甚至用"自设藩篱"一词也不为过。在"中国法律史"研究中如果仅仅泛论中华文明、儒家文化、道德特色、差序格局等"大词"，而不与规范相结合，虽可能会赢得更多的读者，但却失去了法学的品格。而反过来，即便研究的是静态的规范，研究者一条一条去释读，虽读者可能很少，但就造就法学品格而言，其功甚大。

当然，"回到规范"只是就研究的对象而言，要想提升法律史学作为法学的品格，还得落实到"追问意义"的层面。为什么要研究历史？"究天人之际，通古今之变"是司马迁的态度，其言说也不外乎"追问意义"一途上。就追问意义而言，笔者主张追问三个层次的意义，表层的是法律本义，中层的是抽出法理，而深层的则是传承文化，抽绎民族的精神。做到这些难度很大，就目前的研究而言，法律本义似乎尚未追问好。而有些研究者似乎过于急切，直接抛开法律本义去追问文化精神，似乎是有违科学研究规律的。当然，现实的中国法律史研究者中，总是需要两类人，一类人是宣传者，他们抛开琐碎的规范研究，而直接通过热情的笔触，为传统法制鼓与呼；另一类人是解释者，他们围绕着规范，潜心思索，追问意义，冷静地为往圣继绝学。对于前者，我们应该体谅其"情"，对于后者，我们应该同情其"理"。但就发扬光大学科而言，"回到规范"和"追问意义"应该两相结合，如此才是真正的为学之道。

（文字编辑　肖泽）

瞿同祖与黄宗智法律史
研究的方法论比较

韩业斌*

法律史的研究方法有很多种，比较法作为其中的一种，它的地位是无可置疑的。有学者呼吁，比较法律史或比较法律发达史的研究乃至建构这一学科体系，应当成为 21 世纪中国法律史学研究的一个重要领域。[1]那么在法律史研究中比较法到底如何运用，笔者本着同中求异、异中求同的原则对法律史学界两位著名学者瞿同祖先生和黄宗智先生的法律史研究方法进行比较的分析，以期从对他们研究方法的比较中，获得一些富有意义的启示。

一、法律史研究的方法论概述

方法论一词有两层含义，一是哲学命题，是指关于认识世界、改造世界的根本方法问题；二是指在某一具体学科上所采用的研究方式、方法的综合。[2]笔者这里指的是后面一种。每一学科都应当有自己独特的研究方法，法律史学当然也不例外。法律史学方法论的发达也是法律史学繁荣的主要标志之一，法律史学研究方法的成熟可以有力推动法律史学的发展，

---

　* 盐城师范学院法政学院讲师，法学博士。

　〔1〕参见张晋藩："中外法制历史比较研究刍议"（上），载《政法论坛》1988 年第 6 期。夏锦文："21 世纪中国法律史学研究的基本思路"，载《学习与探索》2001 年第 1 期；夏新华："比较法制史：中国法律史学研究的新视角"，载《法制与社会发展》2003 年第 5 期。徐爱国："关于比较法律史的几点思考"，载《南京大学法律评论》2009 年第 1 期。

　〔2〕中国社会科学院语言研究所词典编辑室编：《现代汉语词典》，商务印书馆2002 年版，第353 页。

拓展新的研究领域。

同时，法律史学方法论与法律史学的学术史也有着十分密切的联系。方法论的不同是划分学术史类型的重要标准。而法律史方法论与研究理念也有着重要的联系，不同的理念往往决定了采用不同的方法，采用不同的方法又反映了不同的理念。按照梁治平先生的观点来说就是研究的方法和研究的旨趣、理念共同构筑的范式概念。他在《法律史的视界：方法、旨趣与范式》一文中，对世界范围内关于中国法律史的研究情况进行了学术史回顾，划分了不同法律史研究类型，其中一个主要的划分标准就是所使用的研究方法的不同。历史知识的形成不但为方法所影响，也受到人类知识旨趣的左右。实际上，旨趣也常常影响方法，它们又共同决定历史的叙述模式、知识样态及其运用。从知识沿革的角度看，在特定时间和地域范围内决定历史知识的这些因素，可以概括地用"范式"这一概念来说明。[3]

在 20 世纪上半期的中国法律史研究中涌动着两股主要潮流，一是以杨鸿烈、陈顾远为代表的，运用西方的知识谱系来论述中国法律史，二是以沈家本、程树德为代表的，运用中国传统的考据学研究中国法律史。杨鸿烈先生研究中国法律史三部曲《中国法律发达史》、《中国法律思想史》和《中国法律在东亚诸国之影响》，树立了他在中国法律史学中的地位。总体上看杨鸿烈先生的著作，虽然引用了大量的古代典籍，但其历史分期和知识分类却是西方式的。这种将中国材料纳入西方知识架构的做法极为典型，不但表明了中国现代法律史写作的特点，更反映出近代西学东渐以来中国固有知识传统所经历的一场深刻改变。而沈家本的《历代刑法考》和程树德的《九朝律考》两书考证精详，历来被中国法制史所推崇。但是他们的写法完全是传统样式，所继承的，无疑是古代中国法律史的律学传统，没有突破传统律学的范式。[4]

但是作为主流之外的"异端"，瞿同祖先生在 1947 年出版的《中国法律与中国社会》，标志着中国学者开始运用社会学的分析方法去思考法律问题。这种研究方法与传统方法的不同在于它注重研究法律的社会功能及

---

〔3〕 梁治平："法律史的视界：方法、旨趣与范式"，载《中国文化》2002 年第 21 期。
〔4〕 梁治平："法律史的视界：方法、旨趣与范式"，载《中国文化》2002 年第 21 期。

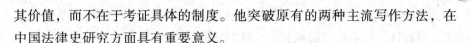

其价值，而不在于考证具体的制度。他突破原有的两种主流写作方法，在中国法律史研究方面具有重要意义。

时隔半个世纪之后，黄宗智先生在中国法律史研究中异军突起，引起了学者们的关注。其一，他的突破法制史教科书式的写作范式，通过诉讼档案资料对清代中国进行了社会史的研究，寻求从"自下而上"的角度考察传统社会中民众的意志及其表达。其二，他发现了清代司法审判制度中"表达与实践的背离"，并认为这种悖论大量地存在于他对清代社会史的考察中。其三，他通过对清代诉讼档案资料的挖掘，把法制史、经济史、社会史、文化史等诸多学科资源加以综合利用，以"新法制史"的视角来重新审视清代社会。由于以黄宗智先生为代表的美国的中国法律史研究群体的出现，所以梁治平先生说，实际上，如果把眼界放宽，美国的中国历史研究对法律史的贡献应当被重新评估。[5]

因此开展对瞿同祖先生和黄宗智先生关于中国法律史研究的方法论的比较研究，我们可以发现他们在方法上的共通之处和存在的差异。这对于指导我们当前的法律史研究无疑具有重要意义，也使诸多学者所担忧的中国法律史研究的方法论的薄弱环节得到加强。[6]然而，正像有学者所指出的那样，法律史方法论问题的研究一直是我们的法律史研究中的一个薄弱环节。

二、瞿黄法律史研究中方法的相似之处

瞿黄关于中国法律史的研究有很多相同之处，他们考察社会运行中的法律，不仅仅关注书本上的法律，而且把法律放到整个社会环境中去查

---

〔5〕 梁治平："法律史的视界：方法、旨趣与范式"，载《中国文化》2002年第21期。

〔6〕 许多学者认为，在中国法律史研究中，方法论的研究比较薄弱。比如王志强先生在文章中说，中国学者在论著中，较少全面深刻讨论方法论问题，在法制史研究中亦然。轻视方法论介述，对学术研究的继承和发展，包括理论体系的创新，学术规范的统一，研究成果的借鉴等各方面都极为不利。参见王志强："略论本世纪上半叶中国法制史的研究方法"，载李贵连主编：《二十世纪的中国法学》，北京大学出版社1998年版，第335页。萧光辉先生也这样认为，方法论问题一直不大为人们所注意，无论是在法律史的教学还是科研当中都存在这么一个问题。不仅现在存在这个问题，新中国成立前也同样存在。参见萧光辉："法律史研究中的方法论问题"，载汪汉卿等主编：《继承与创新——中国法律史学的世纪回顾与展望》，法律出版社2001年版，第224页。

考，结合法律史与社会史、文化史对法律进行分析。虽然相隔半个世纪之久，但在这一点上可以说瞿黄是一脉相承的。

（一）强调新材料的运用

学术研究注重资料，大量新资料的发现往往能在相关学科领域产生划时代的革命，故学者重视新资料的发掘本属正当。史料积累的状况直接影响方法的运用。尤其是法律史的研究，必须在占有丰富详尽资料的基础上才能进行。因此资料收集、积累成了法律史学者进行研究所必须具备的前提条件。在这一点上，瞿黄和其他法律史学者的主张是没有区别的。但是瞿黄的研究更加强调新史料的运用，拓宽了史料范围，不仅包括传统史料如正史、律例条文，而且还包括各种案例汇编、调查报告等等；不仅包括中文的各种史料，而且还运用了各种外文资料。建立在丰厚资料基础上的瞿黄研究所得出的观点当然更具有扎实的基础。

瞿同祖先生拓宽史料的范围，以《中国法律与中国社会》一书为例，将瞿同祖先生运用的材料进行归纳，可以分为以下六种：一是法规规范类，如《唐律疏义》、《宋刑统》、《明会典》、《明律例》、《清律例》等；二是经史文献类，如《礼记》、《史记》、《孟子》、《左传》、《汉书》、《晋书》、《隋书》、《元史》、《管子》、《荀子》、《论语》等；三是司法判例类，如《刑案汇览》、《续增刑案汇览》等；四是家谱、档案类，如《郑氏规范》等；五是野史、文艺作品类，如《南郭新书》、《野记》、《典范纪闻》等；六是英文文献类，包括 Vinogradoff、Hartland、Hobel 等人的著作时有出现。对于将历代法律法规和历代诸子百家的典籍和各代正史作为法律史研究所使用的史料无可厚非，而且具有一定的权威性。但是通过家谱、档案、野史、文艺作品以及人类学家的著作的运用来研究法律史在学术界并不多见，可以说在这一点上瞿先生突破了史料上的局限。

那么瞿同祖先生广泛使用史料的目的是什么呢？瞿先生是为了达到把握法律实效的目的，因而强调在法律史研究中，除了使用律典、官修政书等资料外，还应特别注意来自州县官本人以及他们的刑名幕友撰写的指导"手册"、官方档案、函牍、传记、地方志以及私人笔记等资料。他认为，"条文的规定是一回事，法律的实施又是一回事。某一法律不一定能执行，成为具文。社会现实与法律条文之间，往往存在着一定的差距。如果只注重条文，而不注意实施情况，只能说是条文的，形式的，表面的研究，而不是活动的，功能的研究。我们应该知道法律在社会上的实施情况，是否有效，推行的程度如何，对人民的生活有什么影响等等。在法律史的研究上，这方面的材料比较缺乏，本书除了利用古人的有关记事外，并引用个案和判例作为探讨法律实效问题的根据"。[7]

瞿先生半个世纪之前的远见卓识，在黄宗智先生的研究当中也得到了充分的回应，他也大量使用了刑名手册、私人笔记之类的资料，而且，就使用官方档案而言，黄宗智先生的研究中所使用的档案数量就为瞿先生所不及（这当然也与档案的发现、开放与否有着直接关系）。此外，黄宗智先生还使用了瞿先生所未提及的人类学实地调查报告，这大大增强了其著作的说服力。

黄宗智先生在《清代的法律、社会与文化：民法的表达与实践》和《法典、习俗与司法实践：清代与民国的比较》二书中除了利用人们常用的文献资料以外，还主要使用了地方诉讼档案，包括四川巴县、顺天府宝坻县以及台湾淡水分府和新竹县的档案。另外还有一些民国时期的诉讼档案以及满铁的调查资料中关于华北地方村邻调解的资料。[8]

黄宗智先生通过这些新的档案材料的运用，得出了与以往研究不同的看法。他认为，"关于民事诉讼，清代官方表达，给我们的是这样的一幅图像：①民事诉讼不多，首先是国家意识形态认为这种诉讼不应当有，即使有，也不过是'细事'，中央政府不多关心，由州县来'自理'；②再者，一般良民是不会涉讼的，如果涉讼，多半是受了不道德的讼师讼棍的唆使；③县官们处理民事诉讼案件的时候，一般是像父母亲处理孩子们的争执那样，采取的是调处的方法，用道德教诲子民，使他们明白道理，不多依法律判案。"[9]这一点与由滋贺秀三先生开创的，长期以来在日本和欧美的中国法制史学界基本上获得通说地位的观点相吻合。[10]然而他通过诉

〔7〕 瞿同祖：《中国法律与中国社会》，中华书局 1981 年版，导论。

〔8〕 黄宗智：《清代的法律、社会与文化：民法的表达与实践》，上海书店出版社 2007 年版，重印版序言第 2 页。

〔9〕 黄宗智："中国法律制度的经济史、社会史、文化史研究"，载《北大法律评论》1999 年第 2 卷第 1 辑，第 361～362 页。

〔10〕 ［日］寺田浩明："清代民事审判：性质及意义——日美两国学者之间的争论"，载《北大法律评论》1998 年第 1 卷第 2 辑，第 606、608 页。

讼案件档案，得出了不同的图像：首先，民事诉讼案件占了县衙门处理案件总数的大约1/3，这是他从巴县、淡水新竹，和宝坻县档案得出的比例。其次，诉讼事人大多数是普通人民，上法庭多是迫不得已，为了维护自己的合法利益。最后，衙门处理纠纷的时候，要么让庭外的村社、亲族调解解决，要么就是法官听讼断案，依法律办事，县官本身极少在庭上进行调解。[11]

（二）强调新理论的运用

在瞿黄的法律史研究中一以贯之的方法就是自觉使用当时最新的社会科学理论，使新的理论和史料，达到完美的结合。瞿同祖先生受到英国历史法学派和社会学的功能学派的影响。而黄宗智先生在研究中不但吸收韦伯的法律类型理论、国家与社会的二元结构理论及吉尔茨的法律的地方性理论等理论，而且还构建了自己独特的中层概念对之进行对话和商榷。

"梅因的研究方法的一个独特之处在于利用经验的资料，以实证的态度，运用了科学的方法——历史的、比较的方法探讨法律。梅因认为只有采用历史方法，把法作为一个历史发展过程来考察研究，才能改变这些华而不实的学风，才能把法学建在可靠的历史基础上，进而将罗马法中的商品经济原则适用于当时英国自由资本主义制度。……梅因认为研究法律要把注重观察人类的历史真实情况结合起来，讲求调查研究，得出结论要根据实际材料，排除任何假设和虚构。当然，应该看到，梅因之所以取得这样的成就与历史法学初期对于罗马法的深入研究是分不开的"。[12]通过分析瞿同祖先生的著作我们可以发现，瞿同祖先生受到梅因的这种历史方法的影响还是十分明显的，《中国法律与中国社会》一书中多次引用梅因的观点。他认为法律并不是孤立存在的，而是整个社会作用的结果，因而要把法律放到整个社会中去考察其历史发展变化。他说，"法律是社会产物，是社会制度之一，是社会规范之一。它与风俗习惯有密切的关系，它维护现存的制度和道德、伦理等价值观念，它反映某一时期、某一社会的结构，法律与社会的关系极为密切。因此，我们不能像分析法学派那样将法

---

[11] 黄宗智：《清代的法律、社会与文化：民法的表达与实践》，上海书店出版社2007年版，重印版序言第5~6页。

[12] 程琥：《历史法学》，法律出版社2005年版，第116页。

律看成一种孤立的存在，而忽视其与社会的关系。任何社会的法律都是为了维护并巩固其社会制度和社会秩序而制定的，只有充分了解产生某一种法律的社会背景，才能了解这些法律的意义和作用"。[13]

瞿同祖先生的法律史学研究方法论还受到社会学与人类学里面的功能主义学派的影响。功能主义学派在 1922 年开始登上历史舞台。这一年，马凌诺斯基和布朗同时发表了他们的实地调查专刊——《西太平洋的探险队》和《安达曼岛人》。他们认为，"所谓功能，就是一物质器具在一社会制度中所有的作用，及一风俗和物质设备所有的相关，它使我们得到更明确而且更深刻的认识。观念、风俗、法律决定了物质的设备，而物质设备却又是每一代新人物养成这种社会传统形式的主要仪器"。[14]"考察一器物的功能或者它的文化的同一性，就是把它放在社会制度的文化中去识明它的所处的地位"。[15]结合瞿同祖先生的著述来看，受功能学派的影响也是很明显的。

他在《中国法律与中国社会》一书中，首先抽象出中国古代法律的精神主要在于家族和阶级，然后分析家族和阶级在整个社会中功能的发挥。把法律史同社会史联系起来。从社会秩序中去把握法律的精神。不仅注重法律条文研究，还注重法律的实效研究。瞿先生认为，研究法律固然离不开对条文的分析，"但仅仅研究条文是不够的，我们也应注意法律的实效问题"。[16]瞿同祖先生所谓的"实效"，不只是法律中与社会变化关系更加密切和直接的那部分规则，而是所有法律规则在社会生活中的实际意义。因此，瞿同祖先生著作引用的材料里面，清代《刑案汇览》占了相当的分量，在一般法制史著作中对于立法过程和法律沿革的叙述，很大程度上被对特定制度背景下日常生活的制度叙述所取代。

在这一点上，黄宗智先生的研究就承继了瞿同祖先生的研究理念，他也着重于考察现实生活中法律的实际运行状况，不过，黄先生的研究比瞿先生更进了一步，如果说瞿先生所强调的是从法律的实效角度来理解法律

---

〔13〕 瞿同祖：《中国法律与中国社会》，中华书局 1981 年版，导论。

〔14〕 ［英］马林诺斯基：《文化论》，费孝通译，华夏出版社 2002 年版，第 46 页。该书由费孝通先生翻译，最早由商务印书馆 1944 年出版。

〔15〕 ［英］马林诺斯基：《文化论》，费孝通译，华夏出版社 2002 年版，第 21 页。

〔16〕 瞿同祖：《中国法律与中国社会》，中华书局 1981 年版，导论。

的精神与实质，那么，黄先生强调的就不单是法律的实效问题，他主张从法律的官方表达与司法实践的背离与契合这一整体来理解法律制度本身，既要重视现实中司法实践的实际状态，又要注重官方律典背后的精神对于司法实践的长远影响。这一主张可以说是发展了瞿先生的理论，对于理解中国的法律制度更具意义。

黄宗智先生的研究成果更是注重吸收西方先进的理论，同时对这些理论不是一味地肯定，而是作为一种批判和对话的对象，他认为这些理论不完全适合于中国。比如他对于清代司法的看法。他认为，"清代司法制度的三部分组成，每一部分都为整个政治制度的相应部分提供了具体的写照：正式审判制度相应于官方政府，民间调解相应于民间的社会自我管理组织，半官方的纠纷处理制度相应于半国家、半社会的中间领域，正是在这里，国家与社会展开交接与互动。"[17]这样黄宗智先生就提出了与政治国家和市民社会二元对立不同的观点，即在国家与社会之外还存在一个第三领域来解决社会纠纷。再如，黄宗智先生从马克斯·韦伯的观点出发，对清代法律制度的特征进行探讨，并进而对帝制后期的中国与西方进行比较考察。韦伯以形式主义和理性主义为一方，以工具主义和非理性主义为另一方，对不同的法律制度做了两元对立的区分。[18]而黄先生通过研究发现这两种类型都不适用于表述中国的法律制度，黄先生争论道，"清代法律制度和政治制度可以看做是'世袭君主——实体的'表达和'官僚——理性的'实践的结合，道德主义和实用主义纠结在清律、县官和地方政府的实践中，权利在理论上被否定但在实践中得到保护。"[19]通过讨论韦伯，黄先生所要强调的是，韦伯的理论不适合于中国，在清代法律制度中主要是表达与实践之间的背离。

（三）比较法律史方法的运用

正如有学者指出那样，"比较乃是一种基本的思维方式，是人类认识

〔17〕黄宗智：《清代的法律、社会与文化：民法的表达与实践》，上海书店出版社 2007 年版，第 91 页。

〔18〕黄宗智：《清代的法律、社会与文化：民法的表达与实践》，上海书店出版社 2007 年版，第 179 页。

〔19〕黄宗智：《清代的法律、社会与文化：民法的表达与实践》，上海书店出版社 2007 年版，第 190 页。

和理解世界的基本手段，人们无论是自觉，还是不自觉都在使用比较的方法。法律史学既有纵向的比较，即古今法律的比较，也有横向的比较，即中外法律的比较。比较的方法将使我们对材料进行分析、研究、鉴别、取舍而达到事半功倍的效果"。[20]比较方法在瞿黄的法律史研究中也是一种十分重要的方法，

需要说明的是，瞿同祖所采用比较方法并不是单纯地将法作为一种对象进行对比，也就是说他不是简单就法律体系、制度、结构和概念等因素在不同国家进行比较来考察法律现象。他的方法是将中国古代法看成一个整体，他是通过将法律与社会的各个细节组成的社会整体进行比较，对每个具体法律制度在各个时期的不同表现进行比较，然后得出没有重大变化的结论，可以说这是瞿同祖先生在《中国法律与中国社会》一书中一以贯之的方法，该书主要的叙述模式就是按照这种逻辑展开的。比如瞿同祖先生在运用比较方法来叙述家族中父亲的生杀权时，就是将法律看做一个整体，将它自秦至清做了介绍，秦时秦二世矫始皇诏赐蒙恬及扶苏死，扶苏说："父而赐子死，尚安敢复请？"君之于臣，父之于子都是有生杀权的，到了后来则只适用于君臣而不适用于父子间了。汉朝人的概念，父已无权杀子了。北魏律，祖父母父母忿怒以兵刃杀子孙者处五岁刑，殴杀者处四岁刑。唐、宋律不问理由如何，杀死子孙皆处徒罪。元、明、清的法律较唐律宽容得多，父母并非绝对不得杀子孙。要看子孙是否违反教令或者有无不孝的行为。[21]再比如他对复仇的研究，他首先列出英文的参考书目，介绍古代社会各个地区复仇情况。然后对于中国的情况，他认为战国时代复仇是自由的，但是到了西汉末年，国家的权力发达以后，生杀予夺权被国家收回，私人不再有杀人的权利。其后唐宋明清一直禁止复仇，只有元朝例外。[22]通过比较各个时期国家对复仇的规定，我们可以看到国家对于复仇的规定是没有大的变化的。

黄宗智先生也同样大量使用比较的方法研究中国法律史。他在《清代的法律、社会与文化：民法的表达与实践》一书，把中国清代、民国、当

---

〔20〕 夏新华："比较法制史：中国法律史学研究的新视角"，载《法制与社会发展》2003 年第 5 期。

〔21〕 参见瞿同祖：《中国法律与中国社会》，中华书局 1981 年版，第 7~8 页。

〔22〕 瞿同祖：《中国法律与中国社会》，中华书局 1981 年版，第 65~85 页。

代和美国的民事案件进行了比较。为了使关于清代诉讼规模的估计便于比较，图表把案件数字变换成每十万人口民事官司比率，并把清代与民国时期和革命后的中国，以及当代美国加以比较。这些十分粗略的指标显示，民国时期中国的民事诉讼发生率可能增长了一半或更多，到80年代后期又增长了一倍。到1989年，其发生率达到1750年至1900年的三倍有余。但这仍要比美国低得多，中国一个案件相对于美国39个。[23]他认为在清代民事案件达到法庭办理案件总数的1/3，到了民国时期达到一半，也是通过图表比较得出的结果。[24]

黄宗智先生在《法典、习俗与司法实践：清代与民国的比较》一书中，提出一个问题：从20世纪初开始到新中国成立之前，中国的民事法律制度经历了怎样的变化与不变？换言之，就是要搞清楚，什么是"中国"或"传统"，什么是"西方"或"现代性"，以及这些方面之间的内在联系与互相作用。[25]为此作者对清代和民国的民事法律进行了比较，作者选取了典权、田面权、债、结婚、离异与通奸中妇女的"抉择"和赡养父母，得出清代和民国法律制度背后的不同逻辑和法律精神。

三、瞿黄法律史研究中方法的不同之处

（一）瞿黄法律史研究的理论渊源不同

虽然瞿黄的法律史研究都注重把法律史与社会史、文化史结合起来，但是仔细分析他们的著作，我们发现他们研究的出发点，或者说是理论渊源抑或理路是不同的。

瞿同祖先生在燕京大学读的是社会学，开始想用社会学的观点研究中国传统社会，后来由于阅读梅因的《古代法》，维诺格拉多夫的《历史法学大纲》，马林诺斯基的《蛮族社会之犯罪与风俗》，罗布森的《文化及法律之成长》，还有哈特兰的《原始法律》，在法学家和人类学家的共同影响

---

[23] 黄宗智：《清代的法律、社会与文化：民法的表达与实践》，上海书店出版社2007年版，第144~146页。

[24] 黄宗智：《清代的法律、社会与文化：民法的表达与实践》，上海书店出版社2007年版，第41~42页。

[25] 黄宗智：《法典、习俗与司法实践：清代与民国的比较》，上海书店出版社2007年版，第1页。

下，瞿同祖先生通过研究中国法律史中的中国古代法律特征，写出了《中国法律与中国社会》。所以瞿同祖先生认为，"法律与社会现象是不可分割的；法律是社会中的一种制度，不能离开社会；研究法律必须放到社会中去。把法律史与社会史结合起来的研究，是我个人创新的尝试，以前没有人这么做过，所以，它既是一部法制史，也是一部社会史的书。"[26] 可以说瞿同祖是在法学和社会学的双重影响下，写就的《中国法律与中国社会》，无疑他的观点会带有法学和社会学的双重色彩。比如瞿同祖先生在分析历史上各阶层[27] 的生活方式的时候，分析了各阶层在饮食、衣饰、房屋、舆马以及婚姻等方面在不同历史时期的区别，这显然属于社会史的内容。但是这些差别又是通过当时的法律来具体规定的。比如《明律例》、《清律例》、《户部则例》等，这些显然又是法律史的内容。[28]

黄宗智先生的法律史研究，是由社会经济史转入法律史领域的，此前发表的《华北的小农经济与社会变迁》和《长江三角洲的小农家庭与乡村发展》两书都是社会经济史著作，那么是什么促使他由社会经济史领域转向中国法律史领域的呢？笔者理解主要有两个原因：一是诉讼档案的挖掘和整理；二是他在前面两书中发现的"悖论问题"。两者共同促使他的研究转向法律史领域。如果说诉讼档案的直接利用为他进行法律史研究提供了丰富的材料基础，那么"悖论问题"则为他提供了思考问题的路径。

黄宗智先生自述说，"当时决定投入法律史研究的一个主要原因，是自己早已注意到大量极其丰富却尚未被人充分利用的地方政府档案材料，尤其是诉讼案件档案。……一个重要原因是当时史学界典范性的法国近代早期社会史研究中，最卓越的领域之一正是其根据地方政府档案的研究，尤其是利菲勃弗较早关于法国大革命中北方农民的不朽名著，和其后年鉴学派第二代学者勒华拉杜里关于西南部地区龙格多克农民的研究。其后勒

---

〔26〕 王健："瞿同祖与法律社会史研究——瞿同祖先生访谈录"，载《中外法学》1998 年第 4 期。

〔27〕 笔者以为，在理解《中国法律与中国社会》一书中的"阶级"概念时候，把它理解为"阶层"似乎更为准确一些。瞿同祖先生在该书中主要描写作为统治阶级或者特权阶级中各个阶层，具体地说就是不同级别官员之间在生活方式上的种种差别。尽管有对庶人阶级的描写，但是不是该书论述的重点。

〔28〕 瞿同祖：《中国法律与中国社会》，中华书局 1981 年版，导论。

华拉杜里转向农村'心态'历史研究，完成力作《蒙塔尤》，依赖的是天主教会'法庭'关于异端的审讯记录材料。"[29]

另一方面，他发现，在明清时期的中国，已经出现了蓬勃发展的商品化现象，然而，尽管存在有近五个世纪的商品化发展，农民的生产却令人吃惊地停滞不前，并没有出现大规模的资本主义式的生产。这与亚当·斯密、马克思的经典理论不符，这就是所谓的"悖论现象"。"悖论现象"在他的研究中就成为触发问题意识的源泉、成为贯穿其研究进路的核心理念。于是他把"悖论现象"带进了中国法律史研究。在研究中国法律史的第一部作品《民法的表达与实践》的中文版序言中，他写道："'Paradox'主要是指两个似乎相悖的主张或事实的并列，为此予人以不可置信的直觉，但实际上却是真实的。我过去的写作中，用了'悖论'一词来翻译'Paradox'，那是为了突出它与以往经典理论的相悖。……此书的论题，不牵涉到经典理论，主要强调表达与实践之间的背离和统一。因此，'悖论'一词并不恰当。倒是国内通用的'矛盾'，比较贴切。"[30]

法律史中的"悖论现象"指，在法律史研究中官方表达与司法实践之间既背离又统一的矛盾现象。清代法律领域的"悖论现象"分为两个层次：首先，是对清代民法的官方表达与司法实践的背离之处的把握；其次，是既有研究的论断与地方司法档案所揭事实之间不符。黄宗智在《清代的法律、社会与文化：民法的表达与实践》说，"这本书的主要内容，乃是清代法律制度中所存在的表达与实践的矛盾背离：一方面是表达上缺少民法的概念，另一方面是实践中日常处理民事纠纷；一方面是缺少独立于国家家长制权力的产权或契约权，另一方面是惯例性地保护这些'权利'。可以说，清代法律制度所体现的乃是民法与实践现实，但没有其相应的表达现实。"[31]

运用这种实践与表达的背离的视角，黄宗智先生得出许多值得重视的

〔29〕 黄宗智、尤陈俊主编：《从诉讼档案出发——中国的法律、社会与文化》，法律出版社2009年版，前言第1~2页。

〔30〕 黄宗智：《清代的法律、社会与文化：民法的表达与实践》，上海书店出版社2007年版，第12~13页。

〔31〕 黄宗智：《清代的法律、社会与文化：民法的表达与实践》，上海书店出版社2007年版，第177页。

結论。比如，带着背离去理解清代州县笔记。尽管照人们所信奉的道德理想，不应存在细事官司，笔记中的实用规诫却告诉人们应如何处理这些官司；尽管理想上县官并不作出判决，实用诫谕却不厌其详地告诉人们应如何研读律例并据之裁断。州县官们的活动，受到道德文化和实用文化的双重影响。两种文化的矛盾结合，他称之为"道德实用主义"。[32]再比如，从案件记录中我们知道，实际上法庭几乎从未在债务纠纷中使用惩罚。惩罚的威胁一直存在，但极少真的被采用。经检验书面契约核实还款要求的合法性之后，法庭惯常所做的是下令偿还。换句话说，法庭在实际运作中多依照刚刚陈述过的原则：合法债约会得到强制执行。该条律（"欺欠私债违约不还者，五两以上，违三月，笞一十；每月加一等"）的重点——对违法行为施以体罚，影响了法官以及诉讼者的意识，但其实结果不过是强迫偿还有合法契约的贷款。[33]

（二）新材料的使用程度不同

对于一个研究历史的学者来说，史料的重要意义自然不用多说，只有拥有新的史料，才能提炼出新的观点，所以傅斯年当年讲"史学只是史料学"。资料积累的状况直接影响方法的运用。瞿黄法律史研究中虽然都十分强调新史料的运用，但是运用的程度是不同的。通过分析瞿黄的作品，可以清晰地发现。

应该说，瞿同祖先生主要运用的史料还是传统的史料，比如像法规规范类的《唐律疏义》、《宋刑统》、《明会典》、《明律例》、《清律例》等等，经史文献类的《礼记》、《史记》、《孟子》、《左传》、《汉书》、《晋书》、《隋书》、《元史》、《管子》、《荀子》、《论语》等；还有就是司法判例类的《刑案汇览》等。与老一辈学者主要依靠官方颁布的律例、会典、正史等传统文献资料所做的研究不同，新一代的学者凭借着新近发现的司法档案，逐步逼近传统中国法律的复杂真相，因而得出的结论往往比较扎实。黄宗智先生主要运用了台湾淡水厅——新竹县档案（简称"淡新档案"）、四川巴县档案、顺天府宝坻县档案、四川南部县档案等。而且可以预见通

〔32〕 黄宗智：《清代的法律、社会与文化：民法的表达与实践》，上海书店出版社 2007 年版，第 178 页。

〔33〕 黄宗智：《清代的法律、社会与文化：民法的表达与实践》，上海书店出版社 2007 年版，第 101 页。

过档案，许多新的研究结论还将不断出现。

比如对于清代社会关于父母在世子孙分家析产的规定，瞿黄使用不同的史料得出了相反的结论。瞿同祖先生说，"父母在而别立户籍，分异财产，不仅有亏侍养之道，且大伤慈亲之心，较私擅用财的罪更大，所以法律上列为不孝罪名之一，而处分亦较私擅用财为重。唐、宋时处徒刑三年。明、清则改为杖刑一百。祖父母、父母死后子孙虽无此种限制，但丧服未满仍不得别籍异财，否则也不能逃避法律制裁。立法的原意是恶其有忘亲之心，同时我们可以证明父祖对于财产的所有权及支配权在父祖死时才消灭，子孙在他未死以前，即使已成年，已结婚，或已生有子女，同时已经有职业，已经获得公民或政治上的权利，他依然不能保有私人的财产或是别立一新的户籍。"[34] 瞿同祖先生主要依据的资料是国家正式颁布的刑律。比如《唐律疏议》一二，《户婚》上，"子孙不得别籍"；《宋刑统》一二，《户婚律》，"父母在及居丧别籍异财"。《明律例》四，《户役》，"别籍异财"；《清律例》八，《户律》、《户役》，"别籍异财"。

而黄宗智先生不仅引用正式大清律，而且还引用了附在后面的例，得出了不同的结论。"第八十七条律规定：'凡祖父母父母在，子孙别立户籍分异财产者，杖一百。'表面看起来，清代法律是不允许父母在世的时候分家的。但大家知道，小农家庭比较普遍在弟兄成婚之后就分家。大清律例有它实际的一面，它接着在例八十七第一条上写明：'其父母许令分析者，听。'这样，律例在表面儒家的理想状态的同时，实际地容纳了社会习俗。"[35]

（三）他们的研究中所关注领域的区别

瞿黄的研究摆脱了传统教科书式的写作范式，这种范式首先就十分强调宏大的政治叙事史模式，花了大量的篇幅记载历史上的大事件，然后注重成文法典的研究，将各个朝代的法律列提纲似的进行一一列举。但是他们采用了一种法律史和社会史相结合的研究范式。不过，他们的具体研究领域还是有区别的。

---

[34] 瞿同祖：《中国法律与中国社会》，中华书局1981年版，第16页。

[35] 黄宗智：《清代的法律、社会与文化：民法的表达与实践》，上海书店出版社2007年版，第4页。台湾学者黄静嘉对薛允升1905年的《读例存疑》做了详细的编校，为各条律例做了顺序的编号。黄先生用的是他的编号。该条出自《大清律例》卷八，《户律·户役》。

《中国法律与中国社会》一书中家族和阶级两章主要集中论述刑罚犯罪方面，包括家族间的杀伤罪、奸非罪、盗窃罪、血亲复仇，以及良贱之间的杀伤罪、奸非罪等方面，所举案例主要以刑事案件为主。在巫术与宗教一章中探讨了中国传统法律中巫术的因素，儒家与法家一章中探讨了中国传统法律背后的精神特征。这一方面说明瞿同祖先生的研究拥有广阔的学术视野，丰富的材料。但是，另一方面也给该书带来不小的硬伤。那就是该书的逻辑体系不严密，"中国法律与中国社会"这么庞大的一个论题很难用一部著作就说清楚。

而黄宗智先生的研究主要关注近代民事法律的变迁，更多关注民间细事的研究。关注州县官员的审判、调解以及第三领域的调解，还有对清代与民国之间佃、田面权、民间借贷、婚姻中妇女的选择，赡养老人等方面的描述，解释民事法律的继承性，可以看成晚近以来中国民事法律的发展史。

四、比较瞿黄法律史研究方法的启示

通过对瞿黄法律史研究的相同与不同之处的分析，我们可以从中获得许多启示。其实黄宗智先生的"悖论"理论可以说具有普遍性意义。不仅仅是"清代"，中国历史上每个朝代都要经受这种"悖论"的追问。每个朝代是否都出现法律的官方表达与司法实践的背离呢？这是很值得思考的问题。还有瞿黄的法律史研究中结合新的史料，吸收先进的社会科学的理论可以说是法律史研究中的重要趋势。黄宗智的研究之所以被美国学者称之为中国法律史研究上的智识上的地震，是有其深刻原因的，戴蒙德说，"过去的十年中，一场智识上的地震在中国法律史领域隆然发生。确切地说，它的震中位于洛杉矶。在那里，加利福尼亚大学洛杉矶校区历史系的一群学者与博士生们，成功地从基础上动摇了数十年来关于中国——尤其是清代（1644~1911年）——法律的公认看法"。[36]

"20世纪，在海内外，中国法律史的研究都经历了一个从无到有和在方法论上逐步转换的过程，在研究取向上表现为从前期的大规模资料整

---

〔36〕 转引自尤陈俊："'新法律史'如何可能——美国的中国法律史研究新动向及其启示"，载《开放时代》2008年第6期。

理、译介和考据并利用既有的西方话语系统加以整合的事实描述式的研究，逐步发展到通过扩展学科视野对既有框架进行反思和重构的理论阐释式研究的渐进过程。"[37]可以说瞿黄两人的法律史研究就是突破原有的法律史研究范式的典范，他们不仅仅注重考据、整理资料，而且把法律史研究同社会史、文化史研究结合起来，为我们的法律史研究开辟了新的范式。通过比较瞿黄的法律史研究方法，可以使我们获得许多启示。

（一）结合最新材料，综合使用各种材料

现代法律史学研究应不仅对每一时代法典的编纂、立法状况及法典内容等进行静态研究，而且应注重对法在社会和民众中实施状况的考察。法律的实施，是使规则变成现实的法律关系和法律秩序的过程。所以瞿同祖先生说，"研究法律自离不开条文的分析，这是研究的根据。但仅仅研究条文是不够的，我们也应该注意法律的实效问题。条文的规定是一回事，法律的实施又是一回事。某一法律不一定能执行，成为具文。社会现实与法律条文之间，往往存在着一定的差距。如果只注重条文，而不注意实施情况，只能说是条文的，形式的，表面的研究，而不是活动的，功能的研究。我们应该知道法律在社会上的实施情况，是否有效，推行的程度如何，对人民的生活有什么影响等等。在法律史的研究上，这方面的材料比较缺乏，本书除了利用古人的有关记事外，并引用个案和判例作为探讨法律实效问题的根据。"[38]那么研究法律的实效，尤其是古代法律的实效问题，古代的一些案例汇编当然是最直接的资料。所以瞿先生在文章中引用了清代《刑案汇览》中的许多案例。

而黄宗智先生正是继承了这种优秀的传统，从最近开放的清代地方司法档案中去找寻清代法律的具体运作，也就是清代社会的法律的实效问题。他一共分析了 628 个清代民事案件。这些案件分别来自 1760 年至1850 年间四川巴县的档案，1810 年至 1900 年间河北宝坻县的档案，以及1830 年至 1890 年间台湾淡水分府与新竹县的档案。[39]

---

[37] 王志强："中国法律史学研究取向的回顾与前瞻"，载范忠信主编：《中西法律传统》第2 卷，中国政法大学出版社 2002 年版，第 80 页。

[38] 瞿同祖：《中国法律与中国社会》，中华书局 1981 年版，导论。

[39] 黄宗智：《清代的法律、社会与文化：民法的表达与实践》，上海书店出版社 2007 年版，第 3 页。

受到重视诉讼档案资料的影响，最近，我们也可以看到大陆的学者开始逐渐真正重视诉讼档案的研究价值，并作出了一些初步但令人欣喜的研究。例如，邓建鹏利用黄岩诉讼档案所做的清代诉讼制度系列研究，赵娓妮和吴佩林利用四川南部县档案所做的清代婚姻讼案审理与代书制度研究，李艳君通过冕宁县档案所做的清代民事诉讼制度研究。[40]

（二）坚定不移地吸收其他社会学科的先进理论

瞿同祖先生深受历史法学和社会学功能学派的影响。而黄宗智先生的著作中，不时可以看到对其他社会科学理论的应用，并且得出不同的观点与之进行对话。援引作为学术资源并以各自的实证研究对其进行检讨修正的社会科学理论，至少就包括"市民社会/政治国家"、"国家与社会"等理论，包括韦伯、吉尔茨、布迪厄、滋贺秀三以及瞿同祖在内的诸多学术名家，更是频频地被作为对话对象。

摆脱传统的法律史研究范式，由资料整理向理论阐释范式转向，形成了法律史研究的一个潮流。但是理论阐释就不可避免地引进哲学、社会学等学科的理论作为自己的指导。梁治平引用吉尔茨的文化阐释理论。把文化概念引入法律史研究。法律是特定社会与文化的一部分，文化具有不同类型，具有不同的精神和性格，形成了著名的法律文化研究范式。本书所采取的却可以说是解释学的方式。这首先是因为，我从一开始就把所要探究的"事实"自觉地视为文化的和符号的。这就是为什么本书的副标题写作"法律文化研究"。"文化"的定义很多，我比较倾向的是吉尔兹一派的观点，即把文化视为一个符号学的概念，认为文化就是人们自己编织并且生活于其中的"意义之网"。这样一来，我所谓"事实研究"就不是"一种寻求规律的实验科学，而是一种探求意义的解释科学"。[41]还有日本以滋贺秀三、寺田浩明为代表的中国法律史学者也由过去的单纯对法律制度

---

〔40〕 邓建鹏："清代州县讼案的裁判方式研究——以'黄岩诉讼档案'为考查对象"，载《江苏社会科学》2007 年第 3 期。赵娓妮："晚清知县对婚姻讼案之审断——晚清四川南部县档案与《樊山政书》的互考"，载《中国法学》2007 年第 6 期。吴佩林："法律社会学视野下的清代官代书研究"，载《法学研究》2008 年第 2 期。李艳君："从冕宁县档案看清代民事诉讼制度"，中国政法大学 2008 年博士学位论文。

〔41〕 梁治平：《寻求自然秩序中的和谐：中国传统法律文化研究》，中国政法大学出版社 1997 年版，再版前言。

的描述，转向运用现象学和主观主义的研究方法，以及对不同文明类型进行概括，并且进行比较，得出重要的结论。比如滋贺秀三先生的"中国法文化的考察——以诉讼的形态为素材"一文就是以德国法理学为指导，首先概括出欧洲社会诉讼的被动性、中立性和正义性，并以这种模式来考察中国的诉讼，进而得出中国的诉讼不同于欧洲的特征。[42]

同时，不同学者之间的争论也有利于推动法律史学的发展。其中最值得关注的就是美日两国的著名学者黄宗智先生和滋贺秀三先生关于帝制晚期的中国法，也就是清代县官听讼性质的争论。黄宗智先生的观点是，衙门处理纠纷的时候，要么让庭外的村社、亲族调解解决，要么就是法官听讼断案，依法律办事，县官本身极少在庭上进行调解。我统计了221件经过正式堂讯的案件，其中只有11件是由县官仲裁处理的，令双方都作出退让。其他的全是法官当场断案，明辨是非。从案件档案来看，清代法庭绝少像官方表达那样，从事法庭调解。也就是说从诉讼档案的材料看，清代的县官的听讼主要是县官依照法律作出裁判。他没有马锡五那样的意识，深入田间地头，访问当事人的亲戚邻居。也没有如此的空闲，他们一般都是"坐庭判案"的。而且县官实际上是一个庞大复杂官僚机构的底层分子，为自己的官僚前途，最安全妥当的办案方法，是按律例规章行事。[43]

而滋贺秀三先生这样分析道，所谓听讼，即便称之为裁判，也是没有实定法依据的，且不能以判例的形式来生成法的裁判。这之所以成为可能，是因为所谓听讼从最终来看是一种靠说服当事者来平息纷争的程序。听讼应该说并不是本来意义上的裁判，从本质上就是调解——是调解再加上现在来说相当于警察的微罪处分那种东西的混合。滋贺先生称之为，知州知县担负的司法业务就是作为这种照顾的一个部分、一个方面而对人民施与的，想给个名称的话可称之为"父母官诉讼"或者"教谕式诉

〔42〕［日］滋贺秀三："中国的法文化的考察——以诉讼的形态为素材"，载《比较法研究》1988年第3期。

〔43〕参见黄宗智："中国法律制度的经济史、社会史、文化史研究"，载《北大法律评论》1999年第2卷第1辑，第362~363页。

讼"。^{〔44〕}在这场争论过程中，他们使用的方法和理念多有不同，值得我们借鉴。

　　总之，通过对瞿黄的法律史研究方法论的比较，我们可以看出法律史研究只有建立在坚实的史料基础之上，充分利用新的史料，借鉴优秀的社会科学理论，才能走向繁荣。

（文字编辑　王世柱）

---

〔44〕〔日〕滋贺秀三："中国的法文化的考察——以诉讼的形态为素材"，载滋贺秀三等：《明清时期的民事审判与民间契约》，法律出版社1997年版。

中国法律传统

息讼、健讼以及惩治唆讼*

陈丽蓉**

近年来，学者围绕宋代以降民众的权利意识展开了激烈的探讨。官府倡导的息讼作为权利意识高涨的对立面，不断遭到学者们的冷嘲热讽，甚至于某些学者认定官府鼓吹息讼的目的是为了适应基层官府的人力不足，减少公共产品的服务支出，抑制民众的权利诉求。[1]这样的结论能经得起仔细推敲吗？检视官府息讼政策的出发点，结论会大不相同。息讼的本意是爱惜民力，减轻讼累，与压抑权利诉求并无直接关联。而健讼也并非如学者臆测的单纯为权利意识的表现，恰恰相反，健讼成为某些不法之徒施压当事人、损害他人权益的手段。而出台惩治唆讼的专项立法，正是官府在息讼政策遭健讼之徒的破坏后不得已而采取的应对举措。本文试图通过对宋代以降健讼与息讼以及唆讼立法的梳理，加深对相关议题的探讨。

* 本文是教育部哲学社会科学研究重大课题攻关项目《中华法制文明的传承与创新》（项目批准号10JZD0028）阶段性成果。
** 中南财经政法大学法学院讲师。
〔1〕 参见邓建鹏："健讼与息讼——中国传统诉讼文化的矛盾解释"，载《清华法学》2005年第4期；徐忠明、杜金："清代诉讼风气的实证分析与文化解释——以地方志为中心的考察"，载《清华法学》2007年第1期；尤陈俊："清代简约型司法体制下的健讼问题研究——从财政制约的角度切入"，载《法商研究》2012年第2期；尤陈俊："'厌讼'幻象之下的'健讼'实相？重思明清时代的诉讼与社会"，载《中外法学》2012年第4期。

一、息讼的正当性

（一）息讼原为利民

自古以来，中国都是一个农业大国。农业文明内在的安足静定特点，形成了特有的"乡土社会"的人文景观。大部分人"生于斯，长于斯"，人际交往局限在一定地域范围，纠纷大部分发生在熟人当中，甚至主要在亲属之间。

例如南宋《名公书判清明集·户婚门》（下文简称《清明集》）卷四至卷九所收录的州县自理的民事案件总共 185 个，而涉及家产争讼的案例就有 109 个，可见家产争讼案件的比例将近占到所有民事案件的 59%。明清也不例外。明末李清所撰的《折狱新语》和清代沈衍庆所撰的《槐卿政迹》是明清两代具有代表性的判牍。《折狱新语》载有判牍 210 件，亲属争讼案 63 件，占全部案件的 30%；《槐卿政迹》卷二至卷五共载有判牍 135 件，亲属争讼案 40 件，占全部案件的 29.6%。两种判牍中亲属争讼案件的比例非常接近，均占三成左右。以亲疏关系而论，《折狱新语》中有 32 件的亲属关系在五服以内，约占总案件的 51%；《槐卿政迹》中有 17 件争讼案件的亲属关系在五服以内，约占总案件的42%。[2]

在聚族而居的乡村社会，"乡愚器量褊浅，一草一木动辄争竞，彼此角胜，负气构怨"。[3]邻里之间的口角细故都是讼端：小到"五分银钱"[4]的财物，甚至单纯为咽不下一口气，乡民都可能闹上法庭。平常是"启戟森严之地"的官府，此时免不了沦为"鼠牙雀角之场"[5]。

而乡土环境下，"亲密的共同生活中各人互相依赖的地方是多方面和长期的。"[6]争讼极有可能造成彼此之间的关系疏离，"与宗族讼，则伤宗族之恩；与乡党讼，则损乡党之谊"[7]，拉大彼此间的关系距离。情况严

---

〔2〕 汪雄涛："明清判牍中的亲属争讼"，载《环球法律评论》2009 年第 5 期。

〔3〕 （清）王又槐：《办案要略》，"论批呈词"，光绪十八年（1892）浙江书局刊本，载《官箴书集成》（第 4 册），黄山书社 1997 年版，第 769 页。

〔4〕 《龙图公案》卷六《夺伞破伞》。

〔5〕 （清）李渔："论一切词讼"，载（清）徐栋辑：《牧令书》，卷十七"刑名上"，见《官箴书集成》（第 7 册），黄山书社 1997 年版，第 376 页。

〔6〕 费孝通：《乡土中国》，三联书店 1985 年版，第 75 页。

〔7〕 （宋）《名公书判清明集》卷四《户婚门》，胡石壁：《妄诉田业》。

息讼、健讼以及惩治唆讼

重的意味着长期的"互惠关系"宣告终结[8]，"乡党变为讼仇，薄产化为乌有，切齿数世，悔之晚矣。"[9]

妄启讼端，当事人的诉讼支出面临不断增长的风险：往返县衙的盘缠要钱，延请代书写状要钱，衙役书吏的陋规、招待费要钱。乾嘉时的循吏汪辉祖曾替打官司的人算了一笔账，设乡民有田十亩，打官司支出三千文，便须借贷贴补。官司的时日延长，讼累随之俱增，不到两年必须卖田度日，七八年后便家贫如洗，无以为生。所以，即便"民间千金之家，一受讼累，鲜不破败"[10]。

对簿公堂除了会损伤亲邻的和气，花销惊人，而且还耽搁农业生产。诉讼需要当事人花费时间参与质证，所以农业生产难免受到官司影响。俗谚云："县三月，府半年，道里的官司不种田"。东汉初的王符在其所著的《潜夫论·爱日》篇中生动描绘了西汉末因调解等基层纠纷分流处理机制废弛，民众纷纷上访，造成"日废十万人（之工）"的巨大影响，"今自三府以下，至于县道乡亭，及从事督邮，有典之司，民废农桑而守之，辞讼告诉，及以官事应对吏者日废十万人"。[11]

为避免诉讼影响农业生产，唐朝开始，民事诉讼定有"农忙止讼"——务限期的季节限制。唐代法律规定每年只有六个月允许提起有关田宅、婚姻、债负之类的诉讼。宋朝将期限缩短为四个月。清朝只留五个月期限。[12] 而这样的做法也一直被官员视为爱惜民力的表现。清初黄六鸿认为"农忙止讼"还有一个好处，相当于空出一段"冷静期"，让民间纷争通过亲邻调解自然消除，"间阎雀角起于一时之忿争，因而趋告，若得亲友解劝延至告期，其人怒气已平，杯酒壶茗便可两为排释，岂非为民父母者所深愿乎。"[13]

---

[8] 参见费孝通：《乡土中国》，三联书店1985年版，第75页。

[9]（清）吴炽昌：《续客窗闲话》卷三。

[10]（清）汪辉祖：《学治续说·宜勿致民破家》。

[11]（汉）王符：《潜夫论·爱日》。

[12]《大清律例》第334条"告状不受理"。

[13]（清）黄六鸿：《福惠全书·刑名·放告》有些轻微的矛盾纠纷发生后，经过一段"冷静期"，争端双方自行消解心中不平，或通过民间调处自发地平息诉讼。采用"冷处理"充分利用当事人自行化解矛盾的潜能，要求法官抑制自身的职业惯习，真正做到了不以断案为能，不以法律为万能，实际上是一种高超的化解矛盾技术。

从民众的利益出发，民间调解排纷解难，能同时兼顾农业生产，还能保全双方的情面，减少当事人的花费，自然是最好的选择。因此，即便在受理诉讼的务开期内，一些官员针对民间诉讼中的亲邻之讼，往往选择不积极介入，甚至刻意拖延，使其自然和解。例如南宋名公胡太初受案后并不马上审理，特意将办理时间延后，发现有些人递上状纸后就不再露面了。[14] 元人张养浩在《为政忠告》中总结自己办案的心得体会："亲族相讼，宜徐而不易急，宜宽而不宜猛。徐则或悟其非，猛则益滋其恶。第下其里中开论之，斯得体矣。"而明代松江太守赵豫为此造就了"松江太守明日来"的俗谚佳话。

凡事利弊相生，清代崔述在《反息讼论》中揭露官吏借口息讼不理民词，乡间横暴权力肆行的"无法"状况。清人袁枚也发现"今之人不能听讼，先求无讼；不过严状式、诛讼师，诉之而不知，号之而不理，曰吾以息讼云尔。此如防川，怨气不伸，讼必愈多。"[15] 甚至造成积案恶化，滋长横暴之风，"窃照听讼乃无讼之基，积案即兴讼之渐。民间雀角细故，有司随时听断，别其曲直，则贫懦有所芘而足以自立，凶强有所惮而不敢滋事。若经年累月，奔走号呼，有司置之不理，是始既受气于民，终更受累于官。则其憾无所释，构怨泄忿，于是纠众械斗者，有乘危抢劫者，有要路仇杀者，有匿名倾陷者，并有习见有司疲玩，不以告官，径寻报复者。此皆以积压小案而酿成大狱，并使人心风俗日趋刁悍之实在情形也"。[16]

然而，如果因为息讼政策被恶意利用，就不顾缘由，将之一概否定，则实为偏见。更何况，官府在提倡息讼的同时，强调真正意义的息讼是通过听讼达成的。

（二）息讼也靠听讼

明代丘浚言："民生而有欲，不能无争，争则必有讼。"[17] 古代百姓感受地方政府的存在主要是通过收税和听讼的途径，即收取公共服务费用和提供公共服务。而听讼应当是最主要的亲民手段，纵观各代，朝廷莫不以政平讼理、政简狱清为治世。典型的例如清雍正年间为地方官制定的吏学

---

〔14〕（宋）胡太初：《昼帘诸论·听讼篇第六》。

〔15〕（清）《袁枚全集》（第 2 册），江苏古籍出版社 1999 年版，第 303 页。

〔16〕（清）包世臣：《齐民四术》卷七《刑》下，"为胡墨庄给事条陈积案弊源折子"。

〔17〕（明）丘浚：《大学衍义补》。

指南《钦颁州县事宜》，当中要求州县法官宣明教化，以"听讼"达成无讼[18]，"州县为民父母，上之宣朝廷之德化以移风易俗，次之本朝廷之法令以劝善惩恶，听讼者所以行法令而施劝善惩恶者也，明是非，驳曲直，锄豪强，安良孺，使善者从风而向化，恶者革面而洗心。则由听讼以驯致无讼，讼庭无鼠牙省角之争，草野有让畔让路之美，和气致祥"。[19]而且讼清狱结也是当时大计中的一项重要指标，"凡自理词讼，随到随审，虚衷剖断，从不稽延拖累"的地方官，常常于大计中获得优等。[20]

词讼到官，勤政爱民的循吏无不速结案件以减讼累。隋朝辛公义担任岷州刺史，下车先至狱中，不审结案件绝不还阁。有人劝他不必如此操劳，他表示："刺史无德，不能使民无讼，岂可禁人在狱而安寝于家乎？"受其精神感动，其后有争讼，乡间父老都会主动劝释和息。[21]南宋胡太初感慨世态炎凉，讼事日增，但是未变体恤民情的初衷："孔子曰：听讼，吾犹人也，必也使无讼乎？人情漓靡，机事横生，已难使之无讼，惟尽吾情以听之而已。"[22]为求"无讼"，名公循吏往往要花费大量时间、精力。名公真德秀知泉州，"事无细大，必躬亲之，每据案决讼，自卯至申未已"[23]。薛扬祖宰义乌县，"以五鼓视事，夜漏下十刻始休，三岁之内，无日不然，以故庭无留讼，狱无滞囚。"[24]陆九渊为官时，"民有诉者，无早暮，皆得造于庭，复令其自持状以追，为立期，皆如约而至，即为酌情决之，而多所劝释。其有涉人伦者，使自毁其状，以厚风俗。唯不可训者，始置之法。"[25]乾隆、嘉庆时期的循吏汪辉祖出任湖南省宁远县知县时，每旬之中至少七日用于坐堂理讼。坐堂理讼之日，往往由晨至昏，有时甚至迟至深夜。[26]

---

[18] 古代无讼为理想，息讼为政策，可以等同视之。

[19] （清）田文镜、李卫：《钦颁州县事宜》。

[20] 《通永道大清册》，见《顺天府全宗》档案12号。

[21] 《隋书·辛公义传》。

[22] （宋）胡太初：《昼帘诸论·听讼篇第六》，收录于徐梓编注：《官箴——做官的门道》，中央民族大学出版社1996年版，第99页。

[23] 《宋史·真德秀》。

[24] 《义乌县志》卷八《官师》。

[25] 《宋史·陆九渊传》。

[26] （汉）汪辉祖：《学治续说·宜勿致民破家》。

循吏不仅勤于听讼，而且擅长利用听讼劝谕宣教。"教，政之本也；狱，政之末也。其事异域，其用一也，不可不以相顺，故君子重之也。"[27]教化和听讼看似无关，循吏视之为殊途同归，因为二者都注重感化的灌注。"无讼"根本上只能通过感化完成："是故上圣不务治民事而务治民心，故曰：'听讼，吾犹人也。必也使无讼乎！'导之以德，齐之以礼，务厚其情而务明其义也，民亲爱则无相害伤之意，动思义则无奸邪之心。夫若此者，非法律之所使也，非威刑之所强也，此乃教化之所致也。"[28]隋文帝褒奖齐州参军王伽等人的诏书内容颇具代表性的反映了古代社会的感化信念："若临以至诚，明加劝导，则俗必从化，人皆迁善。"[29]

劝谕感化的奇效，古代史书特别是循吏列传中屡有记载。《后汉书·陈寔传》记载东汉末上层社会礼教废弛，但在颍川地方职位不高的陈寔影响一方风化，民人渐有"宁为刑罚所加，不为陈君所短"的近乎勇的操守。南宋官员为安世济民，将谕俗"布之于榜帖，形之于书判，施之于政事"，临海令彭仲刚作《须知》3卷、《谕俗》5篇，向民间传布，每逢听讼总是向双方当事人谏说诉讼的弊病，狱讼为之大减。南宋吴恕斋以"骨肉亲戚之讼"骤减大喜："当职两年于兹，凡骨肉亲戚之讼，每以道理训谕，虽小夫贱隶，莫不悔悟，各还其天。且久无同姓之讼，太守方为之喜。……郡守职在宣化，每欲以道理开导人心，闾阎小人，无不翻然悔悟，近来亲戚骨肉之讼，十减七八。"[30]明末樊玉冲任商城知县，为了减少人民的讼累，创作了《息讼歌》、《悟囚歌》，常常对于争讼者讲说孝悌礼让的道理，同样使当地讼狱大减。改任昆山令之后，原本当地民风十分好讼，酒家生意兴隆，一年后狱讼减少，酒家生意清淡关门。[31]

而地方狱讼不息的原因，在官员学者看来，原因无非是忽视听讼劝谕。例如元人王结分析："近年民间争斗日兴，造讦成俗，稍相违忤，便至纷争，或侵数垅之田，或竞一尺之地，亲戚故旧，化为仇雠，甚则丑诋

〔27〕（清）董仲舒：《春秋繁露·精华》。
〔28〕（汉）王符：《潜夫论·德化篇》。
〔29〕《隋书·王伽列传》。
〔30〕（宋）《名公书判清明集》卷七《户婚门》，吴恕斋：《先立已定不当以孽子易之》、《不当立仆之子》。
〔31〕《明外史·循吏传》。

骨肉阴私，讦举官府过错，诬陷昏赖，无所不为。此皆守土之官失于训导抚治之过，而人之如此，亦流为狡猾凶顽好讼之徒矣。"[32]清官海瑞也认为"词讼繁多，大抵皆因风俗日薄，人心不古，惟己是利，见利则竞。以行诈得利者为豪雄，而不知欺心之害；以健讼得胜者为壮士，而不顾终讼之凶。而又伦理不享，弟不逊兄，侄不逊叔，小有蒂芥，不相能事，则执为终身之憾，而媒孽评告不止。不知讲信修睦，不能推己及人，此讼之所以日繁而莫可止也。"症结缘于官府，"各衙门日日听讼，迄不能止讼者何？失其本也。考之龚、黄、卓、鲁，专以听讼劝谕。"[33]

翻开古代书判，劝谕气息迎面扑来。《清明集》判牍开篇："棠棣之华，鄂不韡韡。凡今之人，莫如兄弟，岂非天伦之至爱，举天下无越于此乎！"[34]"男女授受不亲，正欲其别嫌也，男不许共女争，亦惧其以强凌弱也。"[35]"大抵临财之际，欲辱身焉者，虽未必尽私，而已不能掩徇私之迹；凡欲洁身焉者，虽未必尽公，而不失为示公之意。"[36]"大凡市井罔利之人，其他犹可以作伪，惟药饵不可以作伪。"[37]判牍的字里行间涌动着对于当事人的关怀和同情。

清代郑板桥担任山东潍县（今潍坊市）知县期间的判词同样如此：对于丈夫音讯全无的妇女的同情，"据称王小胖外出五年不归，究在何处？作何生理？有无音讯？"敦促"夫妇大伦不便因贫而废"；对诉儿媳不归的公婆的责难，"尔子相待果好，焉肯私自归家？子以礼去唤"；对于互相仇视的同堂兄弟，斥责亲情疏离；批评公婆"纵子逼嫁"，挽回家庭亲情和睦；痛诋拖赖学费的家长，喻其自省；对于盗伐祖坟林木者，激扬"君子爱财，取之有道"，强调"思人犹爱其树，况先陇之松楸乎"，如此苦口婆心，都在执法的同时以道德实施感化，力求从根本上排除矛盾、化解

---

[32]（元）王结：《善俗要义》，收录于向燕南、张越编注：《劝孝·俗约》，中央民族大学出版社1996年版，第218页。

[33]（明）海瑞：《兴革条例·吏属》。

[34]（宋）《名公书判清明集》卷十《人伦门》，刘后村：《兄弟争财》。

[35]（宋）《名公书判清明集》卷十四《惩恶门》，载《卖卦人打刀镶妇》。

[36]（宋）《名公书判清明集》卷七《户婚门》，韩似斋：《房长论侧室父包并物业》。

[37]（宋）《名公书判清明集》卷十四《惩恶门》，胡石壁：《假伪生药》。

纠纷。[38]

二、健讼之害

宋代以后，地方始有健讼之风，延至明清，"健讼"已经是方志和官
箴中常常用来形容地方恶俗的惯用语。[39]而学界往往绕过或回避这一解
读，坚持认为"健讼"不过是托辞，目的是为了掩盖简约财政造成的制度
供给不足，压抑权利诉求。无视"健讼"背后的非理性诉讼文化，忽略官
方息讼话语针对性，过度诠释甚至美化"健讼"。[40]

（一）宋代健讼之害

宋朝开始，东南地方百姓"嚚讼成风"。[41]《清明集》中官员们痛责
其治下百姓"顽讼最繁"的评语俯拾皆是，出现"健讼"一词的判决文多
达 24 篇[42]，为我们展现了一个"健讼的世界"。[43]然而，正如南宋曾任
浙西提刑的马光祖所揭示的，健讼的根本原因并非民风好讼，实为被人唆
使。"浙右之俗，嚚讼成风，非民之果好讼也，中有一等无藉哗徒，别无
艺业，以此资身，……利归于此辈，祸移于齐民。"[44]

为了牟利，健讼之徒[45]无恶不作。无中生事、混淆是非、小题大做
是惯用的伎俩；出入州县，欺压良善，干预刑名，教唆胁取，行赇计嘱更

---

[38]　曲彦斌："'判牍'语言的道德力量与'法律文化'——读古今判牍小札"，载《博览
群书》2004 年第 5 期。

[39]　参见龚汝富："中国古代健讼之风与息讼机制评析"，载《光明日报》2002 年 7 月
23 日。

[40]　参见范愉："诉讼社会与无讼社会的辨析和启示"，载《法学家》2013 年第 1 期。据日
本学者夫马进教授的研究，古代便利开放的诉讼制度容易诱发非理性的诉讼文化，而宋代以后讼
师和讼学的发达更是加剧了这一趋势。[日]夫马进："中国诉讼社会史概论"，范愉译，载《中
国古代法律文献研究》（第 6 辑），社会科学文献出版社 2012 年版，第 21 页。

[41]　参见刘馨珺：《明镜高悬：南宋县衙的狱讼》，北京大学出版社 2007 年版，第 216 ~
217 页。

[42]　参见刘馨珺：《明镜高悬：南宋县衙的狱讼》，北京大学出版社 2007 年版，第 216 ~
217 页。

[43]　转引自刘馨珺："南宋狱讼判决文书中的'健讼之徒'"，载范忠信主编：《中西法律传
统》（第 6 卷），北京大学出版社 2008 年版，第 166 页。

[44]　（宋）《名公书判清明集》卷十三，马裕斋：《哗徒反覆变诈纵横捭阖》。

[45]　史籍中对于健讼之徒没有统一的称谓，时称哗徒，时称讼师，时称讼棍，甚至无赖。
本文统一称作健讼之徒。

是家常便饭。[46]大凡市井小民，乡村百姓，本没有争讼的打算，"则诱之使讼"。[47]"词讼到官，类是增撰事理，妄以重罪诬人，……此类真实固有，而假此以觊有司之必与追治者亦多。"[48]例如，"如白日相殴于路，则必诬曰劫夺入于其家，而相竞则必诬曰抢劫，与其妇女交争则必诬曰强奸，坟墓侵界则必诬曰发掘骸骨。似此类其真实者岂可谓无。但凿空假此以为词不达意讼之常谈者可怪耳，甚至公然以大辟诬人略不知惧者。"[49]

健讼之徒甚至不惜制造谎状，拖累良善，勒索钱物，对方不答应，就诬告牵连，让人不得安宁，"得直彼不过负妄诉之罪，而被诉之家，所捐已多矣。"[50]

诉讼过程中，健讼之徒唯一关心的是如何通过诉讼敲诈当事人，"有钱则弄之掌股之间，无钱则挥之门墙之外。事一入手，量齐家之所有而破用，必使至于坏尽而后已。"[51]丝毫不顾忌当事人的权益，"幸而胜，则利归己，不幸而负，则害归他人。故兴讼者胜亦负，负亦负；故教唆者胜固胜，负亦胜"。[52]

当中手段高明者将官府和良民同时玩弄于股掌之间，引诱小民贿赂官府，败坏官风，"未知赇嘱，则胁使行赇。"[53]通过权钱交易控制官府，"以恐胁把持为生，与吏囊橐，视官府如私家，肆行不忌"[54]。州县成为其天下，私家跃升为"公廷"。"阛邑之人，凡有争讼，无不并走其门，争纳贿赂，以求其庇己。（涛）之所右，官吏右之，所左，官吏左之。"[55]

由于健讼之徒的唆讼，普通良民破财受辱，亲邻关系破裂，"荒废本业，破坏家财，胥吏诛求，卒徒斥辱，道途奔走，犴狱拘囚。与宗族讼，则伤宗族之恩；与乡党讼，则损乡党之谊。幸而获胜，所损已多；不幸而

---

〔46〕（宋）《名公书判清明集》卷十三《哗鬼讼师》。

〔47〕（宋）《名公书判清明集》卷十二《教唆与吏为市》。

〔48〕（宋）胡太初：《昼帘诸论·听讼篇第六》，收录于徐梓（编注）：《官箴——做官的门道》，中央民族大学出版社1996年版，第100页。

〔49〕（宋）陈襄：《州县提纲》"诬告计反坐"。

〔50〕（宋）陈襄：《州县提纲》"禁告讦扰农"。

〔51〕（宋）《名公书判清明集》卷十三，马裕斋：《哗徒反覆变诈纵横捭阖》。

〔52〕（宋）《名公书判清明集》卷十二《责决配状》。

〔53〕（宋）《名公书判清明集》卷十二《教唆与吏为市》。

〔54〕（宋）王林：《燕翼诒谋录》卷四。

〔55〕（宋）《名公书判清明集》卷十二《士人教唆词讼把持县官》。

输，虽悔何及。"[56]官方的司法权威不断下降，"此词讼之所以日繁一日，听讼之所以徒为虚劳，而良善者之所以虚被其扰也。"[57]更为恶劣的是，这种恶意利用诉讼敲诈钱财的做法败坏了整个社会风习，"斯民之生，未尝无良心也，其所以陷溺其良心，不好德而好讼者，盖亦刀笔之习相师成风，而不自觉耳"。[58]

（二）明清健讼之害

夫马进教授[59]和黄宗智先生[60]的研究一直力图撇清明清社会健讼之风与健讼之徒的关系。可惜，事实情况并非如此。明代健讼之徒把持词讼已十分普遍，清代这种现象有增无减，"地方讼棍、土豪、光棍到处皆有"，[61]词讼"亲身上控者，十无二三，类皆讼师为之包揽代递"。[62]特别是商业聚集的南方地区，健讼之徒越发活跃。学者通过对比宝坻、巴县、淡水–新竹地区三地的资料发现，19世纪宝坻和十八九世纪的巴县两地民事案件的处理往往能够通过一次开庭迅速结案；而在相对更高度商业化的台湾淡水–新竹地区，在19世纪晚期，反复庭讯和缠讼不决已司空见惯，官府甚至不堪重负。[63]

而利用谎状滥讼更为常见，康熙时曾任汀州知府的王廷抡在告示中称："尔民身历艰苦，自当安分谋生，无如积习颓风，好争健讼，于本府莅任之始，纷纷具控，及至披阅情词，十无一实。"[64]清康熙五十九年曾任浙江省会稽县知县张我观的"颁设状式等事"的告示中也表示，他每天

〔56〕（宋）《名公书判清明集》卷四《妄诉田业》。

〔57〕《龙溪县志》卷十之风俗，康熙朝刻本。

〔58〕（宋）郑玉道、彭仲刚等："琴堂谕俗编"，收录于向燕南、张越编注：《劝孝·俗约》，中央民族大学出版社1996年版，第117页。

〔59〕［日］夫马进："明清时代的讼师与诉讼制度"，载［日］滋贺秀三等：《明清时期的民事审判与民间契约》，范愉、王亚新译，法律出版社1998年版，第418页。

〔60〕黄宗智：《清代的法律、社会与文化：民法的表达与实践》，上海书店出版社2007年版，重版代序，第4页。

〔61〕（清）文海：《自历言·叙》，道光二十六年（1846）刊。

〔62〕（清）姚莹：《复方本府求言札子》，载贺长龄等编：《清经世文编》卷二三《吏政》九，中华书局1992年版，第578页。

〔63〕黄宗智：《民事审判与民间调解：清代的表达与实践》，中国社会科学出版社1998年版，第19页。

〔64〕（清）王廷抡：《临汀考言》卷十六，"檄示"。

收受一百数十份呈词，焚膏批阅时发现其中写实的"十无一二"。[65]通过对清代判牍中的诬告的统计也可获得相关的印证。顺治年间的《棘听草》共收入判440件，其中诬妄类80件；康熙朝的《纸上经纶》共收入判28件，属于诬告的有7件；雍正年间的《徐雨峰中丞勘语》中收判102件，19件是诬告；乾隆朝的《崇雅堂稿》中收判38件，有6件诬告案；而光绪年间浙江会稽县知县在《四西斋决事》中仅记录了38件判，属于诬告的竟然达到16件之多。[66]直至清末《调查川省诉讼习惯报告书》中记载的"川省一大弊病"，即是当地有一些告状者"徒告不审，希图拖累"。

健讼之徒不单利用谎状滥讼，还鼓动民众缠讼，甚至挑唆民众自残自杀，挟持官府准讼。例如福建沿海的乾隆五十九年奉护巡抚部院姚宪札报告："照得闽省讼棍教唆，……甚至审结之案，冀图翻异。批驳之词，改情复控。惟图幸准一时，不知坐诬严例。……闽省民多好讼，皆出一班讼棍遇事教唆，各属代书贪钱兜揽，遂至积习相沿，成为风气。"[67]康熙年间安徽休宁百姓动辄轻生、以死相胁，"不惜一己之命，不过欲破其所相怨毒之家。"为遏制地方轻生风习，到任地方官员不得不一再严申禁令，"（休宁）县俗负气轻生……腾煌下车即为严禁，凡以服毒、自缢、投河来控告者，实时勒令埋葬，勿得株累"。[68]

官府准审后，同样为了牟利，健讼之徒反过来又会撮合双方和息。当事人刚要和解，健讼之徒又会挑唆再讼。[69]总之，官司审还是和，健讼之徒一手操纵，并不由当事人自主。"含糊其是非，舞智弄民，不厌不已"。[70]争讼双方往往被其勒索净尽。"迫呈词既递，鱼肉万端，甚至家已全倾，案犹未结。且有两造俱不愿终讼，彼此求罢，而讼师以欲壑未盈不

---

〔65〕（清）张我观：《覆瓮集》，"刑名"卷一，"颁设状式等事"，清雍正四年（1726）刻本，现藏北京大学图书馆。

〔66〕参见高雁峰："清代地方社会中的官、民与法——以清代地方官判牍中的诬告案为中心"，华中师范大学2007年博士学位论文。

〔67〕《福建省例》（下册·台湾文献丛刊史料第199种），台湾大通书局1987年版，第963～969页。

〔68〕参见侯欣一："清代江南地区民间的健讼问题——以地方志为中心的考察"，载《法学研究》2006年第4期。

〔69〕（清）庄纶裔：《卢乡公牍》卷一《示谕严拿讼棍告文》，清末排印本。

〔70〕（元）张养浩：《为政忠告》"听讼"。

息讼、健讼以及惩治唆讼

肯罢手者"。[71]不仅双方当事人受害匪浅，就连邻右证佐无辜人等也难逃拖累。一案"株连数十人，挨延二三载"[72]在当时是普遍现象，争讼双方被迫"日聚数十人于市而食，废三时之农功，而无所告诉也"[73]。

为了得逞，健讼之徒常常干扰正常的司法秩序，藏匿证人，制造伪证，买通书吏，无所不为，"或嘱证佐祖覆藏匿，或以妇女老稚出头；或搜寻旧事抵搪，或牵告过迹挟制。或因契据呈词内一二字眼不清，反复执辨；或捏造改换字据，形色如旧。或串通书吏捺搁，或嘱托承差妄禀。诡诈百出，难以枚举"。[74]

更有甚者，地方健讼之徒勾结活跃在京师上层的讼师，运用越诉挟持官府。道光年间陈盛韶《问俗录》中就反映了闽省仙游县和"漳南"即漳属讼师和驻京讼师利用京控把持唆讼给地方带来的困扰，"本邑讼棍与住京讼师相为推挽，顺风航海，七日达天津，三日至都门，遂成京控。……夫治漳之难有二：曰械斗，曰盗贼。然械斗之祸甚于盗贼，京控之祸又甚于械斗。盗贼害及一身一家，械斗害及乡里，京控更累及官长。"[75]难怪晚清方大湜在他的做官体会书《平平言》里，专门列一条"讼师可畏"。

清觉罗乌尔通阿编辑的《居官日省录》里称："世之杀人取财者，无如讼师、权势二种人耳"。讼师一流的健讼之徒为了获利，将富人当做"甘脆之资"，勾结衙门里的书吏衙役栽赃陷害，挟持取财。清代嘉庆十年（1805）六月二十九日，福建按察使司韩为就在榜文中揭露了当地有借尸图诈的恶习，"照得闽省奸伪百端，诈欺迭出……甚至以路毙之尸居为奇货，抬移图诈，倾陷平民。"[76]蓝鼎元《鹿洲公案》中记载了不少挟持富人的事迹，当地一个叫陈兴泰的恶棍假意接济路毙的流丐的兄弟，教唆其

〔71〕（清）刘衡："庸吏庸言"，载《理讼十条》，道光十一年（1881）刊京都琉璃厂荣录堂藏版。

〔72〕（清）任启运：《与胡邑侯书》，载贺长龄等编：《清经世文编》卷二三《吏政》九，中华书局1992年版，第585页。

〔73〕（清）周锡溥："复秦小岘廉使论吏弊书"，载贺长龄等编：《清经世文编》卷二〇《吏政》六，中华书局1992年版，第499页。

〔74〕（清）王又槐："办案要略"，载《官藏书集成》（第4册），黄山书社1997年版，第770页。

〔75〕陈盛韶：《问俗录》，书目文献出版社1983年版，第88~89页。

〔76〕《福建省例》（下册·台湾文献丛刊史料第199种），台湾大通书局1987年版，第989页。

"移尸图赖"讹诈钱财，遭富民拒绝之后，"代写状词，以（富民）打死抑埋"告官，一再缠讼。[77] 还有一个老讼师陈伟度为报复同宗族弟陈天万，与讼师王爵亭等合谋，唆使他人出面告陈天万的妻子毒杀了妾；为了不让官府找到尸体还原真相，陈伟度等还合谋秘密转移尸体，迁至邻县埋葬。害得族弟一家无辜受刑不说，还要出钱求和息。[78]

清代健讼之害尤为泛滥。康熙十三年（1674），于成龙为黄州知府，就任伊始，就发现当地奸棍，"专以起灭词讼为长技、鱼肉良善为儿戏、破人家产为得志、诬蔑绅衿为威风"。[79] 康熙三十九年（1700），湖广总督郭琇条奏湖广的八项"陋弊"，第四项即为"讼棍包揽词讼"。[80]

乾隆年间讼师介入苏州司法之严重，号称"吴中三大蠹"之一，"民间凡有狱讼，出为谋主，幻辞狡诈，惑乱官长，往往倾人之家……司牧者为民除弊，当以此为首务"[81]。道光年间吴炽昌《客窗闲话》记江西有包揽诉讼的团体"破靴党"，"诪张为患，无所不至，讼者咸师事之"。

同治年间的四川南部县知县承绶提及讼棍为害，轻则造成让人"陷身失业"，重则"伤身殒命"，甚至是"家破人亡"。而讼棍往往逍遥事外。[82] 庄纶裔在《卢乡公牍》提到山东蓬莱的情形与此相似，"词讼繁多，民情刁玩，每遇讼案，无不有讼棍主使，颠倒黑白，淆乱是非，迨至审讯全虚。虽治以诬告之罪，而被告受累，早已力尽筋疲，驯致缠讼不休，废时失业，变卖房产，典鬻妻子，以偿讼费者，尤难悉数。且不特被告受害即原告亦无不深受其累，而讼棍独于此衣食是赖，惟恐一日无讼，则一日无生财之所，其架词妄控，多半空中楼阁，变幻离奇，批不胜批，驳不胜驳"。[83]

---

〔77〕 陆林：《清代笔记小说类编·案狱卷》，黄山书社 1994 年版，第 53～57 页。

〔78〕 陆林：《清代笔记小说类编·案狱卷》，黄山书社 1994 年版，第 33～36 页。

〔79〕 （清）于成龙：《于清端政书》卷二《黄州书·请禁健讼条议》。

〔80〕 （清）袁守定："图民录"，载《官箴书集成》（第 5 册），黄山书社 1997 年版，第 202～203 页。

〔81〕 （清）乾隆《元和县志》，影印乾隆二十六年（1761）刻本，收入《续修四库全书》卷十，上海古籍出版社 1997 年版，第 107 页。

〔82〕 （清）王瑞庆等修，徐畅达等纂：《南部县志》卷十二《政绩》，道光二十九年（1849）刻本。

〔83〕 （清）庄纶裔：《卢乡公牍》卷一《示谕严拿讼棍告文》，清末排印本。

　　地方上健讼之害引起中央朝廷的高度关注。清嘉庆二十五年（1820），直隶御史朱鸿上《奏杜构讼[84]之弊以息刁风》一文，建议严惩讼棍，遏制诬告陷害他人的刁风。嘉庆皇帝在上谕批示中深表赞同，"民间讼牍繁多，则全由于讼棍为之包谋"。[85]乾隆皇帝干脆将查禁与捉拿危害社会的健讼之徒作为地方官职责写入《大清律例》，一旦查出懈怠职守，将受到严厉处罚。[86]

　　在某些地区，正是由于健讼之徒的挑唆，使得本来通过民间分流机制就可迅速解决的纠纷闹上了官衙，冲击了正常的法律秩序。[87]以于成龙处理的一起纠纷为例。一家的耕牛偷吃了邻家的豆苗，豆苗田主生气牵走了耕牛。地保出面调处已经解决了纠纷，但是当地的一个讼师硬要鼓动两家告状，为了让官府受理，还特意增添情节，将争吵说成是"群殴"，将牵牛说成是"偷窃"。[88]可以推测，这样的唆讼不会是个案，那么层出不穷的这一类事件发生不仅破坏了民间调处的已有成果，还增加了官府的额外负担。

　　健讼之徒的唆使和阻挠增加了积案发生的几率。"因思积案所以不结者，讼棍之把持，串唆为之也。"[89]"一经准理，动辄数年。其始或不尽由两造

---

[84]　"构讼"或"架词恶讼"是官府对讼棍包揽现象的概称。

[85]　清嘉庆时御史沈琨在奏折中言："近来嚣风日长，虽明知律令之綦严，姑且试刁顽之可逞，或挟嫌而藉端泄忿，或诈财而任意株连。"

[86]　参见《大清律例》卷三十《刑律·教唆词讼》"乾隆元年定例"。"讼师教唆词讼，为害扰民，该地方官不能查拿禁缉者，如止失于觉察，照例严处。若明知不报，经上司访拿，将该地方官照奸棍不行查拿例，交部议处。"

[87]　讼师对法律秩序的冲击参见吴佩林："清代地方民事纠纷何以闹上衙门—以《清代四川南部县衙档案》为中心"，载《史林》2010年第4期。邱澎生："以法为名：讼师与幕友对明清法律秩序的冲击"，载《新史学》（台北）2004年第4期；林乾："讼师对法秩序的冲击与清朝严治讼师立法"，载《清史研究》2005年第3期；霍存福："唆讼、吓财、挠法：清代官府眼中的讼师"，载《吉林大学社会科学学报》2005年第6期。麦考利分析"恶讼师"主要活动在以人口稠密、有丰厚产出与财富的"核心"区域（尤其是东南沿海）。See Melissa A. Macauley, *Social Power and Legal Culture: Litigation Masters in Late Imperial China*, Stanford: Stanford University Press, 1998, pp. 102 ~ 105.

[88]　金人叹、吴果迟编著：《断案精华》，据印行于民国初年的《清代名吏判牍七种汇编》编著，海峡文艺出版社2003年版。

[89]　（清）李方赤：《视己成事斋官书》卷十一《访拏讼棍衙蠹示》，道光二十八年（1848）刻本。

之意，而多出于讼师之主唆播弄。两造即欲中止，而讼棍复阴持之，使不敢退。"[90]滥讼的失控与告状难、积案多[91]，形成了积重难返的恶性循环。

三、严惩唆讼

"良民畏讼，莠民不畏讼；良民以讼为祸，莠民以讼为能，且因而利之"[92]，非理性的诉讼幕后往往有莠民——健讼之徒的兴风作浪，这些人"因讼之利"，"以讼为能"。这也是"健讼"、"滥讼"、"缠讼"无法根治消除的关键所在。

宋代健讼之风初起，针对唆讼讼师，朝廷禁其"诉不干己"事。景德二年（1005）诏规定：各类人物就与己无关的事由提出控告，处以决杖之外，还要"枷项令众十日"；情节严重的，决杖后配隶军籍。禁令森严，但威力有限。南宋孝宗时期，刑部尚书谢廓然奏称地方无赖竟然为把持诉讼凌辱长官，"郡县、台省讼牒繁伙，皆闾里亡赖凭借嚣讼，以为囊橐。纵使守令稍有风力，犹不免其指摘旧例已行之事，撰造无根难明之谤，甚者俟其任满到关，公然拦拽，凌辱无礼。故近来州县坐是愈不可为。"可见健讼之徒的嚣张横行。不得已，孝宗淳熙六年（1179）十月十六日再次警告教唆者："诏诸路监司，自今应有胁持州县诉不干己者，籍定申闻台省，候将来再犯，累其罪状，重典宪。"[93]

明清律中针对教唆把持词讼的健讼之徒专设"教唆词讼"条：凡教唆词讼或者为别人写作词状时有增减情罪情况的，就要作为诬告罪处理。[94]接受委托人财产酬谢，计赃以受财枉法罪从重论处。如诬告强盗、人命重罪及诬告十人以上，处近边充军；以钱雇人上京奏诉，雇者及受雇者发近

---

[90]　（清）李方赤：《视己成事斋官书》卷八《严鞫讼棍示》，道光二十八年（1848）刻本。

[91]　（清）包世臣：《齐民四术》卷七下《刑一下·为胡墨庄给事条陈积案弊源折子》，潘竟翰（点校），中华书局2001年版，第246页。

[92]　盛康（辑）：《皇朝经世文编续编》卷一一〇《刑政四·治狱上》，台湾文海出版社1972年版（影印本），第4639页。

[93]　（清）徐松：《宋会要辑稿》卷二四五。

[94]　参见张伟仁：《清代司法组织概述之一：参与中下层司法工作的个人、团体和官司》，载氏编：《清代法制研究》（第1辑），"中央"研究院历史语言研究所1983年版，第157页。律文明文规定："其见人愚而不能伸冤，教令得实，及为人书写词状而罪无增减者，勿论"。（清）王有孚：《一得偶谈》初集，嘉庆十二年（1807）刊本。

边充军；"积惯讼棍"生事扰害者，发云贵两广极边烟瘴充军，不能援引"存留养亲"的法律规定，法律还特别规定，被判处了充军、在充军地点落户的"积惯讼棍"，和"积匪猾贼"一样，其子孙永远不得参加科举考试。

由于唆讼往往从诬告开始，为了加强惩戒力度，《大清律例》详细罗列了诬告罪的量刑等差："凡诬告人笞罪者，加所诬罪二等。流徒杖罪，不论已决配、未决配。加所诬罪三等，各罪止杖一百，流三千里，不加入于绞。若所诬徒罪人已役，流罪人已配，虽经改正放回，须验其被逮发回之日，于犯人名下追征用过路费，给还被诬之人。若曾经典卖田宅者，着犯人备价取赎，因而致死随行有服亲属一人者，绞监候。除偿费赎产外，仍将犯人财产一半断付被诬之人。至死罪所诬之人，已决者，依本绞斩反坐诬告人以死；虽坐死罪，仍令备价取赎，断付养赡。未决者，杖一百，流三千里，就于配所加徒役三年"。[95]

官箴之中严防诬告，对妄诉者严惩的建议极为常见。例如陈襄的《州县提纲》和元代张养浩撰写的《牧民忠告》都专列了"诬告反坐"条目。田文镜等编写的《钦颁州县事宜》中"听断"一节，特意指出在审讯时，"审系虚诬，则当治以反坐之本罪，勿宽原告而长刁；究出教唆，则当审其起灭之实情，勿纵讼师而长恶"。原告有诬告就要反坐，不能宽纵，否则会助长"刁风"。发现背后有讼师在教唆的，就一定要严惩讼师。

康熙时任刑部郎中的房廷桢甚至认为"不严反坐之条"就无法真正息讼，他说，"劝息争讼，此仁人长者为民惜身家、惜性命之苦心也，每见文诰所颁，情词恺恻，计虑周详，真不啻垂涕泣而道之矣。然徒悬息讼之令，而不严反坐之条，则奸人之心以为吾之讼胜固可以制人，负亦不致损己，何所惮而不试其长技乎。亦有神明宰官审虚怒发，始虽恶其无实，旋复悯其无知，亦仅薄责示惩，不皆依律重拟，奸人之心以为吾之讼成固可以直寻，败亦止于枉尺，何所惮，而不幸其偶中乎"。

汪辉祖所著的《学治臆说》专列一条"治莠民宜严"，提醒基层官员，"剽悍之徒生事害人，此莠民也，不治则已，治则必宜使之畏法，可以破其胆，

---

〔95〕《大清律例》卷三十《刑律》"诬告"。

可以杀其翼。"他说唆讼的讼师与"地棍"（地方上的恶棍）是地方治理中最麻烦的。"唆讼者最讼师，害民者最地棍，二者不去，善政无以及人。"[96]

因此，地方官员到任以严拿健讼之徒为急务。例如，南宋胡太初上任，就发布榜文晓谕警告那些"专以教唆词讼、把持公事为业"的"奸狡顽嚚之人"，对于仍抱侥幸心理的讼棍，"严反坐之法，须令状尾明书'如虚甘伏反坐'六字。异时究竟果涉虚伪，断当以其罪罪之，则人知畏而不敢饰词矣。"[97]《清明集》当中"惩恶门"的"豪横"、"把持"、"哗徒"、"告讦"、"妄告"、"诬赖"诸类里就专门收编了不少官员惩治哗徒讼师和土豪讼棍的案例。朱熹弟子陈淳听闻福建漳属各县讼师唆讼引起词讼大增，专门写了一篇《上傅寺丞论民俗书》，建议用前任赵寺丞的方法严惩唆讼，"人因畏其戢，不敢健讼，次年所引词状日不到三十纸，今词状日几至三四百者，亦以故事未经举行故也"。[98]

明朝苏州知府况钟留下"下车各政"的著名警训："讼棍访着即办，须在下车时，迟则无济矣！"[99]此后，清代在江南任职的名吏如汤斌、李卫、徐士林、陈宏谋、钱琦、林则徐、丁日昌等人，都在下车伊始，发布告示，严拿讼师。例如汤斌履任江苏巡抚伊始，就发布告示，揭露"吴中健讼成俗，讼师地棍，表里为奸，往往驾捏虚词，教唆诬告，与本等事情毫无风影。"他还特别提醒民众不要听信讼师播弄，自陷法网。[100]

虽然明清律例规定地方拿获唆讼的讼师可以将之发遣充军，但实际上由于害怕报复一般人通常不愿出面指证，所以治罪往往较为困难。曾有学者对清代诬告案件的判决情况进行了统计，发现只有 4.2% 的诬告者被处以笞杖刑以上的刑罚，也就是说，只有这些案件才被上报上司，另有 43.2% 的诬告者被施以笞杖刑，而大多数的诬告者，即 52.6% 的诬告者甚至被径直免于处罚。这些数据说明清代州县官员对诬告行为通常都会从轻

---

[96] （清）汪辉祖："学治臆说"，载《地棍讼师当治其根本》条，辽宁教育出版社 1998 年版，第 62 页。

[97] （宋）胡太初：《昼帘诸论·听讼篇第六》，收录于徐梓（编注）：《官箴——做官的门道》，中央民族大学出版社 1996 年版，第 100 页。

[98] 《龙溪县志》卷十之风俗，康熙朝刻本。

[99] （清）觉罗乌尔通阿："居官日省录"，载《官箴书集成》（第 8 册），黄山书社 1997 年版，第 9 页。

[100] （清）汤斌：《汤斌集》上册，中州古籍出版社 2003 年版，第 572 页。

息讼、健讼以及惩治唆讼

发落。[101]究其原因，主要就是幕后的操纵者难以定罪才造成了这种"罪刑不相适应"的状况。

健讼之徒不去，民众无法安居乐业，官员只好自创方法达成目标。典型的例如汪辉祖将查访拿获的讼师锁系衙门，隔一天打一次，当庭揭露讼师"架词恶告、颠倒黑白"的丑恶行径。半个月之后，在身体与精神的双重折磨下，讼师"惫不可支"，往往主动悔过。[102]他的做法被很多地方官效法。晚清地方能吏刘衡，在收诉状及审案遇有涉及虚诬的当事人，立即带回内署，仔细询问教唆者的年貌、住址。随即密出签票，责成衙役严慎查拿。情节严重的讼师照例详办；情节稍轻的依照汪辉祖的做法惩治。就在刘衡惩办了两三名讼棍之后，其他讼棍闻风丧胆。刘衡在成都巴县这样的"极繁之缺"做了半年知县后，竟然有时在长达一个月的时间里接不到一件呈词，真是"官逸而民安矣"。在他到任前，巴县衙门"有衙役七千"，莅任一年后，呈词减少，衙役少了收入，许多人主动请辞，"退散六千七八百人，存者寥寥百余人耳"。[103]

既然健讼之徒通过唆讼把持，官员唯有严格把关诉状以及和息，避免上当。康熙年间廖冀亨任江苏省吴县知县，当地人就告诫他少准诉状："吴俗健讼，然其人两粥一饭，肢体薄弱，凡讼宜少准、速决，更加二字曰'从宽'。"[104]鉴于江南民风好讼，循吏于成龙要求下属必须严格立案审查，谨慎采取强制措施，"一切民间忿争角细事，概不许滥准、拘审、骚扰妨工，并擅拟罪赎娄追外，如有关系重大或由上发事件，必虚心平听。"大学士图海在奏折中也提及："民间词讼，除重情速审速结外，其余户婚细事不得滥准牵累无辜。"

清初《福惠全书》中的"状式"附有一则"告状不准事项"，声明

---

[101] 转引自姚志伟："十告九诬：清代诬告盛行之原因剖析"，载《北方法学》2014 年第 1 期。

[102] （清）汪辉祖："学治臆说"，载《治地棍讼师之法》条，辽宁教育出版社 1998 年版，第 62 页。清代地方官方大湜也深受汪辉祖的影响。他在《平平言》中谈到自己曾采取了类似的措施："辨讼师颇不易，余尝依照汪龙庄先生《学治臆说》所载，拿到之后，责惩管押，遇审案时即将该讼师提出锁柱示众，令其鹄立，看本官审案，亦足以昭儆戒。盖讼师在外，每以手段自矜，伤其颜面，则人不信服也。"（清）方大湜：《平平言》卷三《讼师已获须伤其颜面》，光绪十八年（1892）资州官廨刊本。

[103] （清）刘衡：《庸吏庸言》卷上《理讼十条》，同治七年（1868）楚北崇文书局刊本。

[104] 《清史稿》卷四七六《循吏传一·廖冀亨传》。

"状不轻准，准则必审，审则断不许和息"。为了防止健讼之徒利用审判间隙作梗，汪辉祖又加了一条，"审不改期"。他还建议驳回案件的批词说理最好严密周整，使讼棍及同伙无隙可乘，"一词到官，不惟具状人盛气望准，凡讼师差房无不乐于有事。一经批驳，群起而谋，抵其隙批语稍未中肯，非增原告之冤即壮被告之胆，图省事而转让事矣。"[105]刘衡主张对捏造干证（物证、书证）、邻里（人证），有意隔离原被告，利用信息不对称敲诈原被告的"诈息"，必须彻查到底，帮助当事人修复关系，"审则断不许和息也。民间细故，或两造关系亲邻，其呈词原不宜轻准。诚以事经官断，则曲直判然，负者不无芥蒂，往往有因此构怨久而酿祸者。"[106]

四、结语

一直以来，学术视角的创新是理论界孜孜以求的目标。通过新的视角解读传统史籍，是历史反思的必经途径。因此，对于解读视角的审慎运用是确保理论创新价值的保障。然而，经历现代西方法治文明洗礼之后，传统等同于落后已经成为某种意义上的共识。撇开传统社会的背景，用西方的语境抨击传统的缺失，委实是方便的套路。且不论息讼本身的目的，单就学者批评息讼主要所用的民权视角来看，通过司法途径的伸张民权应当说是英美传统政治法律的组成部分，并不属于中国的传统。鉴于此，学者针对息讼的指责可以说犯了语境的错误。因此，如果说息讼与惩治唆讼是抑制民众权利意识，实属指鹿为马。

无论是完整意义的息讼还是遏制惩戒健讼、唆讼，目的都非常简单，即便利纠纷的解决，安定民众的生活。只是对照古人以息讼为利民，以健讼为扰民，反观当今学界热议吹捧"健讼"，刻意丑化"息讼"，对于事实真相的疏离隔膜，真令人不胜感慨。

实际上西方社会对于诉讼的态度也并非一概积极。西方谚语"诉讼会吞噬时间、金钱、安逸和朋友"（Lawsuits consume time, and money, and rest, and friend），"最恶的调停也胜于最善的诉讼"（Un mauvais arrange-

---

〔105〕 （清）汪辉祖：《续佐治药言》，"批驳勿率易"，辽宁教育出版社1998年版，第22页。

〔106〕 （清）徐栋：《牧令书》，清道光刻本。

ment vaut mieux qu, un bon procès），[107]表明西方人有时也厌恶诉讼。基于诉讼的成本、风险和弊病考虑[108]，传统社会的息讼以及惩治唆讼经验仍旧有借鉴的价值意义。

（文字编辑 康骁）

---

〔107〕［日］大木雅夫：《东西方的法观念比较》，华夏、战宪斌译，北京大学出版社 2004 年版，第 154 页。

〔108〕［美］迈克尔·D. 贝勒斯：《法律的原则》，张文显等译，中国大百科全书出版社 1996 年版，第 37 页。日本民事诉讼法学家谷口安平教授曾说："民事诉讼还相当地花时间。所谓诉讼迟延或积案，是几乎存在于任何国家任何时代的一种令人烦恼的现象。产生诉讼的迟延可能有多种多样的原因，根本原因之一在于诉讼既然要提供充分的程序保障，花费相当的时间就是不可避免的。从这个意义上讲，也可以说诉讼迟延是这种制度的宿命。"而且就诉讼的社会支出来看，"诉讼（同样）具有负价值。即社会支出超过程序利益。尽管个别的原告能获得损害赔偿和其他救济，从而从诉讼中受益，但全面地看，诉讼纯粹是一种损失。因此，从社会的立场或从潜在的原告或被告的立场来看，应避免打官司"。

国法·情理·利益

——从《平平言》再议清代民事法源

康 宁*

一、引言：再谈"理法之争"

法源是法律的渊源，也就是司法判决中所应遵循的普遍性依据。20 世纪末日美学者之间的"理法论争"，是清代民事法源问题研究不可避免的学术争点[1]。"准情理派"的日本学者滋贺秀三先生着眼于清代社会的总体价值取向，认为国法与情理之间形成了"冰山"与"水"的同质关系，法通于理、判通于情，清代民事审判是准于情理的。[2]美国学者黄宗智先生则以官方档案材料的实证分析为基础，否定了滋贺的论说，强调清代民间诉讼的主要依据乃是官方律典，是鲜明的"准法派"[3]。这场"准乎理，抑或准乎法"的论争，使关于清代民事法源问题的思考更加深入。有

* 北京大学法学院 2011 级法律史专业博士生。

〔1〕 20 世纪 90 年代日美学者之间有关中国古代法源问题的论证，至今仍是中国法制史研究难以绕过的学术命题。1996 年 9 月 21 日至 23 日，在日本镰仓召开了一次主题为"后期帝制中国的法·社会·文化——日美研究者间的对话"（Law, Society, and Culture in Late Imperial China: A Dialogue between American and Japanese Scholars）的学术研究会。美国黄宗智教授与日本滋贺秀三教授就中国明清法制史相关问题展开了针锋相对的讨论，在学术界引起了强烈反响。易平："日美学者关于清代民事审判制度的论争"，载《中外法学》1999 年第 3 期。

〔2〕 ［日］滋贺秀三："清代诉讼制度之民事法源的概括性考察——情、理、法"，载滋贺秀三等编，王亚新、范愉等译：《明清时期的民事审判与民间契约》，法律出版社 1998 年版，第 40 页。

〔3〕 参见 ［美］黄宗智：《民间审判与民间调解：清代的表达与实践》，中国社会科学出版社 1998 年版。［美］黄宗智、尤陈俊：《从诉讼档案出发：中国的法律、社会与文化》，法律出版社 2009 年版。

学者认为，中国古代司法系统和审判模式具有自上而下的"延展性"特征，在这一延展的体系之内，情理法三者是始终绞合的，并不存在鲜明的分异关系。〔4〕法与情实际是儒家伦理的不同侧面，司法审判同时以此二者为准，并无不妥。〔5〕还有学者关注民事诉讼中的利益纷争，认为中国古代司法裁判蕴含着平衡利益的最高价值内核，情与法可以在两造当事人利益平衡的诉求之下得到统一。〔6〕

再谈清代民事法源，则见旷日持久的论争已然将"国法"、"情理"和"利益"分别确立为考量清代民事法源问题的三个维度。但是，如果虑及民事审判过程中地方官员的基本思维，就仍有问题尚待解决。我们须知，清代"州县自行审理一切户婚、田土事项"〔7〕，"例称自理"〔8〕。这种将"民事细故"放权于州县地方的基本态度，为官员独自斟酌适用民事法源预留了空间。出于实现平息讼争、恢复秩序的基本诉求，州县官员实际很难偏倚任何单一的民事法源，而更倾向于"但求其可行"〔9〕的实用主义的逻辑，使得民事审判的法源会在"国法"、"情理"和"利益平衡"的不同取向之间游走。可见，法源问题的探索尚需回归古代参审官僚的视角，以期获得更加细微、深入的理解和甄别。

所幸，明清之际的中国官员趋于务实，他们总结为官经验写就了大量的官箴书籍。所谓"箴"，"缀衣箴也"〔10〕，具有插、刺之类的功能，引申为警示、劝诫、规谏之意。汉代以降，"箴"成为具有警示、劝诫、规谏等特定功用的文体。"官箴"，也就是君王、百官对规诫对象的"箴"。

---

〔4〕 徐忠明："明清刑事诉讼'依法判决'之辨正"，载《法商研究》2005年第4期。

〔5〕 林端：《儒家伦理与法律文化：社会学观点的探索》，中国政法大学出版社2002年版，第14页。

〔6〕 汪雄涛："明清诉讼中的情理调处与利益平衡"，载《政法论坛》2001年第3期。

〔7〕 《大清律例·刑律·诉讼·告状不受理》，第478页。

〔8〕 《清史稿·卷一四四·刑法志》。原句是："户婚、田土及笞杖轻罪由州县完结，例称自理"，意为诸如户婚、田土等民事案件和判处笞杖以下刑罚的轻微刑事犯罪，属于州县有权自行处分的案件。由于此类案件的涉及范围较广，故有"万事胚胎于州县"之说。参见那思陆：《清代州县衙门审判制度》，中国政法大学出版社2006年版，第210页。另见瞿同祖：《清代地方政府》，范忠信、晏锋译，法律出版社2003年版，第193页；郭成伟、关志国：《清代官箴理念对州县司法的影响》，中国人民大学出版社2009年版，第40页。

〔9〕 （清）方大湜：《平平言》凡例，原句是："但求其可行，故所言平平无甚高论。"

〔10〕 《说文解字·竹部》。

明清时代的官箴书，内容更加充实，涉及为官处世、农田水利、钱粮课税、百姓安置等地方治理的许多方面，而且注重典型事例的形象化说明。官箴书籍可以作为研究法律问题的"样本"，对清代民事法源的认识有所裨益。

《平平言》是清代官箴书的代表作品之一，因作者方大湜自谦"平平无甚高论"得名"平平言"。作为清代地方官员的典范，方大湜勤政清廉，事必亲理，受到清朝统治者的褒奖，并于咸丰初年任广济县知县，咸丰八年升任宜昌知府，咸丰十年调任武昌知府。光绪年间历任直隶按察使、山西布政使。[11]《平平言》是方大湜晚年写给弟子的为官手记，内容分为序、凡例、卷一、卷二、卷三、卷四、跋七个部分，其中卷二、卷三以方氏经手的近二十则案例讨论了民事词讼的问题，且多为后人引用。以《平平言》为介质研究清代民事诉讼审判或许较为单薄，却能"管中窥豹"，或可在"国法"、"情理"与"利益"三种不同的民事法源之间，理出大致平行而又包容的位阶关系。

二、国法到情理

帝制时代的中国有"断案具引律例"的规定，"国法"是当之无愧的法渊源。但是，纵然"三尺法不为诸生废也"[12]，官箴书中的民事词讼却由"国法"滑向了"情理"。在《平平言》中，方大湜先是强调"吏以法令为师"，为官应通国法。他规劝官员多读法例书籍，"平日多记几条律例，审案乃有把握"[13]。一旦到了具体案件的实际操作层面，方大湜又认为尽管律例不容忽视，可也"不必事事照律例审理"，应当观察原被告的供词是否近理近情。正所谓"本案情节应用何律何例，必须考究明白。再就本地风俗，准情酌理而变通。"[14]审案不与律例十分相背，就能避免当事人不服而继续上控的情形；如果律法没有规定或案件情有可原，还应当

---

〔11〕《清史稿·列传二六六·循吏四》。

〔12〕（清）黄六鸿：《福惠全书》卷十二，"刑名部"。

〔13〕（清）方大湜：《平平言》卷一，"候补宜读书"。

〔14〕（清）方大湜：《平平言》卷二，"本案用何律例须考究明白"。值得注意的是，方大湜的这句论述在当代学者论述明清民事争讼的学术争论中多有引用，成为论证民事词讼中礼法并用原则的依据。

根据"情理"加以变通。当然，诚如方大湜所言，不论是依律审判还是斟酌情理，都必须建立在彻底查明案件事实真相的基础上。如果错用律法，或者为了原情办案便不问实际，滥施法外之仁，就有被翻案的可能。他还列举了为官应读的若干典籍，既有国家颁布的、通则性的法律规范，如《大清律例》、《大清会典》等，又有宣讲儒家伦理、表彰嘉言懿行的朝章国故，如《大清通礼》、《历代名臣言行录》、《史传三编》、《国朝先正事略》、《皇朝经世文编》等。方氏认为，"以上各书所录皆良法美意，读之可以知得失、别是非"[15]。尤其经史子集不仅值得反复回味，还能够在司法审判的过程中教化百姓，真正为民之父母。

方大湜所称"国法"，单就民事词讼的内容而言，多指《大清律例》中的相关内容。在清代，民事案件属州县全权管辖，主要涉及户籍、差役、赋税、田租、土地、婚姻、继承、债务、水利等纠纷。民事案件不必逐级审转，州县审理完结即可作出发生法律效力的判决、裁定和调解。当然，"依律断案"的审判原则也在《大清律例》有所阐明："凡国家律令，参酌事情轻重，订立罪名，颁行天下，尤为遵守。百司官吏务要熟读，讲明律意，剖决事务。每遇年终，在内在外，各从上司官考校。若有不能讲解，不晓律意者，官，罚俸一月；吏，笞四十。"[16]可见，只要有明确的法律规定，州县官就应当依法裁决，民事审判并不例外。

具体观之，清代国法律例中涉及民事诉讼的内容是十分丰富的。既有婚姻、继承的具体法制，如"若许嫁女已报婚书，及有私约，而辄悔者，笞五十；若再许他人，未成婚者，杖七十；已成婚者，杖八十。"[17]"凡家长与奴娶良人女为妻者，杖八十。"[18]又有规范民间典卖、借贷等财产关系的具体法律规定，如："凡私放钱债及典当财物，每月取利并不得过三分，年月虽多，不过一本一利，违者，笞四十，以余利计赃。"[19]"凡欺隐田粮（隐田瞒产漏税），笞四十至杖一百。"[20]"凡盗卖，换易，及

---

〔15〕（清）方大湜：《平平言》卷一，"候补宜读书"。
〔16〕《大清律例·吏律·公式·讲读律令》。
〔17〕《大清律例·户律·婚姻·男女婚姻》。
〔18〕《大清律例·户律·婚姻·良贱为婚姻》。
〔19〕《大清律例·户律·钱债·违禁取利》。
〔20〕《大清律例·户律·田宅·欺隐田粮》。

冒认……及侵占他人田宅者，田一亩、屋一间以下，笞五十。每田五亩、屋三间加一等，罪止杖八十，徒三年。"[21] "卖产立有绝卖文契，不准找赎；文契未载绝卖，可以回赎。"[22] 在此种法律规制的基础上，《平平言》中不乏查明事实，依法裁断的民事讼争，以下两案即是典型的例证：

【案例一】 襄阳民人陶小强只生一女。咸丰六年，凭陶和尚说合螟蛉黄应詹为子，立有合同。迨后应詹翻悔前言，不愿与小强为子，旋即出外。已隔数年之久，应詹忽以伊本赘与小强家为半子半婿，小强赖婚将伊逐出等情，具控。余查立合同时小强之女年甫十二岁，应詹年已三十七岁。岂有十二岁幼女难择年纪相当之人，而必赘三十七岁之应詹为婿耶？殊属不近情理，为诬控无疑。讯之果服。[23]

【案例二】 襄阳民人谷正立控生员尉秉恭承受伊故岳家产不认嗣父借项一案讯。据谷正立供称，道光二十年，代伊岳父尉道亨向田永盛票号借钱三百四十串文，系伊垫还。二十八年，伊岳母刘氏不忍累伊，凭同保人书，有押地六十亩字据为凭，至今本利不偿。查谷正立现年三十八岁，借钱之时仅止十四岁。田永盛何能遽信借给钱三百四十串之多？且尉道亨家道殷实，非贫寒可比，即属乏用，岂有不自行挪借，而反央十四岁之女婿出名代借之理？至押地六十亩为数甚巨，刘氏嗣子尉秉恭年幼无知，应有尉姓族人出名承保，方昭妥实。乃核阅押字，既未凭同尉姓族人，又无代笔人姓名，仅凭有外姓保人，安知其非串捏？且押字内载有"限至冬月内不还，另换地约落业"字样。如果至期钱未还清，何不即换管业？约据直待刘氏故后又隔多年，始行控追，图诈无疑。层层驳诘，谷正立乃服罪。[24]

案例一与案例二都是从查明案件事实情形出发解决民事争讼。案例一是嫁娶的纠纷。方大湜经过查实认为，招赘合同定拟之时，被告陶小强的女儿年仅十二岁，理当选择年纪相当的夫婿。根据订立合同的时间，以及男女双方年龄悬殊较大的事实情况，方大湜果断地判断出原告黄应詹的诬告之举。案例二是一则钱债纠纷。虽然原告谷正立振振有词，但方大湜根

---

[21] 《大清律例·户律·田宅·盗卖田宅》。

[22] 《大清律例·户律·田宅·典卖田宅》。

[23] （清）方大湜：《平平言》卷三，"察情"。

[24] （清）方大湜：《平平言》卷三，"察情"。

据谷正立的年龄加以推算，谷正立在替岳父出面借钱时只有十四岁，且谷氏岳父家底殷实，不可能累及十四岁大的女婿出面借款。根据日常生活中的实际情况，票号也不可能同意将三百四十串这么大数目的钱出借于十余岁的孩子。谷氏手中的抵押田亩，不仅没有其岳父本族人出名承保，反而由岳母一个女子出面作保，更加不足为信，谷正立"图诈无疑"。尽管方大湜并未将具体的法律适用一一详述，但此案所谓"服罪"，与大清律例的"悔婚"、"盗卖田宅"的规定形成了颇为严格的对应关系。

为了更好地把握事实并准法裁判，方大湜注意借鉴前人成案中的审案智慧。用方氏的话讲，"古人引经断狱者，不一而足。一行作吏，虽不能效经生家终日呫哔，然偶尔翻阅，总有益处"[25]，"州县断案……即多记几件古事，断案亦有遵循也。"[26]《平平言》经常引用的成案主要来自前朝和凝的《疑狱集》、宋慈的《洗冤集录》、郑克的《折狱龟鉴》、本朝汪辉祖的《佐治药言》、蓝鼎元的《鹿洲公案》、刘衡的《庸吏庸言》等。用方氏的话说，"唯此可得知人情物理，时深有裨於相业。"[27]方氏经常将有所助益的成案与自己的审判纪实一同摘录。例如：

【案例三】宋高定子知夹江县，邻邑有争田十余年不决者，部使者以属定子。定子察知伪为质剂，其人不服。定子曰："嘉定改元，诏三月始至县。安得有嘉定元年正月文书耶？"两造遂决。又余令广济时，有许启万、许金昌争山一案。启万之祖公集金昌之祖，次公兄弟也。鸡冠山坐落住屋之后本系两房公业，两房均葬有坟墓。启万修谱时，因伊祖公集元配游氏墓碑刊鸡冠山界，遂指鸡冠山为公集名下私业，载於新谱之内，并藉康熙六十一年，伊祖置买王姓屋后山契约尚存，遂指鸡冠山为王姓所卖。金昌不服，具控到案。余查阅所呈谱契碑摹，王姓卖山系康熙六十一年，游氏墓碑立自康熙四十七年，是立碑之时，山尚未卖断。未有将他人未卖之山界刊在自己坟碑上之理。明系混争图占。讯之果然。[28]

案例三中，方大湜对前人成案进行了借鉴，并将自己经手的类似案件

[25]（清）方大湜：《平平言》卷一，"候补宜读书"。

[26]（清）方大湜：《平平言》卷三，"彼此换易"。

[27]（清）方大湜：《平平言》卷一，"候补宜读书"。

[28]（清）方大湜：《平平言》卷三，"据笔迹涉讼须处处留神"。

加以阐述。高定子明辨交易凭证的真伪、根据其所记载时间的纰漏解决纷争的断案智慧，令方大混深受启发。他参照高定子案件中的事实推断及认知，明察秋毫，在争山一案中以买卖契约的记载为依据，明确了山地的所有权。此种情况之下，尽管前人智慧及其事实考量皆不过是日常生活中琐碎的常识性认知，却也最终为国法的严格适用提供了依据。

国法有关民事争讼的规定可谓全面，但与现实生活的丰富性相比，法律的安排总不能免于"简陋之讥"[29]。民间词讼多是日常生活中的"细故"，细故之"细"，国法的"触角"远不能及。可以看出，律例规定的内容较为粗陋，"笞四十至杖一百"、"杖六十至一百"等言辞含糊的法律惩戒措施，只是构筑了大致对应的违法处分体系，有些甚至连处罚的条款都没有涉及。不难想见，面对实际纷繁复杂的社会生活，国家颁布的民事律例最多只能"提纲挈领"。一面是这种"先天不足"的纲领性的律法，一面是必须应对的各种复杂案情，那么超越于国法之外的"准情裁判"自然成为水到渠成的策略，受到地方官员的欢迎。只是，"情理"根本上并不与国法相抵触，遵守国法也皆是"情理之中"。后者内容更加宽泛，既包括了传统儒家核心价值范畴的"人伦关系"，又包括了清代社会公众所认同的"一般事理"和"人之常情"。就《平平言》观之，几则案例根据"州县本执法之官，情有可原，却不妨援情而略法"的司法原则，为"准情裁判"的运用提供了佐证：

【案例四】钱债以券约为凭，告贷之手札却不足为凭。以彼虽告贷，而此之贷与未贷则不得而知也。其券约分明者，自应照律追偿；若不追偿，则富民不敢放债。一遇岁饥或新陈不接，小民束手矣。追债之法，（大清）律载：私放钱债每月不得过三分，年月虽多不过一本一利。（大清律）辑注云谓：本利皆未还而积至年月久远者也，若年年纳利，本钱未还，不得统计已还之利而算一本一利。注甚明晰，然亦不得拘泥。假如借债十年，月利三分，除纳利五年外，尚欠利五年，是其所纳之利已经子过其母，若再还一本一利，未免取息过多。即应断令酌减利息，或负者实系无利，亦应劝借主减本归结。[30]

---

〔29〕 梁治平：《法意与人情》，海天出版社 1992 年版，第 149 页。
〔30〕 （清）方大混：《平平言》卷三，"钱债"。

此案中，方大湜以"未免取息过多"的情理对律例的规定加以变通。《大清律例》规定民间借贷每月最多三分利息，年月再长也只限于一本一利。《大清律辑注》作出进一步解释，如果历时久远但本利仍未还尽的债务关系，即使其中的有些年份交足了利息，法定的一本一利仍须原样归还。但方大湜认为，同样是债务人借债多年且有利息未还，如果债权人已经变更为债主的母亲，就应当断令酌减利息，甚至规劝债权人减少本金，了结钱债关系。这里，方大湜对律例进行了补充性的解释，认为在债权人主体有所变更的情况之下，取息过多是有失公允的。这样限制了过高取息，体恤了支付能力较弱的债务人，也维持了社会生活中钱债关系的稳定性。同理还有另外两则"准情酌理"进行审判的例子：

【案例五】广济县民人苏灿章等与苏相甫等共一世祖永通，永通支下共六户，向来祭祖六户轮流。为首承办富户为六户之一子孙，又分为璋、贞、德三分。灿章等乃贞、德二分子孙，相甫等乃璋分子孙。每三十年，富户应办祭于届。璋分向办四届，贞、德二分共办一届。相甫等不由旧章，致灿章等，以灭祭具控。余查阅所缴祭簿，……至道光九年以后四届，本系璋分承办秉笔者。若照道光九年祭簿款式，……明系璋分子孙自恃人多势盛，谓富户即璋分，璋分即富户。凡富户应办之祭，即璋分应办之祭。故只以富户二字分别各户，不须注明璋分，无不知为璋分承办。彼贞、德二分人少势弱，自然不敢与争，是璋分之藐视贞德二分已历二三十年之久，初不自相甫等。始断令嗣后永通祭祀，富户三十年轮办五次，贞、德二分仍照道光九年祭簿为首一次，璋分为首四次，以昭平允而全族谊。两造允服，取结完案。[31]

【案例六】广济民人王瑞富居住荆竹林屋东山场内有孤坟一塚，并无碑记。坟之四围均有隙地，生员李洪驹等因家谱内载五世祖汝文葬荆竹林茅田庙，谓此坟即汝文坟墓，欲立碑志祭扫。王瑞富谓山由夏姓出卖，契内载明此坟系萧人坟墓，阻拦不许，具控到案。余阅李姓宗谱虽有汝文葬荆竹林茅田庙字样，而此坟是否即汝文坟墓并无确据。若坟在王姓山界内，自不便听其依稀恍惚之词於他人界内认古墓为祖墓。查王姓所呈夏姓

---

〔31〕 （清）方大湜：《平平言》卷三，"乡愚不通文理须逐细分剖"。

卖契内载南抵堑下萧人坟地为界，足见夏姓所卖山场南界止抵萧人坟地，萧人之坟、萧坟前后左右之地均不在夏姓所卖山场之内，萧人既无子孙，萧人之坟系属孤坟，又不在王姓山内。李姓认为祖墓意图祭扫，原与王瑞富等无涉。断令两造赴山酌定坟之长短宽窄，划定界限，听李洪驹等祭扫。但不得以坟占山，亦不得接葬至坟之四围。隙地山场本应入官，姑念王姓管业已久，仍准照旧管业，此皆从界址上定是非也。[32]

案例五和案例六都是准情断案，以昭平允。案例五是有关祭祀问题的民事纠纷。方大湜查阅所缴祭簿，推断出璋分子孙自恃人多势盛独揽祭祀活动，而贞、德二分子孙却人少势弱、不敢与其争夺的事实，进而制止了独揽祭祀的行为，"以昭平允而全族谊"。案例六则是土地纠纷。王瑞富和李洪驹就王瑞富住所附近的无字孤坟发生争执。李洪驹想认作自家祖坟，要立碑志祭扫，王瑞富则阻拦不许。方大湜调查后，认为尽管李姓认作祖坟的证据不足，但坟墓及其周边隙地又确实不在王姓的土地上。李姓认作祖墓意图祭扫，本是与王瑞富没有关系的。李姓可以祭扫土地，其他无主土地应依法充公。但是，念在"王姓管业已久"，仍旧批准王姓管理坟墓附近土地。于是断令两造酌定坟之长短宽窄，划定界限，坟墓由李洪驹等祭扫，只是不得以坟占地，隙地山场仍由王姓管理。无论是同情弱者前提之下的"昭平允而全族谊"，还是缺乏证据、违拗国法基础之上的"姑念管业已久"，都体现了"准情酌理"的司法理念在民事审判的过程中有着可资借鉴的实用性价值。

三、情理到利益

平衡两造、利益均摊构成了清代民事法源的"最外围"。不可否认，诉讼纠纷的解决都多少带有平衡人事利益关系的性质，然而，单就清代民事讼争的审判依据而言，两造利益的平衡裁定却难成统领"国法"、"情理"的"制高点"。的确，某些场合之下的民事审判可能面临复杂的人际关系和利益纠纷，让"国法"和"情理"的调控难以获得较为圆满的解决措施。此时，裁判官员会从单纯解决问题的立场出发，放开思路，超脱是

---

[32] （清）方大湜：《平平言》卷三，"据笔迹涉讼须处处留神"。

非对错的认定，将利益权衡用作化解纷争的"应急撒手锏"。

方大湜注意运用平衡两造利益关系的技巧，也在《平平言》的案例中有着多处体现。他认为，审案应当首先明确利益主体，排除无关人员。如果有的原告存心拖累讹诈，将平日与自己不和或者家道殷实的无干百姓列于诉状，就必须留心排查。同时要理清利益诉求，将紧要处摘录并列出清单，做到心中有数。"纸上是非已得四五，再参以两造及证佐之口供，似不难水落石出。"[33]他认为还要善于运用技巧平衡两造、化解纷争。为此他举出"两全之法"和"换易之法"两例加以说明。

【案例七】广济冯姓田傍山脚，陈姓田傍港边。冯姓恐山沙冲压田地，故於山上开沟，俾山沙由沟入港。陈姓恐港心淤垫无水救田，故将冯姓所开之沟挑土闭塞。彼此互控到案。余亲诣查勘，知推沙入港确与陈姓有碍，闭塞沟口确与冯姓有碍。周谘博访，得一两无妨碍之法。断令在於陈冯二姓公山脚下合水处所相度地势，由冯姓做一沙柜，遇有山水涨发冲下泥沙即可囤积柜内，庶免直流入港。柜内泥沙必须随时挑开，令冯姓出钱二十八串，陈姓出钱十二串，共四十串，交冯姓置产以为随时挑挖沙柜之费。又令冯姓出钱十串，陈姓出钱五串，共十五串，在於沟口上首买田一斗三升以为出水之路，山水由沙柜入沟，由沟至所买之田，流入港内，其田不许栽种，应完钱漕归冯姓按年完纳。令陈姓出钱一串与冯姓生息，以该每年帮完钱漕之资。嗣后港内如有沙泥壅滞，仍归陈姓挑挖柜内。如有沙泥堆积应归冯姓挑挖，彼此均不得推诿。冯姓永不准沙入港，陈姓永不准闭塞沟口。二姓咸服。案遂结。[34]

【案例八】荆州监利县禾丰、六合两垸紧相毗连。六合垸于两垸连界处挽筑闲堤，禾丰垸将其闲堤刨毁，彼此上控。余细加查核，六合垸在禾丰垸之下，禾丰垸在六合垸之上。下垸绅民为下垸计，若不挽筑闲堤，则上垸渍水建瓴直下，下垸必受上垸之害；上垸绅民为上垸计，若不刨毁闲堤，则上垸渍水无路消洩，上垸又受下垸之害。就一垸而论，其说原未可偏非。就两垸而言，其说即未必全是。应令下垸仍筑闲堤，以防上垸渍

---

〔33〕（清）方大湜：《平平言》卷三，"看卷"。

〔34〕（清）方大湜：《平平言》卷三，"两全之法"。

水。上垸别开水头以洩上垸渍水。上垸头工需费浩繁，酌令下垸帮给头费，以昭平允，而息讼端。

【案例九】萧春华之祖人于康熙年间佃种范远振之祖人祀田一石六斗三升，每年纳粮米一石七斗，稞谷四十一石。萧氏分析时，春华分种十一丘，计田七斗五升，每年纳粮米八斗七升，半稞谷十八石三斛，敦华、国华分种十八丘，计田八斗八升。每年纳粮米八斗六升半，稞谷二十二石一斛。道光二十四年，敦华、国华将分种之田顶与陈志广耕种，照数纳稞。二十七年，陈志广将顶种之田卸与范远振耕种，纳稞数目亦如之。咸丰十年远振清算田亩，心疑春华隐瞒祀田致伊多纳粮稞，遂以田稞不均等情赴案。呈控质之春华坚称稞之多少照田匀派，并无此少彼多情事，远振老迈固执不可理论。余取具两造切实供状，令其彼此掉换。春华承种之田换给远振耕种，应纳粮稞仍照春华向日所纳之数，远振承种之田换给春华耕种，应纳粮稞仍照远振向日所纳之数。讼遂结。[35]

案例七是以"两全之法"权衡双方进而解决纷争。冯家田在山脚下，陈家田在港口边。冯家担心山沙冲压田地，就在山上挖了沟，让山沙流入港口。陈家则担心港口被淤泥填堵，就将冯家挖的沟堵上。双方互相提起了诉讼。方大湜针对这种互有依附的利益关系，采用了陈、冯两姓各自让步的"两全之法"。他断令冯家不能让将泥沙流入港口，陈家则不准闭塞港内沟口，还在淤泥出口另辟田地为出水路径，所需费用由双方共同负担。案例八也是"昭公允"之下的利益两全。就彼此连界的上、下两垸而言，若各自为己，则两受其害；若各有所让，则双方获益。于是方大湜断令下垸修筑堤坝，防上垸渍水，上垸则另辟水路疏通排水，又由下垸支出一定经费分担上垸排水工程。[36]案例九则是出于"满意即可"的立场采取让双方当事人彼此"换易"的简单措施。原告范远振与被告萧春华同耕一块祀田，但范远振怀疑萧春华隐瞒祀田数目，导致自己多纳粮稞，并以田稞不均告到县衙。萧春华则坚称纳稞数目都是照田均派的，没有厚此薄彼的情形，但范远振却固执己见。方大湜索性将二者彼此调换耕种，应纳粮

---

〔35〕（清）方大湜：《平平言》卷三，"彼此换易"。

〔36〕（清）方大湜：《平平言》卷三，"两全之法"。

稞仍旧按照各自原先的数目。三个案例都很难体现"国法"和"情理"的实际效力，却都以"二姓咸服"、"息讼端"和"讼遂结"平息了诉讼。这里，州县官员实际上根据现实的利益权衡对民事纠纷进行"裁剪"，进而划分了两造的权利与义务。不能否认，利益权衡来源于真实的诉讼关系，在"国法"和"情理"所不能及的范围之内确有极强的适应力。

四、结语

可见，只要能够"咸服"和"息讼"，民事法源的范围可以是相当宽泛的。综观清代民事争讼的过程，"国法"、"情理"和"人事平衡"三者的位阶关系是层层"流逸"的。民事法源实际并不仅仅局限于"国法"与"情理"所层层嵌套而成的静态"同心圆"，更像是以争讼为"波心"、以解纷为"推力"而不断演进的动态"涟漪"。现实的诉讼活动中，这样一个环环相扣的法源体系最终构成规制民事诉讼的主体。州县官员娴熟的裁量，实际是以这种"涟漪推进式"的法源适用来规制民事诉讼的过程。可以说，如果争讼是非清楚、法律指向明确，解决纠纷就是当然的法律适用问题，民事争讼在国法的层次之内即可得到解决。但是，在众多需要斟酌情理的场合，民事争讼就轻易越过国法转而直面情理的制约。与此同时，利益的平衡也就成为争讼平息的最后一道防线。尽管对于大多数的民事纠纷而言，"国法"与"情理"两个环节已然足够，但人事利益的平衡能够修复二者的疏漏，进而维护民事秩序的基本功能也是断然不可忽视的。

由《平平言》中的民事审判而得出的这一推衍适用的法源结构，在清代州县官员裁量民事诉讼的过程中是"鲜活"的。这种层层嵌套的法渊源不仅理清了清代民事法律渊源的主体内容，还可使不同的法律渊源在实际审判的过程中各谋其位。而民事审判的新图景也就顺势呈现在眼前：现实的清代社会生活中，民间秩序犹如一汪平静的"水面"，民事争讼是一颗颗落入水中的"石子"。民事争讼激起的层层"涟漪"，终在"国法——情理——利益"的相继"圈制"下得以抚平。不消多言，如冰之法，如水之情，均已混合、融化在这一平静的水面之中了。

（文字编辑　王世柱）

表与里：宋代幕职制度
设计的革故鼎新

廖　峻[*]

"幕职"并非宋代特有，但是，与前代相比，宋代"幕职"自有其变化，这些变化是什么？它们何以形成？它们反映出何样的宋代司法制度设计意图？这些问题将是本文探讨的重点，以下则分述之。

一、变革之表：宋代幕职的官职和职能

宋人所谓"幕职"实为一总称，[1]根据《宋史·职官志》的记载，"幕职"包括"幕职官"与"诸曹官"，这二者隶属于同一州级行政长官，但所属系统并不相同。[2]要言之，"幕职官"泛指州级幕职佐官，如判官、推官、节度掌书记、观察支使；"诸曹官"主要包括州级衙门的录事参军、司理参军、司法参军及司户参军。

总体而言，宋代各州一般于知州、通判之下设七员幕职官分掌不同职事：

---

* 成都大学法学教师，法律史博士。

〔1〕据《朝野类要》卷二记载："幕职：签判、司理、司法、司户、录参、节推、察推、节判、察判之类。"

〔2〕《宋史》，职官七，"幕职官"，第3975页。据《宋史·职官志》记载："幕职官：签书判官厅公事、两使、防、团、军事推、判官、节度掌书记、观察支使，掌裨赞郡政，总理诸案文移，斟酌可否，以白于其长而罢行之。凡员数多寡，视郡小大及职务之繁简。诸曹官：旧制，录事参军掌州院庶务，纠诸曹稽违；户曹参军掌户籍赋税、仓库受纳；司法参军掌议法断刑；司理参军掌讼狱勘鞫之事。中兴，诏曹掾官依旧，惟司理、司法并注经任及试中刑法人。乾道以来，间以司户兼司法，知录亦或兼职。"

判官、推官，掌受发符移，分案治事；兵马都监，掌训治兵械，巡察盗贼；录事、司理、司户参军，掌分典狱讼；司法参军，掌检定法律，各一人，皆以职事从其长而后行焉。[3]

总体上来看，宋代州级幕职官的官名、职掌、铨选、迁转之制，与前朝有相沿之处，但是，宋代幕职制度设计自有其特点，要言之有二：

第一，革除唐末五代以来幕职的行政、军事职能，强化其司法职能。隋唐以降，司法事务仅仅是幕职的职责之一，但是，如上所述，宋代幕职之中，推官、录事、司理、司户、司法这五个职官是专门的司法官员，兵马都监虽非专司法律事务，但也分管盗贼巡察，至于判官，虽然与前朝一样协助州郡长官处理政务，但在实践中，判官往往兼司法律事务，比如绍兴"三十一年六月二十四日，吏部言：'京西南路安抚、转运、提刑、提举常平茶盐司奏：通化军判官元系兼司法，今来改置签判，有司法令职事，欲依判官例令签判带行兼管。'从之。"[4]。

其中，尤其值得注意的是司法参军和司法户参军的职责变化。

宋朝司法参军掌"议法断刑"[5]，较之于唐代以来司法参军事"掌鞫狱丽法、督盗贼、知赃贿没入"[6]，宋朝司法参军已然成为专门的司法职官，并无其他职责。而且，宋朝的司法参军的司法职掌仅仅是在案件审理之后检出相关法条，而不可提供判决建议。据《建炎以来系年要录》记载，绍兴十七年（1147）十二月"己亥，大理少卿许大英面对，乞令诸州法司吏人，只许检出事状，不得辄言予夺。诏申严行下。"[7]

宋代司户参军的司法职掌仅仅是与户籍关系密切的婚田词讼，而不像唐代的司户参军"掌户籍、计帐、道路、过所、蠲符、杂徭、逋负、良贱、刍藁、逆旅、婚姻、田讼、旌别孝悌"[8]等诸多事务。其司法职掌之

---

〔3〕（清）徐松：《宋会要辑稿》职官四七之一一至一二。

〔4〕（清）徐松：《宋会要辑稿》职官四八之一〇。

〔5〕《文献通考》卷六三，职官一七。

〔6〕《新唐书》卷四九下《百官四下》，第1313页。

〔7〕《建炎以来系年要录》卷一五六，中华书局1988年版，第2576页，绍兴十七年十二月己亥条。

〔8〕《新唐书》卷四九下《百官四下》，第1312～1313页。

外，宋朝司户参军也只是负责"户籍赋税、仓库受纳"[9]。宋朝司户参军参预的民事诉讼案件包括婚姻、户籍、田产争议等等，在此类案件中，司户参军具体职掌有三：其一，核查亲属继承关系。如吴恕斋曾判决过一起"阿沈、高五二争租米"案，此案中高五二将其次子高六四立为其兄高五一之后人，这一亲属继承关系即由司户参军加以检校[10]。其二，检校田产契约真伪，如《名公书判清明集》记载了"经二十年而诉典买不平不得受理"一案，此案中"吴生所诉范僧妄认墓山事，索到两家契照，昨送司户看详"[11]。其三，直接拟定审理结果，如《名公书判清明集》记载了一起吴恕斋所审理的某县吴师渊"揩改契字，执占为业"的案件，吴恕斋查阅了该县初审案卷及相关合同典契之后，认为吴师渊"改置到字为置典字甚分晓，……知县所断，司户所拟，已极允当"[12]。

第二，也是最突出的一点，新创专职司法的司理参军一职。

"司理参军"系宋代所设，由司寇参军改名而来。据《文献通考》所载："太宗太平兴国三年，改司寇参军为司理参军，以司寇院为司理院，令于选部中选历任清白、能折狱辨讼者为之，秩满，免选赴集。"[13]

至于司寇参军一职，系宋太祖于开宝六年所设。据载："五代以来，诸州皆有马步狱，以牙校充。马步都虞侯，掌刑法，谓之马步院。宋太祖虑其任私，高下其手，开宝六年始置诸州司寇参军，以新进士及选人为之。后改为司理。掌狱讼勘鞫之事，不兼他职。"[14]

司理参军是宋朝所创设的专职司法职官，其设立之初宋政府就规定"专鞫狱事"，"专于推鞫研核情实"[15]，而不兼他职。据乾道元年（1165）诏："自今诸县结解大辟，仰本州长吏先审情实。如无冤抑，方付狱，狱官亲行勘鞫。"[16]此诏中"狱官"即指司理参军，由此可见，司理参军负

〔9〕《宋史》卷一六七《职官七》，第3976页。
〔10〕《名公书判清明集》卷七《阿沈、高五二争租米》，第238页。
〔11〕《名公书判清明集》卷五《经二十年而诉典买不平不得受理》，第162页。
〔12〕《名公书判清明集》卷之九《揩改契书占据不肯还赎》，第314页。
〔13〕《文献通考》卷一六六。
〔14〕（宋）马端临：《文献通考》卷六三《职官考》卷一七，第572页。
〔15〕《宋史》卷一六七《职官七》，第3976页；《宋大诏令集》卷一六○《官制一·司理阙令本州于见任簿尉判司内选充诏》，第606页。
〔16〕《宋会要辑稿·刑法》卷三之八四，第6619页。

责承办发生于本辖区徒以上至大辟的刑事案件。考诸宋代史料，司理参军的职掌相对较多，要言之，大略有四：其一，负责案件的审理及复审；其二，在侦破刑事案件中负责杀、伤案验尸、验伤及现场勘验；其三，除一般的杀伤命案之外，还承办重大经济案件，社会群体性事件以及军士犯罪案件；其四，管理禁囚。宋朝之司理院是关押禁囚，即犯罪嫌疑人或已决犯的机关，故司理参军负责管理禁囚。

此外，关于司理参军的职掌之中，尚有以下两点禁止性规定：

第一，一般而言，司理参军不兼他职。据司马光元祐间上言朝廷旧制不许司理兼他职：

> 自非要切大事，朝廷不令监司亲往勾当，只令选差本部官。除司理、司法、县尉、独员监当之类，旧条不许差出外，其旧条不得隔州差选人勾当，差及被差之人皆有罪。[17]

第二，不得参与经济事务，不得充任监当官。宋太宗雍熙三年（986）诏曰："司理、司法，不得预帑藏之事。"[18] 及至宋真宗大中祥符四年四月，朝廷又"诏诸州勿遣司理参军监莅场务。"[19] 但是，宋仁宗时却允许司理参军兼管仓库，"诸州幕职官，录事参军、司理、司户、司法参军，听兼管诸库，唯刑狱官不得受纳租税，籴买粮草。"[20] 作为专职的刑狱官，司理参军很可能"不得受纳租税，籴买粮草"，故总体上而言，北宋时司理参军参与经济活动的限制仍然较为严格。降至南宋后期，司理参军与司法参军均可掌管诸州造帐司，所谓"诸州造帐司，选司理、司法参军一员掌之。"[21] 由此可知，司理参军不涉经济活动的限制性规定进一步被破坏。

二、变革之里：宋代幕职的任免权限

赵宋系从后周政权中脱出，其立国之初，南北皆未平定，对内自然不

[17]《续资治通鉴长编》卷三六八，元祐元年（1086）闰二月丙申，第15册，第8877页。

[18]《职官分纪》卷四一，司理参军。

[19]《续资治通鉴长编》卷七五，大中祥符四年（1011）四月壬申，第3册，第1721页。

[20] 谢深甫撰，戴建国点校：《庆元条法事类》卷六《职制令》，杨一凡、田涛主编：《中国珍稀法律典籍续编》（第1册），黑龙江人民出版社2002年版，第102页。

[21]《庆元条法事类》卷六《文书令》，杨一凡、田涛主编：《中国珍稀法律典籍续编》（第1册），黑龙江人民出版社2002年版，第30页。

宜大动干戈更革其机构、人员，故宋初在这一问题上采取了"伪署官并仍旧"[22]的策略，又鉴于国之初定，惟恐地方官员不熟悉政务，故令"伪官"对一应事务集体签署、负责，如"太祖乾德四年十月，诏应荆湖、西蜀伪命官见为知州者，令逐处通判或判官、录事参军，凡本州岛公事并同签议，方得施行。时以伪官初录用，虑未悉事，故有是命焉。"[23]

但是，沿袭前朝旧制，自然不能革除前朝藩镇自辟僚属之旧弊，于是在宋朝初年，中央朝廷在州级行政机构大体沿袭旧制的基础上，重点改革了幕职的任免，其措施大致有二：

第一，首先将幕职官的任命权悉数收归中央，从整体上消除了军队控制地方的可能性。这一改革政策的制定者系宋太祖，他结束了五代十国以来州级幕职官的任命由藩镇与中央共享的局面，正所谓"祖宗深鉴此弊，一切厘改，州郡僚佐皆从朝廷补授。大臣出镇，或许辟官，亦皆随资注拟，满岁迁秩，并循铨格，非复如唐世之比。"[24]

这一改革的执行者是太祖朝的吏部尚书张昭，他在选拔幕职官的过程中彻底取消了"使府"的用人权。"（张）昭为吏部尚书领选事，凡京官七品以下犹属铨，及昭致仕，始用它官权判，颇更旧制，京官以上无选，并中书门下特除，使府不许召署，幕职悉由铨授矣。"[25]

第二，控制幕职官之员额，以防朝廷威权下移。总体而言，宋朝州级司法幕职官的员额本着与所在州级行政区域面积大小及其事务多少相适应的原则来确定，即所谓"凡员数多寡，视郡小大及职务之繁简"。但是，与五代十国之乱象相较，由于幕职官的任命去除了藩镇自辟的那一部分数目，其员额要精简得多。据《两朝国史志》载：

> 判官、掌书记、推官、支使、录事参军、司户参军、司法参军、司理参军、知州府事各一员……凡州之别有六：曰都督，曰节度，曰观察，曰防御，曰团练，曰军事……节度、观察皆有判官，京官以上充，则谓之签书判官事。又节度有掌书记，观察有支使，而节度、观

〔22〕《续资治通鉴长编》卷一二，开宝四年（1971）二月辛卯条，第261页。

〔23〕《宋会要辑稿》职官四七之二。

〔24〕《续资治通鉴长编》卷二一〇，熙宁三年（1070）五月癸卯，第5124页。

〔25〕《续资治通鉴长编》卷五，乾德二年（964）三月己酉，第123页。

察、防御、团练、军事皆有推官，府则置司录，州则录事参军，而下各一人，户多事繁则置司理二人，自通判而下州小事简或不备置。……边要之地或户口繁多，亦置通判，以京朝官充，判官各一人以京朝官及选人充，司户、司法、司理参军并同。诸州军小事简不备置，非繁剧而不领县务者，量减官属。[26]

就州级行政区划幕职官的设置而言，各色幕职官最为齐备，人数最多者应属开封府，因开封系北宋首都所在，其重要性自不待言，其各职官的司法职掌亦最为分明。据《宋史》记载：

其属有判官、推官四人，日视推鞫，分事以治，而佐其长。领南司者一人，督察使院，非刑狱讼诉则主行之。司录参军一人，折户婚之讼，而通书六曹之案牒。功曹、仓曹、户曹、兵曹、法曹、士曹参军事。左右军巡使、判官各二人，分掌京城争斗及推鞫之，各一人，视其官曹分职事。左右厢公事干当官四人，掌检覆推问，凡斗讼事轻者听论决。[27]

相比于开封府，其他一般州府员额则少得多，尤其是地处偏远且地域较小的州郡往往是幕职官身兼他职。对此，宋朝中央规定：

凡诸州减罢通判处，则升判官为签判以兼之。小郡推、判官不并置，或以判官兼司法，或以推官兼支使，亦有并判官窠阙省罢，则令录、参兼管。凡要郡签判及推官皆堂除，余吏部使阙，二广间许监司辟差。[28]

如此一来，不少小州便减省了幕职员额。如仁宗天圣时之高州和融州皆如此，"高州置司户参军一员，兼录参司法事。融州置司理、司户参军二员，兼录参司法事。"[29]

至于有的小州不仅让某一幕职官身兼他职，且机构上也不设州院，而是仅仅设司理院。比如神宗时丹州下设仅有一县，故申请中央将州院并入

<hr>

[26]《宋会要辑稿》职官四七之一、二。
[27]《宋史》卷一六六《职官六》，第3942页。
[28]《宋史》卷一六七《职官七》，第3975页。
[29]《宋会要辑稿》职官四八之七。

司理院。[30]

三、对宋代幕职制度之变化的分析

幕职之设置，在辅助藩镇的同时，也可制御藩镇。比如录事参军一职，降至唐末，中央朝廷仍然一方面认可藩镇自辟录事参军，另一方面又试图控制录事参军的铨选，大和七年（833）五月，中央朝廷为遏制藩镇坐大，明令录事参军以其政绩优劣与其举荐者即观察使产生连带关系，其用意在于倘若藩镇自辟的录事参军有过错，即可随之纠弹藩镇长官。[31]总体而言，唐末以来，藩镇幕职的铨选、员额、任命、迁转，集中反映出藩镇与中央朝廷的博弈态势，唐代中央朝廷主要通过控制员额、铨选的方式，以制约藩镇。

不过，唐末五代以来，各级政权欲于乱世中求得生存，遂自辟署官，又令使府幕职分判"仓、兵、骑、胄"之事，故幕职之职能多附隶于军事要求。以判官为例，"五代以来，领节旄为郡守者多武臣，皆不知书，所至必自置吏，称代判，以委州事"[32]，因此，唐末五代之判官多由军事行政组织——藩镇所任命，故其职掌亦不免与兵戎相涉。

由于藩镇自辟幕佐，唐末以来的幕职实际上已成为藩镇赖以与中央相抗衡的重要力量，更为重要的是，由于藩镇多由武人控制，文牍政事自然委诸幕职，故出现了幕职在很大程度上左右州郡的局面。

这一态势直接影响到宋初以来幕职制度的设计，最典型者，如判官、推官往往与州级长官一起处理日常事务，故有哲宗元符元年（1098）之规定："诸州通判、幕职官……并日赴长官厅议事。通判、幕职官仍于长官厅或都厅签书当日文书。"[33]实际上，即使是中央朝廷有意限制幕职的影响，宋朝的州级行政长官处理政务，仍然不得不受到幕职的影响，正所谓"幕官不得其人，蒙蔽行私，所以上之人不得而知也"。[34]

---

〔30〕《宋会要辑稿》职官四七之七四。

〔31〕《唐会要》，卷七五《选部下·杂处置》，第1367页。

〔32〕《宋会要辑稿》职官四八之五。

〔33〕《庆元条法事类》卷四《职制门·职掌·职制令》，第28页；《续资治通鉴长编》卷四九九，元符元年六月己丑，第11880页。

〔34〕《名公书判清明集》卷一二《押人下郡》，第458页。

赵宋立国以来，一则不得不承认这一历史传统，二则必须作出相应调整以纠正前朝流弊。这正是宋代幕职制度设计的数点变化的原因。

总体而言，宋初不得不承袭前朝历来的幕职的设置，但是，在幕职的职能上，宋朝逐渐淡化唐末五代以来幕职多掌"兵、骑、仓、胄"的军事化色彩，而赋予不同幕职以"分官设职，各司其局"的专业性事务，尤其是司理参军的设置，正是这一思路的鲜明体现。正所谓"国家以民之休戚，政之臧否，寄二千石。其设官有亚、有旅亚者，倅也。位逼未免于嫌，意不尽者多矣。掾曹，旅也。分职以治，各司其局而已。若乃事无不预，而非逼职，未尝分而情通，惟幕职为然。"〔35〕

与此同时，赵宋将幕职的任免权统一收归中央，其目的就在于削弱地方实力，强化中央集权，以确保赵宋政权不至于重蹈唐末五代覆辙。总体上看，唐末五代以来，幕职的铨选始终体现着中央政权与地方军事政权相互消长的矛盾以及不同程度的合作。质言之，其要点有三：一则在幕职官的铨选机制上，中央与地方有互通之处，这表现为相当一部分幕职官随其幕主的入朝掌权而转为朝官；二则随藩镇坐大，幕职官逐渐成为地方政务的实际执行人，尤其是"录事参军"一职的地位日益提升，甚至主掌州郡事务；〔36〕三则幕职官的任免及其日常工作状态，反映出中央朝廷尤其是国君对地方控制能力的强弱，若君主精明强干，则幕职官多由中央铨选，若君主懦弱，则幕职官多由权臣自辟。此三者，直接导致宋朝将幕职任命权限统一收归中央，并针对州级幕职实施了一系列改革，从而奠定了宋朝州级幕职制度的基础。

四、小结

制度的设计从来都离不开特定的意图，但是，制度产生后，其发展方向往往与其设计初衷并不吻合。

赵宋立国以来，刻意偃武修文，由此导致幕职的军事色彩彻底去除，转而成为专业事务性的地方官员。可以说，中央政权将幕职逐渐改造成纯粹的司法官员，其出发点并非基于法律运行的考量。但是，这一变革却对

---

〔35〕《文忠集》卷六十，"筠州判官厅记"。

〔36〕关于唐代录事参军地位的提高，可参阅严耕望《唐代府州上佐与录事参军》一文。

宋朝州级司法乃至宋朝的各级司法产生了深刻影响：幕职的权责贯穿了侦查、审讯、判决、覆审诸环节，而且在实践中，由于幕职可兼他职，使得任何一种幕职都有可能接触司法的各个环节，故宋朝州级司法幕职由此呈现出多元性、混合性。与此同时，"分官设职、各司其局"的幕职在"翻异别勘"、"鞫谳分司"等制度之中各自行使法定职权，从而使得宋朝州级司法普遍呈现出审讯、检法与判决的分权与制衡。如此一来，实践中的宋代司法，其复杂性可能超出一般的预期。

更值得注意的是，上述的变化和变化的复杂，其直接原因当归于司理参军的设置，正是这一全新的设置引起了一系列的州级司法幕职的权限变动，造成了幕职官与诸曹官两个系统分司不同性质的司法权力，在不同的诉讼阶段中各司其局。宋朝司理参军负责刑狱追勘、鞫问，其司法活动成为州级刑事诉讼程序的起点和关键内容，而司理参军归入诸曹官系统，与录事参军侧重民事审判的权力相并列，则使得诸曹官系统掌握了州级狱讼中几乎全部的审判权。相比之下，隶属于幕职官系统的签判、判官和推官，其审判权则因诸曹官系统掌握审判权而趋于弱化。这对于实践中的宋代司法活动产生了深刻影响。

（文字编辑　王世柱）

宋代"有利债负准折"考辩

王文书*

宋代禁止有利借贷中放贷人强制借贷人以田宅等不动产折算偿还虚利，称为"有利债负准折"。莫家齐先生在《南宋土地交易法规述略》一文中对"有利债负准折"的问题设专目进行了论述，但只述及梗概，稍显简单。戴建国、陈志英、余金鸽等学者的文章[1]探讨了宋代土地典卖、倚当和抵当等交易形式，关涉宋代"有利债负准折"法条的问题，但均未作专门探讨。本文在前人研究的基础上，通过对"有利债负准折"的考辩，以期澄清对"有利债负准折"概念的模糊认识，纠正个别错误看法。由于学识的浅薄，其不当或错谬之处，请学界方家批评指正。

一、"有利债负准折"的概念

在宋代，"有利债负准折"有两个说法，一种说法是债务人原来借贷的是粮食，债权人要求偿还钱币，谓之"有利债负准折"。为了避免债权人高估粮价，坑害借贷人，宋政府规定借粮还粮、借钱还钱，禁止借粮折还钱币。绍兴二十年（1150）十二月十五日，诏："应贷农民以米谷者，止许以米谷偿之，如辄敢准折以［前］（当为'钱'）及重增其利，致有

＊ 衡水学院讲师，河北大学宋史研究中心兼职研究员，郑州大学博士后，主要从事宋史和社会经济史研究。

〔1〕 参见戴建国："宋代的民田典卖与'一田两主制'"，载《历史研究》2011 年第 6 期；陈志英：《宋代物权关系研究》，中国社会科学出版社 2006 年版，相关章节；余金鸽："两宋时期田宅典卖制度研究"，华东政法大学 2007 年硕士学位论文。

欠负，官司不得受理。"〔2〕《庆元条法事类》规定："诸以财物出举者……即元借米谷者，止还本色，每岁取利不得过伍分（谓每斗不得过伍升之类），仍不得准折价钱。"〔3〕如果因为放贷者违法取利或高抬粮价，令借贷者偿还，而借贷者拒绝偿还的，官府不予受理。"诸负债……及高抬卖价，若元借谷米而令准折价钱者，各不得受理。"〔4〕

另一种说法是债权人向债务人贷放钱物，要求债务人以田宅等不动产或耕牛等农家重要生产资料作价偿还。"诸以有利债负折当耕牛者，杖一百，牛还主。"〔5〕有利债负准折田产在宋代是一种违法行为。《名公书判清明集》载："郑天惠依凭而狡，朱元光暴富而横，天道亏盈，使两强而不相下，自斗自败。其起争之因，止缘郑六七婆坵之田，两家皆以债负准折，均为违法。"〔6〕本文主要研究田宅的准折。

二、"有利债负准折"来源于土地的倚当

倚当主要存在于北宋，是一种以土地为抵押的借贷。倚当制度并不稳定，前后变化较大。倚当在宋初是合法的，过业但不割税。太宗太平兴国七年（982）闰十二月规定，"诏：民以田宅物业倚当与人，多不割税，致多争讼起，今后应已取过及见倚当，并须随业割税。"〔7〕所谓"随业割税"中"随业"是指倚当的田宅必须是由原来的主人转移到钱主手中。太宗太平兴国七年以前，倚当物业并不随业交割赋税，田地的原主依旧承担官府的赋税；太平兴国七年以后，政府要求倚当也要割税。如不随业割税，土地的实际收益者在官方没有备案，即没有获得官方的承认，从官方的角度讲，土地的主人仍是原来的倚当者，日久天长，产权的不明晰造成双方对土地所有权的争讼，甚至官府的税收亦会随之流失。按照太宗太平兴国七年的规定，倚当和典卖在税方面一致了。

但从太宗太平兴国七年到宋仁宗天圣六年（1028）大约50年时间，

---

〔2〕《宋会要》刑法二之一五二。

〔3〕《庆元条法事类》卷八〇《出举债负·令·关市令》。

〔4〕《庆元条法事类》卷八〇《出举债负·令·关市令》。

〔5〕《庆元条法事类》卷八〇《出举债负·敕·杂敕》。

〔6〕《名公书判清明集》卷一三《惩恶门·告讦·资给告讦》，第486页。

〔7〕《宋会要》食货六一之五六。

倚当"随业割税"执行得并不到位。宋仁宗天圣六年（1029）八月，审刑院大理寺上奏枢密副使姜遵言：

> 前知永兴军，切见陕西诸州县豪富之家，多务侵并穷民庄宅，惟以债负累积，立作倚当文凭，不逾年载之间，早已本利停对，便收折所倚物业，为主纵有披诉，又缘农田敕内，许令倚当，官中须从私约处分。欲乞应诸处人户田宅，凡有交阙并须正行典卖，明立契书，即时交割钱业，更不得立定月利，倚当取钱。所贵稍抑富民，渐苏疲俗。其自来将庄宅行利倚当未及倍利者，许令经官申理，祗将元钱收赎，利钱更不治问。如日前已将所倚产业折过，不曾争理，更不施行。寺司众官恭详，乞依所请施行，祗冲改农田敕内许倚当田土宅舍条贯，更不行用。[8]

天圣六年九月，河北转运使杨峤言：[9]

> 真定民杜简等状称，近年水旱蝗灾被，豪富之家将生利斛斗倚质桑土，事下法寺，请应委实灾伤倚质者，令放债主立便交拨桑土与业主佃莳，其所取钱斛，候丰熟日交还，如拖欠不还本钱，官中催理，利息任自私断，自今后更不得准前因举取倚质桑土，贵抑兼并，永绝词讼。

从以上记载可以看出：其一，仁宗天圣六年（1029）以前，倚当是合法的，农田敕中有明确的记载；其二，倚当是以田宅为抵押借贷金钱，但要交割田宅；其三，太宗太平兴国七年（982）到宋仁宗天圣六年（1028）大约50年时间，倚当"随业割税"并未得到贯彻执行；其四，从天圣六年以后，政府只允许正行典卖，倚当被宣布为非法，目的在于保护小农对自己土地的所有权，以保持土地占有的稳定性，防止过分的土地兼并，保证政府税收的来源。此便是"有利债负准折"条法的由来。

三、"有利债负准折"的构成要件之一

我们从一些典型案例中可以发现"有利债负准折"违法的构成要件。

---

[8]《宋会要》食货三七之一二。
[9]《宋会要》食货六三之五七。

第一个要件是准折行为必须发生于有息借贷当中，没有利息的借贷不能适用此法。其立法本意是禁止有息借贷中借贷者以田宅偿还虚利。所以，只有在有利息发生时才会构成"有利债负准折"。如下案例就反映了这一情况：

> 看详到右院勘到江伸、丘某争田事。见得江伸四三于绍定四年四月，就丘某三三借钱一百贯，五月内将田两段，作一百贯足典契，以成甫命名，代父江唐宗知契还丘某，契内明言，认供苗，不离业。丘某受其欺骗，已收苗六年，而不知江伸将其田重叠与徐吉甫交易讫，彼此互论。江伸却将别项从前已断丘三十、徐乙赌博钱事，衮同诬赖。主簿误以丘三十为丘三三，并将其契毁抹。其实江某将田还丘三十者，赌钱事也；将田契与丘三三者，借钱事也。在法有禁，毁之则宜，借钱人所不免，毁之过矣！今江伸在右院已供，借丘某钱一百贯足，内见钱五十贯足，官会六十五贯，其实但所写典田一段是实，一段是虚，合引诈欺条定罪。司理以为赌博与借皆是违法，欲追钱入官，却未为是。照得准折有利债负，乃是违法。今江伸于四月内借钱，五月内典田，交易在一月之内，未曾有利，即不同上条法。[10]

因此罗愿称："在法，有利债负准折价钱者，谓累积虚利，折彼良田，故为立禁。若有实钱相贴，犹应准数还之。"[11]意思是，"有利债负准折"是指借贷利息累积到一定数量，准折借贷者的田产，这是法律所禁止的；放贷者出借的本金是实际存在的已经出借的钱财，这部分本金必须归还，即使借贷者用交易田宅的方法偿还放贷者也是法律所允许的。

实际上，宋代一些官员对田宅交易中的"有利债负准折"的含义或是立法本意就存在错误认识。"有利债负准折"有三个因素，一是针对田宅交易；二是准折；三是有利债负。这些官员不知是对法律不熟悉，还是故意枉法，往往忽视"有利债负"这一因素，凡遇到田宅的交易，有准折的现象，不管准折的是否是有利债负的利息，就套用准折之律。

罗愿在鄂州上任初期发现，"民间昨因缺食以田产从人贸易，颇得谷米，以济饥歉，后来岁事既复，多诉称，元典卖非见钱，有司拘文，往往

---

[10]《名公书判清明集》卷五《户婚门·争业下·重叠交易合监契内钱归还》，第142页。
[11]《罗鄂州小集》卷五《鄂州到任五事札子》。

便用准折之律，夺田还之。"有些官员认为灾民典卖田产，获得粮食，并不是现钱，就是违反了准折之律，就判决夺田归还原主，其实错矣。罗愿所述之官员理解：田宅典卖中买主偿付的不是现钱就是适用"准折之律"，其实"准折之律"针对的是有利债负的偿还，而非田产买卖。购买田产，用谷物粮食准折钱币，交付田价，并非"有利债负准折"。"其谷米虽非见钱，然当岁之艰，或持钱不得谷，钱谷相权，未知孰重，稍值丰岁，一概夺还，臣恐从今以往，鲁不复赎人矣。"罗愿给出的建议是："愿下有司，酌立中制，其因歉岁，以产业货易口食者，得此见钱，书其直于契约，而有司察其估之过甚者，虽非经常之制，庶几缓急有无相通，济人窭阙。"[12]

《名公书判清明集》提供的另一案例同样反映这一事实。南宋宝庆年间，黄子真典卖余德庆田产，余德庆远房侄子余焱告诉，黄子真上诉"由县及州，下余厅，入州院，送法官，并作违法交易，不经批退，监勒受钱退业，其说一同。见今行下属邑桩管，田禾未曾交业，而责领价钱，毁抹元契已讫。若无词讼，合系余焱主之。"可知，各级官府均认定黄子真败诉，收取余焱赎田款两千贯，原田退还余焱。后黄子真再次上诉，双方争论的焦点之一是赎田款两千贯的问题。

> 黄子真赍出赤契，计价钱二千贯，续据狱司鞫勘，乃谓实只一千六百贯，内二百贯系是增添，二百贯系是准折，一皆违法，不当行使，卒以增添之数给还余焱，以准折之数拘没官府。夫增添之真伪，固未可知。法云：不许准折，见为有利债负，今以谷典绵帛准还价钱，岂得谓之违法。准绍兴十一年正月敕：人户典买田宅，每百收勘合钱十文，如愿以金银绢帛准折者，听从便，依在市实真定价。勘合钱且许以实直准折，田价可知。今遂以没官，果为何意？黄子真者，既不得田业，又亏折价钱，乌得无词？……狱官赵知录之说则曰：准折价钱，虚抬价贯，件件违法。却不知余焱元入钱二千贯寄库，初无异词，狱吏曲法承勘契内价贯，招认虚抬，未必是实。谷绢行用，谓是准折，与有利债负不同，即非违法。送本州追上两争人，照元契各交钱业，先申。[13]

---

〔12〕《罗鄂州小集》卷五《鄂州到任五事劄子》。
〔13〕《名公书判清明集》卷四《户婚门·争业·漕司送下互争田产》，第122页。

本案例与罗愿反映的情况相同，狱官赵知录所说"准折价钱"是黄子真典卖余德庆的田产所付价款中的二百贯。狱官赵知录误认为，此二百贯在典卖关系中并非现钱，是准折田产，套用有利债负准折律，给予没收。这二百贯钱是以谷绢等实物准折钱币偿付田产价钱，发生在买卖关系中，准折给付的是田地价钱，而非有息借贷关系中以田宅准折偿还虚利。

综上可知，"谷绢行用，准折田价"和"有利债负准折"在表面上有一些相似之处，田产的原主人交出田产，并未获得现钱，都是田产准折别的东西，这是造成错误认识的根源。但是二者有着本质的不同：一是发生的关系不同，前者发生在田产买卖关系中，后者发生在借贷关系中；二是前者是用谷绢等实物准折钱币，购买田产，后者是借贷中产生的利息，准折田产；三是前者田产原主人获得谷物或绢帛等实物，后者用田产折还利息，并未获得任何实物。

四、"有利债负准折"的构成要件之二

第二个要件是放贷者逼迫借贷者以典卖或强占等形式占有借贷者的土地等不动产。宣和七年（1125）五月三日，诏："浙西去岁水灾，民户艰食，豪右之家往往将离业人户已种麦田恃强占据，仍以积年宿负倍息重叠准折，州县受情理索，甚于官债，故丰年不免于流徙，深可悯恻，应官户百姓积债负并至秋成后理索，如敢私侵占人户田苗，依条科罪，庶几渐使归业。"[14]又有另一典型的"有利债负准折"的案例。

> 王益之家园屋、地基既典卖与徐克俭，又典卖与舒元琇，考其投见年月，皆不出乎淳祐元年八九月之间，其谓之重叠明矣。……王益之乃重叠出业之人，勘据所供，称欠王规酒米钱一百贯官会，被展转起息，算利至三百余贯，逼令写下典契。舒元琇者，乃王规所立之诡名也。牙人陈思聪所供亦然。在法：典卖田地，以有利债负准折价钱者，业还主，钱不追。如此，则舒元琇交关委是违法，上件屋业合还元典主徐克俭管佃。……舒元诱干照毁抹附案。[15]

---

[14] 《宋会要》食货六九之四四。宣和十年疑为七年，十为七之误。
[15] 《名公书判清明集》卷九《户婚门·违法交易·重叠》，第302页。

"有利债负准折"必是放贷者强迫借贷者将田产等不动产以某种形式作价折还放贷者的本息，放贷者存在主观故意，借贷者被放贷者胁迫，处于迫不得已的境地，才将田宅转让给放贷者。

可见，宋政府禁止"有利债负准折"，官府可以为放贷者理索欠负，但是不允许强占民田折还债负，如果发生此类事情，被准折的田宅等不动产要归还原来的主人，并免除借贷者所欠放贷者的债负，即所谓"业还主，钱不追"。

如果借贷者主观上愿意与放贷者交易，自愿将田产出卖给放贷者，这种行为属于正行交易，所得钱财可以偿还债负，不算"有利债负准折"。如《名公书判清明集》所载另一案例可以说明宋代司法实践上掌握的这一原则。

> 石居易念其侄女失怙，且贫无奁具，批付孟城田地，令侄石辉求售，为营办之资。为石辉者，自当遵乃叔之命，怜女弟之孤，极力维持之可也。今不遑暇恤，乃以上件田产卖与刘七，得钱四百余贯，多以还在前自妄为之债负。廖万英，其妹婿也，来索房奁，且无所得。今石辉以为得刘七买田之钱，被其结讦曹旺等人胁取之，殊不思节次支拨批贴，皆石辉亲书，欠债还钱，理势然也，奚可诬其罪于刘七邪？以士自称，乃变诈反覆，仿盗贼小人之所为，尚可以士名哉！女弟昏嫁，托孤寄命，非石辉之责，谁之责哉。既无毫发之助，反以乃叔助嫁之田，卖田归己，是诚何心哉？今无以塞万英之请，只持刘七欺骗之说以自解，以事理观之，刘七欺骗，未之见也，石辉之昏赖，则彰彰矣。本自正当，盖交易得钱而慕还债，不可以准折偿负者并论也。但元来批贴该载，毕竟称办石氏嫁资，即廖万英杌上肉，刘七所欠者审思耳。生此厉阶，石辉之罪，不可胜诛，决竹篦二十，引监日呈纳上项价钱，交付刘七，赎回田产付廖万英，契仍寄库。[16]

从以上史料可知，石辉将其叔父赠与其妹筹办嫁资的田地主动出卖给

---

[16]《名公书判清明集》卷六《户婚门·争田业·诉奁田》，第184~185页。"批贴该载"中"该"字意为"有"，即石辉在给刘七开具的收款条中载有出卖田地为其妹营办嫁资的字句，意思是石辉出卖的土地不是他自己的产业，而是其妹的财产，所以刘七的行为欠谨慎，但强迫石辉还债并不违法。

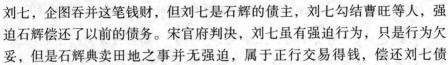

刘七，企图吞并这笔钱财，但刘七是石辉的债主，刘七勾结曹旺等人，强迫石辉偿还了以前的债务。宋官府判决，刘七虽有强迫行为，只是行为欠妥，但是石辉典卖田地之事并无强迫，属于正行交易得钱，偿还刘七债务，并不是"有利债负准折"。

五、南宋田宅的抵当是"有利债负的准折"

在南宋，由于抵当不是正行典卖，不为官府承认，是非法交易，故得不到法律的保护。以田宅为抵当借贷钱物，当不能偿还本息时，田宅就会转移给放贷者，如果借贷者主动告官，将原来主动签订的抵当契约说成是被迫的，往往在形式上与"有利债负准折"案件相同。李元弼在《作邑自箴》中阐述了自己遇到此类事情的处理原则。

> 狡猾人户多将田产写立白契，私约年限，质当钱物，及至过限，钱主将契投税。勘会之时，业主都称系准折债负。此等不用深治，但责限三、五日还钱，或过限还钱不足，情愿印契。不尔无以杜绝情悻，凡斗讼，乞勾所争人父母妻女之类照证，意在骚扰，切宣详度，不可一例追呼。[17]

很显然，本案中是借贷者故意将田宅抵当借贷钱物，待超过约定还债的年限，田宅转移至放贷者名下之后，以"有利债负准折"告官，利用"典卖田地，以有利债负准折价钱者，业还主，钱不追"的规定，重新再夺回抵当的田宅。

有人甚至误以田宅典卖、买卖为抵当，以"有利债负准折"告官。《名公书判清明集》记载的两个案例反映了这一事实。

【案例一】 应交易田宅，并要离业，虽割零典买，亦不得自佃赁。游朝将田一亩、住基五十九步出卖与游洪父，价钱十贯，系在嘉定十年，印契亦隔一年有半。今朝已死，其子游成辄以当来抵当为词，契头亡没，又在三年之外，岂应更有受理。且乡人违法抵当，亦诚有之，皆作典契立文。今游朝之契系是永卖，游成供状亦谓元作卖契抵当，安有既立卖契，而谓之抵当之理。只缘当来不曾交业，彼此违法，以至争互。今岁收禾，

---

[17]《作邑自箴》卷三《处事》。

且随宜均分，当厅就勒游成退佃，仰游洪父照契为业，别召人耕作。[18]

【案例二】陈嗣佑于绍定二年八月，缴连先置三绍罗家坞山地赤契，作价钱七贯，立契卖与何太应。当时嗣佑既离业矣，太应亦过税矣。越五年，太应将契投税为业。又十余年矣，淳祐二年，嗣佑始有词于县，谓当来止是抵当，初非正行断卖，意欲取赎……嗣祐立契卖地之后，既即离业，太应用钱得地之后，又即过税，此其为正行交易较然。已越十年，一旦以抵当为词，十余年已印之赤契，乃意其为抵当，此太应之所以不伏也。若曰嗣祐买贵卖贱，则宝庆至绍定亦既数年，安知其直之贵贱不与时而高下乎？……况正立卖契，经隔十余年，而诉抵当者乎？……此必罗坞之山昔荒而今辟，昔童而今茂，嗣祐雅欲复还青旐。然正行立契，既已年深，过税离业，又已分晓，傥意其为抵当，而徇其取赎之请，将恐执契者皆不可凭，驾浮词者类萌侥幸。乡井有一等教唆之徒，哗然生事，而官司亦不胜其扰矣。欲帖县，只令何太应照绍定二年买到赤契管业，取陈嗣祐知委申，违坐以虚妄之罪。[19]

所以，宋廷法律规定："诸典卖田地满三年，而诉以准折债负，并不得受理。"[20]就是为了避免这一情况发生。后来三年的诉讼时限缩短为一年。绍兴五年（1135）"闰四月十日，户部言：'卖田宅，依法满三年而诉，以利息债负准折或应问邻而不问者，各不得受理。迩来田价增高于往昔，其卖、典之人，往往妄称亲邻（至）及墓田邻至不曾批退，或称卑幼瞒昧，代书人类百端规求。虽有满三年不许受理条限，缘日限太宽，引惹词讼。'诏：'典卖田产，不经亲邻及墓田邻至批退，一年内陈诉，出限不得受理。'"[21]既然户部反映的情况有"有利债负准折"，估计典卖田地而诉以准折债负不得受理的年限，也应和"不经亲邻及墓田邻至批退"一样，缩短一年。

---

[18]《名公书判清明集》卷四《户婚门·争业上·游成讼游洪父抵当田产》，第105页。

[19]《名公书判清明集》卷六《户婚门·抵当·以卖为抵当而取赎》，第168~169页。

[20]《名公书判清明集》卷六《户婚门·抵当·以卖为抵当而取赎》，第169页。在《名公书判清明集》卷四《户婚门·争业上·游成讼游洪父抵当田产》第105页记有类似的规定："应交易田宅，过三年而论有利债负准折，官司并不得受理。"

[21]《宋会要》刑法三之四七。

六、结语

宋代"有利债负准折"确切含义是禁止有利借贷中放贷人强制借贷人以田宅等不动产折算偿还虚利。"有利债负准折"有两个构成要件：准折行为必须发生于有息借贷当中；准折行为并非出于土地所有者的自愿。宋代司法实践中往往有人错误理解"有利债负准折"。

（文字编辑　康骁）

敦煌具注历日中的"债时择吉"

陈敬涛*

　　中国古代顺时趋吉的文化心理源远流长。汉武帝时，皇帝曾聚七派"占家"询问"某日可取妇乎"，最后确定以五行所测为主。[1]古代以卜筮测知天命，依天命行人事，[2]在卜筮者看来，天地、日月、阴阳、吉凶，甚至仁义，莫不互关照应，[3]此亦正符合"天人合一"之精神。[4]在《史记·陈涉世家》中有"视日"之记载，[5]就是确定时日的宜忌，以便为军队的军事行动选择吉日。"国之大事，在祀与戎"，[6]军事行动关系到国家生存安危，故在卜筮吉凶盛行的时代此举极为正常。而民间同样将求吉避凶作为日常生活的最大需求，正如王充所言："凡人在世，不能

---

　　* 河南师范大学教师，法学博士。

　　[1] "孝武帝时，聚会占家问之，某日可取妇乎？五行家曰可，堪舆家曰不可，建除家曰不吉，丛辰家曰大凶，历家曰小凶，天人家曰小吉，太一家曰大吉。辩讼不决，以状闻。制曰：'避诸死忌，以五行为主。'"参见（汉）司马迁：《史记》，中华书局1959年版，第3222页。

　　[2] "自古受命而王，王者之兴何尝不以卜筮决于天命哉！其于周尤甚，及秦可见。"同上引书，第3215页。

　　[3] "司马季主闲坐，弟子三四人侍，方辩天地之道，日月之运，阴阳吉凶之本。……分别天地之始终，日月星辰之纪，差次仁义之际，列吉凶之符，语数千言，莫不理顺。"同上引书，第3216页。

　　[4] 此处参考了章启群："《汉书·律历制》与秦汉天人思想的终极形态——以音乐思想为中心"，载《安徽大学学报》2012年第3期。

　　[5] "周文，陈之贤人也，尝为项燕军视日，事春申君"，语见（汉）司马迁：《史记》卷四八《陈涉世家第十八》，第1949页。所谓"日者"，指"卜筮占候时日"者。同上引书，卷一二七《日者列传第六十七》，索隐。第3215页。

　　[6] 十三经注疏整理委员会：《春秋左传正义》，北京大学出版社2000年版，第867页。

不作事，作事之后，不能不由吉凶。见吉则指以为前时择日之福，见凶则刺以为往者触忌之过"。[7]范蠡也认为："至于庶人，皆当和阴阳四时之变，顺之者有福，逆之者有殃"。[8]据学者考证，汉代形成了我国吉祥信仰的第一个高潮期，人们择吉的做法甚至达到了泛滥的程度。[9]敦煌吐鲁番所出历日文献数量总计约60件，数量不算少，这暗示着它们在寻常百姓日常生活中具有不可或缺的作用，[10]这些文献所蕴含的文化和民俗意义甚至穿越历史时空影响至今。张广达先生曾言："天文历法是我国传统文化的重要组成部分，上关系着王朝的推考天人、校定正朔，下涉及小民日常生活的四时宜忌"。[11]

在敦煌吐鲁番历日中，依时所定的吉凶条项之多、广、细，可谓覆盖了大众生活的方方面面。不仅对嫁娶丧祭大事要严格按照数术、卜筮等所定宜忌安排，即使如出行、洗头、剪指甲等身边小事也多遵行此道。[12]刘半农在《敦煌掇琐》中将历日中的吉凶宜忌称为"吉凶避忌条项"。[13]当代学者将这些内容统称为"择吉民俗"，并认为其属于"非宗教性的唯心主义古老民俗"。[14]这些生活中的宜忌事项都是大众长期生活经验的总结，也闪烁着人们生活的智慧，折射着深厚的民族文化传统，即使在今天看来没有科学依据的民间风俗习惯，在当时也起着导向、规范甚至协调社会秩序的作用。邓文宽先生就强调说，"敦煌吐鲁番历日中的一些内容（包括吉凶宜忌）即使不科学，也是我们祖先苦苦思索的产物，它不但影响古人

---

〔7〕 黄晖：《论衡校释》，中华书局1990年版，第1008页。

〔8〕 （东汉）袁康、吴平辑录：《越绝书全译》，俞纪东译注，贵州人民出版社1996年版，第76页。

〔9〕 周保平：《汉代吉祥画像研究》，天津人民出版社2012年版，第101、108页。

〔10〕 李零先生言：择日之书或历忌之书将举事宜忌按历日排列，使人开卷即得，吉凶立见，即使未受过训练的人也能唾手可得，这应是它们历经千年而不断、在民间影响很大的原因。李零：《中国方术考》，东方出版社2000年版，第43页。

〔11〕 邓文宽：《敦煌吐鲁番天文历法研究》，甘肃教育出版社2002年版，张广达序言。

〔12〕 儒者有反对依时卜筮吉凶的倾向，如《史记·日者列传》（前引《史记》，第3216~3217页）中有："夫卜筮者，世俗之所贱简也。世皆言曰：'夫卜者多言夸严以得人情，虚高人禄命以说人志，擅言祸灾以伤人心，矫言鬼神以尽人财，厚求拜谢以私于己。'"

〔13〕 刘复：《敦煌掇琐》，台湾新文丰出版公司1985年版，目录第16页。

〔14〕 高国藩：《敦煌俗文化学》，上海三联书店1999年版，第185页。

的思想和生活，今人也难以完全摆脱它们的影响"。[15]杨秀清先生更为系统地指出，"术数中包含的以阴阳五行为核心的宇宙观念，及由此产生的天人感应说，在唐五代已成为敦煌大众生活中的一般常识，影响其思维及行为取向"，"对唐宋时期的敦煌大众而言，具注历日至少有如下意义：①具注历日以官府名义颁布，表明官府对具注历日中的大众日常生活秩序的确认；②具注历日所依据的阴阳五行宇宙法则已成为敦煌大众心目中天经地义的知识与思想；③敦煌具注历日中的生活秩序是面向全社会的，符合唐宋时期敦煌大众的生活观念与普遍想法，为大众所接受。"[16]由此可见，敦煌（具注）历日[17]对人们日常生活实践的影响是深远的。

　　社会生活是一个复杂的系统，各种因素交织在一起，相互牵制和促动，若将敦煌吐鲁番所出历书中的日常宜忌视作大众日常生活中的一个"指挥棒"，那么，它对大众生活所带来的影响可能会波及政治、经济、文化、民俗乃至法律的领域。敦煌民间债务关系的发生十分广泛，人们通过债的"链环"彼此发生着错综相接的民事关系，只要不免于物质资料的匮乏，人们就不得不向朋友、亲邻、寺院、富户及官府借贷。有不少的家庭在债负的生活中苦苦挣扎，难以跳出这一泥淖。正因如此，老百姓才寄希望于神灵和未来，希望通过顺时达到趋吉。由此即揭开了本文以"取债"、"放债"和"还债"等和"债"有关的民事行为作线索或切入口，探赜索隐，发现民俗文化、民事习惯及法律之间的或影响或互动的情形。老百姓在涉及债的关系事项时，会否参照（具注）历日行事呢？在事关财产的增减，对有些人则可能是事关生存的问题上，人们心存警惧是顺理成章的。如果一方重视债方面的宜忌，而另一方未重视或未能注意到，双方在债的成立或履行方面发生冲突时，是习俗屈约定，还是约定屈习俗？

　　在法藏敦煌文献 P. 2661 号《诸杂略得要抄子》中记有借债与偿债的

---

〔15〕 邓文宽："敦煌吐鲁番历日略论"，收入邓文宽：《邓文宽敦煌天文历法考索》，上海古籍出版社 2010 年版，第 98 页。

〔16〕 杨秀清："数术在唐宋大众生活中的意义"，载《南京师大学报》2012 年第 2 期。

〔17〕 敦煌"历日"和"具注历日"在名称上是历史相接的。参见陈昊："'历日'还是'具注历日'——敦煌吐鲁番历书名称与形制关系再讨论"，载《历史研究》2007 年第 2 期。

宜忌规定：[18]

> 癸丑日偿债，使人终身不负人债，吉。
>
> 常如壬戌日还债，终身大吉，不负他人债，利。
>
> 癸亥日还债，令人终身负他人债，凶。
>
> 常己巳日、癸酉，此云偿债，终身不负人财利。
>
> 午卯日内，财大吉利。
>
> 丙子日不得与人钱及出粟与人，令人家贫，不利。

上述宜忌条项中，人们对放债、取债或偿债（还债）时间的选择，寄寓着浓厚的趋吉避凶意识，各项债事的时机选择好了，即可以"使人终身不负人债"，这种美好的愿望其实并不现实，只要详阅敦煌吐鲁番出土的契约文书和诉讼文书等文献，很容易发现大多数普通百姓是难以挣脱借贷之困厄的，甚至有许多人或家庭生活在"以债养债"的田地。正因如此，人们希冀跳出债务泥淖的愿望才会极其强烈。而"终身大吉"更是终极的美好愿望，"大吉"既有对人身安全之考量，也有对富贵之向往，此两者乃人人追求的圆满境界，即使实现不了，人们也必定对此等宜忌条项亦步亦趋。而"利"字，当是"有利"之谓，不仅指"利益"的意思，也是对吉祥愿望的强调。关于"丙子日不得与人钱及出粟与人，令人家贫，不利"一句，是对借贷与他人（放债）的时机选择，如果选择不好会导致贷出者的困厄局面，于此时向人张口借粮借布者若遭遇"钱主"的拒绝也是自讨没趣。麦粟借贷在敦煌吐鲁番出土文献中十分常见，属于传统文献所谓"种食"借贷范围，契约文书中的麦粟借贷有几乎固定不变的惯例，对于专营借贷的寺院机构和商人，不知他们是否遵行此宜忌规则，我们可以选择一例契约作推测。在《癸酉—己卯年曹赤明等还、便黄麻历》中，有四处涉及借贷、还贷日期：[19]

　　1 癸酉年九月十九日，曹赤胡还得黄麻两硕贰斗（押）

　　[18] 上海古籍出版社、法国国家图书馆编：《法国国家图书馆藏敦煌西域文献》（17），上海古籍出版社1995年版，第132页。又见刘复：《敦煌掇琐》，台湾新文丰出版公司1985年版，第407页。此处释文参考高国藩：《敦煌古俗与民俗流变——中国民俗探微》，河海大学出版社1989年版，第303页。

　　[19] 乜小红：《俄藏敦煌契约文书研究》，上海古籍出版社2009年版，第148页。

2 甲戌年十月三日还麻壹硕伍升（押）

3 戊寅年三月七日韩定昌便黄麻陆斗，秋柒斗

8 己卯年三月廿六日翟家便黄麻肆斗，至秋伍斗贰升

据推算，[20]第一行癸酉年（973）九月十九日（偿还日期）是己巳日；第二行甲戌年十月三日（偿还日期）是戊申日；第三行戊寅年三月七日（借贷日期）是庚子日；第八行己卯年三月廿六日（借贷日期）是乙巳日。经和 P. 2661 号《诸杂略得要抄子》中债之宜忌条项对照可发现，它们均不与宜忌规则相冲突。但我们能否据此断定，在数量众多的借贷契约中，所有放贷、借贷与偿还债务日期都能严格遵行这种宜忌规则呢？或者说，借债、放债和偿债的日期都是经过敦煌大众依民俗所做的有意识选择呢？杨秀清先生认为，"人们每天的实际行为并非都按照具注历日中的宜忌条项去做，大众日常行为还会受到其他因素的影响，但这并不否认其作为一种日常思维方式对生活的指导意义"。[21]除了对日常生活的趋吉避凶提供指导这一微观层面，具注历日"文化功能"之宏观意义更值得重视[22]。

在 P. 2661 号《诸杂略得要抄子》中，岁时、人事（民事行为上的放债、借债与偿债）和吉凶宜忌，这些本没有关联的事项发生了联系，特定的时间是否适宜做特定的事情，产生或吉或凶的结果，这些宜忌选择的导向作用经过广泛传播，[23]会对大众的日常生活心理世界予以形塑。举凡交

---

〔20〕 据《续资治通鉴长编》［（宋）李焘撰，中华书局1979年版，第2、3册］中宋太祖开宝年间和宋太宗太平兴国年间的日期之干支推算。

〔21〕 杨秀清："数术在唐宋大众生活中的意义"，载《南京师大学报》2012年第2期。

〔22〕 刘乐贤："秦汉历日的内容及功用"，载《法国汉学》丛书编辑委员会编：《古罗马和秦汉中国：风马牛不相及乎》，中华书局2011年版，第364页。张弓先生也指出："中古时代的具注历日，……包含着许多重要的民俗内容，反映出唐五代时期中国人的精神寄托、文化积淀和热情爱好，值得重视和深入挖掘"，这其实强调的也是其文化作用。张弓主编：《敦煌典籍与唐五代历史文化》（下卷），中国社会科学出版社2006年版，第1073页。

〔23〕 高国藩在总结敦煌俗文化之特征时，曾列举传播性为其一端："敦煌民众通常运用口耳相传，口头到书面或反之由书面到口头相传，还有相同模式的传承与延续，这三种不同的'传'之渠道来传递文化的信息。可以说敦煌民众传的机能维持了人与人之间密切关系的存在与发展，同时交流了彼此的思想，在此基础上建立了古代敦煌的社会。但是，'传'的内容所包含的并不是一种静态的社会结构，它是通过异常众多形式的传播媒介表达出来的。"参见高国藩：《敦煌俗文化学》，上海三联书店1999年版，"导言"第5页。

易货贿等经济大事，老百姓基于生活财产来之不易之心态，必定尽力注意此方面的动静举止。除了集中抄写、传播的债时宜忌写本外，有关债之吉凶宜忌的习俗更多体现在敦煌具注历日中。如在《宋太平兴国七年壬午岁（982）具注历日并序》（S.1473＋S.1427B背）中就载有："定宜作券，不诉讼；执宜求债，不伐废"。[24]"定"是"建除"用语，[25]"定"在《睡虎地秦简·日书》中记为："定日，可以臧（藏），为官府室祠。"王莽曾借"定日"作为篡位改朔之日，谓"定有天下"。[26]《协纪辨方书》则认为，"定"位按定不动，不动则死气。定日诸事不宜，只可做计划性的工作，尤其是打官司逢定日不佳。[27]"执"，又称为支德、小耗。正月在未，顺行十二辰。其日宜修造，忌经营种植，纳财交易与开市。甘肃天水放马滩秦简的宜忌条项中，[28]执日是宜固定和回收之日，不宜出财，主动追求积累财富不会成功，应当守护聚敛，所以适宜前往债务人处去索债。而定日则不能兴诉讼，当然包括债务诉讼在内。

此外，在吐鲁番出土文书中也出现了"责"（债），如《古写本易杂占》（97TSYM1：13－3c）：[29]

3　贾市、入室、娶妇、祠祀

4　事，为吉也

13　专日：戊辰、戊戌、丙午……

---

〔24〕　邓文宽：《敦煌天文历法文献辑校》，江苏古籍出版社1996年版，第564页。

〔25〕　"建除"是古代术数家以天文中的十二辰，分别象征人事上的建、除、满、平、定、执、破、危、成、收、开、闭十二种情况，后以"建除"指根据天象占测人事吉凶祸福的方法。参见王玉德主编：《协纪辨方书》，刘道超译注，广西人民出版社1993年版，第132～134页。

〔26〕　魏德胜：《〈睡虎地秦简竹简〉词汇研究》，华夏出版社2002年版，第187页。《甘肃天水放马滩秦简》"甲17壹"有："定日，可以藏，为府。可以祝祠"；"乙17壹"为："可以（臧），非府，可以祝祠。""为府"，就是为官府服劳役；非府，疑有误，当为"为府"。参见孙占宇："放马滩秦简日书整理与研究"，西北师范大学2008年博士学位论文。

〔27〕　"定，时阴、官符、死气。《总要历》曰：'时阴者，月中阴神也。所值之日宜运谋算画计策，睦子孙会亲友。'……曹震圭曰：时阴者，……故其日宜运谋算画计策，会亲友睦子孙，……《总要历》曰：'官符者，其日忌拜官视事，上表章，陈词讼。'"参见王玉德主编：《协纪辨方书》，第141、143页。

〔28〕　放马滩秦简"甲18壹"有"不可行，行远，必执而于公"；"乙19壹"有："执日：不可行，行钱，必执而于公"（行钱，不可解，疑有误）。孙占宇："放马滩秦简日书整理与研究"，第15、40页。

〔29〕　荣新江等主编：《新获吐鲁番出土文献》，中华书局2008年版，第153页。

14 己丑，凡此日为专日。专日不可内财及责，……

在《睡虎地秦墓竹简》亦见一处："庚申、辛酉，以与人言，有喜；以责人，得。壬子、癸丑南，与人言，有［喜］；以责，得。"[30]《类编历法通书大全》在"立契交易"条下有以下三项：其一，"放债吉日"："庚午、己亥、乙巳、乙卯、成、收、满日，忌赤口，空亡财，离破日"；其二，"放债凶日"："壬申、戊寅、戊戌、丙辰、忌赤口，空亡财，离破日"；其三，"取债宜忌"："宜天喜、速喜收，成日忌，六壬、赤口大小，空亡，天贼荒芜"。以上三项是对放债和索债的吉凶时日予以条列，[31]《居家必用事类全集》等古籍中也有类似内容[32]。但在历书宜忌之学的集大成之作——清代的《钦定协纪辨方书》卷十一"用事"的37项民事中，并无《类编历法通书大全》所见"放债"、"取债"等条项。难道是该书的疏漏吗？作为债务发生十分频繁的敦煌地区，具注历日中也极少直接出现债字，对于指导人们"敬天之纪，敬地之方"的历书，[33]在事关人们经济生活的债事上，怎么可能将其忽略呢？

在解释同类术语时，各家所陈并不相同，这些差异恰可以窥见"债"与"财"的关系：

（1）"大耗"意释。对"大耗"一词解释时，各书解释不一，《历例》

---

[30] 睡虎地秦墓竹简整理小组：《睡虎地秦墓竹简》，文物出版社 1990 年版，第 241～242 页。注释三：责，依《说文》释为"求也"，《说文解字义证》释为："求也者，谓求负家偿物也。"另可参见（清）桂馥：《说文解字义证》，上海古籍出版社 1987 年版，第 541 页。

[31] （元）宋鲁珍、何士泰撰，（明）熊宗立辑：《类编历法通书大全》，卷十"立契交易"条，北京图书馆藏明刻本。又见四库全书存目丛书编辑委员会：《四库全书存目丛书·子部》（第 68 册）。

[32] （元）佚名撰：《居家必用事类全集》，清华大学图书馆藏明刻本。其他如：（晋）许真人：《增补玉匣记》"出财放债吉日"和"纳财收债吉日"条，内蒙古人民出版社 2010 年版，第 88 页。（晋）许真君：《活学活用玉匣记》，中国物资出版社 2010 年版，第 99～100 页。"出财放债吉日"："丁丑，乙酉，庚辰，辛亥，乙卯，辛酉，庚午，己巳。宜成满日大利。忌破日。""纳财收债吉日"："乙丑，丑寅，丙寅，壬午，庚寅，庚子，乙巳，丙午，甲寅，辛酉。宜天德、月德、平、满、收日。"另有"立契交易吉日"条。上官震编《台司妙纂选择元龟》有："六甲纳财吉日"、"六甲出财吉日"、"六甲放债吉日"、"入财天空亡凶日"、"出财凶日"、"出财八绝凶日"。乐贵明编：《永乐大典索引》，作家出版社 1997 年版，第 271 页。（清）蒲松龄：《蒲松龄全集》（第 3 册）"出财放债吉日"和"纳财收债吉日"条，上海学林出版社 1998 年版，第 101 页。

[33] （清）允禄等：《钦定协纪辨方书》，金志文译注，世界知识出版社 2010 年版，"乾隆御制序"。

曰："大耗者，岁中虚耗之神也，所理之地不可营造仓库、纳财物，犯之当有寇贼惊恐之事。"[34]《枢要历》曰："大耗者，月中虚耗之神也。其日忌营库藏、出财物、远经求、取债负。"[35] 又有："按大耗即系岁破，而复以大耗名者，为建禾仓纳财帛等事重著其义"，"又为大耗，忌修仓库、开市、立券交易、纳财、开仓库出货财。"[36]

（2）"四耗"意释。"四耗"条有：《总圣历》曰："四耗者，谓四时休干临分至之辰也，其日忌会亲姻，出师，开仓库，施债负。"[37] "忌安抚边境、选将训兵、出师、修仓库、开市、立券交易、纳财、开仓库出货财。"[38]

（3）"五虚"意释。"五虚"条有：《枢要历》曰："五虚者，四时绝辰也，其日忌开仓库、营种莳、出财宝、放债负。"[39] "忌修仓库、开仓库出货财。"[40]

以上解释，有些直接列陈出债方面的宜忌，有些却仅论及货财宜忌，其原因盖有两端：一是在作者意识中，"取债负"为"纳财物"之意涵所涵盖，没有单列必要；二是各家认识不一，各执其意。

在《类编历法通书大全》的目录中，我们可以发现"放债吉日"、"放债凶日"、"取债宜忌"被设置在"立契交易"条下，和"立契吉日"、"财聚吉日"、"出财吉日"、"纳财吉日"、"诸凶日"及"逐月立契日"并列，这一做法与元、明时代个别历法文献大致相同，它们之间相互参考袭用的痕迹很明显。[41] 这说明债与货财之属乃同类事物。在古人眼中，债能

————————

〔34〕（清）李光地等编：《御定星历考原》卷二《年神方位》之"大耗"条，台湾商务印书馆 1986 年版，第 35 页。

〔35〕（清）李光地等编：《御定星历考原》卷四《月事凶神》之"大耗"条，第 35 页。

〔36〕王玉德主编：《协纪辨方书》，第 97、339 页。

〔37〕（清）李光地等编：《御定星历考原》卷四《月事凶神》之"四耗"条，第 63 页。

〔38〕王玉德主编：《协纪辨方书》，第 352 页。

〔39〕（清）李光地等编：《钦定星历考原》卷四《月事凶神》之"五虚"条，第 63 页。

〔40〕王玉德主编：《协纪辨方书》，第 353 页。

〔41〕如宋鲁珍编《阴阳宝鉴克择通书》中有"放债吉日"、"取索债吉日"和"立契交易吉日"、"收敛货财交易吉日"并列，"放债出财凶日"、"取索债凶日"和"收敛货财凶日"、"纳财凶日"相接。参见《永乐大典索引》，第 403 页。又如《居家必用事类全集》中的放债、索债吉凶日和立契、交易、买产、藏宝贝、出财、纳财、求财和合财吉凶日置于一列。

生息，债与其息固属货财，殆无疑义。如《周礼·朝士》云："凡民同货财者，令以国法行之。犯令者，刑罚之。"释曰："云'同货财'者，谓财主出债与生利还主，期同有货财。"将债之宜忌从货财宜忌中分化出来，却又与之并列，其意并非是将债事置于货财范围之外，或许是因为债事纷繁，与生活息息相关，实有单独重视之必要。而《钦定协纪辨方书》等书未将债的宜忌独列成条项，应是沿袭古之惯例，将债之取放宜忌纳入货财范围统一条列，实有方便生活之考虑，不至于因动静举止禁忌过多而生出繁杂不便。由是可印证，今日将择吉术语"纳财"之意涵盖"讨债"和"贷款"，[42]实是所来有例。

在敦煌具注历日中，有大量"内财"、"纳财"、"入财"和"出财"字样出现，而"开仓"字样也有少量出现，这种情况还可以上溯到秦简日书。而"入财"之"入"读音为"纳"，"入财"和"纳财"意思相同。《睡虎地秦墓竹简》一书对"入室"一词有如下注释："入室，入读为纳。"《国语·晋语》："杀三郤而尸诸朝，纳其室以分妇人。纳，取也"。[43]《秦简日书集释》在解释"收日，可以入人民、马牛、禾粟，入室取妻及它物"一句时，注释为"入人民"，即买进奴隶。入室，入读为纳。《国语·晋语》："杀三郤而尸诸朝，纳其室以分妇人"注："纳，取也。室，妻妾货贿也。"[44]"入室"之解释可作为"入财"之借鉴，故"入财"和"纳财"意思相同。这不但适合于秦简，对敦煌具注历日中的"入财"也应该适用。故此，敦煌具注历日中大量的"入财"应当涵盖债类事项的宜忌。而敦煌具注历日和秦简日书中的"内财"当是"纳财"之古写，内和纳意思相同，[45]在古代形近之字互相通用，音近之字

---

〔42〕"纳财，在已属于自己的财富基础上购置产业、进货、收账、收租、讨债、贷款、五谷入仓等"。而"求财"则不同于前者，它是"指未属于自己的财富而祈求通过投资活动赚取博得财富"。而"开仓"，则指"出货财，商贾之出货、销货、放债"，与"纳财"相反。参见《黄历名词解释》，载 http://tools.2345.com/huanglijieshi.htm，2013 年 5 月 4 日访问。

〔43〕睡虎地秦墓竹简整理小组：《睡虎地秦墓竹简》，第 184 页。

〔44〕吴小强：《秦简日书集释》，岳麓书社 2000 年版，第 29 页。

〔45〕《内室考》中就将"内"释为"纳"。《说文》"纳"字条段注：古多假"纳"为"内"字。参见张颔等：《侯马盟书》（增订本），山西古籍出版社 2006 年版，第 72 页。

通用的现象也很常见。[46]另外，"出、入货"的宜忌条列也很多，而"'财'、'货'二字可互通，如《睡简》'货门'：所利贾市，入货吉，十一岁更。'《孔简》'货门'：所利唯贾市。反入货不吉。十一年而更'。""财：财物、财富，'占得利、货、财，必后失之'（周/219）。'此，……所言者钱财事也'（周/225）。"[47]由此，本文考察的敦煌具注历日中"纳财"等的宜忌应当包含了债之宜忌。P. 2661 号《诸杂略得要抄子》中的债之宜忌是专门抽出抄写的专条。

在敦煌具注历日中，关于债之吉凶宜忌的内容实际上是置于"纳财"（内财）、"入财"、"出财"、"开仓"等条项范围之中的，这在古人的心目中是理所当然的，单独列出反而不常见，此自不待言。依现代债法眼光审视，交易行为皆有产生债之关系的可能，具注历日中大量的"市买"、"市易"、"市×"、"交易"术语涉及的正是当代债法考察的对象，即使古代仅将借贷未还的结果视为债，其他属于"悬欠"范畴内的事项也应向借贷之债靠拢，然后用借贷之债的形式去统领。那么，大额的交易无法当面钱货两清也是日常交易常态，"一无悬欠"的情况并非每单交易都能做得到。在敦煌具注历日中，交易的对象可能是奴婢（在秦简中表达为"入人民"）、牛马六畜、庄宅等，于一般升斗小民言，一次性钱货两讫往往是困难的，分期付款或质押借贷也是正常的。对于大额的交易，人们为了图吉利，冀望今后能给自己的经济生活带来顺畅，当然不会忘记在交易前向人询问吉凶宜忌。债之宜忌不仅属于民俗习惯，更是深植于中国传统文化与哲学思想底蕴中。对债的取索固然必须有国家法律来强制性规定，诸如唐律之"负债违契不偿"、"负债不告官司强牵财物过本契"[48]，可以强制性使债关系的双方当事人获得一定的平衡。但何时取，何时索，却可以由债的一方确定选择时机，这种选择并非出于单一某人的意志，而是群体意志的纵向传承与横向传递。到清代时期，出现一种除夕讨债的习俗，

---

[46] 张小艳："敦煌籍帐文书字词笺释"，载中国敦煌吐鲁番学会等编：《敦煌吐鲁番研究》（第 12 卷），上海古籍出版社 2011 年版，第 478 页。

[47] 孙占宇："放马滩秦简日书整理与研究"，西北师范大学 2008 年博士学位论文，第 43～44 页。

[48] 钱大群撰：《唐律疏议新注》，南京师范大学出版社 2007 年版，第 846～847 页。

是夜，上门讨债到达当年时间的极限，而大年初一是绝对不能讨债的。[49] 这一习俗显然和择吉文化传统有直接关系。但在敦煌吐鲁番出土文献中，并未见到除夕讨债的习俗，法国学者童丕也注意到了这一现象，[50] 这可能和当时的农业生产及收获的节律有关，敦煌借贷、租佃契约中有广泛实例，尽管唐代的财政年度已经由汉代的"计断九月"发展为"岁终为断"，[51] 但敦煌一带和粮食有关的借贷偿债日期并未"岁终为断"，而布类借贷之债的偿还时间则是随借贷时间而定的，借贷时间多在 3～9 月，偿债时间则是次年的同一时间。这种除夕可以上门讨债，而大年初一绝对禁止的习俗可以压倒法律规定，也没有谁会去破戒。这种文化心理显然和择吉文化有关。在敦煌吐鲁番诉讼文书中均未见到和历日规定债之宜忌相冲突的情况，或许，在人们的生活观念中，不去碰触习俗特别是和财富增减的宜忌是约定俗成的。

日常择吉是中华传统文化的一部分，在敦煌吐鲁番出土文献中发现的有关债的择吉，就是其一部分，还有更多关于"市易"、"内才"、"入货"、"立契"等相关择吉活动，已经深深融入人们的日常经济活动。或许，这类择吉习俗早在战国时期就已经有了，[52] 至今在我们使用的万年历中依然有关于吉凶宜忌的内容。虽然契约文书中并不载明吉日选择，但可以想见，遇有较大数额的交易时，人们一定希望吉祥顺利，事半功倍。[53]

---

〔49〕［美］明恩溥：《中国乡村生活》，午晴、唐军译，时事出版社 1998 年版，第 208 页。

〔50〕童丕说："20 世纪的乡村，或许更早，经常出现另一个偿还日：除夕（敦煌借贷契约中主要是春借秋还）。民间信仰其实很大程度上促使中国人摆脱债务开始新的一年，……（这种偿还习惯）在中古敦煌似乎鲜为人知，敦煌只有农业节律是感觉得到的。"［法］童丕：《敦煌的借贷：中国中古时代的物质生活与社会》，中华书局 2003 年版，第 46 页。

〔51〕张荣强："从计断九月到岁终为断——汉唐间财政年度的演变"，载《北京师范大学学报》2005 年第 1 期。

〔52〕我国出土的战国历日上就有了吉凶宜忌："环绕在柱状物上的奇异神祷文字，来自于战国时期一块丝绸原稿。最古老的文字书写在丝绸上，它距今 2500 年，18 英寸长，15 英寸宽的原稿内容有关历日、纳妾、婚嫁。"参见［美］戴尔·布朗主编：《古代中国：尘封的王朝》，贺慧宇译，华夏出版社、广西人民出版社 2002 年版，第 67 页。

〔53〕例如，我们在清代契约文书中可以发现这样的事例。《清道光七年（1827）南海县李恒谦卖田契》第 5 行有："卜今书立大契交易"。文后注释四谓："'卜今'是'卜今吉日'之省"。说明该契约中的当事人在交易日期的选择上，有过占卜择吉活动，虽和本文中的历书宜忌有别，但性质是相同的。张传玺主编：《中国历代契约会编考释》，北京大学出版社 1995 年版，第 1335～1337 页。

这种做法有源远流长的文化心理基础，我们不能视而不见。敦煌吐鲁番两地位居边远地区，生活不易，人们容易求助宗教、历日择吉、占卜、看相等活动以求吉祥富贵，生活顺利，在老百姓观念中是天经地义之事，经济交易活动中债的时间安排自然会加以考虑。

（文字编辑　康骁）

儒家法思想之君权论三题

马　腾*

批儒的思想家蔡尚思揭示了这么一个定律："自古至今，越发专制的君主（自汉武帝至宋元明清的专制君主）和军阀（民国武人），越发要尊孔；而越发信奉孔丘的学人，也就越发要尊君。"[1]在期许圣君、希冀王道的迷梦中，儒者无不为君王独尊、权力一统提供一种仁义道德的饰言美颂，延绵谱写出帝王与儒学珠联璧合、相得益彰的权力史。然而，在儒法合力构筑的意识形态中，人们常力图将专制罪责从儒家这里抖落干净，而全盘推给法家学说。[2]这或许基于这么一种观念：法家思想以法律治理为核心议题，法术势三位一体的理论无不服务于君王统治，故为政治专制主义的渊薮；而儒家思想毕竟以伦理道德为中心内容，即便礼教有剥夺自然欲望，泯灭权利意识之意向，也只能说是道德专制主义；即便道统自居、抨击异端，也只能说是文化专制，似乎与帝王独裁是绝缘的。但这显然是一种误解，因为政治法律专制主义与思想文化专制主义，如影随形，相伴

---

* 作者简介：马腾，男，1985年生，厦门大学法学院讲师。本文是教育部人文社会科学研究一般项目《先秦诸子法律思想的现代诠释》（批准号：13YJA820035）的阶段性成果。

〔1〕 蔡尚思：《中国传统思想总批判》，上海古籍出版社2006年版，第58页。
〔2〕 余英时认为，秦汉以降"君尊臣卑"的意识形态是儒学法家化之后的产物，是一个被完全制度化了的符合法家思想的理念。参见余英时：《中国思想传统的现代诠释》，江苏人民出版社2006年版，第78~96页。

而生。[3]

现代已有不少政治法律学者直指儒学的专制主义本质。[4]可是，古代儒家在倡道德、主民本、倡谏臣等方面调摄专制政治的命题，常遮蔽其君权主义思想的本质；近现代"新儒家"喊出儒学民主、儒学宪政、儒家法治等甚嚣尘上的口号，又堪称现代儒学各种颇具诱惑力的易容术。对政法传统的正本清源，对思想学说真貌的揭示仍任重道远，本文仅就儒学的若干议题，沿孔孟荀之政法学说谱系简述其君权观之要义。

一、北辰论、风草论

不知是否受隐士精神的影响，孔子屡屡声明儒家政治参与的原则与限度。这个原则与限度就是"道"，"天下有道则见，无道则隐"（《论语·泰伯》）。"邦有道，则仕；邦无道，则可卷而怀之"（《论语·卫灵公》）。"道不行，乘桴浮于海。""所谓大臣者，以道事君，不可则止。"（《论语·先进》）"道"或可理解为一种超越现实政治格局、制度秩序的根本法则或伦理原则。结合儒家对统治合法性的言说，这一原则交织着天命、传统、人心各元素，却从未真正向一个超越现实且昭彰明朗的判断标准体系进行理论发展。《礼记》描绘了大同小康，但空想性太浓；孟子设计了仁政蓝图，但时代性太强。所以，除非在极端情态下，天下是否有道历来观念纷纭、各说各话，只能留待"君子"独自斟酌。孔子所处的时代"礼崩

---

〔3〕翦伯赞指出，在人类史上，政治的独裁与文化思想独裁是血肉相连的，自汉中叶以后，儒家哲学变成了最高的政治原理，同时也是衡量文化思想的尺度。参见翦伯赞：《秦汉史》，北京大学出版社1983年版，第528~530页。刘泽华说："中国古代人文思想的主题是伦理道德，而不是政治的平等、自由和人权，当时的伦理道德观念只能导致专制主义，即王权主义。"刘泽华：《中国的王权主义》，上海人民出版社2000年版，第209页。

〔4〕李宪堂指出："儒学一开始就带有强烈的实践倾向，全面参与到了权力机制的建构之中，因而全息地带有专制主义的元素。"李宪堂：《先秦儒家的专制主义精神——对话新儒家》，中国人民大学出版社2003年版，第2页。今人看待儒学之治道，常以人治、德治、礼治等词汇概括之。刘群伟认为，在"礼治—德治—人治"脉络中，顺时针推理一半是儒家哲学思想的逻辑，即源于民族心理的社会文化模式，确切地讲，是法律文化模式的建构方式。这种文化模式建构因使灵魂逃避自由获得安全而达到"治世"的和谐状态。再推理一半下去，则是独裁统治的逻辑。独裁者利用既成的等级秩序决定着一切，高踞金字塔顶，左右匐匍在强权之下的人们。这原是两种相反逻辑，却在相存关系中形成了一个强大的封闭性系统。刘群伟："中国古代法律之儒家化探源"，载《湘潭大学学报》1989年第1期。

乐坏"，弑君亡国不可胜数，孔子既"不可忍"，则自当视为"天下无道"，但仍不免奔走游说、席不暇暖，处处碰壁而"惶惶如丧家之犬"。至圣先师尚且"三月无君则皇皇如也"（《孟子·滕文公下》），后代儒生又怎能对政治参与，对治国平天下的"外王"理想或权力诱惑轻易说"不"呢？

夏曾佑说，"尊儒术者，非有契于仁义恭俭，实视儒术为最便于专制之教耳"。[5] "孔子言仁，实已冶道德、人伦、政治于一炉，致人、己、家、国于一贯。"[6] 作为孔学核心的"仁"学，以一种人文精神对周礼进行诠释斟酌，所谓"以仁释礼"是也，却未能真实超脱于传统宗法礼制之藩篱。儒家以个体走向"仁"乃至"圣"为目标，不求彻底改变社会的秩序，具有十足的保守派[7]特征，充其量是一种"温和的或缓进的改良思想"[8]。这种相对温和时而稍显冥顽的姿态，正是儒术便于专制的基本品格之一。

纯以伦理学视角来品味"克己复礼为仁"，孔子的仁道强调一种节制欲望、反躬内省，通向仁与圣的人性圆满境界的修为模式。这一修身过程要求持续地消除自我和社会情境之间的隔阂，进于"自我客观化"与"客观自我化"，从而达到在各种情境中融贯实现人生价值的境界。在无处不受政治权力支配的道德范畴中，"克己复礼为仁"的"修身"之道，客观效应只能是极端压抑自然欲望，无条件服从社会，所以其实质是个性的淡化乃至消弭，欲望的克制乃至禁绝，最终必流于专制主义的附庸。"修身"之终极目的、外王意义的"平天下"，也仍不脱离宗法等级制度和君王政治的范畴。修齐治平所欲实现的是一个"大同"世界，将整体性与同一性的达致奉为不二法门，不免沦为一种"人同此心、心同此理"的道德专制主义。历代士人高度趋同的知识源泉、言说思路、价值取向，无不是齐心协力、步调一致地拱卫"北辰"。

于是，儒家的"圣王"理想人格模型，在现实世界中基本上必然要被扭曲。儒家式君子面临的困境是：法度，尤其是显著的限制君权的成文制

---

〔5〕 参见夏曾佑：《中国古代史》，河北教育出版社2000年版，第276页。

〔6〕 参见萧公权：《中国政治思想史》，新星出版社2005年版，第41页。

〔7〕 参见任继愈：《中国哲学史》（第1册），人民出版社1963年版，第63页。

〔8〕 参见侯外庐等：《中国思想通史》（第1卷），人民出版社1957年版，第144页。

度的缺失，使得儒者政治权威因对君主权威的事实依附，而有时显得迂腐绵弱。而在儒者塑造的君王理想人格及其权威依据的理论中（简称"风草论"与"北辰论"），同样也能窥见一种理想主义学说的困境："君子之德风，小人之德草。草上之风，必偃。"（《论语·颜渊》）"为政以德，譬如北辰，居其所而众星共之。"（《论语·为政》）

不少海外汉学家对这些儒家格言表现出浓厚兴趣，并不吝溢美之词。细细品味古老东方此类君子圣王的曼妙描绘，芬格莱特提炼出一种堪称理想权威形态的"作为典范的权威"——这种政治权威来自于人性圆满实现的模式——以及由此产生的一种关联性（非模仿性）的集体响应。[9]但历史证明，在现实政治的语境中这种"作为典范的权威"虚无缥缈，儒家的"圣王"不免与柏拉图的"哲学王"一样水月镜花；而"上行下效"的传统话语与普遍情形，却表明皇权规训之下的整齐模仿，足以破灭芬格莱特诠释的那种"非模仿性"集体响应的幻想。

郝大维和安乐哲对"北辰论"的解释亦饶有趣味："北斗星并非完全不动，而其他天体的运动却要靠它来测量。尽管北斗星有它自己的运动，但它却是相对静止的。"他们确实揭示了"北辰"隐喻的政治修辞意义，可对"智者由于自身的优越性而成为相对的'秩序化身'"之义理的推崇赞许，实在难以令人苟同。儒家在文化层面一直要争夺这种"智者优越性"标准的话语权威，但政治层面只能将优越性贡奉给专制君王，赋予其道德终极权威的皇冠。[10]没有因圣成王，只有即王而圣，政治权威在力不在德，君王独尊恃术不恃仁，都是历史的事实。理想学说固然应超越事实，但道德制约专制的理念却常常落空。至于自视为君王之师友，或暴君之制约者的儒生，其政治权威基本上只源于"道德"与"教化"，而非

---

〔9〕　参见［美］芬格莱特：《孔子：即凡而圣》附录《〈论语〉如何描绘理想的权威及其作用模式》，彭国翔等译，江苏人民出版社 2010 年版，第 124～133 页。

〔10〕　这两位洋儒家还通过对儒家君子德的有趣臆想与蹩足释义，将"风草论"中君子与小人诠释为"以一种自然的和相互有利的方式相互作用"。"君子是用'德'来约束没有教养的人，而'德'完全不是强制性的……'风'是引导的而不是强制的，'草'是接受的但不是被迫服从的。"参见［美］郝大维、安乐哲：《孔子哲学思微》，蒋弋为、李志林译，江苏人民出版社 2012 年版，第 35、123～124 页。笔者认为雅斯贝斯对这句话的解释反而一语中的："指令是借助权力而得以实现的。"［德］卡尔·雅斯贝尔斯：《苏格拉底、佛陀、孔子和耶稣》，李瑜青、胡学东译，安徽文艺出版社 1991 年版，第 94 页。

"超凡魅力"或"政事技艺"。对一般君主而言，大可顺就共识的文化话语曲加辩驳，更可充分运用政治权术与资源优势分化瓦解。一旦面对"雄主"，儒家基于文化优势与道德权威的道统理念更难以为恃。在这一意义上，一种思想成其为君权论的论断不需回应那些道德话语有效制约君主的现象，相反，它要关注的是在思想与君权互动中的最高权力理论上可以达到的专制程度。

"北辰"隐喻着宇宙秩序的某种不变性，这种对永恒秩序的认识，必须经由确立绝对参照系的思维。其政治意涵，在于阐明国家社会秩序的君主制基础。北辰虽远，却光照众星；君主虽远，却化育万民。北辰成其为"光源"的实质，是一种"德性"，所谓"德性"的显现，又依赖绝对的中心位置。可是，北辰本非绝对中心，无法自证居于中心的理据，它"发光发热"而被视以为众星所拱，相对参照意义的中心就变成了绝对的几何中心。哪怕有朝一日，"北辰"已黯淡无光，这种深嵌人心的思维观念格局却已牢不可破。所以，以道德要求君主的学说，最终易于走向君主即是道德化身的结局；以道德祈望政治的理想，时常不幸验证政治挟制道德的宿命。有人以为儒学带有尊重社会自发秩序的精神，这是一种误解；人们常说"山高皇帝远"、"皇权不下县"，这只是一种表象。北辰照众星、风行草偃的经典隐喻，无不在表达秩序体系中皇权无处不在、无孔不入的特征，并在自上而下的涌动中折射出各种权力镜像，幻化出各种权力面孔。

二、民贵君轻、暴君放伐

与孔子一样，对威胁乃至摧毁旧有秩序的春秋争霸与战国争雄，孟子持一种批判态度。然而，时代的确已悄然变化而不可逆转，在诸子百家争相以干世主的时代，周天子从来不是诸子趋之若鹜竞相兜售治国方略的目标客户，甚至根本就没有任何吸引力与投资价值。在这种既定事实中，善养"浩然之气"的孟子也只能默然顺应之。夹挤在周天子的政统象征与春秋战国诸侯的"新王"符号之间，孟子采取了与孔子不同的姿态。孟子发展了孔子的天命论，从哲学角度审视尊君问题，以"定于一"为基本的世界观，比较系统地提出了天赋君权的思想（《孟子·万章上》）。在亚圣与梁惠王的仁政对话中，透过"劝诸侯为天子"的那番汪洋恣肆的谏言，孟子塑造新王的迫切心情一览无余。虽然孟子"率由旧章"，意复井田、世禄、庠序等先王之法，但也只是以古制轮廓发挥自创理想融汇而成。宋儒李觏曾作《常语》，激烈抨击孟子的虚伪仁义，斥之为"名学孔子而实背之者"，政治层面主要就有讥讽孟子"劝诸侯为天子"之论："孟子曰：'五霸者，三王之罪人也。'吾以为孟者，五霸之罪人也。五霸率诸侯事天子，孟子劝诸侯为天子。苟有人性者，必知其逆顺耳矣。孟子当周显王时，其后尚且百年而秦并之。呜呼！忍人也，其视周室如无有也。"〔11〕

若孟子泉下有知，或以经权观诠释自饰，曰："尊周天子，经也；奉新王者，权也。"这段关乎亚圣道德仁义的公案，是传统儒者士大夫面对政权更替问题的姿态缩影，但更深处却透露出道德仁义面对权力斗争的无力感与妥协性。暂且抛开"奉新王"之事不说，孟学之所以流芳千古，是因其学说中的君臣"对等"观念、民贵君轻论、暴君放伐论，这些理论常被视为反抗暴君专制的有力武器。然而，这些观念仍应置于君权本位的框架中审慎解读。

第一，孟子曾宣称："古之贤王，好善而忘势，古之贤士何独不然，乐其道而忘人之势"（《孟子·尽心上》）。孟学最能揭明儒家在恪守仁义、追求道德理想方面的气象，"义"优于"利"，高尚的道德价值对世俗的功用标准的超越，一直融贯其学。儒者自视为仁义的守护者，以王师自居，怀握高尚的政治道义以配享"天爵"，而非一味追求空洞浮泛的世俗利禄的"人爵"（《孟子·告子上》）。凡此抱负与信念，皆不失为君主独裁之奴役政治的解毒剂配方。"君之视臣如手足，则臣视君如腹心；君之视臣如犬马，则臣视君如国人；君之视臣如土芥，则臣视君如寇仇"（《孟子·离娄下》）。这实在是大大发扬了孔子"君事臣以礼，臣事君以忠"（《论语·八佾》）的君臣关系对等论，每每使士大夫在承受皇权压迫时聊以自慰，甚至在对抗专制权力时引以自励。但是，我们仍要对这种由于凸现了

---

〔11〕 余隐之为孟子辩护道："孟子说列国之君使之行王政者，欲其去暴虐，行仁义，而救民于水火尔。行仁义而得天下，虽伊尹、太公、孔子说其君，亦不过如此。彼五霸者，假仁义而行，阳尊周室而阴欲以兵强天下。孟子不忍斯民死于斗战，遂以王者仁义之道诏之。使当时之君不行仁义而得天下，孟子亦恶之矣，岂复劝诸侯为天子哉！"朱子曰："李氏罪孟子劝诸侯为天子，正为不知时措之宜。隐之之辩已得之，但少发明时措之意。"又所云："行仁义而得天下，虽伊尹、太公、孔子说其君，亦不过如此"，语亦未尽善。不若云："行仁义而天下归之，乃理势之必然，虽欲辞之而不可得也。"参见黄宗羲：《宋元学案》（第1册），中华书局1982年版，第162～163页。

君臣对等关系而常被引为座右铭的臣节论加以审视：孟子解释臣对君主个人的忠实程度，是以君主个人对臣的信托与知遇为转移的，这是缺乏政治正当性原则的。在"只此一家，别无分店"的政治格局中，体制内的一切儒生都在根本上承蒙"皇恩"。后来儒生士大夫也往往只能罔顾内在的政治道义，而以表面的"互敬互惠"去对君主竭尽忠诚。[12]

第二，孟子也曾讲"民贵君轻"："民为贵，社稷次之，君为轻"（《孟子·尽心下》）。在孟学中制约君权的"天道"，实际上就是民心，古语"天视自我民视，天听自我民听"便成为儒家话语。可是，"天意"能监督"天子"，但又无时无刻不为"天子"所利用挟制，"民意"能颠覆君主，却又无时无刻不被君主所转化处理。[13]因为话语权或最终解释权，始终收拢于天子与朝臣组成的统治集团。

第三，孟子还曾讲"暴君放伐"："暴其民甚则身弒国亡，不甚则身危国削"（《孟子·离娄上》），"君有大过则谏，反复之而不听，则易位"（《孟子·万章下》）。然而，"暴君放伐"恰恰反衬出，传统中国政治革命之运转模式与法权基础的难解症结。只要儒家奉君王为至尊，就永远不可能消除暴君。儒家认为，源于对文化传统的尊重与道德原则的恪守精神，能够阻滞暴君出现的可能，但在对过往革命的颂言中流露出的对民众暴力革命的依赖，恰证成了：儒家崇尚的君主政体与世袭制度模式中，根本缺乏将"暴君"消解于秩序之内的可能途径。

在一定程度上，孟子的"民贵君轻"与"暴君放伐"论立足于民众立场，显露出人文情怀，堪称中国历史中抗议暴政思想的权舆。[14]作为一种政治主张，儒家民本思想话语反复叙述，始终强调民众在统治中的重要性，与之相应，肆虐无道的君王行为、压迫奴役的社会规范似乎都应当被批判矫正。合而言之，在儒学理论谱系中，其理论层次包括：天立君以为民，得民心则为君，故君既为民之主，亦以民为本，应富民教民而不可与

---

〔12〕 参见吕振羽：《中国政治思想史》（上），人民出版社2008年版，第174页。

〔13〕 参见［德］康德：《历史理性批判文集》，何兆武译，商务印书馆1990年版，第108页。

〔14〕 萧公权说："虽势不能见采于时君，而二千年中每值衰国乱辄一度兴起，与老庄之无君思想互相呼应。故就其影响论，孟子之儒，不仅有异于荀，抑亦颇殊于孔。盖孟子取人民之观点以言政，孔荀则倾向于君主之观点也。"萧公权：《中国政治思想史》，新星出版社2005年版，第62页。

争利，民富则国富君足，若悖斯道，则民可放伐暴君。然而，"民本"话语是一个"凸喻"，强调的并不是"民"自足自在的价值，而只是它对于国家社稷与君主的意义。[15]道德不免因功用化沦为权术，试图用文化与道德权威形成政治制衡力，大概只能为专制制度披上一层面纱，却始终无法令君主政体进行一番革面。"父权—君权"政治语境中的此类仁政修饰，始终无法掩盖专制主义的本质，西哲康德早已揭明。[16]

在孟子的学说中，等级论与君主制呈现为形影相依的关系。人们常试图从孟子学说中找寻民主政治的因素，然而，在一个治者和被治者被分得清清楚楚的等级社会中，能容许所谓民主政治吗？"孟子称当时人君为'人牧'，又拿'今有受之牛羊而牧之者'，去比地方官受君之百姓而治之。可见人君无论怎样爱民，亦不过如牧人之爱其牛羊而已。这里讲得上什么民权吗？"[17]因此，"民本"的光辉旗帜下贫瘠的政法理念，从来无法真正构成君主本位的反面；相反，民本就是君本，是从理论上对君主本位思想的一种必要修饰。

概言之，孟子不奉周室而祈望新王，意欲立新政权以行旧制度，故曰"定于一"。"仁政"理想虽具有人文色彩而温情脉脉，亦不逃于王权专制论之现实归宿。即使孔孟多言"仁"、"仁政"、"民贵君轻"，主观上凸显的是人的理性价值而非工具性功用，却须臾未能脱离君主制度的语境或范畴，反而构成君主制意识形态的必要修辞。凡此症结，皆在后代儒者的道德言行与乏力谏议中，不断轮回重现。

三、事君之宝

荀学发于专制天下之前夜，尊君思想之显学化已为大势所趋。荀子在儒家中最能兼收战国功利主义思潮，显示了儒者对权力政治时势的无奈顺从（或主动逢迎）。在儒学不受待见的战国末期，儒者只能考虑如何重新整理包装自己的学说，提高儒术竞争力以向君王推销兜售。于是，秦昭谓儒无益于国，荀子乃极明"儒效"。

---

[15] 参见李宪堂：《先秦儒家的专制主义精神》，中国人民大学出版社2003年版，第291页。

[16] 参见［德］康德：《历史理性批判文集》，何兆武译，商务印书馆1990年版，第182～183页。

[17] 嵇文甫："儒家学说的贵族性"，载《新中华》（复刊）1948年第6卷第9期。

在荀子的经典君民关系叙述中，君为水上之舟，民为载舟之水。这一源于《易》，并由荀子阐扬光大的"舟水论"，在中国传统思想中确是今人津津乐道、引为佳谈的格言。与孟子的"暴君放伐"论一样，荀子赞成推翻暴君统治，《正论》曰"诛暴国之君若诛独夫"，《臣道》云"夺然后义，杀然后仁，上下易位然后贞，功参天地，泽被生民，失是之谓权险之平，汤、武是也"。这些言论，有时是民众聊以自慰的精神鸦片，有时是学者犯颜进谏的道义宝符，有时还是君王欺人之谈的政治术语。

荀卿更加真切的观点是，"君"代表最高权力故为"国之隆"，拥有最高道德而为"民之原"，更是"治之原"、"法之原"了！于是，君王就是一切秩序的最终来源与政治化身："无君子，则天地不理，礼义无统，上无君师，下无父子，夫是之谓至乱"（《荀子·王制》）。穿梭于《荀子》文本王道政治的字里行间，映入眼帘的常是从法术家拾掇串成的权势法术。"权出一者强，权出二者弱"（《荀子·议兵》）已是深受时代风气浸染与三晋法家权势理论渗透的独裁势论。甚至阴谋权术论也已被荀子设计的"君道"所吸纳移接："便嬖左右者，人主之所以窥远、收众之门户牖向也，不可不早具也。"（《荀子·君道》）

和法家人物一样深受集权时代世风的熏陶浸染，荀子把目光转向外化的礼制。儒家的思想，尤其是礼论及"克己复礼"为核心的仁学，就始料未及地降格为专制主义的润饰，由孔入荀，儒学专制性之凸显已不可逆转。相比其孔孟先师，荀子可谓"取之于蓝，而青于蓝"，集先秦儒家的专制主义之大成："故天地生君子，君子理天地；君子者，天地之参也，万物之也，民之父母也"（《荀子·王道》）。其一，先秦道论在荀子那里彻底变成实用化的"人道－君道－王道"系统。其二，荀子论礼，申言明贵贱、别上下、异君臣，"明分使群"构建的是一个严丝合缝的君权社会等级秩序。荀学以礼为本，而"礼义"皆以尊君为宗，否则无以致别异等差。荀学的等级观与君权论亦须臾不离、脉脉相通。其三，儒家曾经大放异彩的"民贵君轻"话语，也在荀学中消隐，移转向圣人君道。[18]概言

---

[18]　诚然，《荀子·王制》也引"君者舟也，庶人者水也，水则载舟，水则覆舟"，但总体观之，荀学精神确已转向君主本位。另外，笔者认为西方学者魏特夫的"海盗喻"着实能浅显揭示"舟水论"题中余义，即海盗不使船下沉不能视为仁慈。参见［美］魏特夫：《东方专制主义》，徐式谷等译，中国社会科学出版社1989年版，第124页。

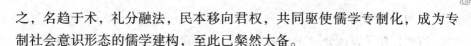

之，名趋于术，礼分融法，民本移向君权，共同驱使儒学专制化，成为专制社会意识形态的儒学建构，至此已粲然大备。

再来看看荀子设立的"臣道"：

> 事圣君者，有听从无谏争；事中君者，有谏争无谄谀；事暴君者，有补削无挢拂。迫胁于乱时，穷居于暴国，而无所避之，则崇其美，扬其善，违（讳）其恶，隐其败，言其所长，不称其所短，以为成俗。《诗》曰："国有大命，不可以告人，妨其躬身。"此之谓也。（《荀子·臣道》）

> 持宠处位，终身不厌之术：主尊贵之，则恭敬而僔；主信爱之，则谨慎而嗛；主专任之，则拘守而详；主安近之，则慎比而不邪；主疏远之，则全一而不倍；主损绌之，则恐惧而不怨。……求善处大重，理任大事，擅宠于万乘之国，必无后患之术。莫若好同之，援贤博施，除怨而无妨害人。能耐任之，则慎行此道也；能而不耐任，且恐失宠，则莫若早同之，推贤让能，而安随其后。如是，有宠则必荣，失宠则必无罪，是事君者之宝而必无后患之术也。（《荀子·仲尼》）

> 君上之所恶也，刑法之所大禁也，然且为之，是忘其君也。……人也，下忘其身，内忘其亲，上忘其君，则是人也，而曾狗彘之不若也。（《荀子·荣辱》）

荀子的经验与世故再次洋溢其中，他试图对现实中可能遇到的不同君主提供相应的侍奉原则。[19] 没错，"权险之平"也出现于该篇中，那只是拾人牙慧歌颂一番汤武革命的光辉罢了。荀子浓墨重彩的"臣道"主题无非反复告诫为人臣要如何鉴别形势、见风使舵、委曲求全、明哲保身。如果说主张"援贤博施"、"推贤让能"，推崇"谏、争、辅、拂"四种臣子，还算维护儒士的应有原则，那么一再提到"事君不顺"如何自我检讨，以及"莫若好同之"、"莫若早同之"的基本态度，就是在极力向人们描绘什么叫谄媚之骨、奉承之颜，什么是潜藏于某些儒家士大夫的道义严

---

〔19〕《臣道》诸篇把君王分为圣君、明主、霸主、中君、暴君、贪主、暗主等多类，把人臣分为态臣、篡臣、谄臣、顺臣、谏臣、功臣、辅臣、圣臣诸类。这是一种典型的道义分析思路，是君子小人分疏思维的拓展。实际上，道义的同等标准与评价的等差分类，某种程度上也是"维齐非齐"价值观的体现，是使君主制核心的社会整体维持等级秩序。

辞背后的真实态度了。

　　诚然，荀子曾区分"正身之士"与"仰禄之士"（《荀子·尧问》），但在其思想体系中更多具有修辞意味。如果说孔子的君臣之义仍可以涂抹政治礼仪的庄严性来作为装点，则荀子的"臣道"更散发出一种赤裸裸的厚黑学味道了。说到底，所谓"臣道"全是官场护身符在历代政治斗争中被不断注释的"规则"。这种"规则"从来不是也无益于阻滞君主独裁，制衡君主权力。相反，它再次显示了"君道"秩序正当性思辨的乏力，及"臣道"机制性意义的疏失。所以只能修身以待经世致用，觅得匹夫登庸朝堂之时机，古代思想学术于是被引上经世致用的独木桥。

　　荀子认为处于"暴国"只能"崇其美，扬其善"，韩非则说"人主虽不肖，臣不敢侵也"，深得真传。荀子尚且有权险之平，韩非则彻底颠覆了尧舜兴替、汤武革命的意义，指责其"反君臣之义，乱后世之教"（《韩非子·忠孝》）。其实，《论语·乡党》就记载了孔子教导学生面对君主时应保持诚惶诚恐、唯恭唯谨的态度，儒家后学无不是拾掇语录阐扬光大。[20]《礼记·坊记》中提出："善则称君，过则称己，则民作忠。"《礼记·表记》亦有："卑己而尊人，小心而畏义，求以事君。"陈寅恪说："以名为教，即以长官君臣之义为教，亦即入世求仕者所宜奉行者也。"[21]在此，儒家正名主义与"名器"观为政治专制论提供了广阔的思维方法与知识基础。

　　有人总习惯性将"崇上抑下"的理论恶果推给法家，却不能客观地面对儒家经典中的这类谄媚之言。饶有趣味的倒是，荀子之臣道（称为臣术更贴切）谓为"事君之宝"，申韩之君术则谓为"驭臣之术"。其实，事君之宝与驭臣之术，在儒法进献君王的政治秘籍中具有高度的同质性与重合度，故荀子的《成相》、《君道》篇亦是政治术论之渊薮。[22]儒法学说

<hr>

　　〔20〕也许孟子学说中道德高于权势的价值旨趣与"格君心之非"的谏臣气魄是最为可观的。现实中君主权力至高无上，自然也高于道德，但孟子学说构建了一个道德高于权势的理想价值位阶或二元价值论，仍具有重要的理论意义。参见刘泽华：《中国政治思想史》（先秦卷），浙江人民出版社1996年版，第192～195页。

　　〔21〕参见陈寅恪：《金明馆丛稿初编》，上海古籍出版社1980年版，第182页。

　　〔22〕杜国庠指出韩非的术论有申子与荀子两方面渊源。参见杜国庠："先秦诸子思想概要"、"中国古代由礼到法的思想变迁"，载《杜国庠文集》，人民出版社1962年版，第49、52、213～215页。

共同塑造的朝堂场景，即帝王将驭臣之术当做枕中鸿秘，儒生亦将事君之宝视为仕途秘籍。或曰，荀子的"臣道"是否只是对经世儒者的一番善意警示？非也！荀子早已固持佞见，违反君主之意、触犯刑法大禁之人，"狗彘不若"。（《荀子·荣辱》）真与孟子"禽兽论"相呼应。至此，在君王强大的权势面前，臣民连人的基本尊严都将丧失殆尽，难道还能指望这其中能有制约君主的思想？《荀子·正论》篇更有拥护君王的神来之笔，天子的"居如大神，动如天帝"，民众的"莫敢望视"，堪称中国传统文化中君民关系的精彩写照。谭嗣同曰："二千年来之政，秦政也，皆大盗也；二千年来之学，荀学也，皆乡愿也。惟大盗利用乡愿，惟乡愿工媚大盗。"[23]真是一语道破了中国古代文化专制主义与政治专制主义的思想渊源——开"儒法合流"先河之荀学！

儒家诸多言论思想，展露了掣肘、制约统治者行为的倾向。对前面三位儒家宗师的理论加以归纳，天道的归舍、民心的向背、道德的臧否、传统的校验、臣子的姿态，都可以是从理论到实践保持对专制、暴政的一种制衡力。他们向来跨于"道统与政统之间"，以师自居，以道自适，抗衡君势。[24]然而，儒家的贵族理念无以为恃，道统意识有心无力，民本观念先天不足，都根源于政体反思与限制君权之制度理念的根本缺失。尽管儒家不乏追求独立人格的精神，不乏"从道不从君"的信念，却只能心不由意地寻求一种绝对权威来保障秩序的稳定，献媚于大盗，投诚于君王便是终南捷径，权力与学术一拍即合、相得益彰，荀子"臣道"篇的话语反差与思想矛盾就是明证。

概言之，"礼治—德治—人治"三位一体，儒家思想体系之根本精神，以大同世界为理想图景，极其属意于"和谐"君权秩序的构建与维持。它有意无意地以消解差异性为进路，以弥合人的个性特征，泯灭人的自然属性为目标，天然带有诉诸君王权力的倾向，在现实操作中加快了推动、稳固专制的步伐。如若海晏河清、时和岁稔的理想不幸幻灭，则祺然粉饰太平，暗中消弭时灾，千古一辙。维稳之癖习，谈乱之色变，抑制湮没了民主，而为专制添砖加瓦；而如日中天的专制君权，欲尽拢人心，必求诸儒

---

〔23〕 谭嗣同：《仁学》，中州古籍出版社 1998 年版，第 169 页。

〔24〕 参见余英时：《士与中国文化》，上海人民出版社 1987 年版，第 84～112 页。

学，故后者之道德专制因素，又随之亦步亦趋。"民主"之精义真貌，从来就不为大一统的理想社会所理解容纳，即使民主范畴所涵括的最低要求——庶民议政[25]，也常被视为祸乱之端原、和谐之反面。对稳定状态与秩序价值的推崇，本是法律的价值追求。然而，倡导中庸的儒家却在这个问题上走向极端，对"统一"、"稳定"、"权威"对立面的"差异"、"斗争"、"异端"，从无克逮克容之行，反怀恶紫夺朱之意，使得对君权与专制秩序的制衡乃至颠覆力量大大削弱。极则必反，复归"权险之平"，更多只是儒者士大夫置身事外而欺世盗名，而从来不能推使其建立法统、放伐时君。

四、结语

君权主义，可谓中国传统政治之宿命。罗焌曾感叹道："二千年来，各家子学之衰，虽曰士夫之责，毋亦上之人有以倡导而致然欤？"[26]天子希图文化一统理固宜然，可儒法皆欲鸥张门户统一话语，在法制思想方面从无价值多元之意识，使得法律规范无时无刻不以保障思想一统为旨归。穿梭巡游于诸子百家的华章中，雷同的旋律此起彼伏，"总方略、其言行、一统类"的孔子、"尚同"的墨子、"定于一"的孟子、"一人心"的慎到、"一教"的商鞅，等等。若以一字概括中国传统，则非"一"字莫属。"一"，闪现着一元、齐一、整体、同质等相互缠绕的思想，在君主制国度中，它们无不共同承托权力意志，塑造极权文化。[27]文化多元主义、价值的相对主义在思想界空间逼狭，近乎窒息。

作为思想传统的旗帜，儒学汇集了文化专制与政治专制的理论元素。儒者虽提出了诸多振奋人心的批判暴君的命题，但从不属意于构设一种抗衡王权的政治思想与法律机制，这是其制约君权理念的缺失，也是其君权

---

［25］ 在古代，子产不毁乡校之论、黄宗羲学校议政之论，则可谓空谷足音。

［26］ 罗焌：《诸子学述》，华东师范大学出版社2008年版，第85页。

［27］ 徐复观认为："专制政体与文化思想的关系，都是买椟还珠的关系。"徐复观：《两汉思想史》（第2卷），华东师范大学出版社2001年版，第40页。笔者认为其对文化思想之"椟"与"珠"的区分与认识颇成问题。各种思想不分轩轾，从理论上论证专制政体系统框架，才是"文化思想"的"珠"。

思想本质的体现。[28]以仁政德治为参照蓝图，以道义为审视标准，直面权力、劝谏君王，是后代朝臣在其所处之特定的政治系统中制约君权的基本策略与惯用手法，但其政治效果实在要视特定统治者的观念品性而定。换言之，在分权制衡机制缺位的情形下，承载着"民心臣意"的礼义道德所蓄积的真实权力变动不居，与君权显化程度呈此消彼长关系，基本上处于被支配的地位或被利用的境地。[29]心系天下的儒者，乃至具有儒家气质的士大夫，既无超验的神权支撑力，又无真实的民意代理权，也不能从根本上掌握最终的立法权能，只能凭借文化思想的认同以及依循政治利益的连带，发挥"君子共同体"的集体效应，偶尔为抵御暴君政治贡献绵薄之力。

儒学有时呈现的理想色彩与气度品格，常被视为专制政治的解毒剂，但本质上却仍纯然为"意识形态"，而非"乌托邦"。曼海姆揭示道："既定秩序的代表并非在所有情况下都对超越现存秩序的取向抱敌视态度。相反，他们总是旨在控制那些超越环境的观点和利益，并以此使他们在社会上失去作用。"[30]于是，儒学掣肘君王的话语，成为纯熟君王政治意识形态的题中之义，便不难理解。归根结蒂，儒学自产生伊始，其核心精神便源于王官学品格，终与君王政治史形影相依。今人从儒学中挖掘些许与民主、自由、法治、宪政等现代价值通约的话语因子，无非敝帚自珍；而将儒学诠释为民主、自由、法治、宪政的理想真理，更是天方夜谭。

（文字编辑　王世柱）

---

〔28〕 新儒家牟宗三也承认说："在无政道以客观化皇帝之情形下，儒者唯思自治道拿'德'以客观化之。但此种客观化是道德形态，不是政治法律的形态。"牟宗三：《政道与治道》，广西师范大学出版社 2006 年版，第 26 页。

〔29〕 狄百瑞在《儒家的困境》一书中指出，与以色列先知相比，中国传统儒家缺乏立约，缺少履行誓约过程中的百姓参与，政治重担全都落在君子的自我培养与改造上。陷于专制君主与苍生百姓的裂缝之中，乃是儒家最大的困境。参见［美］狄百瑞：《儒家的困境》，黄水婴译，北京大学出版社 2009 年版，第 18～23 页。

〔30〕 曼海姆还指出，超越现实秩序的意识形态与乌托邦的差别在于，后者"通过相反行动把现在的历史状况改变为与它们自己的概念更一致"。参见［德］曼海姆：《意识形态与乌托邦》，黎鸣、李书崇译，商务印书馆 2000 年版，第 196～200 页。

革命传统、改革开放与保密法制

张 群[*]

在中国共产党保密思想指导下，新中国保密法制稳步发展，在世界上独树一帜。一般认为，革命战争时期形成的红色传统是新中国保密工作的源头。这一说法自然不错，但似乎还可以分析得更细致一些。就新中国保密法制而言，虽然源于红色传统，但更多的还是根据新情况，对传统进行改造的结果，特别是 2000 年以来信息公开的影响越来越大，原封不动的传统已经很难找到。

一、红色传统的继承与调整

新中国成立至"文化大革命"爆发，保密工作曾经提出向苏联学习的口号，也确实向苏联学习了一些经验（如保密范围制度），但在制度建设上，主要还是对革命战争时期红色传统的继承。

第一，涉密文件管理制度。1943 年中央办公厅、中央组织部下发了《关于阅读党内秘密文件的通知》，提出以文电内容为条件、以发文单位性质为依据，以客观环境为基础划分文电密级的统一标准，将文件划分为"普通件"、"普密件"、"机密件"、"绝密件"四类，并确定了每一级的具体内容范围，规定了阅读人员范围和纪律。1947 年中央办公厅秘书处制发了《关于按重要性与机密性处理文件的规定》，就涉密文件的

---

* 中南财经政法大学外法史与比较法研究所研究员，法学博士。

保密管理做了进一步规定。新中国成立初期涉密文件管理基本沿袭战争年代的做法，并在 1964 年下发了更为成熟的《关于秘密文件管理工作的暂行规定》。

第二，电讯保密管理制度。1947 年，根据刘少奇建议，中央首先对党务系统电台进行了密级划分，分为绝密、半秘密和公开三类，进行保护。一类为特定的，即实行"一事一密制"，由首长控制使用；二类为半秘密电台，即党内经常使用的党内事务性电台；三类为公开性电台。1948 年 12 月，中国人民解放军总参谋部颁发了我党历史上第一个机要保密工作规定——《机要规则》，确立了党政军机要电讯工作统一领导体制，对电讯密件以及机要电讯人员的保密管理提出严格要求。1949 年，中央军委又制定了《关于机要工作制度》，对机要电讯保密管理做了进一步的补充规定，并明确提出："电信工作的基本要求是确实、迅速、秘密"。在新中国成立后，基本沿袭上述制度，直到 1987 年《中国人民解放军机要工作条例》将机要工作的基本要求修订为"机密、及时、准确"。[1]

第三，干部审查制度。抗日战争期间，革命队伍迅速壮大。为清除混入党内的反革命分子、异己分子和堕落分子，保持革命队伍的纯洁性，以及多方面了解干部的思想品质和工作才能，以便更有计划地培养干部，正确地使用干部，党中央先后下发《中央关于审查干部问题的指示》（1940 年）、《中央组织部关于审查干部经验的初步总结》（1940 年）、《中央书记处关于审查干部的具体办法的决定》（1943 年）、《中央组织部关于在审查干部中保留政治嫌疑问题的暂行处理办法》（1948 年）等文件，规定由组织部门负责，对全体党员干部，特别是政治面目不清、来历不明和在重要问题上含糊不清的干部进行政治审查。新中国成立后，中央先后下发《中央关于清理"中层""内层"问题的指示》（1951 年）、《中共中央关于审查干部的决定》（1953 年）等文件，对各级党政机关、人民团体及财经、文教等部门中的全部干部进行审查。邓小平在 1950 年曾要求西南局各部门对工作人员要经常审查，区分"哪些人是有保证的，哪些人是值得注意

---

〔1〕 参见费云东、刘静一："秘密环境下的电报档案工作之三—党政军三大系统机要电讯与保密"，载《档案天地》2010 年第 10 期。

的"。〔2〕1951 年 5 月 28 日，中共中央《关于加强保守党与国家机密的补充决定》对机要干部审查和管理专门做了规定。〔3〕

第四，新闻保密审查制度。抗日战争时期，以《解放日报》改版为中心，共产党开始建立审查稿件制度，如领导人看大样，重要社论、通讯文章要报中央审定。〔4〕解放战争时期，新华社先后下发多份新闻保密审查文件，如 1947 年新华总社《注意在报道中不要泄露军事秘密》的指示、1948 年《新华总社关于保守军事秘密的通报》、1948 年 8 月 8 日新华总社《关于严守军事与生产秘密，防止单纯新闻观点的指示》、1948 年 10 月 6 日中宣部《关于新华社发电保密制度的规定》、1949 年 2 月 10 日中共中央《关于严防帝国主义分子反动新闻记者刺探政情军情的指示》等，为正确处理保密与新闻自由的关系奠定了基础。〔5〕新中国成立后，1949 年 12 月 9 日，中央人民政府政务院颁布《关于统一发布中央人民政府及其所属各机关重要新闻的暂行办法》，严禁采访和发表属于外交、国防、军事、公安、财经和其他国家机密的新闻。1951 年政务院保密委起草了《各级人民政府及其所属机关发布新闻、论文、资料的保密审查暂行办法》。1954 年 12 月中央制定了《关于在报刊出版物上保守国家工业建设秘密的指示》，明确规定了哪些工业建设项目属于国家机密，不能公开报道，哪些不属于国家机密，可以公开报道。

但同时，根据全国统一后的新形势，新中国政府对保密传统进行了较大调整。

第一，在目的和宗旨上，革命战争时期保密工作主要是为了保护"党的秘密"，为了新民主主义革命胜利。1926 年 1 月中共中央组织部下发的

---

〔2〕 邓小平："要重视保守国家机密"，载《邓小平西南工作文集》，重庆出版社 2006 年版，第 258 页。

〔3〕 以上资料参见《中国共产党组织史料》（第 8 卷），中共党史出版社 2002 年版，并参见邓进："1953～1956 年广东省的干部审查"，载《福建党史月刊》2008 年第 8 期；刘明钢："陈云审干思想初探"，载《江汉大学学报》2006 年第 2 期；傅平："审干运动和周恩来"，载《红岩春秋》2000 年第 4 期。

〔4〕 孙旭培："解放前党对新闻自由的说法与做法"，载《炎黄春秋》2012 年第 8 期。

〔5〕 参见新华社新闻研究部编：《新华社文件资料选编》（第 1 辑），转引自马光仁：《中国近代新闻法制史》，上海社会科学院出版社 2007 年版，第 320～324 页。

《加强党的秘密工作》（组织部通告组字第 3 号）的通告对此有较好的阐述。该通知号召全党，必须认清"我党正处在反动派进攻"和"军阀严重压迫之下"的严峻形势，牢固树立保守党的秘密的思想；保守秘密必须与当前的政治斗争相结合。通告指出："秘密我们的组织，极关重要"，"组织上秘密既是保护组织，也是看重革命。不守秘密，既是变相的告密，是破坏组织的行为。"

新中国成立后，党的秘密虽然仍旧是保密工作的重中之重，但不再是唯一，保密主要是为了国家安全和利益，"国家机密"一词也应运而生。1950 年 2 月中央人民政府政务院发布的《关于各级政府工作人员保守国家机密的指示》明确指出："因为中国人民在坚决进行反帝、反封建、反官僚资本的斗争，并从事于艰巨的建设工作，而国内外敌人则千方百计对我国加以侦查破坏，为使国家不遭受破坏与损失，各级政府的工作人员，均负有保守国家机密的责任。"

1950 年，时任中共西南局书记的邓小平专门主持会议研究保密工作，明确指出："保密问题必须成为国家一个重要的法律。""泄密不管自觉与不自觉，都等于叛国行为。"[6] 这显示了"国家机密"观念在地方领导人中已经形成。1950 年 10 月中共中央《关于加强保守党和国家的机密的决定》、1951 年 5 月中共中央《关于加强保守党与国家机密的补充决定》两个重要文件都秉持了类似的立场，并明确将党和国家机密并提。[7]

第二，在规范形式上，革命战争时期主要表现为党章党纲等党的内部文件。革命根据地政府也颁布了一些惩治泄密、窃密行为的法令，[8] 但在

---

〔6〕 邓小平："要重视保守国家机密"，载《邓小平西南工作文集》，重庆出版社 2006 年版，第 258 页。1951 年 2 月，中共西南局还先行颁布了《西南局保密工作条例》。参见刘全："邓小平与西南局时期的保密工作"，载《红岩春秋》2011 年第 3 期。

〔7〕《保守国家机密暂行条例》在 1951 年全国秘书长会议上通过，时任政务院副秘书长李克农介绍了有关情况，参见田真："关于 1951 年全国秘书长会议的一些简况"，载《办公室业务》2010 年第 2 期。

〔8〕 如 1934 年《中华苏维埃共和国惩治反革命条例》、1939 年《陕甘宁边区抗战时期惩治汉奸条例（草案）》、1944 年《苏中行政公署、苏中军区司令部联合公布处理汉奸军事间谍办法》、1945 年《山东省战时行政委员会、山东军区关于特务汉奸之处理办法的联合决定》、1945 年《苏中区惩治战争罪犯及汉奸暂行条例》、1945 年《苏皖边区惩治叛国罪犯（汉奸）暂行条例》、1947 年《苏皖边区第一行政区破坏解放区革命秩序治罪办法》等。

数量上，党内规定占主体地位。新中国成立后，以党内文件形式出现的保密制度还比较多，但在比例上逐步下降。

新中国成立后，保密制度的最重要的变化是体系化。革命战争时期保密规定比较零散，多为涉密文件资料、电讯等具体领域的保密规定，党员的保密责任和义务等，没有一个纲领性规定。新中国成立后，不但出台了各个方面的具体保密规定，而且颁布了纲领性的法规——《保守国家机密暂行条例》，在一定程度上实现了保密法的部门化。1951年6月8日中央人民政府以政务院命令形式公布实施的《保守国家机密暂行条例》，对保密范围、保密组织、保密制度、奖惩制度等做了比较系统、全面的规定，是保密法成为一个独立法律部门的重要标志。[9]

内在体系是否自洽是评价一个制度体系成熟与否的重要指标。新中国成立初期，保密法制建设是符合这个标准的。在《保守国家机密暂行条例》之后陆续颁布的一些保密规定，均服从和统领于《保守国家机密暂行条例》，与《保守国家机密暂行条例》形成特别法和普通法的关系。如在军事领域，1951年6月，根据《保守国家机密暂行条例》授权，中国人民解放军制定了单独的《保守国家军事机密暂行条例》（1963年10月修订）。[10]1953年2月1日，毛泽东主席签发《中国人民解放军秘密文件保

---

〔9〕 该条例主要特点：①目的和任务进一步明确。第1条规定的斗争对象为"国内外间谍分子、反革命分子和破坏分子"，同时又规定"防止各种人员泄漏或遗失国家机密"。②关于国家机密基本范围的细密化。第2条将国家机密细分为17项。③关于一系列有关保密问题的规定制定、批准权及其程序。如第3条规定，属于国家机密基本范围的"各种具体事项和范围"，属于政务方面者，由中央人民政府政务院规定颁布；属于国防和军事方面者，由中央人民政府人民革命军事委员会规定颁布。④关于保密组织。第4条规定，"各级人民政府和武装部队均须成立保密组织，负责领导保密工作"。⑤关于保密教育。第5条要求上述各单位注意对所属人员进行保守国家机密的教育，并随时向人民群众进行必要的宣传和教育。⑥若干具体的保密制度。第6条至第12条规定了关于经管国家机密人员的选拔、文电管理、会议保密、新闻保密审查等方面的保密要求。⑦对出卖及泄漏国家机密行为的罚则。这方面的规定见之于第13条至第15条。如第13条规定：凡"出卖国家机密于国内外敌人者"，"出卖国家机密于国内外奸商者"以及"故意泄漏国家机密于国内外敌人者"，均"以反革命论罪，依《惩治反革命条例》惩处"。⑧对保守国家机密作出成绩者的表扬或奖励。⑨关于监察机关对保护国家机密工作的经常监督。有关该条例的详细介绍参见江庸：《保守国家机密暂行条例浅说》，上海大众法学出版社1951年版。

〔10〕 1950年1月中央人民政府革命军事委员会颁布了《国家保密条例》。但该条例侧重加强军政系统机要工作管理，涉及军事问题较多，且本身就是绝密级国家秘密，不对外公开，作为国家保密条例不太适合，才有后来的《保守国家机密暂行条例》。

密工作细则》。[11]改革开放之后军事机密保护立法继续沿用这种模式。[12]

第三，在工作模式上，新中国确立了党管保密的原则，并成立中央保密委员会，领导全国党政军保密工作。在革命战争年代，起初并无党管保密的问题，因为所有工作都在党的领导之下。大革命失败后，适应秘密工作为主、公开工作为辅的形势，1929 年中共中央成立了由中央政治局直接领导的中央秘密工作委员会，该委员会的一项重要职责就是指导、领导全党的保密工作。

随着各革命根据地的成立，革命力量的分散，这种统一的模式难以适应实际斗争的需要。到抗日战争时期，党的保密工作由中央社会部和中央书记处办公厅主管，军队系统保密工作由敌工部、情报部和锄奸部主管，政府系统保密工作由保安处（厅）主管，均非专门保密工作部门。

解放战争时期，随着解放区的扩大与连片，为加强组织领导，中共中央成立中央保密委员会，由中共中央秘书长和中央军委总参谋长亲自领导。1948 年中共中央制定了《中共中央保密委员会章程》，对中央保密委员会的性质、任务、组织及工作方法做了规定。中央保密委员会的成立，不但进一步加强了保密工作的领导，更提高了保密工作领导的权威性和有效性，标志着党的保密工作在新形势下走向统一、健全和规范化。

新中国成立后，中国共产党成为执政党，许多民主人士加入政府，保密工作对象和方式都发生了重大变化。为了加强保密工作的领导，中央进一步明确了党管保密的原则，并对组织形式做了进一步规范。

1951 年 5 月，中央下发《中国共产党各级保密委员会组织通则》，规定"中央及各级党委的保密委员会，在中央或各级党委的领导下进行工作"，"按照党内统一、党外分设的原则进行组织。"《组织通则》还对军

---

〔11〕　毛泽东主席在签发时还做出批示："党、政保密，同样应颁布法令，建立制度。"并要求交邓小平同志办理。参见《邓小平年谱（1904～1974）》（中），中央文献出版社 2009 年版，第 1095 页。

〔12〕　改革开放之后，保密法一时没有出台，1978 年 1 月中央军委先行颁发了《中国人民解放军保守国家军事机密条例》。1986 年 11 月中央军委主席邓小平签发《中国人民解放军保密条例》，同时废止《中国人民解放军保守国家军事机密条例》。1988 年和 2011 年，中央军委先后根据新颁布保密法，对《中国人民解放军保密条例》进行修订。

队系统保密委员会设置及专职干部配备作出了具体规定。

同年6月8日颁布的《保守国家机密暂行条例》第4条又特别规定："各级人民政府和各武装部队均须成立保密组织，负责领导保密工作。其组织通则另定之。各民主党派、各人民团体、各机关、学校、工厂、企业、矿山、仓库等，得视其需要建立保守国家机密的制度及保密组织"。

1953年5月，根据周恩来总理的指示，首次成立中央保密委员会办公室，承担日常保密工作任务。党的保密委员会组建原则和政务院的法律规定，对保密工作领导体制的形成和发展，产生了重大而深远的影响。

在以后的几十年中，以党的保密委员会为基本结构形式的保密领导体制不断健全完善，党管保密的政治优势和组织优势得到进一步巩固和加强。〔13〕

需要注意的是，中央保密委员会在成立以后的很长一段时期内，日常工作都放在中办机要部门。直到改革开放之后，才成立独立的国家保密部门，承担中央保密委员会日常工作。

以上这些变化是新中国政治、经济和社会条件发生重大变化的结果。正如1950年10月中共中央《关于加强保守党和国家的机密的决定》指出的，过去所处的农村环境中的简单保密制度和办法，已不适应于全国解放后的新的复杂的社会环境，必须把原来"零碎的局部的保密工作"，发展成为"统一的、国家规模的保密工作"，即"全面的、系统的、人人负责的、严格的、经常的保密工作"。〔14〕正所谓环境使然，新的保密传统在不知不觉间缓慢生长。

1960年3月，针对《保守国家机密暂行条例》实施中暴露的问题，中央保密委员会还起草了《关于保守国家秘密问题的暂行规定（草案）》，对《保守国家机密暂行条例》的有关规定作了细化和调整，提交中央审议，

---

〔13〕 1988年3月，党中央、国务院决定设立国家保密局，与中央保密委员会办公室一个机构、两块牌子。2010年修订的《中华人民共和国保守国家秘密法》，以法律的形式确立了保密行政管理部门的法律地位。同年，党中央、国务院又决定将国家保密局升格为副部级国家机构。

〔14〕 参见《人民日报》1951年6月11日社论"为保守国家机密而斗争"。

准备作为下一步修改的基础，后因"文化大革命"爆发终止。

"文化大革命"期间，保密工作遭到极大破坏，但也是在这样混乱的局面中，更能看出我党长期积淀下来的保密传统的积极作用。彭真同志在被以"监护"名义关押期间，承受着巨大的压力，但仍然遵守党的纪律，保守党的机密。他说：

"我长期在中央工作，平时接触领导面、工作面较宽，知道的机密很多，按照党的组织原则和铁的纪律，决不能随便讲。现在我犯了这样严重错误又已久不参加工作，更无权利讲过去我所知中央任何人事、工作关系等。"〔15〕

"我过去在毛主席、周总理、刘主席领导下，他们（对我）是了解的。有些问题还牵扯到中央领导，我只能在中央讲，其理由：一是我尊重人民群众，二是我遵守党的纪律。说了以后不但是小广播，而且是大广播了。"〔16〕

"我的问题该交代的都交代了，过去的事情、别人的事情也向中央汇报了，有些问题乱讲也不好，该讲的就讲，不该讲的就不讲，不该向群众讲的我还是不讲，我要遵守党的纪律。"〔17〕

这并非个案。

二、改革开放与保密法制

"文化大革命"结束以后，国家开始改革开放，保密工作虽然仍然强调继承优秀革命传统，但这主要是指思想教育上的，在制度建设上已经悄然发生重大变化。

第一，在指导思想上，强调为改革开放服务。1983 年 5 月中央书记处批准印发的《省、市、自治区保密工作座谈会纪要》提出，新时期保密工

---

〔15〕 北京卫戍区监护日记，1967 年 12 月 14 日。《彭真传》（第 3 卷），中央文献出版社 2012 年版，第 1244 页。

〔16〕 北京卫戍区监护日记，1961 年 12 月 24 日。《彭真传》（第 3 卷），中央文献出版社 2012 年版，第 1244 页。

〔17〕 北京卫戍区监护日记，1967 年 1 月 3 日。《彭真传》（第 3 卷），中央文献出版社 2012 年版，第 1244 页。

作指导思想是："提高革命警惕，贯彻突出重点、积极防范的方针，坚持内外有别、既便利工作又确保秘密的原则，确保党和国家的核心秘密，有领导、有控制地放宽对非核心秘密的限制，更好地为社会主义现代化服务。"1988年全国人大常委会通过的《中华人民共和国保守国家秘密法》全面贯彻上述指导思想，明确规定保密工作实行"积极防范、突出重点，既确保国家秘密又便利各项工作"的方针。尽管此前周恩来等人也曾提出保密工作要为中心工作服务、避免神秘化等思想，但在法律上作出明确规定，强调保密工作的适度性，这还是第一次。

另外一个重要变化是强调法制。1979年11月，邓小平同志延续其新中国初期的一贯主张，指出"保密应该有章程"。[18]也是根据邓小平的提议，在1982年《宪法》中，就保护国家名誉、保守国家机密单设一条。[19]1980年4月，彭真同志提出"国家需要制定保密法"，并亲自召开专门会议，部署保密法制定工作。1980年，中央保密委员会开始组织起草保密法。1988年9月5日，第七届全国人大常委会第三次会议通过并公布了《中华人民共和国保守国家秘密法》（以下简称《保密法》），1989年5月1日开始施行。《保密法》颁布是我国保密工作走上法制化轨道的重要标志。

第二，在具体制度上，根据改革开放的需要，陆续作出修正。如在定密方面，1988年《保密法》规定了国家秘密的概念及其与党的秘密的关系，对国家秘密范围的确定，国家秘密的确定、变更和解密做了明确规定，增加了一系列程序性的要求，为对国家秘密的科学管理提供了法律依据。在保密管理方面，《保密法》及其实施办法明确了基本的保密义务和保密措施，对保守国家秘密以及防范泄密和窃密提出了要求。在法律责任

---

〔18〕 邓小平《高级干部要带头发扬党的优良传统》（1979年11月2日）："比如文化大革命以前，我们党的、国家的机密保守得比较好，很少泄露出去，现在有些干部的子女可以随便看机密文件，出去随意扩散，个别的甚至向外国人卖情报，送情报。这是我们现在许多事情保不了密的一个重要原因。顺便说一下，我们现行的有些做法非改不行。过去规定，机密文件不能出办公室，保密员带文件出差要两个人同行，不能一个人出去。现在却有人把机密文件随便放在自己皮包里，随便带到什么地方去。文件个人保管，喜欢放在哪里就放在哪里，这样不行！应该有章程嘛。"

〔19〕 《彭真传》（第4卷），中央文献出版社2012年版，第1455页。

方面，起草制定《保密法》的相关成果就是使得立法机关对 1979 年《刑法》的有关规定作了重要的补充，在《保密法》获得通过的同时，还通过了《关于惩治泄露国家秘密犯罪的补充规定》，增加了一个新罪名即"为境外机构、组织、人员窃取、刺探、收买、非法提供国家秘密罪"。[20]《保密法》的实施，对于增强保密意识、规范保密工作，维护国家安全和利益，保障改革开放和社会主义现代化建设事业的顺利进行，起到了重要的作用。

1992 年党的十四大之后，中国开始建立社会主义市场经济，对外开放范围进一步扩大。而这个时期也恰逢世界保密法制发生重大变革。

第一，公开化的影响。保密法制起初属于军事法的一部分，其主要内容为反奸防谍，[21]呈现出比较浓烈的刑事法特点，其典型代表是英国《公务秘密法》。第二次世界大战后从美国兴起的知情权运动，推动美国于 1966 年颁布了《信息自由法》，并确立了"公开为原则，保密为例外"原则。随后，1966 年德国明镜周刊案、[22] 1971 年美国五角大楼文件案、[23]

---

[20]　在我国刑法中，涉及危害国家秘密安全的犯罪共涉及 5 个条文，共 9 个罪名，分别是：第 111 条的为境外窃取、刺探、收买、非法提供国家秘密、情报罪，第 282 条第 1 款的非法获取国家秘密罪和第 2 款的非法持有国家绝密、机密文件、资料、物品罪，第 398 条的故意泄露国家秘密罪和过失泄露国家秘密罪，第 431 条第 1 款的非法获取军事秘密罪和第 2 款的为境外窃取、刺探、收买、非法提供军事秘密罪，第 432 条的故意泄露军事秘密罪和过失泄露军事秘密罪。一般认为，情报是指除国家秘密以外的一切有关国家的政治、经济、军事、外交和科技等不应被境外机构、组织、人员知悉的资料、情况和消息。最高人民法院《关于审理为境外窃取、刺探、收买、非法提供国家秘密、情报案件具体应用法律若干问题的解释》第 1 条第 2 款规定，"情报"是指关系国家安全和利益、尚未公开或者依照有关规定不应公开的事项。"情报"具有以下几个特征：其一，情报是国家秘密以外的事项，在属性上与国家秘密并列。其二，情报是关系国家安全和利益的事项，情报被泄露或者被利用可能导致危害国家安全和利益。其三，情报是对境外机构、组织、人员具有利用价值的信息。国家秘密是经法定程序而确定的，情报则是通过其价值而确定的。因此，情报的外延往往具有一定的模糊性，需要在实际案件中进行具体判断。

[21]　我国现行《国家安全法》第 4 条，本法所称危害国家安全的行为，是指境外机构、组织、个人实施或者指使、资助他人实施的，或者境内组织、个人与境外机构、组织、个人相勾结实施的下列危害中华人民共和国国家安全的行为：……③窃取、刺探、收买、非法提供国家秘密的。第 19 条，任何公民和组织都应当保守所知悉的国家安全工作的国家秘密。第 20 条，任何个人和组织都不得非法持有属于国家秘密的文件、资料和其他物品。

[22]　参见张永明："从我国与德国释宪机关之相关解释与裁判论新闻传播自由之界限与我国新闻传播之立法"，载刘孔中、陈新民主编：《宪法解释之理论与实务》（第 3 辑），"中央"研究院 2011 年版，第 230 页。

[23]　参见［日］藤仓皓一郎等：《英美判例百选》，北京大学出版社 2005 年版，第 91 页。

1972 年日本外务省公电泄露案、[24] 1979 年《进步月刊》案、[25] 1984 年英国庞廷案等，[26] 引起人们对保密制度负面作用的深刻思考。但比较大规模的保密法制改革是从 20 世纪 90 年代才开始的。1995 年由世界各国学者制定的《约翰内斯堡原则》就保密问题提出了法律化、最小化等原则。[27] 这些对各国保密法制产生了深远影响。2000 年以来，越来越多的国家（包括英国）仿照美国模式，在信息公开和知情权框架下对保密法制进行修改，保密法制有从刑法附庸演变成为信息公开法附庸的趋势。[28]

第二，全球化的影响。第二次世界大战以来，联合国以及其他国际组织，特别是世界卫生组织（WHO）、世界贸易组织（WTO）等国际组织影响日益扩大，这些国际组织对成员国履行权利义务均提出透明度（transparency）要求。这给各国保密法制带来重大影响。2001 年中国政府加入世贸组织时，曾经对透明度问题作了如下承诺：一是只执行那些已公布的、为世贸组织其他成员、企业或个人容易获得的有关或者影响贸易的法律、法规、规章或其他的政策措施。二是应设立或指定一官方刊物，用于公布所有有关或影响货物贸易、服务贸易、TRIPS 或外汇管制的法律、法规及其他措施。上述法律、法规和措施在公布之后、实施之前，应当提供一段可向有关主管机关提出意见的合理时间，但涉及国家安全的法律、法规及其他措施、确定外汇汇率或货币政策的特定措施以及一旦公布则会妨碍法律实施的其他措施除外。三是设立或指定咨询点，应世贸组织其他成员、企业或个人的请求，提供有关或者影响贸易的法律、法规、规章和其他政策措施方面的法律信息服务和答复有关询问。[29]《中国加入工作组报告

---

〔24〕 参见 [日] 右琦正博："国家之秘密与国民之知的权利——外务省公电泄漏事件"，李鸿禧译，载荆知仁主编：《宪法变迁与宪政成长》，正中书局 1984 年版，第 607 页。

〔25〕 参见 [美] 约翰·D. 泽莱兹尼：《传播法：自由、限制与现代媒介》，清华大学出版社 2007 年版，第 84 页。

〔26〕 参见楚安生："'庞廷事件'与英国的保密法"，载《世界知识》1985 年第 8 期。

〔27〕 英文本请访问：http://www.article19.org，中文参见中国人民大学法学博士高中译本，中国法理网（http://www.jus.cn），2013 年 5 月 25 日访问。

〔28〕 [加] 托比·曼德尔：《信息自由：多国法律比较》，龚文庠等译，社科文献出版社 2011 年版。

〔29〕《中华人民共和国加入认定书》，载商务部世贸司编译：《中国加入世界贸易组织法律文件》，中国商务出版社 2011 年版，第 4 页。中国加入 WTO 法律文本的英文本、法文本和西班牙文本为正式文本，中文本仅供参考，不具法律效力。

书》进一步确认，"《WTO协定》或议定书所要求披露的信息均不得作为保密信息（confidential information）而拒绝提供"，除非上述信息涉及国家安全，或者"该信息的披露将明显损害某一企业合法商业利益"。[30]成为世贸组织正式成员后，中国就有义务采取有效措施，切实履行这些承诺。这要求我国必须合理界定信息公开与保密的边界。近年来我国企业在涉外业务中已经遇到一些这方面的问题。[31]

第三，信息化的影响。英国《信息公开法》主要起草者法尔科内（Falcone）勋爵曾指出："政府信息公开的推进，是以信息记载、检索和供给方式的革命为前提的。"保密制度同样依赖于科学技术的应用。计算机和网络技术的发明大大推进了这一进程。[32]20世纪70年代以来，为了确保计算机信息系统拥有、存储和传输的信息得到足够保护，满足保密性、完整性和可用性的要求，西方国家将一些漏洞扫描、防火墙设计等技术作为保密规范，并逐渐形成各种类型的强制性的保密标准。保密标准等科技法规的出现，使得保密法制成为囊括程序性规范和实体性规范、伦理性规范和技术性规范于一体的规范体系。目前，美国保密标准在数量上已经成为仅次于行政法规的法律规范。[33]

在这三大浪潮冲击下，我国保密法制也发生了巨大变化。如20世纪90年代中后期，我国集中修订了70多个保密事项范围，删除了有关商业秘密和工作秘密条款；1994年以来，我国制定了20多个保密标准（包括技术标准、管理标准和测评检查标准三类）；2007年，《政府信息公开条例》颁布。更为集中的表现则是历经十多年修改完成的新保密法。

---

〔30〕 商务部世贸司编译：《中国加入世界贸易组织法律文件》，中国商务出版社2011年版，第271页。《中国加入工作组报告书》第163段："中国代表表示，中国禁止出口麻醉品、毒品、含有国家秘密的资料及珍稀动植物。"

〔31〕 有学者呼吁将国家秘密问题与中国加入世界贸易组织的承诺挂钩。2012年香港大学教授张宪初通过介绍"中国高精密公司两次被香港证监会停牌"等典型案例称，一系列涉及"国家秘密"的事件在香港引起争论。他建议中国监管机构在上市公司信息披露方面可借鉴美国波音公司的做法，将业务中涉密部分剥离。

〔32〕 包括网络技术在内的科学技术的发展大大缩小了人们之间的距离，尤其是网络可以使在世界各个不同角落的人们直接联系，而核武器的发展也使毁灭性的打击超越距离。二战之前那种可以不受世界大战直接影响的局面已经一去不复返，反之则是，无处不是边疆。恐怖分子或者敌对势力利用高端技术发动袭击的可能始终存在。

〔33〕 最典型的是美国物理安全标准（Physical security standards）。

三、新保密法的成就与争议

2010年4月29日全国人大常委会通过、2010年10月1日起实施的《中华人民共和国保守国家秘密法》（以下简称"新保密法"），修订内容涉及多个方面，其中关于涉密信息系统保密措施，涉密机关、单位和涉密人员保密管理，保密部门职能以及保密法律责任等四个方面，[34]属于一些技术性修改，谈不上与红色传统有何关系。但在以下三个方面，出现较大变化：

第一，工作方针。新保密法第4条将原来的"既确保国家秘密又便利各项工作"，修改为"既确保国家秘密安全，又便利信息资源合理利用。"并增加了第2款："法律、行政法规规定公开的事项，应当依法公开"。有学者认为，第2款实质上就是处理保密法与规定公开事项的法律、行政法规之间关系的基本适用原则。不论是根据文义解释规则、结构解释规则还是立法过程解释规则，都可以合理地从这项规定推断出保密法与规定公开事项的其他法律、行政法规之间一般法与特别法关系的结论。换言之，当两者之间不一致，或者当有规定公开事项的法律、行政法规时，应优先适用规定公开事项的法律、行政法规，不得再以保密为借口阻扰公开。新保密法的这项规定明确宣示了公开优先的原则，等于已经隐含确认了"公开是原则、保密是例外"。[35]这是适应政府信息公开要求的修改，显示了近年来全球信息公开浪潮对中国保密法制的影响，也是保密传统的新发展。

第二，定密管理。新保密法做出的另一个重大修改是确立了定密责任人和定密权限制度。这不但是为了解决1988年保密法没有限定定密主体和权限，[36]导致定密主体过多（县级以上机关就可以定密）、定密范围过宽

---

[34] 如有学者认为，此次修订将"国家保密工作部门"修改为"国家保密行政管理部门"，不利于保密部门发挥其宏观协调作用。但从保密部门历史沿革看，称谓不涉及保密管理体制问题，《保密法》中关于实施机关的称谓只是法律上的表述。

[35] 周汉华："《保守国家秘密法》修改述评"，载《法学家》2010年第3期。

[36] 1988年保密法起草过程中，曾对定密权限有所规定，并有多种方案，其中一个方案是："绝密限于中央国家机关各部门和省、自治区、直辖市国家机关以及国家保密工作部门授权的单位确定；机密限于前款所列机关、单位，省、自治区、直辖市国家机关的派出机构和各部门，自治州、设区的市的国家机关，以及省、自治区、直辖市保密工作部门审定的单位确定；秘密限于第二项所列机关、单位，自治州、市的国家机关各部门，县级国家机关以及省、自治区、直辖市保密工作部门审定的单位确定。"但这实际相当于普遍授权，因此最后阶段被删去。

的问题，也因为根据 1988 年保密法，定密是机关、单位保密义务的一部分，而不是其行政权力，因此也就无所谓限制问题。但按照民主政治和知情权的立场和观点，人民有权了解政府行为，政府施政应当公开。政府将一些信息确定为国家秘密，实质对民众知情权构成限制，政府施政属于典型的行政权力行为，按照依法行政原则，对于权力行使必须予以法律规范，使其符合比例原则，否则就有滥用和侵害人民权利的危险。事实上，定密随意甚至借定密拒绝政府信息公开的案例在实践中已经屡见不鲜。[37]因此，新保密法在原有规定机关、单位应当依据保密事项范围确定密级的基础上，还对定密主体（包括机关单位和个人）及其权限做出规定，没有相应定密权限的机关单位和个人，不得确定、变更和解除国家秘密。将不应当确定为国家秘密的事项确定为国家秘密，造成严重后果的，要承担相应的法律责任。这相对于 1988 年保密法，当然是一个重大改变。

第三，涉密人员。这最足以显示传统困境。涉密人员接触和知悉国家秘密，是活的涉密载体，一旦被敌对国家和势力控制，将给国家安全和利益造成重大威胁。因此，世界主要国家均对涉密人员进行严格的安全背景审查，并根据具体涉密程度，对其就业、出国境予以一定限制，但同时，根据权益平衡原则，给予其相当的物质补偿。[38]

---

〔37〕 台湾"立法委员"朱凤芝在"立法院"质询"机密保护法"草案时曾提及，"在此情形之下，不管是否为机密，大家都会把它定为机密，固定的对不对，没有人会管，但不定的话，却可能会被追究刑责"。李鸣皋质询时亦提及，"据本席了解，承办人订定机密等级时常会以'自保'为首先之要务，即宁可将公文列为高等级之机密，亦不愿将其列为低等级机密，而且常因承办人离职及于交接时没有交接清楚，甚至三四十年以上失去时效的机密文件，至今仍保存"。转引自邱贞慧："国家机密法制之研究——以机密资讯审定为中心"，东吴大学 2008 年硕士学位论文，第 17 页。

〔38〕 这方面的一个典型案例是俄罗斯巴蒂克案。巴蒂克生于 1954 年，居住在莫斯科。1977 年，巴蒂克在俄罗斯一家航天器研究院工作，并于 1977 年、1989 年和 1994 年先后签订了三份保密承诺书，承诺不公开有关国家秘密，其中，1989 年的承诺书包含了出境限制条款。1996 年 8 月，巴蒂克辞职。1997 年初，巴蒂克在德国的父亲生病。为探望父亲，巴蒂克向内政部护照和签证服务处申请旅行护照，要求允许其到国外旅行。1997 年 3 月，护照和签证服务处根据《俄罗斯联邦出入境程序法》第 15 条的规定，认定申请人存在临时性出境限制，限制时间自 1996 年辞职时至 2001 年，为期 5 年。巴蒂克对此提出异议，并申诉到苦情处理委员会。1998 年 2 月，该委员会维持 5 年期的出境限制。随后，巴蒂克向莫斯科城市法院提起诉讼。1999 年 9 月，莫斯科城市法院查明，巴蒂克签订的保密承诺书中包含出境限制条款，且其知悉有关绝密级国家秘密信息，判决 5 年期的出境限制合法。对此，巴蒂克不服，上诉到俄罗斯联邦最高法院。1999 年 11 月，俄罗斯联邦最高法院维持原判。2000 年，巴蒂克向欧洲人权法院起诉，称其离开俄罗斯的权利受到侵害，并提出赔偿请求。最后，欧洲人权法院判决俄罗斯政府支付巴蒂克一定数额的赔偿金，并承担相应诉讼费用。

在我国，涉密人员问题不是一个新问题。革命战争年代，大部分干部都属于涉密人员。为了确保干部政治可靠和党的秘密安全，陈云在担任中组部部长期间率先建立了干部审查制度，新中国成立后这一制度得以延续。新中国成立以来的每一次重大政治运动，几乎都伴随着政治审查的开始和结束，其中不乏许多心酸而励志的故事。[39]改革开放以来，随着国内外政治形势的缓和，政审有流于形式的倾向，手段也有落伍之嫌。这对普通干部管理尚不足为患，但对涉密人员特别是一些在核心岗位工作的涉密人员来说，则有积薪之忧。

据了解，美国政府对包括中情局局长在内的涉密人员，在任职前均须进行安全审查，且审查范围相当广泛，除一般政治倾向外，还包括个人及家庭的财务收支状况、社会交往情况等，并且有强大的技术手段保证随时掌握涉密人员关键动态。如福特总统时期，白宫办公厅主任拉姆斯菲尔德邀请好朋友切尼（曾于 2000 年担任布什的副总统）担任自己的副手，即白宫办公厅副主任。联邦调查局对切尼进行背景调查时发现，他在大学毕业以后以及在怀俄明州电力公司工作时曾有多次因酒后驾车被捕的记录。因为担心这一记录公开，将影响总统形象，切尼本人和白宫都一度犹豫是否让其出任这一职务。[40]1977 年，时任北约南线海军总司令的特纳上将被卡特总统任命为中央情报局主任。在正式任命前，联邦调查局对其进行了两天的安全审查。因为审查时间太短，还遭到联邦调查局的抱怨。[41]2013年 12 月，日本国会通过的《特定秘密保护法案》规定，除了行政机关长官、国务大臣、副内阁官房长官、首相辅佐官、副大臣、大臣政务官以外，都需要接受涉密资格审查。

---

〔39〕 参见高奇："'文化大革命'后期落实干部政策回顾"，载《百年潮》2011 年第 8 期。著名学者王元化 1955 年因受胡风案牵连，被隔离审查一年多。王元化自称在此期间经历了人生的第二次反思。参见《王元化集》卷五《思辨录》，湖北人民出版社 2007 年版，第 2 页。著名史学家周一良"文革"后也因"梁效问题"接受两年多的审查。在此期间，周写出了《魏晋南北朝札记》。参见周一良：《毕竟是书生》，北京十月文艺出版社 1998 年版，第 76 页。

〔40〕 ［美］拉姆斯菲尔德：《已知与未知：美国前国防部长拉姆斯菲尔德回忆录》，华文出版社 2013 年版，第 127 页。

〔41〕 参见［美］斯坦斯菲尔德·特纳：《秘密与民主——转变中的美国中央情报局》，时事出版社 1989 年版，第 21 页。1991 年，当时还不太知名的美国苹果公司创始人之一史蒂夫·乔布斯（Steve Jobs）接受了联邦调查局的安全背景调查，因为乔治·布什总统想任命其为总统出口委员会委员。2012 年乔布斯逝世后，《连线》杂志根据《信息自由法案》的规定，获得上述调查文件。

与发达国家相比，我国目前对涉密人员审查管理流于粗放，对一些关键情况缺乏调查，甚至在制度和技术上存在障碍，无法及时全面掌握。[42]但另一方面，涉密人员权益保障问题一直没有得到很好解决。新中国成立后的相当长时期里，对涉密人员强调的仍然是继承和发扬忠诚、奉献的革命传统，主要靠思想政治工作稳定人员队伍。但随着经济社会环境的变化，对涉密人员出国、就业、婚姻的限制，[43]对其个人和家庭的正常生活和工作造成很大影响。[44]一些重大泄密案件都显示，涉密人员变节的一个重要原因是对物质待遇或者职位晋升等不满意，从而给敌对势力策反留下可乘之机。新保密法借鉴国外经验和做法，强调涉密人员权益保障问题，从而为未来建立涉密人员权益补偿机制提供了法律依据。[45]这是一个重大进步，也是一个重大转变。

最后还应当注意的是，这次修订保密法，还将一些实践中行之已久的

---

〔42〕 我国是否需要建立完全类似美国的涉密资格审查制度，也值得商榷。比如就高级官员来说，美国大多高级官员背景复杂，有些甚至可能为外国移民，只是因为总统信任才进入政府任职，总统任期结束后可能就离开政府，一一进行审查很有必要；而我国高级干部大多有比较长的从政经历，很早就属于体制内人员，似不必再一一进行涉密资格审查。

〔43〕 2008 年 5 月 20 日，台湾当局"最高检察署"特侦组派人送交函件给"总统府"，同时副知"移民署"等单位，说明依"国家机密保护法"有关规定，卸任"总统"出境，应经"总统府"核准，"最高检察署"为礼遇卸任"总统"，认为暂时没有限制出境的必要。受文单位日后有受理或知悉陈水扁的出境事宜时，应即通知"最高检察署"指定的联络人，由"最高检"斟酌处理事宜。"法务部"2007 年 9 月 17 日法令字第 0961113749 号函："各级法院因办理案件需要，自他机关或人员提供、答复或陈述'国家'机密，属收受'国家'机密机关，办理该项涉及'国家'机密业务人员，或有接触该项'国家'机密程度之不同，如法官因审案之需，自有综悉之必要，余办案配属之各级行政人员亦因工作性质而有不同程度之接触，均属接触'国家'机密人员，自应受本法第 26 条之规范。惟如将管制范围扩大为形式上之持有或保管人员，对于退、离职或移交'国家'机密等已无持有或保管事实之人员，仍予限期出境管制将缺乏正当性。'国家'机密档案管理人员虽办理'国家'机密相关业务，但如机密文书依规定须由承办人员密封后归档，档管人员无权拆封，且完全无法接触知悉'国家'机密内容，则非该条规定应经核准始得出境人员；其他办理'国家'机密之收发、用印、封发、销毁、复制、保管及移交等业务人员，均应依照上揭标准衡量是否应经核准始得出境。"保管事实之人员，仍予限期出境管制将缺。

〔44〕 如现行《公务员法》第 81 条规定，公务员在涉及国家秘密等特殊职位任职或者离开上述职位不满国家规定的脱密期限的，不得辞去公职。

〔45〕 关于涉密人员离职后发表文章问题，国外自 20 世纪 80 年代以来，不再采取禁止出版、事先审查等强制措施，改采保密协议方式，通过民法途径，追究涉密人员违约责任，以免被指侵犯言论自由。参见邱贞慧："国家机密法制之研究——以机密资讯审定为中心"，东吴大学 2008 年硕士学位论文，第 34 页。

做法写进法律，最典型的是密级鉴定制度。密级鉴定是指保密行政管理部门对涉嫌泄露国家秘密案件中有关事项是否属于国家秘密以及属于何种密级进行鉴别和认定的活动。在很长一段时间里，密级鉴定都处于无法可依状态，也因此受到一些批评。但从法制史角度看来，却有其必然性。理论上，办案机关要确定相关文件材料的属性本来是很简单的事情，根据原保密法规定，产生国家秘密的机关单位都应当按照保密事项范围确定密级、保密期限和知悉范围，并在相应的载体上做出国家秘密标志，不属于国家秘密的，不应当使用国家秘密标志，因此，本来只要直接看相关材料是否标明国家秘密标志就可确定。但在实际工作中，由于定密方面存在的种种问题，如该定的不定，不该定的滥定，该解密的未解密，或者解密了未通知等等情况，仅从标志难以准确确定，使得这一简单的事情变得复杂化。实际工作中办案机关有征求产生单位意见的，但产生单位往往与案件存在某种利害关系，其出具的意见难具权威性。为此，有的办案机关就根据原保密法第13条关于"对是否属于国家秘密和属于何种密级有争议的，由国家保密工作部门或者省、自治区、直辖市的保密工作部门确定"的规定，提请保密局鉴定，鉴定结果也被法院采纳。[46]

1998年，国家保密局出台了第一个对密级鉴定工作进行规范的制度性规定——《查处泄露国家秘密案件中密级鉴定工作的规定》。该规定将密级鉴定定义为："密级鉴定是指保密工作部门按照管辖范围，应公安、国家安全、检察、审判及纪检、监察机关的提起，对其办理的案件中涉嫌涉及国家秘密事项做出的鉴别和认定。"《最高人民法院关于审理为境外窃取、刺探、收买、非法提供国家秘密、情报案件具体应用法律若干问题的解释》（2000年11月20日由最高人民法院审判委员会第1142次会议通过，自2001年1月22日起施行）第7条规定，"审理为境外窃取、刺探、收买、非法提供国家秘密案件，需要对有关事项是否属于国家秘密以及属于何种密级进行鉴定的，由国家保密工作部门或者省、自治区、直辖市保密工作部门鉴定。"2010年修订《保密法》时，把密级鉴定工作取得的经验以法律形式加以固化，在第46条规定，"办理涉嫌泄露国家秘密案件的机关，需要对有关事项是否属于国家秘密以及属于何种密级进行鉴定的，

---

〔46〕 此处主要参考福建省保密局陈立强副局长意见。

由国家保密行政管理部门或者省、自治区、直辖市保密行政管理部门鉴定",从法律上确立了密级鉴定工作的地位。2013 年 7 月 25 日,国家保密局根据保密法规定,出台了新的《密级鉴定工作规定》。

从实际效果看,密级鉴定对于准确认定国家秘密,进而准确适用刑法,起到了重要作用。据不完全统计,2012 年全国保密部门共鉴定秘密 50 多万份,其中鉴定为国家秘密的 5000 多份,约占百分之一。密级鉴定从无法可依到有法可依,经历了一个曲折的过程,而且可以说基本上是自发形成的。这一制度生成背后,蕴含了丰富的法制史意义,显示了"本土资源"的生命力。放眼世界,俄罗斯、法国、日本和我国台湾地区也都设立了类似制度。这有力证明,实践才是法制建设的第一推动力,简单以外国法(而且是不全面的)为标准评判中国法制得失,有时确实很不公平,也不科学。

目前有争议的还有涉密工程确认制度。2003 年 1 月 1 日起施行的《中华人民共和国政府采购法》第 85 条规定,涉及国家秘密的采购不适用本法。但何为涉及国家秘密的采购?政府采购部门与上述办案机关一样,并不信任具体行政机关,仍然要求保密部门出具意见。其中典型的有北京市规划委 2006 年 8 月出台的《机要建设项目管理办法》第 2 条规定,"北京市的建设项目中的秘密级和机密级的涉密工程,应由北京市保密局确定,绝密级的涉密工程由国家保密局确定;中央单位的涉密工程,应由国家保密局确定"。财政部《中央单位变更政府采购方式审批管理暂行办法》(财库〔2009〕48 号)第 6 条规定,因采购任务涉及国家秘密需变更采购方式的(即采用公开招标以外其他采购方式),中央单位应当提供由国家保密机关出具的、证明本项目为涉密采购项目的文件。据此,国家保密局和北京、上海、广东等地保密行政管理部门应一些党政机关和涉密单位的要求,陆续开始了涉密工程和项目确认工作。福建省保密局还制定了《福建省涉密项目确认办法》。但保密行政管理部门确认涉密工程在法律上并无明确依据,目前一般将其视为新保密法第 43 条规定的定密监督行为。实践中,个别机关、单位为规避公开招标,进行暗箱操作,或者为加快施工进度,将一些不符合标准的工程确定为涉密工程。如海军原副司令员王守业贪污的一个重要途径,就是利用部队保密工程,收取贿赂,贪污公款。2013 年对薄熙来的审判也证明,其中一笔 500 万元贪污款就来自涉密工程，而这都与涉密工程不对外公开招标有很大关系。如何既确保涉密工程安全，又最大程度降低廉政风险，已成为涉密工程确认工作的一大难题。其未来走向如何，有待观察。

因此，新保密法的出台不但标志着中国特色社会主义保密法律体系的基本形成，在一定程度上也意味着新的保密传统在一步一步更新与打造之中，其中固然有着外国法的强大影响，但也不乏富有中国特色且符合一般规律的本土经验。二者同样值得珍视。

（文字编辑　王世柱）

西方法律传统

论古希腊对罗马法学的历史贡献

——以罗马法学方法论的形成为中心

胡　骏[*]

一、罗马法学萌生的古希腊背景

关于罗马城的起源，罗马人很早就自称是古希腊特洛伊人的后裔。根据古罗马诗人维尔奇尔（Publius Vergilius Maro，公元前 70 ~ 前 19 年）所写的诗史《阿尼德》（*Aeneid*）记载，有一个特洛伊英雄阿尼斯（Aeneas），从被烧的特洛伊城里逃了出来，带领少数人最后流落到现在的意大利罗马，并在那里定居下来，这才在后来有了罗马洛斯（Romulus）和里曼斯（Remus）两兄弟被母狼（名为 Shewolf，后来成为罗马的标志）喂养和奠基罗马的辉煌历史。意大利文艺复兴时期画家巴罗奇（Federico Barocci）1598 年的油画作品《阿尼斯逃出特洛伊》（*Aneas Flee From Burning Troy*）就以这一历史情况作为素材。由于历史久远，上述初民时代的神话传说已很难证实，但却在很大程度上映射了古希腊文明和罗马文明在历史发展过程中存在着的某种历史继承关系。这种历史继承关系的产生并不是偶然因素所致，而是由于受到地理和社会文化等多方面因素综合影响而形成。推而广之，罗马文明的重要标志——罗马法对古希腊法的历史继承也相应地是由多种因素相互影响而产生，并在罗马法的诸多领域产生了极其深远的影响。

从历史分期来看，众所周知，西欧的罗马文明存在于公元前 8 世纪到公元 4 世纪，先后经历了王政时代（公元前 753 年 ~ 前 509 年）、共和时代

　＊　华东政法大学科学研究院助理研究员，法学博士，主要从事古希腊法、罗马法研究。

（公元前 509 年~前 27 年）和帝国时代（公元前 27 年~公元 476 年），广义上还包括其后的东罗马帝国时期。而古希腊的历史，最早可以追溯到爱琴文化时期（约公元前 3000 年~约公元前 1100 年），著名的特洛伊战争就发生在公元前 12 世纪，但它最繁荣的时期是公元前 5 世纪至公元前 4 世纪中期，史称"古典时期"。古希腊法律制度的成熟形态，就产生在"古典时期"及其以后的"希腊化时期"（公元前 323 年~前 146 年）。公元前146 年，古希腊被罗马所灭亡，之后雅典作为罗马的一个自治城市长期存在。不难看出，罗马的共和时代几乎与古希腊的古典时期重合，这就不难理解，如英国法律史学家亨利·梅因（Henry Marine）所记载的："当时这个法律（指罗马人制定的《十二铜表法》）的编纂者曾求助于希腊人，这些希腊人具有后期希腊在编纂法律工作上的经验。"[1] 以及另外一种说法认为，《十二铜表法》在起草期间，执政官和保民官暂时去职，由立法委员会行使全国的军政大权，并派遣一个三人考察组，赴希腊研究梭伦法制和搜集其他法律资料，[2] 并且有人说得更直截了当："为了起草该法，罗马人派遣了使者前往雅典，去抄录梭伦立法，并考察其他希腊城邦的法律和制度习俗。可见，最初的罗马成文法就是连接古罗马与古希腊文化的纽带。"[3]

从地理因素考虑，罗马所在的意大利亚平宁半岛与希腊所在的巴尔干半岛隔海相望，自古就是近邻。从约公元前 8 世纪始古希腊在罗马周围建立殖民城邦至公元前 272 年希腊殖民地他林敦（Tarentum）为罗马人征服为止，在意大利南部大部分地区和西西里岛形成了众多的希腊人殖民地。其中，最早有记载的希腊人定居点出现在公元前 1050 年，位于意大利南部坎帕尼亚的库迈，其他著名的有叙拉古、阿格里根顿、叙巴里斯和克罗同等，由此，当时的意大利南部地区也被称为大希腊地区。这些殖民城邦不仅经济繁荣，而且文化空前发达，出现了毕达哥拉斯学派和众多的学术大师。

从文化因素考虑，在希腊人侵入意大利半岛后，输入了东部地中海的

---

〔1〕 ［英］亨利·梅因：《古代法》，沈景一译，商务印书馆 1959 年版，第 9 页。
〔2〕 周枏：《罗马法原论》（上册），商务印书馆 1994 年版，第 35 页。
〔3〕 张乃根：《西方法哲学史纲》，中国政法大学出版社 1993 年版，第 49 页。

希腊文化，如字母、文学、哲学、美术、宗教、政治和军事制度等。这些后来均为罗马人所吸收，并加以发扬光大，而变为罗马人自己的文化。公元前4世纪下半叶开始，希腊从古典时期跨入希腊化时代。随着马其顿年轻的国王亚历山大的东征，希腊文化教育广泛传播到地中海东岸和北非广大地区。希腊的诗歌、戏剧、艺术、语言、教育制度等，成为当时人们普遍追求的目标。而在此后一个时期，随着罗马在军事和政治上最后征服雅典，后者在文化教育和艺术哲学领域对征服者的征服也几乎达到了顶峰。反映在教育上，希腊的语言、教师、学校类型、课程被罗马人奉为珍宝，竞相追求，差不多完全被承袭下来。特别是由于雅典城邦的陷落，大批具有较高文化修养、受过希腊式教育和掌握熟练技艺的希腊战俘或奴隶被掳往罗马。加之罗马统治者重视追求和引进希腊文化教育，因此，希腊文化尤其是其学校教育理论和教育制度几乎完全为罗马人所接受。[4]同时罗马人还非常重视实地到希腊学习古希腊文化，克拉苏和安提尼乌斯都曾在雅典学习过，西塞罗和恺撒等人也在雅典和罗德斯留学过。在西塞罗和奥古斯都的书信中，充斥着大量希腊词汇。尽管对当时堕落的希腊的议论是罗马人的一个话题，但是对以往希腊成就的赞美还是不绝于耳。加图（Marcus Porcius Cato，公元前234年～前149年）[5]自诩曾在雅典用希腊文表达对往昔雅典古典美德的钦佩。加图虽然告诫儿子不要沉迷于希腊文学，以免其腐蚀败坏一切之后患，然而他最终也不得不承认，自己得益于希腊艺术和学问匪浅。言语之中，加图常不自觉地流露出希腊格言。普林尼[Gaius Plinius Secundus, 23（24?）～79]更是在自己的著作《博物志》中指出，希腊人"自持一种高于其他文化的优越感"。[6]

---

〔4〕约在公元前3世纪，获得自由的安得罗尼库斯在罗马开办了第一所中学性质的学校。它完全模仿希腊化时期的"文法学校"。课程包括希腊文法、戏剧、诗歌、散文、神话等。至于罗马的高等学校，则完全由希腊化时期的"修辞学校"移植而来。在对希腊诸城邦多次战争中，罗马人掠夺了大批希腊图书。罗马皇帝奥古斯都执政时，建立了两座公共图书馆。韦斯帕（Vespasian，69～70A.D.）继位后，又建罗马和平之庙。到哈德良（Hadrian，117～138A.D.）时代，和平之庙发展成为以雅典大学为模式的罗马大学。希腊化时期上下衔接，类似今天初、中、高三级学校系统，基本上为罗马人接受。

〔5〕加图是罗马共和国时期的政治家、国务活动家、演说家，公元前195年的执政官，他也是罗马历史上第一个重要的拉丁语散文作家。

〔6〕John F. Healy, *Pliny the Elder on Science and Technology*, Oxford：Oxford University Press，1999，pp. 23～30.

特别是到了古希腊的罗马时期[7]，希腊文化对罗马的影响有增无减。许多罗马皇帝仰慕希腊文化，如尼禄就曾于66年出访希腊，并参与了古代奥林匹克运动会。另外，哈德良（117～138年在位）亦崇尚希腊文化，既在雅典卫城外建造了哈德良拱门，又在雅典城建了不少神庙。同时期基督教开始向希腊和罗马帝国东部传播，如圣保罗就曾在第二和第三次传教旅行到马其顿、帖撒罗尼迦、哥林多和雅典传教。希腊逐渐成为罗马帝国内基督教传播率最高的地区之一，最后作为其直接后果之一，《圣经新约》就由希腊语完成，这也是因为在罗马帝国时代，希腊语是有文化的标志，而拉丁文只是俗语，在文法、格式等的严谨性方面与希腊语差距很大，所以重要的哲学、宗教经典都是以希腊文为标准。同时帝国在东方行省的官方语言之一是希腊文，文告以希腊文写出，法庭审判也采用希腊文，而罗马官员都以希腊文为第二语言。特别是公元610年罗马帝国希拉克略王朝建立，希拉克略皇帝下令将官方语言从拉丁语改为希腊语，希腊语成为拜占庭帝国唯一的官方语言。此后成文法典的编纂也逐步采用希腊语。

综上不难看出，古希腊对罗马法的发展产生过较大影响并不仅仅只是一种假设的可能性，而是一种真实存在的历史发展过程。特别是从希腊化时期开始，尤其是公元前2世纪起，罗马法的发展开始受到古希腊哲学、修辞学和论题学的巨大影响。此时的希腊文化带着斯多葛学派的形式，以柏拉图、亚里士多德等经典作家著作为载体开始大规模传入罗马，并被罗马知识阶层广泛接受，用于罗马法的制度构建当中。徐国栋教授对罗马共和国晚期希腊哲学对罗马法学发展的贡献做了比较全面深入的分析，认为罗马法中的概念体系、类推适用、因果关系、著作类型、法律推理等都受到古希腊哲学（逻辑学）的影响。[8]笔者认为古希腊哲学中的自然法思想、属种关系理论、论题学方法对罗马法学方法论形成的影响最大，值得进一步深入探究。

---

〔7〕 该时期是从公元前146年罗马人占领科林斯开始，直到君士坦丁一世于330年将罗马帝国的首都从罗马迁到拜占庭，并将该地改称新罗马为止。

〔8〕 参见徐国栋："共和国晚期希腊哲学对罗马法之技术和内容的影响"，载《中国社会科学》2003年第5期。

二、古希腊自然法思想对罗马法学的贡献

众所周知，自然法思想起源于古代希腊，指的是宇宙万物均由一些恒定的原则来维系，人们将这些原则通称为"理性"（Reason），由理性而推演出的诸规则即为自然法，自然法的基本内涵如张奚若先生所言："此法之所以名为自然，以其乃宇宙间之一种自然现象，不受人类感情之干涉，不为一时一地人为法（Positive law）所限制。不但不为人为法所限制，且人为法须依自然法之所昭示以为法。不然，背之者必受其害。准此，可知自然法之最大用途，在范围人为法而为之标准。"[9] 古希腊人对自然法思想的深入思考可以从古希腊悲剧作家索福克勒斯的作品《安提戈涅》中得到明显体现。当安提戈涅死于战场的哥哥被其舅父、新国王克瑞翁宣布为叛逆，并下令暴尸禁葬时，她勇敢地向法令挑战，并以希腊人的方式安葬了哥哥。当她被问及为何要违背法令时，她的回答是："向我宣布这法令的不是宙斯，那和下界神祇同住的正义之神也没有为凡人制定这样的法令；我不认为一个凡人下一道命令就能废除天神制定的永恒不变的不成文法条，它的存在不限于今日和昨日，也没有人知道它是什么时候出现的。"[10] 这里，索福克勒斯借安提戈涅之口，揭露了人定之法与自然之法之间冲突的现实，表现了一种超人类法则的存在。就如文德尔班所言："哲学用自己的概念制定自然的'神圣'的法律与人写的法律的那种对立，这就是索福克勒斯的《安提戈涅》的主题。"[11]

自然法思想一般被认为来源于古希腊的自然哲学，但在前城邦时代（公元前12～前8世纪），古希腊已经出现了以神话为载体的自然法思想的萌芽，典型的代表就是《荷马史诗》以及赫西俄德的《神谱》。在《荷马史诗》中，正义女神"狄凯"和惩罚女神"忒弥斯"分别是正义和习惯法的象征。史诗通过描述两位女神之间的关系表述了正义和习惯法之间的主从关系，正义作为神人共守的秩序，是习惯法的基础，而习惯法作为人

---

〔9〕 张奚若："自然法观念之演进"，载西南政法学院国家与法的理论研究室编：《西方法理学评介参考资料（四·上）》，第89页。

〔10〕 ［古希腊］索福克勒斯：《安提戈涅》，罗念生译，人民文学出版社2002年版，第82页。

〔11〕 ［德］文德尔班：《哲学史教程》（上卷），罗仁达译，商务印书馆1987年版，第105页。

间的秩序，则是正义的体现和化身。在《神谱》中，宙斯之女"狄凯"成为正义的化身，她所主张的正义不仅是神界所必须遵循的规则，也是人类制定良好法制的基础。不难看出，在城邦政治出现之前，人们已经通过神话的形式区分了自然普遍之法和人间之法，模糊地表达了自然法思想。

到了希腊城邦形成时期，一大批自然哲学家如泰勒斯、赫拉克利特、塞诺芬尼等，在探索宇宙本原的过程中摆脱了神话的束缚，把对自然的探索与对人类的政治生活的研究连接起来，从世俗的角度阐发了自然法的理念。在他们看来，既然人类是自然界的一部分，那么自然界的秩序也应是人类最高的法则或者范本，这种自然界的法则被赫拉克利特称为"逻各斯"（λογος）。"逻各斯"是自然的普遍规律和最高法则，是万物普遍共有的尺度，因此也是衡量城邦政治生活的终极标准。"逻各斯"可以说是西方后来自然法概念的前身。但自然哲学家并没有对自然法和人定法做出明确区分。

随着城邦政治的发展，对自然法和人定法作出明确区分的是智者学派。他们在讨论中把目光从自然和"神"转向了人与"社会"，提出了"人是万物的尺度"。在这种思想的指引下，他们从人性出发，对"自然"和"约定"的关系进行了激烈的争论，提出了"合乎自然的法律"、"未成文的法律"、"到处都遵守一致的法律"等概念，并将"自然"置于法律和习俗之上，区分了自然的公正和人间法的公正。苏格拉底也把自然法和人定法区分开来，他认为无论是不成文的神的法律还是成文的人的法律都必须考虑到正义，正义性不只是立法的标准，而且是立法的共同本质。亚里士多德则提出了自然正义的概念，他认为在政治正义中，一部分是自然的，一部分是法律的，自然的是指在每个地方都具有相同的效力，它并不依赖于人们这样或那样的想法而存在；而法律的则意味着起初是这样，又可以是那样。[12]自然正义源于人的本性，不依赖于立法权并可以在所有的民主政体中普遍适用。而法律的正义则是各个国家完全基于特定的目的考虑而订立的。与此相适应，法律可以分为自然法和约定法，自然法是约定法的样本，自然正义的最大特点就是具有普遍的效力，自然法只有一

---

[12] 参见［古希腊］亚里士多德：《尼各马可伦理学》，苗力田译，中国社会科学出版社1999年版，第149～150页。

个，而约定法就像国家结构一样，有其各自的特点。亚里士多德的自然法论虽然仅仅限于城邦的范围，但却具有普遍意义，因为他的理论倘若再向前迈进一步就扩展到普遍性的自然法论了。而完成这一步迈进的是斯多葛派的政治思想家们。

伯罗奔尼撒战争后，希腊城邦的衰落使得人们对政治不再有狂热的激情，而是更多地关注个人生活。伦理学取代政治学成为人们关注的学说。斯多葛派的自然法学说是作为伦理学的附属出现的。斯多葛派按照泛神论的观点解释了自然法，他们认为，世上的万物都具有两个要素：主动的要素与被动的要素，"被动的要素是物质，是没有定性的本质，而主动的要素则是物质存在中的理性，是神。要知道神是永恒的，它借助于一切物质去创造万物。"[13] 他们把这种观点引入到伦理学领域，认为人的本性是整个自然和宇宙的一部分，因此，"主要的善就是以一种顺从自然的方式生活，这意思就是顺从一个人自己的本性和顺从普遍的本性；不做人类的共同法律惯常禁止的事情，那共同法律与普及万物的正确理性是同一的。"[14] 与这种伦理要求相联系，他们提出了自己的政治法律主张，即认为自然法是普遍存在的，是至高无上的，是一切个人和国家都必须遵循的法则，国家所制定的法律必须符合自然法。自然法是理性的法律，是所有人的法律，因此，世间一切人都是平等的，因为他们分享同一个"宇宙理性"。显然，斯多葛派的学术观点使得自然法思想更加具有普遍性。

斯多葛学派的普遍性自然法思想在罗马时代得到了继承和发展。其奠基者首推古罗马著名的思想家、法学家西塞罗（Marcus Tullius Cicero，公元前106年~前43年），如博登海默教授所言："西塞罗是罗马伟大的法学家和政治家。他深受斯多葛哲学家观点的影响。像斯多葛哲学家一样，他倾向于确定自然和自然理性，并设想理性是宇宙的主宰力量。"[15] 西塞罗对自然法的定义为："真正的法律乃是正确的规则，它与自然相吻合，适用于所有的人，是稳定的，恒久的"，"一种永恒的、不变的法律将适用

---

〔13〕 ［苏联］涅尔谢相茨：《古希腊政治学说》，蔡拓译，商务印书馆1991年版，第214页。

〔14〕 北京大学哲学系外国哲学史教研室：《古希腊罗马哲学》，商务印书馆1961年版，第375页。

〔15〕 ［美］E. 博登海默：《法理学——法律哲学与法律方法》，邓正来等译，华夏出版社1987年版，第14页。

于所有的民族，适用于各个时代；将会有一个对所有的人共同的，如同教师和统帅的神（亦即自然理性）：它是这一法律的创造者、裁判者和执行法官。"[16]西塞罗不仅将斯多葛学派的自然法思想引进到罗马社会，而且将自然法的基本理论进一步世俗化、系统化和理论化，并着眼于现实的批判，致力于现实政体、法律规则体系的实证构建。尽管斯多葛学派提出了宇宙即自然、理性即自然法的论断，但是给予自然、理性与正义和法律关系系统论证的第一人是西塞罗。西塞罗在自己的著作《论共和国》、《论法律》中还以自然法、自然理性为基本起点，详细论证了最好的政府形式、罗马共和国的历史、性质、正义的标准、教育的目标与功能、人定法与自然法的关系、宗教的功能、行政官制等罗马社会面临的实际问题。并且，西塞罗借助"上帝"所指称的控制人类的自然理性具有普遍性、恒久性和唯一性的基本原理，为普世性的罗马法体系的诞生做出了充分的理论准备。继西塞罗之后，在罗马帝国时期，务实的罗马法学家们不再局限于抽象地谈论自然法，而是比西塞罗更加紧密地接近社会生活。他们虽然也传承着斯多葛学派和西塞罗的自然法思想，用理性和正义来概括自然法的本性，表达人们应当崇尚法律的理由。但是他们已不像斯多葛学派和西塞罗那样主要从伦理的意义上来解读自然法的理性和正义，而是从社会生活的自由和权利方面来解释自然法的理性和正义，他们认为根据自然法，"一切人都是生而自由的"，"而奴役是违反自然法的"，"自由是每个人，除了受到物质力量或法律的阻碍外，可以任意作为的自然能力"。[17]这无疑是罗马法学家对希腊自然法思想的一大发展。

罗马法学家还在司法实践的基础上，根据自然法的基本原则创造了万民法的概念。在古希腊自然法思想传入之前，罗马人所说的"法"（*ius*）仅指"市民法"（*ius civile*，以罗马公民权等公法内容为主），而不包括所谓的"万民法"（*ius gentium*，以私法内容为主）。但是随着自然法思想的传播并逐渐为大部分罗马法学家所接受，上述排斥万民法的观念被彻底改变。万民法的特点恰恰符合自然法普适性、平等性和单纯性的特点。正因

---

〔16〕 ［古罗马］西塞罗：《论共和国·论法律》，王焕生译，中国政法大学出版社 1997 年版，第 120 页。

〔17〕 ［古罗马］查士丁尼：《法学总论》，张企泰译，商务印书馆 1989 年版，第 7、12 页。

为此，西塞罗首先为万民法正名："市民法不可能同时是万民法，但万民法应该同时也是市民法"。[18]而古典时期的罗马法学家则更是将万民法等同于自然法，此时的万民法已不再仅限于实践中用以调整涉及外邦人的法律关系的规则，而是上升到了一般的层面，泛指所有民族所共有的、符合自然理性的普遍法。[19]如在《法学阶梯》中，盖尤斯对万民法作了这样的定义："根据自然原因在一切人当中制定的法为所有民众共同体共同遵守，并且称为万民法，就像是一切民族所使用的法。"[20]还有许多法学家认为，万民法是所有人类共同的法律、存在于所有的人当中、与人类本身的存在共始终等等。在永恒性、普遍性和自然理性这些特征上，万民法实际上与自然法是同义语。[21]如果说自然法与万民法有什么区别的话，那就是"自然法"一词强调的是某一规则或制度的起源或基础，而"万民法"一词强调的是它们的普遍适用性。[22]随着万民法的兴起，与万民法有关的"诚信"（bona fide）、"诈欺"（dolus）等一系列重要私法概念逐渐在罗马法思维中占据了主导地位。

此外，由于古希腊自然法思想在罗马的广泛传播，罗马裁判官对渗透着自然正义观念的衡平方法的运用也开始逐渐渗透到市民法的固有领域。到了古典时期，裁判官通过"衡平"的方式创制"诉讼程序"的法律学已经成为发现法的主要手段。如在物法方面，裁判官通过创设一种名为"布布里其安"（publiciana，意为善意占有之诉）的诉讼程式，成功地创设了"裁判官法上的所有权"，从根本上瓦解了在商品交易过程中对要式物必须采用要式买卖和拟诉弃权这两种市民法仪式的限制，从而为最终实现所有权及所有权转让方式的统一铺平了道路。裁判官还通过创设特定的诉讼程式发展完善了担保制度的抵押、相邻关系对所有权的限制等多种沿用至今的物权制度。而在债法方面，罗马债法中的契约、准契约、私犯、准私

---

〔18〕 ［古罗马］西塞罗：《论义务》，王焕生译，中国政法大学出版社1999年版，第69页。

〔19〕 参见［意］朱塞佩·格罗索：《罗马法史》，黄风译，中国政法大学出版社1999年版，第239~240页。

〔20〕 ［古罗马］盖尤斯：《法学阶梯》，黄风译，中国政法大学出版社1996年版，第2页。

〔21〕 James Bryce, *Studies in History and Jurisprudence*, Vol. II, Books for Libraries Press, 1968, p.581.

〔22〕 参见［英］巴里·尼古拉斯：《罗马法概论》，黄风译，法律出版社2000年版，第57页。

犯等制度的发展与完善都离不开裁判官衡平裁判的推动作用。

英国著名历史学家梅因在谈到自然法对万民法的影响时，曾作过这样精辟的论述："自从'自然'一语已成为罗马人口头上一个家喻户晓的名词以后，这样一种信念便逐渐在罗马法学家中间流行着，即旧的'万民法'实际是已经失去的'自然'法典。……从整体上来讲，罗马人在法律改进方面，当受到'自然法'的理论的刺激时，就发生了惊人迅速的进步。"[23]

三、古希腊属种关系理论对罗马法学的贡献

古希腊辩证法对罗马法体系化的影响与古希腊自然法在罗马的传播几乎是同步的。众所周知，自然法的本质源于人的理性，而"那独一无二的、使我们超越于其他动物的理性"作为人类"进行推测、论证、批驳、阐述、综合、作结论"的智慧，[24]在古希腊罗马时期，毫无疑问当以希腊的辩证法为翘楚。古希腊辩证法最早由苏格拉底、柏拉图甚至更早的爱利亚学派的芝诺开创。"辩证法"一词由"*Dia*"和"*lektikos*"构成，意思是"通过说话"。柏拉图在其语言学专著《克拉底鲁篇》中说："凡是知道如何提出和回答问题的人便可以称为辩证法家。辩证法就是对'种'的研究，这种研究通过区分和综合两个途径进行。"[25]简言之，古希腊辩证法是一个寻找事物的属（共性）和种（差异）的过程，定义便产生于这两个要素的统一对立过程当中。这一理论反映到法律技术上则包括分类与定义、归纳与演绎两个不同层次。古希腊辩证法对古希腊法和其后的罗马法所产生的重大影响是循序渐进和一脉相承的，古希腊哲学家对辩证法特别是属种概念的研究为以后罗马法学家西塞罗等进一步的深入研究提供了坚实的基础，尤其是推动了西塞罗"分部"理论的提出，[26]使"分种"

---

〔23〕［英］梅因：《古代法》，沈景一译，商务印书馆1959年版，第33~34页。

〔24〕［古罗马］西塞罗：《论共和国·论法律》，王焕生译，中国政法大学出版社1997年版。

〔25〕汪子嵩等：《希腊哲学史》（第2卷），人民出版社1993年版，第424页。

〔26〕［古罗马］西塞罗：《论演说的分部》（De Partitione Oratio），原文参见 http://www. egs. edu/library/cicero/articles/de-partitione-oratio/，最后访问日期：2014年7月30日。评论文章参见William Leonard Grant, "The Partitiones Oratoriae of Cicero: An Introduction and Commentary, a Thesis Presented in Partial fulfilment the Requirements for the Degree of Doctor of Philosophy in the Department of Classics at the University of Toronto", June, 1943; Otto Zwierlein, "Zur Methodik der Emendatio in Ciceros Partitiones Oratoriae", *Zeitschrift für Papyrologie und Epigraphik*, Bd., 144 (2003), pp. 87~99.

（*Divisio*）与"分部"（*Partitio*）成为两种并列且相得益彰的分类方式，从而为罗马法的体系化建构做出了巨大的贡献。正因为如此，舒尔茨甚至认为，希腊化时期的罗马法学被称之为"辩证的法学"。[27]

如前所述，古希腊哲学家柏拉图较早对辩证法展开了系统研究，并在《斐德罗篇》中将辩证法等同于综合与区分（即分种）的学问。分种方法是柏拉图辩证法思想的核心，[28] 尽管他还没有从概念上明确区分"属"（*genera*）和"种"（*eidos*），但相比早期的研究，柏拉图在《斐德罗篇》中明显转向了更加注重根据事物的属或相来进行分种，而不是遵循先进行综合而后才可以区分的路径。分种的方法第一次出现是在柏拉图《斐德罗篇》266B，后来被进一步发展为二分法，它通过将一个大的整体连续划分为大致相等的部分，即将一个总的事物划分为二，再将其中之一划分为二，这样持续下去直到得出所需要的定义。[29] 柏拉图在《智者篇》中对智者和钓鱼者进行定义时使用的就是这种方法。柏拉图不仅在其作品中通过对话来阐述这种方法，而且将这种方法用于他在学园（Academy）中的教学，对分种的方法的训练成为学园教学的主要内容之一。

柏拉图的弟子亚里士多德对属种划分方法进行了最终的完善，这体现在他的《诗学》、《政治学》和《动物的历史》，尤其是《尼各马可伦理学》中。亚里士多德在一定程度上接受了柏拉图分种的方法，并对其进行了完善，主要是区分了属与种，将"种"作为"属"的下位概念，"属"包括若干"种"，由此发展出一套系统的分类理论。[30] 尽管亚里士多德对分种的方法多有批判，但他并没有抛弃而是批判地继受了这种方法。被罗马法学家所接受并对罗马法的体系化产生重要影响的属种划分的方法就是直接来自于亚里士多德，盖尤斯《法学阶梯》（3，88）中将债分为合同和私犯两个最基本的种类，就受到了亚里士多德将个别正义中的矫正的正义

---

〔27〕 F. Schulz, *History of Roman Legal Science*, Oxford: Oxford University Press, 1946, p. 67.

〔28〕 至于综合的方法，柏拉图仅在《斐德罗篇》265 D 中其进行过简单说明，之后在《智者篇》和《政治家篇》中有所提及，但未有进一步的论述。

〔29〕 参见汪子嵩等：《希腊哲学史》（第 2 卷），人民出版社 1993 年版，第 957 页。

〔30〕 参见苗力田主编：《亚里士多德全集》（第 1 卷），中国人民大学出版社 1990 年版，第5、358 页。

分为自愿的交往和非自愿的交往的启发。[31]

在上述古希腊哲学家属种划分方法的基础上，罗马法学家西塞罗在其《论题学》一书中首次提出了对分种和分部的区分，[32] 其中分种的方法建立在属种划分的基础上，它将某个属包含的一切种都罗列出来；分部的方法是将某个统一的整体划分成作为其构成要素的若干组成部分，比如将市民法分为法律、元老院决议、判例、法学家的权威、长官的告示、习俗和衡平等。西塞罗认为种是毫无遗漏地分割属的东西，由于在每个属下的种的数目是确定的，因此分种时不能遗漏任何的种，否则就是缺憾；但在分部时，有些情况下个别的遗漏就不是缺憾，因为对部分的细分常常更无边际。分种和分部这两个词的客体绝然不同，所以要以不同的名称来区分它们，其中前者更为明确具体，一旦提出了问题的属，它所有的种就完全在掌握中了；而后者更为宽泛抽象，很难确定其边际。尽管对同一事物可以用分种和分部两种不同的方法来划分，但在这两种方法之下被划分的事物是在不同层面被理解的，所划分的是具有同一名称而实质不同的客体：前者表征的是一个可以被划分成次类的类属，后者表征的是一个可以分解为其组成部分的统一的整体。

应该指出的是，西塞罗对辩证方法的这种创建在某种程度上是对亚里士多德理论的模仿，只是西塞罗更加明确了二者之间的不同范畴。在亚里士多德的思想体系中，最早在其《形而上学》一书中，"属—种"、"整体—部分"这两对概念中已经初现分种与分部的雏形。[33] 但还不能将亚里士多德的属—种划分完全等同于西塞罗的分种，也不能将前者的整体—部分的思想等同于后者的分部。亚里士多德的本意是在整体与部分的框架下来理解属种关系，他认为属种之间不涉及量的整体与部分的关系：种是对

　　[31]　Giuseppe Grosso, "Influenze Aristoteliche nella Sistemazione delle Fonti delle Obbligasioni nella Giurispru-denza Romana", in la Filosofia Greca e iL Diritto Romano; Colloquio Italo – Francese (Roma, 14～17 aprile 1973), Tomo I, *Roma: Accademia Nazionale dei Lincei*, 1976, pp. 139ss. 转引自李飞："古希腊—罗马的辩证法对罗马法的体系化生成的影响"，载《法律方法》（第15卷），山东人民出版社2014年版。

　　[32]　参见［古罗马］西塞罗："地方论"，徐国栋、阿·贝特鲁奇等译，载《南京大学法律评论》2008年春秋季合刊。

　　[33]　参见苗力田主编：《亚里士多德全集》（第7卷），中国人民大学出版社1993年版，第138～139页。

属的部分特性的分离，体现的是作为整体的属的部分特性；属于种的一切特性也必然属于属，但反之并不亦然。通常情况下，属与种可以替换为整体与部分，但整体与部分并不是在任何情况下都可以替换为属与种。[34] 其后在《修辞学》一书中，亚里士多德还对分种与分部进行了术语上的区分，但这种区分还比较模糊。可见西塞罗的分部方法继承了亚里士多德的"整体－部分"理论，是一种模仿过程中的创新。更重要的是，西塞罗把这种理论创新应用于当时的罗马社会政治与法律的理论构建中，推动了罗马法学方法论的发展。

如何对分种与分部方法的各自优势进行客观评价让学者们颇费思量，因为它们在罗马法学的不同发展阶段各占鳌头。尽管在认识真理甚至在作为其手段的下定义的意义上，分种方法的作用极其有限（分种的结果所展示给我们的并非一个确切的定义或问题的答案），但这种属种划分的方法一经传入罗马，就为法学家们所青睐，成为罗马早期"市民法体系"的方法论基础。其中罗马法学家的典型代表就是西塞罗的老师昆图斯·穆齐·斯凯沃拉（Quintus Mucius Scaevola，约公元前 159 年～前 88 年），他第一个将从希腊那里继受来的逻辑方法用于对市民法的论述。他从古希腊逻辑学的分类方法中获得了启示，根据法在表现形式上应具有的连贯性，赋予这种新形式的法学著作以一种更为严格的、从分析研究入手的著述方法。也就是说，通过对个性的研究找出该类事物多数个体所具有的共性，进而概括出一般概念。至于从类中区分出不同的种，则从找出个性中存在的不同于类的特殊差别入手。这一方法被用于创立市民法。按照论述的先后顺序建立起它的外部结构，使人们可以看清按照自己体系建立起来的法之间的基本关系。这一方法为完善和发展完备的制定法提供了应遵循的规则。[35] 昆图斯的代表作为《定义》（Definitiones）单卷本以及《市民法》（Iuscivile）。其中后者是罗马历史上第一部，也是共和国时期唯一一部对私法进行全面的体系化展现的作品。在《市民法》一书中，昆图斯在历史上第一次把市民法系统地划分为 4 个主要分支：继承法、人法、物法、债法，

---

〔34〕 参见苗力田主编：《亚里士多德全集》（第 9 卷），中国人民大学出版社 1994 年版，第 474、476 页。

〔35〕 参见［意］桑德罗斯奇巴尼："法学研究方法以及对古罗马法学著作和近现代法典结构体系中若干问题的思考"，丁玫译，载《比较法研究》1994 年第 2 期。

其中每一分支又再进行划分，如人法分为婚姻、监护、自由人身份、家父权等，物法分为占有与非占有，债务分为契约和不法行为等。[36] 因此，《市民法》也被认为是昆图斯第一次系统运用希腊辩证法的产物，系宏大方式的"第一部法的辩证法体系"（*the problematic literature*），具有罗马法体系法学之奠基的地位。[37]

西塞罗对昆图斯等早期罗马法学家的体系化努力给予充分肯定："因此，对于市民法需要确定这样的目标：在市民的物和诉讼中，保持以法律和习俗为基础的公平。在这之后应该规定出'类'，并且应该限于一定的数目，且为数不多。'类'即自身包含两个或更多个由某种共性而彼此相似，然而由于特有的性质又互相区别的'属'。'属'乃是对它们所源之类的附加划分。不管是类或属都有自己的名称，所有的名称包含的意义都应由定义来限定。……无论是我自己去完成我已经长时间考虑的事情，或者是由另一个人去做……都应该首先把整个市民法分成为数非常少的几类，然后再对这些类划分成有如它们的部分，继而再对每个类和属的特性进行界定，那时你们将会得到一门完美的民法学，并且是广泛的、丰富的，而不是困难、晦涩的。"[38] 并且西塞罗本人也试图通过这种方法构建一种科学化的市民法体系，为此写作了名为《论被纳入体系的市民法》（*de lure cividi in artem redigendo*）的作品。[39]

昆图斯所开创、西塞罗所阐述的这种体系化的方法论被后世许多罗马法学家所接受，体现在了后世阿尔芬努斯（Alfennus）的《学说汇纂》、拉贝奥（Labeo）的《值得相信的观点·由保罗所做的摘录》、雅沃伦（Iavolenus）的《拉贝奥的遗作摘录》、萨宾（Sabinus）的《市民法》、卡修斯（Cassius）的《市民法》、雅沃伦的《普劳提评注》、尤里安（Julianus）的

---

〔36〕 See D. 1. 2. 2. 41. 中译文参见《学说汇纂》（第1卷），罗智敏译，纪蔚民校，中国政法大学出版社 2008 年版，第 51 页。另参见 [美] 伯尔曼：《法律与革命》，贺卫方等译，中国大百科全书出版社 1993 年版，第 163 页。

〔37〕 舒国滢："罗马法学成长中的方法论因素"，载《比较法研究》2013 年第 1 期。

〔38〕 [古罗马] 西塞罗：《论演说家》，王焕生译，中国政法大学出版社 2003 年版，第 133 ~ 135 页。

〔39〕 Aulus Gellius, Nodes Adtdcae, 1, 22, 7；Marcus Fabiue Quintilianus, Institutio Oratoria, 12, 3, 10.

《乌尔赛·费罗克斯评注》和《米尼丘斯评注》等诸多罗马法作品中，这些作品采纳了与昆图斯的《市民法》基本相同的论述结构和顺序，由此形成了一种被称为"市民法体系"（sistema civilistico）的罗马法体系框架。[40]

至于西塞罗所提出的分部的划分方法，直到盖尤斯《法学阶梯》的问世，我们才看到它在法学领域取得的与分种相并肩的地位。公元161年前后盖尤斯发表《法学阶梯》，该书将"我们所使用的一切法"分为人法、物法和诉讼法，就是分部方法的运用，然后再以分种的方式将人法分为身份、婚姻、家庭等。从而开创了一种被称为"法学阶梯体系"的"人 – 物 –讼"式的市民法体系。而其后优士丁尼《法学阶梯》则首先以分种的方法将法分为公法和私法两个领域，然后以分部的方法将私法分为三个部分，即自然法、万民法和市民法。可见，分种与分类的方法互为补充，为罗马法体系化的最终完善奠定了重要基础。

综上可以看出，在希腊化和罗马共和国时期，对罗马法的体系化影响最大的希腊辩证方法是属种分类的方法，正是这种当时普遍存在于哲学、数学、语法和修辞等各种知识门类当中，在现代逻辑学看来再寻常不过的方法，在经过罗马法学家的发展创新之后，"在发现控制（事务的）各个种类的原理和解释具体案件上居于重要地位"，不仅如此，它还提供了怎样将繁多而庞杂的材料简约到一个体系中的模式。如意大利罗马法史家格罗索（Giuseppe Grosso，1906～1973）所言，辩证方法的应用使罗马法学家把对案例的类推适用发展到对规则（Regulae）的制定；又从这些规则发展到形成系统的体系。"就这样，早期谨小慎微的法学逐渐发展成为科学的法学。"[41]事实证明，共和国晚期的法学家已经学会运用希腊的辩证方法来构建他们的法学理论，特别是有关私法的理论，并且奠定了后世罗马法学的理论基础。

四、古希腊论题学对罗马法学的贡献

近年来论题学（希腊文为 τοπικζ，英语为 Topics，拉丁文为 Topika 或

---

[40]　Gaetano Scherillo，Ⅱ Sistema Cividistico，in Studi in Onore di Vincenzo Arangio-Ruiz nel XLV Anno del Suo Insegnamento（Ⅳ）Napoli：Jovene1953，p. 445ss.

[41]　[意] 朱塞佩·格罗索：《罗马法史》，黄风译，中国政法大学出版社1994年版，第264页。

Topica）的法学方法逐渐受到国内学者的关注。[42]事实上，论题学是由古希腊修辞学发展而来的一种问题思维技术，是一种有别于演绎思维体系的思想方法，它对罗马法学的形成与完善，以及近代西方法学的繁荣有着不可磨灭的贡献。公元前466年，来自西西里岛的叙拉古（古希腊在意大利的殖民城邦）人考拉克斯开始使用"修辞学"一词，此后，到公元前1世纪罗马著名思想家西塞罗为止的4个世纪里，古希腊、罗马有众多学者在从事修辞学研究。早期的修辞学更适合称为修辞术，是指演说的艺术。在亚里士多德《修辞的艺术》一书中，修辞被描述为辩证法的相对物（或对应物[43]），即是说辩证方法是找寻真理的要素，而修辞方法用作交流真理。在古希腊的修辞学理论中，修辞论证是其主要内容之一，作为修辞论证起始的开题主要涉及两方面的主题：一是甄别争议的问题或演说的争点；二是有关说服听众接受演说者立场的可资利用的手段，后者即是运用论题进行论证的方法。

论题学最早源于亚里士多德的《论题篇》（*Topika*）。[44]在《论题篇》的开头（《论题篇》第1卷第1章第100a20~23段），亚里士多德就明确指出了《论题篇》的初始目的："本文的目的在于寻求一种方法，依此，我们就能够从普遍接受的意见的前提，对所提出的任何问题用三段论进行推理；而且，当我们自己提出论证（为某个命题辩护）时，不至于陷入自相矛盾。"[45]可见，亚里士多德在此关注的论题学的主题是辩证推理，这种推理方式来源于他所归纳区分的几种类型的推理模式：①当推理借以出发的前提为真实而原始，或者当我们对它们的知识来自原始而真实的前提时，它是一种"证明"。②如果推理从被普遍地接受的意见出发，它是论辩的。③如果推理从似乎是被普遍接受而实际并非如此的意见出发，或者，它仅仅似乎是从普遍被接受或者似乎普遍被接受的意见出发，进行推理，它就是"可能引起争论的"。因为并非一切似乎被普遍接受的意见都

〔42〕参见舒国滢："寻访法学的问题立场——兼谈'论题学法学'的思考方式"，载《法学研究》2005年第3期；焦宝乾："论题学及其思维探究"，载《法学论坛》2010年第3期。

〔43〕Aristotle, *Poetics and Rhetoric*, New York: Barnes & Noble Classics, 2005, p. 95.

〔44〕[古罗马]西塞罗：《西塞罗全集·修辞学卷》，王晓朝译，人民出版社2007年版。

〔45〕[古希腊]亚里士多德：《工具论》，余纪元等译，中国人民大学出版社2003年版，第351页。

真正被普遍地接受。④还有一种是从属于特殊科学的前提出发的错误推理。

在亚里士多德看来，真正有价值的推理只有证明的推理和论辩推理。论辩推理的推理方法与形式即成为论题学所要研究的对象。论辩推理的前提并非绝对真，而是一些能使多数人接受为真的意见（普遍观点），即"所谓普遍接受的意见，是指那些被一切人或多数人或贤哲们，即被全体或多数或其中最负盛名的贤哲们所公认的意见"〔46〕，由此推出的也不是必然性的结论。"在此种推论过程中发展出的各式'类观点'（Topoi），是能在对话讨论中（Disputieren，即 Argumentieren）用以提出支持或反对意见的一些普遍性观点，经过整理分类的各种类观点，能有效地协助我们在讨论对话过程中发现真理，而法学正是此种推论思考方式应用的一个重要领域。"〔47〕

围绕类观点所形成的特定研究，就是源于修辞学但又有别于前者的论题学。Topoi 是 topos 的复数形式，topos 即 common-places in rhetorical arguments（修辞论证的普通主题），points of view（观点），它对于正确行为的问题，对于物理的和政治的问题以及其他许多在种类方面不同的问题是共同的。topos 一般就是在任何论证中都可以出现的论辩的出发点，其内容包括命题、概念或概念群，而不管论题是什么。换言之，它是适合引导对具体问题的正反论证的实质观点或者修辞学论辩。topoi 原义为"所在地、处所、位置"，引申为"同类事物之所"，即"部目"。〔48〕每个部目包括一系列同类的事例，例如凡有程度之差的事例都归入"更多、更少部目"（即比较部目）。台湾学者习惯于将 Topoi 与 topos 译作"类观点"，大陆学者有的译为"词序"或"论据"，多数则将其译作"论题"。

综上，论题意指一种并非严格因循规则、但仍值得信赖的论辩的出发点，它并不具有法律规则那样的普遍适用性，但它们契合当时的社会价值

〔46〕 ［古希腊］亚里士多德：《工具论》，余纪元等译，中国人民大学出版社 2003 年版，第352 页。

〔47〕 颜厥安：《法与实践理性》，中国政法大学出版社 2003 年版，第 203 页。

〔48〕 罗念生先生在翻译亚里士多德《修辞学》时，将 topos 译作"部目"，指同类事物的所在地。参见《罗念生全集》（第 1 卷）所载亚里士多德《修辞学》部分，上海人民出版社 2007 年版，第 65 页。

观念和法律目的，因而在一定范围中得到了承认，或者得到了那些最睿智、最杰出人士的支持（亚里士多德语）。在论辩中，可以用来支持或反对特定的意见，指示通往真实的途径，或者说像船锚一样起到"定位"的作用。而论题学是指围绕 *Topoi* 所形成的一种学问。阿列克西认为，论题学这个词大致可以从三个方面来解释：①前提寻求之技术；②有关前提属性的理论；③将这种前提用于法律证立的理论。[49] 按照论题学的主张，具体的法律问题，不应通过对概念体系的演绎来解决；而应该就该问题找出有利于解决问题的各种视点。这些视点被称为 *topos*。法学上的 *Topoi* 就是有利于裁判法律问题的论据。只要它们在法学中得到普遍赞同，那么它们就是有说服力的。

亚里士多德的论题学技术包括这样几个步骤：①辩证式论辩的双方（回答者和提问者）根据"考察的指导"来选择辩证的命题或问题所属的"论题"；②这种选择必须借助于四术语（即："定义"、"特性"、"属"、"偶性"）来分析系争命题或问题的主 – 谓词结构或关系；③在分析系争命题或问题的主 – 谓词结构或关系的过程中逐渐寻找到立论或者反驳的前提；④无论立论还是反驳，其前提的寻找必须以某种抽象的原则或规律为根据，所寻找到的前提具有"普遍接受的前提"的性质；⑤前提一旦确定，就按照三段论推理的方式来推导出结论。依照这样的方式，亚里士多德在《论题篇》中一共论述了大约 300 个论题。

具体而言，在《论题篇》中，亚里士多德以四谓项理论为依据开展论辩推理。首先，亚里士多德介绍了"主项"和"谓项"概念，主项是指被描述的事物，而谓项是用来描述主项特性或状态的词语或短语。亚里士多德把谓项划分为定义（definition）、特性（property）、偶性（accident）、属（genera）四类。与四谓项并列，亚里士多德提出十范畴理论，即"本质、数量、性质、关系、位置、时间、状况、属有、动作、承受"这十个方面。四谓项和十范畴并非相互矛盾，而是综合运用、经纬交织，多方位铺展论辩，驳斥诡辩，获取真知。例如论题"如果一种属性不归属于种，也

---

〔49〕〔德〕罗伯特·阿列克西：《法律论证理论》，舒国滢译，中国法制出版社 2002 年版，第 25 页。

就不归属于其种下的属"〔50〕探讨的就是十范畴中的"属有",而在形式上可归入四谓项中的"种属"关系。这些论题以"四谓项"和"十范畴"为基础,根据主项和谓项之间的归属关系,能有效地揭示事物的真相,增强论辩的逻辑内涵。例如"连众神都不是全知的,更不用说人了。"这一论证所使用的就是更多或更少程度论题,可能性更大的情形没有实现,可能性更小的情形更不可能实现,这是从抽象的层面阐述其论证角度,属于论证模式方面的,即 *topoi*。

在亚里士多德之后,西塞罗于公元前44年应古罗马法律家特雷巴求斯要求撰写了《论题术》一书,事情的起因源于特雷巴求斯在西塞罗的藏书中发现亚里士多德的《论题篇》一书,但无法独立阅读进而深入理解,遂转而求助于西塞罗。西塞罗《论题术》写于他本人匆匆逃离罗马的海船上,有学者认为西塞罗因为当时未携带亚里士多德《论题篇》一书,因而在很大程度上是他本人创造性地完成了《论题术》一书,并以两书篇章结构的不同加以佐证。〔51〕事实上,作为自己的藏书之一,西塞罗对亚里士多德《论题篇》的认识,特别是对其主体框架与主要思想应该是了然于胸的。西塞罗在论题学的主要理论上对亚里士多德(也包括了《修辞学》的部分内容)的模仿是毋庸置疑的,至于篇章结构的差异,更合理的解释是西塞罗对亚里士多德《论题篇》一书无法记忆全部细节,无法全部模仿。当然西塞罗也结合当时罗马的社会实践和理论进步,对亚里士多德的论题学思想进行了部分修正与扩展。特别是西塞罗结合了当时的法律实践,这也与该书的最初目的相关:针对某一罗马法律家的要求而作。如特奥多尔·菲韦格所言,西塞罗的《论题术》不是一部哲学论著,而是一种﹝提供给法律家在实务中运用修辞学技术或"合乎技术(或艺术)的知识"﹞

---

〔50〕 参见苗力田主编:《亚里士多德全集》(第9卷),中国人民大学出版社1994年版,第426页。

〔51〕 亚里士多德在《论题篇》中提出了近300个论题,而西塞罗只列了19个,西塞罗在《论题术》中所论述的某些论题的名称(比如"矛盾"论题)与亚里士多德在《论题篇》中所讲的相关论题是平行的,而且,亚里士多德在《修辞学》第2卷第23章所列的29论题很多在西塞罗的著作中并未出现。相关观点参见舒国滢:"论题学:从亚里士多德到西塞罗",载《研究生法学》2011年第6期。

的"菜谱"（*Rezeptbuch*）。[52] 因为在西塞罗看来，当时的法律家（包括特雷巴求斯在内）精通法律知识和经验，但通常没有接受过修辞学训练，缺乏"合乎技术（或艺术）本身的知识"，[53] 他的这本书正是针对那个时候的罗马法律界的知识状态而写的。

西塞罗在《论题术》一书中首先阐述了自己对论题学概念的认识。对"论题"（locus）一词，西塞罗指出："要是能够找出并标明藏匿东西的隐藏地点，那么找到被藏匿起来的东西就比较容易；同样，要是我们希望跟踪任何一种论证，我们必须知道它的合适论题（locos），'论题'就是亚里士多德给（我想要说的）这些地点所起的名字，我们可以由此引出论证。"[54] 根据这一点，西塞罗把"论题"定义为"论证的地点"（*sedes, e quibus argumenta promun-tur*），相应地，把"论证"（*argumentum*）定义为"在某些存疑的问题上由此形成确信的推理过程"（*autem orationem, quae rei dubiae faciat fidem*），论证包括在论题之中。

西塞罗接着又论述了"来自整个主题，或主题的组成部分或来自主题的名称"的论题和论证以及来自"与所讨论的主题相关的事情"的论题和论证，后者涉及"同一词根"、"属"、"种"、"相似"、"差异"、"对立"、"伴随条件"、"前件"、"后件"、"矛盾"、"原因"、"结果"、"对比"，等等。从中可以看出，西塞罗的《论题术》属于一定程度上含有杂糅性质的逻辑成分的（法律）修辞学著作，在结构上和内容上都与亚里士多德的《论题篇》存在着一定差异。亚里士多德首先（尽管并非唯一）关心的是理论建构，而西塞罗所关心的则是业已建构的论题目录的应用。亚里士多德主要关注（论证）理由，西塞罗则主要关注（论证）结果。西塞罗的《论题术》比亚里士多德的《论题篇》尽管在理论构建上略有逊色，但却具有更大的历史影响，特别是在修辞学（论题学）与法学之间的关联上，在古典时代晚期的修辞学向中世纪过渡的过程中，西塞罗的著作受到了更

[52] Theodor Viehweg, *Topik und Jurisprudenz*, 5Aufl., Verlag C. H. Beck, Munchen, 1974, S. 26.

[53] [古罗马] 西塞罗：《西塞罗全集·修辞学卷》，王晓朝译，人民出版社 2007 年版，第 706~707 页。

[54] [古罗马] 西塞罗：《西塞罗全集·修辞学卷》，王晓朝译，人民出版社 2007 年版，第 280 页。

多的重视。

　　西塞罗倡导的论题学方法在罗马的法律实践中产生了深远影响。这是因为罗马法学家同时也是法律实务家，他们在对具体案件提供法律咨询或解答中，经常会遇到难以解决的复杂法律问题，法律概念的属和种的区别显然不能解决上述疑难法律问题，由此罗马法学家被迫以辩难的方法和技术去解释法律。古希腊论题学就成为当时罗马法学家手中合适的方法论工具。这些方法论工具对于提高罗马法律决疑术水平，间接促成罗马法学的形成具有重要意义。西塞罗所倡导的论题学方法以及其中蕴含的问题型思维方式还推动了罗马法中告示法体系的出现。公元 130 年尤里安受哈德良皇帝委托编订的《永久告示》就是这一体系的肇始。《永久告示》是对过去全部裁判官告示进行整理、校订后的汇编。在某种意义上，它虽然远不具备现代意义上的法典的特征，但可以被看做是"一部没有法典的法典化作品"（*una codificazionesenza codice*）——对法进行的集中化和统一化的处理。它所开创的法的编纂体系不重视制度之间抽象明确的区别，而以诉讼进程和救济为主导，以总结案例的形式为诉讼当事人的法庭辩论提供了诸多可资利用的具体法律类论题，因此代表了一种新的法律体系模式，被称为"告示法体系"。《告示评注》类作品、自杰尔苏（Celsus）和尤里安以后的《学说汇纂》类作品、《问题集》和《解答集》类作品，以及《格里高利法典》、《赫尔摩格尼法典》、《狄奥多西法典》、《优士丁尼法典》和《学说汇纂》基本都是按照这种体系来组织法律材料的。[55] 由于本身所具有的强烈的问题意识和实践功能，在古典时期及后古典时期，"告示体系"比前文昆图拉开创的"市民法体系"显示出更强的生命力。

　　　　　　　　　　　　　　　　　　（文字编辑　肖泽）

---

　　〔55〕　Gaetano Scherillo，Ⅱ Sistema Cividistico, in Studi in Onore di Vincenzo Arangio-Ruiz nel XLV Anno del Suo Insegnamento（Ⅳ）Napoli：Jovene1953，p. 445ss.

古罗马法自然人破产制度和
藏族"夸富宴"习俗

——兼谈对我国建构个人破产制度的启示

淡乐蓉*

在我国传统法律文化中，不仅将"杀人偿命"、"欠债还钱"[1]视为天经地义的古老公理，而且在我国现行的法律规定中同时还存在着"欠债偿命"的法律规定和现实典型案例，这类经济和法律问题交叉的课题中，对民间借贷中的金融风险和困境以及非暴力犯罪死刑问题的研究成为热点。纵观世界各国古老习俗和法律的发展中"杀人偿命、欠债还钱"的观念并不是公理性的，当下，英美等国法律在死刑和破产制度等方面与我国的法律文化和法律规定大相径庭，关注其差异并发现我国法律的缺陷以及实现法律的创新更生，尤为重要。在西方，古罗马法中规定有自然人破产制度；在东方，我国各民族都有"欠债还钱"的各种习俗；这些规定在较多的亚社会群体和较长的历史阶段内，充分发挥着解决债务纠纷的作用。其中古罗马法的破产制度和藏族的"夸富宴"习俗及其功能，对于我国建立个人破产制度并解决非暴力犯罪死刑问题有一定的启示意义。

　＊青海民族大学教授，法学博士。

　〔1〕（元）马致远：《任风子》第二折："可知道杀人偿命，欠债还钱，你这般说才是。"（清）吴趼人：《二十年目睹之怪现状》第 24 回："若要中时，便当杀人偿命，欠债还钱。"

一、古罗马自然人破产制度的内容及特征

（一）古罗马自然人破产制度的主要内容

古罗马法中破产制度分为非自愿破产程序和自愿破产程序，前者主要通过财产拍卖和财产零卖[2]等强制性手段处理破产财产；而自愿破产程序则以财产让与（承诺不废除债务、针对活人的财产、债务人可以以实物抵债、设置仲裁员对财产进行评估、豁免财产制度、和解和债务人会议制度）制度实现了债务人的人格保全和重生计划，体现了人本主义的法律思想，对我国建构和完善有中国特色的社会主义破产法律制度提供了制度实例、理论参考和启示意义。

（二）古罗马自然人破产制度的特征

第一，罗马法在发展过程中，在债务关系的规定上，逐渐消弭了对债务人显得粗暴与野蛮的规定。从公元前494年的撤离运动，赢得了平民的"护身符"——保民官的设立，到公元前451年《十二铜表法》的制定，打破了贵族垄断法律的格局，从废除债务奴隶到恺撒对债务危机的处理，这些都使债的立法产生了深刻改变，原先绝对的债权人主义被打破，债务关系中逐渐体现对债务人的关怀。

第二，古罗马法在债务执行方面，也经历了由"欠债偿命"到"欠债还钱"的"破命"向"破财"的立法理念转变，由破产株连向破产不株连的立法宗旨转变；由破产不负责向破产免责的责任原则转变的立法变化。

在古罗马债务人先是遭到债权人"须使之，出卖之，杀戮之"的不幸遭遇，后转变为对债务人实行监禁，再而转变为对债务人实施信用破产的破廉耻制度，在整个转变过程中，表现出债务人的人身以及财产的偿还不能的情形下，注重人身权利的保护和财产让与中的合理保护。而且在罗马人的财产让与制度下，也衍生出了债权人会议制度和表决制度，关于破产的重整与和解制度也初具雏形，并日趋完善。

第三，古罗马是较为强调个人中心主义的法律体系，但其破产法和债务法的规定，亦同时关注了社会利益、公共利益和个人利益的平衡。古罗

---

〔2〕 王腾飞："论古罗马的债务关系及破产"，厦门大学2014年硕士学位论文。

马人建立的社团制度，重视群体的协作和社会组织的作用，通过债权人会议制度，平衡债权人、债务人利益，因而使法律在达成和构建"友爱社会"的过程中有湿润的规则支撑。

二、"夸富宴"与藏族"夸富宴"（ཨ་འོང་སྐོན་བྱེ）习俗

（一）"夸富宴"的内容与本质

"夸富宴"[3]（potlatch）的词义在英文中是"冬季赠礼节"，是在冬季里分配或交换礼物的节日。它有"散尽"（give-away）的意思。也有人根据其含义译成"散财宴"[4]。"夸富宴"在全球很多国家和地区盛行，尤其是在北欧、北美包括加拿大西北海岸以及美国华盛顿州印第安土著中广为流行。英国古代史诗《贝奥武甫》（Beowulf）中也对"夸富宴"进行了描述。法国社会学家、人类学家马塞尔·莫斯称之为"竞技式的总体呈献"[5]。美国人类学家弗兰兹·博厄斯[6]、露丝·本尼迪克特[7]、马文·哈里斯[8]等人对此都曾进行过详细研究和论述。作为原始社会一种比较普遍的社会制度，"夸富宴"因嵌于人类生活、各种制度和社会文化关系的各个方面，因而呈现出极为复杂的特征。

---

[3] 该词的中文译法有"散财宴"、"夸富宴"等。实际上，莫斯曾经明确指出，"potlatch"就是"宴庆"（fe te）。批评把该词解释作"财富之分配"（distribution de proprietà）的做法容易造成误解，使人以为这只是一种经济现象。同样，"散财"、"夸富"等修饰词也都难免造成词义的偏狭。正如我们在下文中将要看到的那样，"potlatch"是在出生贺礼、婚礼、成人礼、葬礼、建房乃至文身、造墓等场合都会发生的聚会宴庆，其间有以氏族、家族等集体为单位的互动、交换和财物展示等等，涉及社会生活的经济、法律、宗教、艺术等诸多方面。考虑到习惯上的因素，同时也考虑到夸耀、展示和竞比财富的活动的确是"potlatch"的重要内容，所以本文仍采用了"夸富宴"的译法，只要读者能够注意到这个词所指的是诸种社会事实的混合（syncrétisme）也就可以了。参见 Mauss, "Compterendu de J. R swglton", 原载于 *Annee sociologique*, II, 1910, 收入 Euvres, t. 3, Paris, Minuit, 1969. 见［法］马塞尔·莫斯：《礼物——古式社会中的交换的形式与理由》，汲喆译，上海人民出版社 2005 年版，第 9 页。

[4] ［美］马维·哈里斯：《人·文化·生境》，许苏明译，山西人民出版社 1989 年版，第 101 页。

[5] ［法］马塞尔·莫斯：《礼物——古式社会中的交换的形式与理由》，汲喆译，上海人民出版社 2005 年版，第 10 页。

[6] ［美］弗兰兹·博厄斯：《原始人的心智》，项龙、王星译，国际文化出版公司 1989 年版，第 9 页。

[7] ［美］露丝·本尼迪克特：《文化模式》，王炜译，三联书店 1988 年版，第 9 页。

[8] ［美］马文·哈里斯：《文化人类学》，李培茉、高地译，东方出版社 1988 年版，第 4 页。

在这类宴席上，主人请来四方宾客，故意在客人面前大量毁坏个人财产并且慷慨地馈赠礼物，其形式可以是大规模地烹羊宰牛，也可以是大把地撒金撒银，归根到底目的只有一个，让那些受邀而来的宾客蒙羞，从而证明主人雄厚的财富和高贵的地位。这对于部落里的贵族来说，不仅仅象征着权力和奢侈，也是用来确定部落内部等级秩序的一项义务。弗兰兹·博厄斯发现，"人口下降和财富外流导致竞争性、破坏性的散财宴出现。……就散财宴的给予者来说，他希望超过所有人。被毯、鱼油箱和其他有价值的东西都故意投入大火，付之一炬，或者抛进大海。《文化模式》一书中记载，有一次，当许多鱼油投入大火时，全部房屋皆被烧毁。馈赠者认为以这种方式结束的散财宴是巨大的胜利。"[9] 在夸富宴仪式上，主人除了当众展现他的财富或者毁坏他的财富外，还要举行盛大的宴会和赠与，作为参加者新地位产生的见证。在夸富宴中，财产的积累和消费观念，不是按照物质商品的供需关系，而是一个几乎无限制的要求。这个要求不是物质商品本身的生产和消费的满足，而是非物质的声望和社会地位。对于夸富宴这种文化现象，露丝·本尼迪克特从文化与人格的角度着眼，把这种"千金散尽"的夸富宴行为看做是一种"夸大妄想狂"人格的结果[10]。法国人类学家霍贝尔则认为，"放弃食物和资源，并不意味着放弃他们所有的财产，而这将在爱斯基摩人中赢得尊敬和领导地位。"[11] "甚至单纯的毁弃财富也不意味着通常人所认为的完全的超脱。出手大方的举动亦未免有自私自利（egotisme）的企图。这种消费方式纯粹是奢侈的，往往极尽夸张，甚至就是单纯的破坏。特别是在夸富宴上，长期积攒起来的大量财物一下子就被送出甚至是毁掉了，所以这种制度看上去就像是一种单纯的挥霍、一种幼稚的浪费。的确，事实上，他们不仅耗尽有用的东西，靡费丰盛的食物，而且还出于一时之欢而大肆破坏，例如钦西安、特林基特与海达人的首领就把那些铜器、货币投入水中，而夸扣特尔部落及其同盟部落的首领则把它们打坏。然而，这种狂暴的赠礼与消费，这种对财富的发疯般的丢弃与毁坏，其动机却丝毫不是无私的，在那些有夸富宴的社会

---

〔9〕 ［美］马维·哈里斯：《人·文化·生境》，许苏明译，山西人民出版社 1989 年版，第 101 页。

〔10〕 ［美］露丝·本尼迪克特：《文化模式》，王炜译，三联书店 1988 年版，第 147 页。

〔11〕 ［美］霍贝尔：《原始人的法》，严存生等译，法律出版社 2006 年版，第 75 页。

中尤其如此。正是通过这种赠礼，首领与属臣、属臣与部民之间的等级才得以确立。给予，这是在表示他高人一等、胜人一筹，表示他是主上（magister）；接受，如果不回报或者不多加回报，那就是表示臣服，表示成为被保护人和仆从，成为弱小者，表示选择了卑下（minister）。"[12] 综上所述，上述学者主要从文化人类学和社会学角度对夸富宴在社会关系的组合（重组）、社会分层和社会结构的建立以及社会分配等方面的功能进行了揭示和诠释。

但对于本文的研究论域来讲，最不可忽视的是夸富宴重要的法经济学功能。一些人类学家更加注重从再分配交换过程的角度来分析夸富宴仪式，他们认为，夸富宴是把一个地区过剩的物品重新分配给了需要这些物品的其他村社的人。马文·哈里斯（Marvin Harris）认为，在一个缺乏统治阶级的社会中，夸富宴的制度确保了物品的生产和分配的持续。他指出："虽然竞争性的宴席浪费很多，但人们狼吞虎咽的远未超出生产中的净收入。此外，来访者饭足菜饱后，往往剩余不少食物。他们全部带回去。宾客自遥远村社而至事实上带来了新的重要的生态学和经济利益。可以说群体之间的欢宴提高了整个地区的生产能力，不像每一村社宴会仅仅局限于本地区的生产者那样。其次，村社之间相互竞争的再分配可以克服因局部性自然减产带来的不良影响。某一河流的鱼量减产不会危及所有的村社的生存，因为别的河流往往会大丰收。在这样的环境下，歉收的村民渴望出席散财宴，期待着像往年别人那样带回可供维持生存的食物。也许，村社之间的这种宴会即为一种互助补救形式，以这种互助形式在宴会上取得的声望充当了符契（tally）。当宴会的客人成为主人时，符契即被赎回。倘若一个村社年复一年不能给散财宴奉献物品，它那神圣的威望随即消失。一旦歉收并失去威望的村社无力承担散财宴时，心灰意冷的村民抛离他们的再分配者——酋长，迁入生产能力较强的村社。所以，炫耀、馈赠、展示财富使得新劳动力源源不断地添入。这有助于说明，太平洋西北岸的民族为什么花费如此众多的劳动于世界闻名的图腾柱生产。这些图腾柱上刻有代表某个再分配者——酋长的纹饰，表明散财宴的杰出成就。图

---

[12] ［法］马塞尔·莫斯：《礼物——古式社会中交换的形式与理由》，汲喆译，上海人民出版社 2005 年版，第 169～170 页。

腾柱越大，其宴会上的权力就越大，并有更多的穷困村民受诱投入门下，迁入该村，成为该酋长的管辖下的村民。"[13] "一个酋长可以有两种手段获得自己梦寐以求的胜利。其一是以赠对手一笔按规定利息他还不起的财产来羞辱他。另一是销毁财产。在这两种情形中，付出的财产都要求偿还，尽管在第一种情况下，赠者的财产是增加了，而在第二种情况下，他自己毁掉了那些东西。就我们来看，这两种方法的结果，是截然相反的，而对克瓦基特人来说，它们不过是征服敌手的两种相辅相成的手段，人生最高的荣誉就是彻底毁灭的行为。"[14] 也即在法经济学视野中的"夸富宴"习俗，一方面可以实现通过竞富实现社会地位的上升，使得可以归附的部属增多，可以支配的财富增长；另一方面可以实现风险分担，应对各种保险能力的增强。正如波斯纳所指出的，"在那些最简单的社会中，例如爱斯基摩人的社会中，交换的主要物品是保险，而富人拒绝与他人分享自己的剩余也就是拒绝从事这种交换。他实际上对该社会其他人几乎没有用，或确实没有用，因此杀了他，也就不像在发达社会可能出现的那样，会给其他人增加费用。"[15] "一笔无息借贷与一件礼物很相似，特别是（因为这很常见）如果该社会对违约没有规定救济的话。然而，初民社会承认这种返还借贷的义务，并以各种方式来强制实施。类似的情况是，在初民社会中，礼赠明确是互惠的：一个人有一种强烈道德义务，要以价值大致相等的礼物来回报一项礼赠。在这种情况下，'礼赠'这个术语可谓用词不当。礼赠、无息借贷（有时还是非自愿的）、宴会、慷慨乐施以及其他初民社会的'再分配'机制都不是利他主义的结果；至少，要想解释这些机制，都不必须有利他主义的假定。这些机制都是保险的支付。互惠原则则要求一个人在其可能时回报一项借贷或一件礼物，或者在其可能时宴请礼赠者，这一原则可以提供某种保护，防止搭便车或防止败德问题，否则的话，在初民社会这样一个范围如此广泛又如此非正式的保险体系中就会出

---

〔13〕 ［美］马维·哈里斯：《人·文化·生境》，许苏明译，山西人民出版社 1989 年版，第 102 页。

〔14〕 ［美］露丝·本尼迪克特：《文化模式》，王炜译，三联书店 1988 年版，第 181 页。

〔15〕 ［美］理查德·A. 波斯纳：《正义/司法的经济学》，苏力译，中国政法大学出版社 2002 年版，第 158～159 页。

现这些问题。”[16]经过研究他进一步指出：“一个初民社会越是不发达，并因此它的经济越是接近我的模型所列举的那些条件，那么它就越有可能通过礼物交换、无息借贷和食物分享来分配物品，而且它也就越少可能依赖市场交换。普赖尔也发现互惠交易在狩猎、捕鱼和农业社会中要比在采集和游牧社会中更为重要，这与我的模型的精神也是一致的。他评论说，在头三种社会中，食物供应更不确定；这就证明了对互惠交易原则的需求。保险趋向于事后把财富再分配平等化，并且有证据表明，这是初民社会保险配置的一个结果。但是财富平等并不仅仅是保险的一个副产品；而且它也是保持一个前政府的政治均衡的一个前提条件。”[17]由此可见，夸富宴是初民社会政府羸弱、市场不发达条件下，社会中衍生的一种表现社会关系、替代互惠保险的习俗和机制，以实现社会的有序发展和运行。

（二）藏族“夸富宴”（བུ་ལོན་སྟོན་མོ།）习俗

通过笔者在青海省果洛藏族自治州和黄南藏族自治州所进行的田野人类学调查，可以证实在我国的藏民族生活中，也一度盛行着“夸富宴”或“偿债宴”（乌欗铎墨[18]）的社会现象，其与世界各地初民社会中原始土著的“夸富宴”形式，具有相当一致的文化意义和法律功能。根据藏语构词法，“བུ་ལོན”是指“债务”，“བུ་ལོན”是指“宴请”，合称为“偿债宴”。即通过由若干相关人员参加的聚会，偿还和清结债务。举办这种宴会的偿债人，在宴会后其社会地位和声誉会遭受极大的损害和贬低。在黄南州河南县蒙古族也有进行偿债宴的习俗。一个家族如果进行过偿债宴，一般会被大家看不起[19]。

在青海省果洛藏族自治州的藏族部落中，在新中国成立前广泛盛行着

[16] ［美］理查德·A. 波斯纳：《正义/司法的经济学》，苏力译，中国政法大学出版社2002年版，第164页。

[17] ［美］理查德·A. 波斯纳：《正义/司法的经济学》，苏力译，中国政法大学出版社2002年版，第167页。

[18] 乌欗铎墨是“夸富宴”藏文的音译，笔者希望用“乌”表达没有财产可资抵债，“欗”表达社会地位和分层，“铎”表达政令，“墨”表达偿债宴会之后，债务人的社会地位和社会评价下降，故没有采桑杰侃卓“吾兰道沫”的译法。

[19] 两个案例系2013年8月笔者在果洛藏族自治州和黄南藏族自治州调研时通过访谈民间调解员时获得。青海黄南州蒙古族较多受到藏族文化的影响。

藏族的夸富宴（乌栏铎墨）习俗[20]，时至今日仍然较完整地保留着这种习俗。在果洛三大部落之一的阿什姜宏姆（女王）部落，举行夸富宴一般要具备如下要求：一是债权人们要同意；二是有中间人；三是在寺院、头人前发誓：除此之外别无其他财产（发誓的人是担保人）。由于举行偿债宴后会导致社会地位和社会评价降低，所以在新中国成立前人们对此持非常谨慎的态度，除非万般无奈下，轻易不会进行偿债宴。近年来，因为经商不利、婚姻、丧葬或赌博欠债等原因，个人之间也出现以偿债宴（乌栏铎墨）形式解决债务纠纷的个案和例证。尤其由于藏区虫草经济的发展，当事人因赌博欠账，动辄轻易进行偿债宴。但债权人一般不愿意参加"乌栏铎墨"，因为参与"乌栏铎墨"就意味着必须要全部或部分放弃债权，所以一般不参加"乌栏铎墨"，但同意减免部分债务，并不放弃全部债权。2012 年在果洛藏族自治州玛沁县，A 因赌博欠债 88 万多元，需要找一个德高望重的人帮忙做中间人，还要请一些人帮忙替他讲话。A 有牦牛、马匹合计 36 头，一尺宽的虎皮 1 张，1 万多元的现金，5 间平房，有两套价值 1 万 4 千元的藏装，价值 1 万元的唐卡，提出以此全部偿还给债权人，自己和家人净身出户。在估价时，对东西的估价比市面上商品的价格略高一些，当时请 A 的媳妇的舅舅来做中间人发誓，她的舅舅不愿意。21 个债权人只来了 12 人，不来的人同意减免小部分债务，但不同意参加 A 所举办的偿债宴。经过协商，其债务被减少至 55 万元。但"乌栏铎墨"后债权人中没有一个人拿走 A 的任何物品，A 后来还完了所有的债务。

通过调研总结，藏族"乌栏铎墨"的主要程序是：①由债务人通知所有的债权人参加，先由债务人陈述进行宴会的理由，获得大家的共识，再进行债权的分配，也有部分债权人当场表示放弃债权；②由债务人的亲朋通知债权人参加，债务人陈述理由，再行分配债权比例；③由债务人通知债权人参加，陈述理由并发誓，选择亲朋或有威信的人作证，最后分配债权比例。

藏族"乌栏铎墨"一般具有以下特点：①主要针对自然人，但其财产既包括债务人的财产，也包括其家庭成员的财产；②陈述理由和发誓及亲

---

[20] 桑杰侃卓："'吾兰道沫'：青海果洛藏族地区的一种特殊破产形式"，载《攀登》2002年第 6 期。

友作证是必经环节；③程序和债权分配较为简单，按比例确定债权分配；④经过该宴会后，债务人及其家庭社会声誉和地位评价下降。

在调研过程中还了解到，在藏区，牧业社会主要还是靠天养畜，较大的生存风险通过社会组织——部落和家族分担，社会互助和保险的意识较强。一般进行"乌栏铎墨"的债权人和债务人之间关系较密切，多为亲戚或朋友关系，债务人不能偿还债务后，一般可能有逃离、搬迁或自杀的倾向，在藏区因全民信教，佛教不杀生思想对社会成员有非常大的行为约束力，因而也更多地可以获得债权人的谅解和宽宥，从而促使"乌栏铎墨"较易进行。

三、藏族"夸富宴"（བ་ལོན་ཉལ་ཞ།）的法律功能

法律人类学对世界各地区的初民社会的"夸富宴"的研究是较广泛和深入的。"夸富宴就其本身而言只不过是交换礼物的制度，但它在这些部落中非常典型，是这些部落的重要特征。……在这些社会中，有两种观念要比在美拉尼西亚的夸富宴中或者波利尼西亚的更为发展、更为分解的制度中明确得多：这便是信用（credit）、期限（terme）的观念和荣誉的观念。"[21] 由此可见，夸富宴除开社会分层方面的功能之外，还有一种最为中国当下社会法律文化和法律制度值得汲取的法律功能和理念。

马林诺夫斯基认为："风俗——一种依传统力量而使社区分子遵守的标准化的行为方式——是能作用的或能发生功能的。"[22] 他指出仪式活动具有创造功能，风俗中奇异字词也具有功能，家庭生活及其物质设备亦具有功能，它们综合构成了文化的手段迫力、思想及道德完整的综合迫力。[23] 以马林诺夫斯基为开端的夸富宴习惯研究，注重这些人类学行为的功能主义意义挖掘，而拉德克利夫·布朗则提出了结构功能理论。他认为，"社会生活方式是人们的社会行动和活动方式，所谓社会行为和活动

---

[21]．［法］马塞尔·莫斯：《礼物——古式社会中交换的形式与理由》，汲喆译，上海人民出版社2005年版，第65页。

〔22〕［英］马林诺夫斯基：《文化论》，费孝通等译，中国民间文艺出版社1987年版，第30页。

〔23〕［英］马林诺夫斯基：《文化论》，费孝通等译，中国民间文艺出版社1987年版，第30～45页。

是指人与人之间的作用和相互作用，这种作用构成了一种极其复杂的社会网络关系，而这种社会网络关系的排列秩序也就是所谓的社会结构。社会生活方式的延续实际上是由人类各种行为和互动所构成的社会过程。为了维持社会结构的存在和延续，功能反映了社会结构和社会过程之间的相互关系。"[24]他明确地指出："'功能'是指局部活动对整体活动所做出的贡献。这种局部活动是整体活动的一个组成部分。一个具体社会习俗的功能，是指他在整个社会体系运转时对整个社会所做出的贡献。这个观点意味着任何社会体系（同整个社会习俗联系在一起的一个社会的总的结构。社会结构存在于社会习俗之中，而且其存在的延续也依赖于这些社会习俗）多具有某种和谐性。对此，我们可以冠以功能和谐。"[25]而霍贝尔则认为：法执行着维护最简单的社会之外的所有社会的秩序的基本功能；配置对人实施强制的权力，这几乎是法律所特有的功能；审判案件，制止或制裁违法行为，以及调整争端者之间的关系，以使社会生活重新回到原来的轨道上来；对社会关系的重新规定和期望的重新定向。[26]因此，夸富宴习俗是适应原始社会社会组织结构较为松散，政府羸弱，为了强化社会保险和社会互助生成的社会秩序和机制。

可以讲"夸富宴"习惯主要表现出以下功能：①从政治方面和仪式上看，夸富宴是一种通过竞富，显示自己地位，并进一步攫取统治地位的手段，以实现社会地位的上升和社会的分层；②从经济上看，不仅是一种财产分配、再分配、借贷付息的方法，也是分担风险的社会保险的一种原始形式；③从社会方面看，可以起到树立威信、安抚众人，震慑不轨之谋的作用。

与美洲西北海岸的民族志所描写的夸富宴习惯同理，藏族"乌栏铎墨"习俗也在藏族牧业社会和半农半牧社会中起着非常重要的规范社会行为的作用，并显现着其独特的法律功能。拉德克利夫·布朗认为："如果把一个社会的经济机制同社会结构联系起来研究，那么它会呈现出另一种

---

〔24〕 ［英］拉德克利夫·布朗：《原始社会的结构与功能》，潘蛟等译，中央民族大学出版社1999年版，译者序，第9页。

〔25〕 ［英］拉德克利夫·布朗：《原始社会的结构与功能》，潘蛟等译，中央民族大学出版社1999年版，第203页。

〔26〕 参见［美］霍贝尔：《原始人的法》，严存生等译，法律出版社2006年版，第256页。

非常不同的景象。商品和服务交换取决于某种结构（人与人、群体与群体之间的关系网络），它是这种结构的产物，同时也是维持这个结构的手段。有论者认为，美洲西北部印第安人的赠财宴（potlatch）仅仅是一种愚蠢的浪费，因而对此加以禁止。而在人类学家看来，这却是维持世系群、氏族以及半偶族社会结构的一种机制，与之联系在一起的是根据特权来确定的等级排列。"[27] "要充分理解人类的经济制度，就需要从两个角度来对之进行研究。一个角度是把经济体系看做一种机制，各种商品通过这种机制得以生产、运输、转换和利用。另一种角度是把经济体系看做是人与人、群体与群体之间的一系列关系，这些关系维持着商品和服务的交换流通，同时也通过交换和流通来使这些关系得到维持。从后一个角度来看，社会经济生活研究是社会结构一般研究的一个组成部分。"[28] 由此，我们亦可以认为藏族"乌栏铎墨"习俗具有藏族牧业社会中社会经济生活和社会结构研究的重要意义，其法律功能可以表现为：①藏族"乌栏铎墨"习俗是一种牧业社会中替代有限政府职能所进行的社会流通、交换、再分配的一种机制；②藏族"乌栏铎墨"习俗是社会分层和社会等级的表现形式；③藏族"乌栏铎墨"习俗是社会保险、社会互助、社会团结和多元生活和模式共存的生活形式。

藏族"乌栏铎墨"习俗所展示的社会关系和社会和谐发展的理念，值得我们对我国传统法律文化和当下法律中抽象的、缺乏人性的法律规定进行反思。

四、余论：古罗马自然人破产制度和藏族"夸富宴"（ཕྱུག་སྟོན།）习俗对建构我国个人破产制度的启示

拉德克利夫·布朗认为："社会关系仅能通过人与人的互惠行为来观察和描写。因此，我们必须按照个人或群体在处理与其他人或其他群体关系时所遵循的行为模式来描述社会结构形式。在一定程度上，这些模式是在一定的规则中构成的。在我们的社会里，我们把这些规则区分为礼节、

---

[27]　[英] 拉德克利夫·布朗：《原始社会的结构与功能》，潘蛟等译，中央民族大学出版社1999 年版，第 221 页。

[28]　[英] 拉德克利夫·布朗：《原始社会的结构与功能》，潘蛟等译，中央民族大学出版社1999 年版，第 222 页。

道德和法律等规则。当然，只有得到社会成员的承认，规则才能得以存在；只要它们被宣布为规则，人们即可能在口头上承认它，或者在行为上遵循它。"[29]藏族夸富宴习惯法对构建我国个人破产制度，以及解决我国当前民间金融困境、非暴力犯罪死刑问题的研究具有一定的启示意义。

第一，古罗马自然人破产制度和藏族"夸富宴"（ བ་འོར་སྒྱོ་མོ ）习俗对夸富宴开放性主体的规定，有助于反思并打破我国破产制度中破产主体的狭隘性界定。

藏族"夸富宴"（乌栏铎墨）习俗的举办对主体并无限制。露丝·本尼迪克特指出："每一个具有潜在重要性的个人，不论是男人还是女人，都像小孩一样进入这一经济竞争。"[30]而我国破产制度排除了个人的破产主体资格。世界各国的破产立法一般采取两种立法例：一般破产主义和商人破产主义。按照前者，破产法适用于所有个人、法人及非法人组织。任何组织和个人，无论是何种原因引起的债务清偿不能，均可以根据破产法加以处理，也即他们都具有破产能力；而按照后者则将破产能力仅仅赋予具有商人资格的个人和组织。世界上多数国家，尤其是英美国家，采用的是一般破产主义，只有少数大陆法系国家采用商人破产主义。目前的趋势是，实行商人破产主义的国家也逐渐放弃传统立法例，向一般破产主义靠拢。我国由于种种缘故，破产法的适用范围受到了两大限制：一是破产法仅仅适用于具有法人资格的组织；二是只有具有企业性质的法人组织才能适用破产法。套用上述概念，我国的破产法适用范围可以称为"商法人破产主义"，也就是在商人破产主义所涉及的范围中，还要减去作为自然人的商人。应当说，这种关于破产能力的立法例，在当今世界各国中显得比较保守，范围也是最狭窄的。虽然在 2004 年的《中华人民共和国企业破产法（草案)》中对个人破产有所涉及，但现行的破产法还是将个人排除在破产法的调整范围。该法只适用于企业法人，对于个人破产问题，该法没有规定，所以这部法律被称为"半部破产法"。这被很多学者看做中国法制不健全的表现。特别是最近几次房产调控中，发生了断供风波，以及

---

[29] [英] 拉德克利夫·布朗：《原始社会的结构与功能》，潘蛟等译，中央民族大学出版社1999 年版，第 222 页。

[30] [美] 露丝·本尼迪克特：《文化模式》，王炜译，三联书店 1988 年版，第 143 页。

2008 年汶川地震中大量房屋被毁，很多人提出以个人破产机制应对。我国自改革开放以来，尤其是加入 WTO 后，在经济、政治、文化等许多方面取得了巨大的成就，人民的生活水平显著提高。与此同时，中国人量入为出的传统消费习惯，随着银行信贷的放开，改变为"用明天的钱实现今天的梦"的借贷消费方式。基于市场风险和其他多种因素，有些人可能因为商业失败，或者突遇难以承受的灾难（如汉川地震和玉树地震），而难以偿还所欠的巨额债务。根据我国民法个人对所负债务承担无限责任的原则，债务人很难走出债务的泥潭。如果遇到债务人没有财产的情况，便会出现执行难的问题。因此，个人破产制度亟待在我国建立。

第二，古罗马自然人破产制度和藏族"夸富宴"（ য়ৄ্রৄ্র্র্） 习俗中的自有财产原则、免责原则和破产失权原则对我国法律文化传统和现行法律规定具有批判性反思的意义。

藏族"夸富宴"（乌栏铎墨）习俗破除了"破产有罪"的观念，确立了自有财产、免责和破产失权等原则，对我国传统法律文化和非暴力金融犯罪可能处以死刑的现行法律规定[31]，持严肃的批判态度。自有财产原则是为保护个人破产主体的继续生存，规定一些专属破产人本身不可转让的财产权利（如抚养费、赡养金、退休金、精神损害赔偿金、人寿保险金等等）和法律明文规定的不得扣押的财产，可由破产人自由管理、使用和处分的，不得查封、扣押、分配清偿的财产。破产主体免责制度是在破产程序终结后，对于破产人未能依破产程序清偿的债务，依照破产法的规定，在何种条件下和什么范围内予以免除继续清偿责任的制度。破产失权是通过对破产人给予各种公、私权利或资格上的限制，维护债权人的利益，间接强制破产人还债，以满足社会公众安全心理的需要，亦促使民事主体审慎行事，减少破产发生。

纵观世界破产法律发展历史，在英美等国，有关个人破产的观念和制度也历经了一个较漫长的转变过程。最早的个人破产法产生于古代罗马法，后经由意大利成为通行于欧洲的中世纪商法。英国 1542 年《破产法》的序言解释了它的立法目的："鉴于形形色色的人狡猾地占有了他人大量

---

〔31〕 在我国刑法规定的金融犯罪中，集资诈骗罪规定为最高可处以无期徒刑或者死刑，并处没收财产。

财产后突然消失，或者紧闭家门而不打算向债权人偿还债务或履行义务，为其自身的享乐和优越生活，抛弃了理性、公平和良知，随心所欲地享用他们凭借信用从他人那里获得的物质财富"，[32]破产法准许变卖上述"罪犯"的财产并将变现所得按比例分配给他们的债权人。

1570 年、1604 年和 1623 年，立法又对破产法进行了修改和增订。"法律授权大法官和大法官任命的破产委员会成员可以根据债权人的申请传唤破产人，经过宣誓后进行调查，必要时还可以拘禁破产人直到剥夺其财产为止。债权人要使该传唤令得以签发，必须表明债务人已经有不能清偿债务的相关行为；以及不能清偿的行为已经持续了数年，符合能够确定无力清偿状况的大部分法律规定。1570 年《破产法》包括取消欺诈性财产转让的规定，也正是该法案限制了破产法仅适用于零售商、批发商以及那些以'买进卖出'谋生的人，这样规定可能是因为这种人很可能举债以及这种人的财产处于一种相对容易携带潜逃的状态。在这个时期，分配破产人的财产不能免除其继续偿还未清偿债务的责任。1705 年，为了说服破产债务人在破产过程中予以合作，英国首次引进了剩余债务免责制度（以下简称'余债免责'）。然而，关于余债免责必须获得 4/5 的债权人、破产委员会委员以及大法官的同意的规定几乎立即限制了前述让步。余债免责需经债权人同意的规定给少数有报复心理的债权人提供了不正当的权力，此规定直到 1842 年才废止。1842 年，余债免责问题交由法院决定，之后，又进入了由议会尽力识别破产人是否适用余债免责的阶段。因为该时期的破产立法仅适用于那些以买进卖出为生的商人（他们的财产特别容易被某个潜逃的债务人卷走），可以承担有限责任就成了商人的一种特权。商人的概念经由立法和司法解释而得以延展，但是直到 19 世纪中叶，这个概念仍然排除了大量从事商业活动的人群，包括农民和建筑商。这种优待可能源于商人是唯一容易在自身毫无过错的情况下陷入破产的群体这种感性认识。例如，布莱克斯通曾经指出：一般而言，（商人）是唯一容易在自身毫无过错的情况下，遭受意外损失和

〔32〕〔英〕费奥娜·托米：《英国公司和个人破产法》（第 2 版），汤维建、刘静译，北京大学出版社 2010 年版，第 7 页。

古罗马法自然人破产制度和藏族「夸富宴」习俗

不能偿还债务的人群。如果人们在其他生活方式下背负了不能清偿的债务，他们必须承担自己的过失导致的后果……除了商人以外，法律将其他任何人背负巨债视为不可宽恕的行为。对商人能否破产还有一个最低债务标准的规定，所以，甚至不是所有的商人都能适用破产法。非但如此，直到1824年，商人才能通过破产寻求余债免责。关于非商人破产的法律史大部分是监禁债务人的历史。对债务人的监禁可以在宣告破产前实施（在破产过程中监禁债务人旨在防止债务人在听审前潜逃），也可以在宣告破产后作为强制债务人清偿的手段。债权人能够监禁其债务人的规定在立法中保留了数个世纪。在破产过程中监禁债务人的做法直到1838年才彻底被废除，因债务判决被监禁尽管受到越来越多的限制，其被废除却是1869年的事情。自16世纪以来，一部分人认识到了通过监禁破产债务人寻求清偿的努力是徒劳无益的。16世纪和17世纪早期，枢密院以及之后的议会设置了特定方式使破产债务人免受监禁。1759年《破产法》（通常被称为大法官法）第一次向那些未被监禁的债务人提供了免受监禁的希望，该法还试图通过强制申报财产的方式解决那些宁愿被监禁也不愿偿债的债务人的问题。这些立法都允许债权人在支付被监禁者每周基本生活费用的情况下，继续监禁债务人。公众的观点日益受到债务人监禁中出现的问题的困扰，包括粗暴地对待债务人、监禁偿债体制的缺乏效率。这是因为，除了债权人应该承担监禁债务人所需生活费用外，监禁建立在债务人丧失赚钱能力的基础上，监禁体制也消耗了公共资源。1813年，英国成立了一个救济破产债务人的法院，为解决该问题提供了固定的渠道。该举措使破产开始作为一个单独的概念适用于非商人群体，从个人破产（bankruptcy）的概念中分离出来，按照规定，非商人的债务低于一定限度时，可以向法院申请保护、免受程序干扰。法院可以在债权人提起诉讼时发出一个临时命令，保护资不抵债的债务人免受法律令状或者监禁的困扰；如果法院经过调查确信：债务人的破产并非源于过错、违反信托约定或者债务人没有在缺乏合理确信能够清偿债务的情况下举债，法院将发出一个最后命令。该命令可能包括授权破产管理人处理债务人的财产，以及用债务人以后获得的财产和收入继续清偿剩余债务。这种方式存在的问题是，要求债务人用将来的收入偿还债务使债务人丧失了继续挣钱的动力，不具有让债务人振作复兴的意义。1861 年，救济破产债务人的法律和一些调整资不抵债的法律被同时废除，破产法扩张适用于非商人群体。这种双轨制被不同的双轨制所取代是因为，随着有限责任公司制度的确立，许多商人都会在将来组建自己的公司。破产法以前是调整破产企业的机制，现在，调整破产企业的机制却成为公司破产法调整的对象，而破产法则将大量地应对以前被该法排除的非商人破产问题。1831 年，布鲁厄姆（Brougham's）破产法引进了官方受托人（official assignees）的概念，他们是隶属于伦敦破产法院的官员，负责管理破产财产。新法院和官方受托人体制都引起了广泛的不满。伦敦破产法院于 1847 年被撤销，破产案件的管辖权移交给了大法官法院。1869 年，在商界坚持认为债权人管理破产财产会更加经济的情况下，破产财产的管理权从官方受托人转移至债权人手中。1844 年，英国立法引进了多数债权人决定制以后，少数债权人及其顾问为了自身利益而极易通过代理机制操纵破产程序的现象变得明显起来。在可以预知变卖破产财产不足以清偿债务的小型破产场合，债权人决定制显得尤其失败。对经债权人同意对债务人财产进行清算的债务人的相关事务缺乏调查也令人担忧，债务人的财务状况没有经过任何司法调查，就获得了完全的余债免责。……实际上，在 1986 年破产法通过之前，1883 年破产法持续生效一百多年。1914 年破产法主要是对 1883 年破产法的整合和适时性修订。"[33]

在美国，个人破产的核心概念是免责。字典里"免责"（Discharge）是指减轻负担，或放弃、解除、废除，这正是免责在破产法上的含义。如果债务人被免责，他所负担的债务将被免除。债权人也不得再向债务人追索已经免责的债务。虽然破产的起源要追溯到数千年前，但是破产免责的概念则是近代才出现的。早期的破产法一般只是债权人的执行机器。破产法授权法院控制债务人的财产，用其财产偿还债权人。在债务人的财产用于还债后，对于未能清偿的债务，债务人仍

〔33〕 ［英］费奥娜·托米：《英国公司和个人破产法》（第2版），汤维建、刘静译，北京大学出版社 2010 年版，第 7~11 页。

有义务继续偿还。虽然美国破产法规定了免责制度，但是国会从未规定给予每个债务人无条件的债务免责。比如，债务人从事欺诈的，不得免责。除了对一些案件不适用免责外（免责例外，exceptions to the discharge），破产法对一些特定的债务也不适用免责（免责的部分例外）（partial exceptions to the discharge），也就是说即使债务人免除了其他债务，这些特定债务也不得免除。根据现行的破产法，债务人可循两种不同的途径以获得免责。第一个是根据现行破产法第七章直接进行破产清算。按照直接清算的规定，债务人将其财产全部交给破产法院。理论上，财产由托管人（Trustee）变卖，变卖的收益用于清偿债权人。清偿的第一顺序是担保债权人，即在债务人抵押财产上设定担保或有担保权益的债权人。在担保债权人和其他享有优先权的债权人获得清偿后，无担保债权人有权按比例分配债务人的剩余财产。实际上，如果个人申请破产，此时通常已经没有财产可以偿还给债权人。这些案件常被称为"无产可破的案件"（no asset），这些案件无需进行财产的拍卖，债权人可直接立即获得债务免责。我将其称为"立即免责"（immediate discharge）。在实际操作中，债务人必须等上一两个星期，直到法官真正签署债务免责裁定。近些年，约有75%的个人破产案件是"无产可破的案件"。债务人的第二个选择是根据破产法第十三章提出重生计划。在第十三章规定的破产案件中，债务人仍保有自己的财产，而不是交由法院管理。债务人提出一个三到五年的债务清偿计划。起初，这是针对工薪一族设计的制度，但是现在也适用于所有有固定收入的债务人。重生选择权在1933年首先提出，1938年发展成一个成熟的制度而被纳入破产法。如果债务人希望保留财产，根据第十三章的规定，这种方式一直被认为是一种比被直接清算名声要好的个人破产方式。如果债务人努力偿还债务，而非选择立即获得债务免责，那么国会就会认为如此为之的债务人不会简单地不履行债务，债权人也不会认为债务人会草率地不履行债务。国会甚至使用不同的名词将其与其他债务人区分开来。在1978年破产法改革法案中，选择直接清算的人被称为破产者（bankrupts），然而选择重生制度的人则获得一个不太贬义的称谓：债务人（debtor）。现行的破产法则统一使用债务人一词。根据现行的法律，大多数债务人是自愿申请破产。虽然债权人可以通过强制破产申请让债务人破产，但债权人很少这样做。因为现行破产法对债务人非常有利（主要是因为债务人可以立即获得债务免责），债权人更愿意通过破产法之外的方法实现债权。相反，19世纪强制破产则很盛行。债权人担心州法律袒护当地债务人，为保证每个债权人都能够获得平等对待，他们把争取适用统一的联邦破产法视为奋斗目标。1898年《破产法案》颁布后数十年，约有一半的破产由债权人提出，而非债务人。只是后来债权人才对强制破产申请失去了热情。总而言之，申请破产的个人债务人有两个选择，直接清算（第七章）和重生（第十三章）。破产法允许债务人保留一些财产，免除债务人的债务，让债务人得以重获新生。虽然债务人和债权人都可以提出破产申请，但是现在几乎所有的破产申请都是由债务人自愿提出的。[34]

综之可见，英美破产法的立法沿革历史说明，英美破产法亦走过一个"破产有罪主义"——区分不同类型的债务人——"余债免责"——"重生计划"的破产法演变过程，在这个过程中，法律越来越人性化和人道化，越来越尊重债务人的人格，关注他们生活的改变，关注社会的和谐。英美破产法制度与我国近现代破产法律制度相比较有很大的进步。我国破产法中一些规定既不人道，又缺乏严密的逻辑构造，这些规定在人们生活中的武断实践所遭遇的民间抵制，有助于我们反思古罗马人和藏族古老习俗的智慧和价值。

马塞尔·莫斯也指出："我们的道德以及我们的生活本身中的相当一部分内容，也都始终处在强制与自发参半的赠礼所形成的气氛之中。值得庆幸的是，还没有到一切都用买卖来考量的地步。"[35]"今天，那些古老的原则对我们法规中的严密、抽象和非人性有所反弹。从这一观点来看，可以说我们正在酝酿中的一部分法律和最近的某些习俗实际上都是向过去的回归。对于我们的制度从罗马法和撒克逊承袭下来的冷漠，如今这种反

---

〔34〕［美］小戴维·A.斯基尔：《债务的世界——美国破产法史》，赵炳昊译，中国法制出版社2010年版，第6~9页。

〔35〕［法］马塞尔·莫斯：《礼物——古式社会中交换的形式与理由》，汲喆译，上海人民出版社2005年版，第155页。

动完全是有益而有力的。一些法律和习俗的新原则也可以从这个角度得到阐释。"[36] "因此，人们能够而且应该回归古式的、基本的道德；由此我们将重新找到一些生活与行动的动机，其实这些动机目前仍被为数众多的社会与阶层所熟稔：当众赠礼的快乐，慷慨而巧妙的花费所带来的愉悦，热情待客与公私宴庆的欢欣。而由互助会、合作制度、职业群体的协作以及所有这些英国法中用'友爱社会'（Friendly Societie）一词加以形容的道德个人（personne morale）所达成的社会保险与社会关怀，要比贵族对其佃农的个人安全所承诺的简单保障更为优越，要比每天靠老板发工资才能维持的清苦生活更为稳定，甚至比资本主义的储蓄还要可靠——因为后者的基础只是变动着的信用。"[37] "甚至可以设想一下贯彻了这些原则的社会将会怎样。实际上，在我们各大民族的自由职业的范围内，已经在某种程度上实行了这种道德与经济。荣誉、无私和协作团结在那里已经不再只是一句空话，同时也没有阻碍必要的劳动。其他的职业群体也应该同样更具有人性，也应该变得更加完美。这将是一种伟大的进步，正如涂尔干所一贯倡导的行为那样。"[38]

第三，汲取古罗马自然人破产制度和藏族"夸富宴"（ཁ་འོན་སྟོན་མོ）习俗的社会互助和社会团结的理念，建构完善的涵括个人破产制度在内的我国破产法律制度。

拉德克利夫·布朗认为："社会关系并非生成于利益的相似，但它却依赖于人与人之间的相互利益，依赖于一种或更多的共同利益，或依赖于这些利益的合并。两个人均有志于得到某种结果，并为实现这个目的而相互合作，这是社会团结最简单的形式。当两个以上的人在某一客体上具有共同利益时，那么就可以说，这一客体对因此而联系在一起的人们具有社会价值。如果遵循法律几乎对于所有社会成员都有利，那么，我们就可以说这个法律具有一种社会价值。从而，社会价值研究在这个意义上也是社

---

〔36〕 ［法］马塞尔·莫斯：《礼物——古式社会中交换的形式与理由》，汲喆译，上海人民出版社 2005 年版，第 158 页。

〔37〕 ［法］马塞尔·莫斯：《礼物——古式社会中交换的形式与理由》，汲喆译，上海人民出版社 2005 年版，第 162 页。

〔38〕 ［法］马塞尔·莫斯：《礼物——古式社会中交换的形式与理由》，汲喆译，上海人民出版社 2005 年版，第 162～163 页。

会结构研究的一部分。"[39] 对此，马塞尔·莫斯也指出："由是观之，从人类进化的一端到另一端，并没有两种不同的智慧。因此，我们在生活中所采用的原则其实都是些由来已久的原则，而且在未来仍会有效：这就是要走出自我，要给予——无论是自发的还是被迫的；这种原则是不会错的。毛利人有一句精辟的谚语这样说道：送取相宜，一切如意。"[40] 事实上，关于我国未来破产法修订是否应设立个人破产制度一直存在争议。主流观点认为，建立个人破产法律制度有利于保护诚实和因各种原因而陷入财务困境的消费者。但也有人认为，该制度的建立可能会鼓励债务人恶意逃债，在我国市场经济还没健全、信用体系也不完善的情况下，我国不应建立个人破产制度。马塞尔·莫斯指出："依我之见，要实现这一目标，人们应该重新回到法律的坚实基础，回到正常的社会生活的原则上来。既不能以为公民太善良、太主观，也不能把他们想得太冷酷、太实际。人们对他们自己、对别人、对社会现实都会有一种敏锐的感觉（就道德而言，实际情况难道不就是如此吗？）。他们的行为举止既会考虑到自己，也会考虑到社会及其次群体。这种道德是永恒不变的；无论是最进化的社会、近期的未来社会，还是我们所能想象的最落后的社会，都概莫能外。我们已经触及到了根本。我们所讲的甚至已经不再是什么法律，而是人，是人群；因为自古以来经纶天下的乃是人和人群，是社会，是深埋在我们的精神、血肉和骨髓中的人的情感。"[41] 所以，汲取藏族夸富宴习俗的法律功能和理念，建构完善的涵括个人破产制度在内的我国破产法律制度，是时代和经济发展对完善我国法律体系提出的现实任务和目标。

市场经济从一定意义上来说就是法治经济。市场经济的健康发展必然需要与之匹配的法律体系。现阶段，我国社会生活的商业化的程度越来越高，传统自给自足的自然经济已经被打破。基于市场风险的不确定性，在给市场主体提供准入机制的同时，还应该为其提供一个良好的市场退出机

〔39〕[英] 拉德克利夫·布朗：《原始社会的结构与功能》，潘蛟等译，中央民族大学出版社1999年版，第223～224页。

〔40〕[法] 马塞尔·莫斯：《礼物——古式社会中交换的形式与理由》，汲喆译，上海人民出版社2005年版，第165页。

〔41〕[法] 马塞尔·莫斯：《礼物——古式社会中交换的形式与理由》，汲喆译，上海人民出版社2005年版，第163页。

制。破产法作为此法律体系的重要组成部分，是调整市场主体优胜劣汰的重要法律机制或手段。因为社会意识形态和我国传统文化的影响，我国现行的破产体制仅保护企业法人，而没有确立个人破产制度。这使得同样作为市场主体的个人，不能及时退出市场运营，结果造成市场混乱，扰乱正常的流转秩序，从而影响其他经济主体的正常经营。因此，只有建立个人破产制度，才能更好地维护我国破产法体系的完整性，使债权人和债务人之间的债权债务关系得到公平、有效的解决。

改革开放以来，为了促进市场经济的快速发展，我国推出了一系列创业的优惠政策。然而由于市场的不确定性，投资者可能因为投资失败，而陷入债务的泥潭无法自拔。我国的现状是个人只要成为债务人，就会永远背负债务，直到还清为止。这就使得个人在投资创业时的进入门槛低，而退出门槛高。没有良好的市场退出机制，不仅债权人的债权得不到公平受偿，而且债务人的人权也得不到有效保障，诚实的债务人也没有一个翻身的机会。因此，在鼓励创业的今天，我国应该建立个人破产制度，使诚实的债务人摆脱压力，获得重生的机会，这对消除个人投资创业者的后顾之忧有着重要的意义。

在我国的司法实践中，每年都有大量生效的民商事判决得不到有效执行，"执行难"的问题普遍存在。尽管造成"执行难"的原因有很多，但主要原因还是债务人在客观上无法履行法定偿债责任。许多"执行难"的民商事案件，归根到底就是破产案件。在我国，如果企业法人不能清偿到期债务而造成的"执行难"，可以通过现行的破产法解决。但我国现行的破产法没有将个人纳入破产保护的范围，一旦个人无能力清偿到期债务时，执行程序中止，债务可能在很长的时间内都无法得到解决。大量的"执行难"案件长期得不到处理，不但挑战了法院判决的权威，而且使债权债务关系长期处于不稳定的状态。债权人在通过公力救济不能实现其权利时，便可能选择自力救济，如恐吓、绑架，甚至极端的救济方式来代替公力救济。这在一定程度上激化了社会矛盾，如果建立了个人破产制度，一些"执行难"案件便可以通过破产程序得以根本解决。

目前，欧美发达国家和世界上大多数国家都实行了个人破产制度，我国的港、澳、台地区也实行了个人破产制度。随着我国改革开放的不断深入，特别是我国加入 WTO 以来，我国与世界各国的经济贸易联系越来越紧密，以世贸规则为代表的国际法对国内法的影响逐渐加深。由于我国没有建立个人破产制度，这使得我国的个人在国际经济交往中处于一种不利的情形：一方面，外国个人债务人不能清偿我国企业或个人的债务时，可以随时宣告破产而免除债务；另一方面，我国的个人债务人在不能清偿外国企业或个人债务时，却不能宣告破产免除债务。因此，如果我国不顺应国际化的发展趋势，把个人破产纳入破产法的范围，势必会给国际交往造成障碍，影响我国的改革开放和经济体制的深化。

（文字编辑　肖泽）

古罗马法自然人破产制度和藏族「夸富宴」习俗

从德国历史法学派看中国法律
现代化的路径选择

舒　砚*

一、问题的提出

（一）法律史研究的困惑：法史学的中国意义

改革开放后，中国法制史的研究日益繁荣，但是这种繁荣似乎与其对中国法治发展的贡献并不相称。归类在法学学科里的法律史学科，仍遵循着历史学的研究路径与方法，因此法律史论著中的法学概念形同刻意点缀。中国法制史虽然列入了教育部指定的法学本科必修课，但是其必修的价值却随着社会经济的发展日趋减弱。如果说新中国成立后前三十年的中国法制史（中国国家与法权的历史）的研究还有为现政权提供批判对象的作用，那么后三十余年的中国法制史研究就应该为现政权的法治建设服务。前者得到了很好的贯彻，后者在初期也搞得比较好，但是进入20世纪90年代之后。因此，世纪之交开始，法制史研究的反思逐步增多，既有学术史的梳理，也有研究方法的反思。然而十几年过去了，我们的共识似乎并没有增多，而分歧仍旧不少。[1]法律史研究对法学理论的贡献、对部门

---

* 中南财经政法大学法律史专业2013级硕士研究生。

[1] 虽然2005年、2006年中国法律史学界对法律史研究方法展开了诸多讨论，例如2005年11月召开的"法律史学科发展国际学术研讨会"，就法律史学科发展的理论、方法和材料，展开了富有深度和较为充分的研讨，2006年《政法论坛》发表了张明新的《法律史学科的宏观进展与微观深化——"法律史学科发展国际学术研讨会"综述》，徐忠明的《中国法律史研究的可能前景：超越西方，回归本土?》，刘广安的《中国法史学基础问题反思》，李力的《借题发挥：中国法制史向何处去?》，一时讨论激烈。但时至今日，法律史研究方法仍受到学者关注，特别是一批青年学者，不断试图引进新的研究方法，2013年11月在北京召开的第二届"青年法史论坛"以法律史研究方法为主题便为显征。

法学的发展、对中国法治建设的贡献度似乎持续走低,法律史学似乎持续边缘化。因此,笔者一直被法律史研究"有何用"所困扰!法史学在中国法治进程中到底有何意义?

（二）德国历史法学派的经验之思

然而,历史法学也曾有过辉煌的过去。德国历史法学派曾在德国 19 世纪法学发展史上占据着主导地位,历史法学也是 19 世纪三大法学流派之一。萨维尼为首的德国历史法学派,通过研究罗马法,使得现代罗马法体系在德国得以建立。继而历史法学派发展成为潘德克顿学派,成为德国法学研究的主流,传承至今。德国历史法学派通过在一个落后的国家（四分五裂的德国）继受（或根本就是移植）外来法律（罗马法）,很好地实现了民族国家的复兴。中德之间历史上面临着相似的法制发展困境——倡导民族自强却因本民族法律落后而向外来法律学习,作为历史法学,为何德国历史法学派能够产生如此大的作用,而中国历史法学却没有?到底中国法制的发展是依靠挖掘本土资源,还是进行外来法律移植?在此之下,中国法律史的研究该当如何?在诸多问题之下,去学习、反思德国历史法学派的经验,或许能给我们一些启发。

二、德国历史法学派的发展历程

（一）德国历史法学派兴起的背景

历史法学派在德国的兴起,与德国当时所处的独特历史环境息息相关。作为德国主体民族的日耳曼民族,并不仅仅在德国存在。日耳曼民族是贯穿欧陆历史发展的一个主体民族,中欧、北欧、西欧,都有日耳曼人及其后裔存在。作为民族国家的德国,其历史可以上溯到公元 800 年查理曼建立法兰克王国,甚至更早。但是与当今德国最有直接历史联系的还是公元 962 年成立的神圣罗马帝国。[2]公元 1806 年神圣罗马帝国解体之后,伴随着德意志民族国家的建构以及第二帝国的崛起,历史法学派随之兴

---

〔2〕 公元 843 年凡尔登条约把法兰克王国瓜分为东、中、西三个王国。公元 911 年法兰克公爵康拉德一世被选为国王,他算是第一位德意志国王,并作为东法兰克帝国向德意志帝国转变的开始。公元 962 年,德意志国王奥托一世在罗马由教皇加冕称帝,称为"罗马皇帝",德意志王国便称为"德意志民族神圣罗马帝国",这便是古德意志帝国,或称为第一帝国。1806 年,帝国被拿破仑一世推翻。而 1871 年在普法战争之后由普鲁士主导建立的德意志德国为第二帝国。纳粹德国被称为第三帝国。

起。从法学发展来看，德国历史法学派兴起的背景主要包括以下四个方面：

1. 中世纪欧陆共同法的兴起

共同法（ius commune）并非一个简单的概念，有时共同法也称为共同学术意见。它是因时间地点的变化而由地方习惯法同封建法、以修正与解释的形式所呈现的罗马法、教会法与商人法共同结合的复杂结果。中世纪欧陆共同法以罗马法和教会法为两大支柱，从12世纪开始，学术法即罗马法学与教会法学之地位得以确定与奠定，而地方法之改善逐渐地验证了学术法之理想与模范，且成为现实。欧陆各地于是逐步开始了地方法对共同法的继受和共同法对地方法的同化。故而，在单一的法律制度作为民族国家之组成部分成为主导时，共同法成为16世纪期间正在形成的地方法演化的起点或源头。[3]

对于德国而言，此时期共同法的影响主要在于法学教育方面。中世纪中后期大量的德国学生到意大利北部学习罗马法，稍后又在德国自办的大学中学习罗马法。这些学生后来成为专业的法律人，但是他们并没有机会在世俗法院担任审判职务，而是在帝国或封建领主的行政机构服务或是在宗教机构负责行政或传教工作，尤其是担任教会法院的审判职务。随着司法制度自身的变革，如13世纪后德国教会法院改采罗马法为基础的诉讼程序与制度等，这些专业法律人凭借其掌握的罗马法知识，逐渐在教俗法院对审判工作产生影响，并逐渐在审判工作上取得权威。[4]

2. 神圣罗马帝国对罗马法的继受

如果说中世纪欧陆共同法奠定了德国历史法学派兴起的底色，那么神圣罗马帝国对罗马法的继受则是构成了德国历史法学派兴起的直接基础。神圣罗马帝国对罗马法的继受分为"理论上的继受"和"实践上的继受"。理论上的继受是指，神圣罗马帝国是罗马帝国的继续，因此罗马法不是外国法，就是神圣罗马帝国的法律。[5]实践上的继受是指，1495年，《关于

---

〔3〕 苏彦新："欧洲中世纪共同法的形成"，载《比较法研究》2011年第3期。

〔4〕 陈惠馨：《德国法制史——从日耳曼到近代》，中国政法大学出版社2011年版，第199～212页。

〔5〕 但是，实际上，神圣罗马帝国的地位很尴尬，正如伏尔泰所讽刺的那样，神圣罗马帝国既非神圣，也非罗马，更非帝国。

设立帝国最高法院的敕令》颁布，帝国法院建立。敕令规定，在精通罗马法的法学家占全部法官人数一半的帝国最高法院无专门法规或习惯法可资适用时，应根据"帝国的法律和普通法"审判案件，也就是根据德国所继受的罗马法审判案件。[6]到了 16 世纪中叶则要求帝国法院法官都具有法学学位。[7]加上前述法学教育中罗马法的主导因素及专业法律人影响的扩大，神圣罗马帝国后期开始了罗马法在德国的"现代运用"。[8]

3. 理性主义与浪漫主义

在历史法学派兴起之前，理性主义席卷了整个欧洲，在法学领域的体现就是自然法学的产生，以及在此之后理性主义发展出功利主义和分析法学。理性主义者分为两派，一派是以洛克、卢梭、康德为代表的自由主义者，其理论以契约观念为终点，并以此作为政治和法律组织的基础；另一派是以霍布斯、斯宾诺莎、普芬道夫为代表的以主权权威的观念反对自由主义者。但是，理性主义思维有一种致命的倾向，就是通过把单个的人孤立起来对经验进行化约，这就解释了其对于社会经验的主要来源，也就是历史的忽视甚至是敌意。对于理性主义者而言，历史是没有价值的，因为在他们看来，社会发展只是个人经验的总和，要完成从自私自利向道德的转变，只有通过功利因素的积累。因此，理性主义启蒙运动构成了功利主义法理学的背景。[9]而功利主义则是分析法学诞生的前奏。

但是，理性主义遇到了浪漫主义的反对，浪漫主义要求重建被理性主义用暴力所折断的有机联系。浪漫主义运动在文学、哲学领域都得到了体现，并促成了语言科学、比较民俗学以及宗教历史学的兴起。在哲学领域，最重要的体现便是理性主义与浪漫主义多重影响之后形成的黑格尔哲学。黑格尔的历史哲学，通过理性主宰世界这一客观唯心主义原则，把历史看做一个有规律的、不以人的意志为转移的过程，从而结束了把历史看

---

[6] 郑祝君主编：《外国法制史》，北京大学出版社 2007 年版，第 294 页。

[7] [比利时] R. C. 范·卡内冈：《欧洲法：过去与未来——两千年来的统一性与多样性》，史大晓译，清华大学出版社 2005 年版，第 7 页。

[8] 陈惠馨：《德国法制史——从日耳曼到近代》，中国政法大学出版社 2011 年版，第 219 ~ 221 页。

[9] [英] 保罗·维诺格拉多夫：《历史法学导论》，徐震宇译，中国政法大学出版社 2012 年版，第 115 ~ 137 页。

做非理性的、一团紊乱的观念。这就奠定了德国历史法学派的哲学基础。总而言之，这些不同的学科研究都受到一种信念的鼓舞，即以更广泛的民族意识为形式的个人生活的拓展。无论是黑格尔历史哲学、比较语言学，还是民族意识，都为德国历史法学派奠定了坚实的基础。[10]

4. 蒂博与萨维尼的论战

萨维尼在与蒂博的论战中，提出了他的历史法学的观点。海德堡大学民法教授蒂博，在1814年反法联军战胜拿破仑的鼓舞下，写了题为《论制定一部统一的德国民法典的必要性》的论文。他在文中畅言仿照法国民法典，在三四年的时间内，经由全国努力为德国制定一部综合性的大典，并借由法制的统一，最终达成德国民族的统一。蒂博的设想反映了理性主义的哲学诉求，相信人类理性的力量足以摹写人类的心思，并转而据此设计出人类行为的完美规则，在政治上通过法典化促进德意志民族的统一。萨维尼为批驳蒂博写了一本《论立法与法学的当代使命》，他认为当时的德国既不具备制定一部法典的能力，客观上亦不具备制定一部法典的社会历史基础，所谓法律不外是特定地域人群的生存智慧与生活方式的规则形式。相对于蒂博的理性主义和自然法学，萨维尼的观点更受到刚从拿破仑枷锁下解放出来的德国人的欢迎，因为：

> 萨维尼的小册子满足了一切人的需要。于王室言，他们高兴，因为小册子赋予他们抵制激进立法改革的护身符；民主派欣然，至少肝火停匀，因为萨维尼明示法律来自民众生活而非"法自君出"；法学家们倍受鼓舞，因为萨氏强调他们乃是法律知识的合法垄断者，在发现和表述法律的技术过程中，其思其虑，得为法官亦步亦趋的司法圭臬；最后，民族主义者也分享到自己的一份，因为小册子通篇的主题就是申说德国民族与德国法的特性。[11]

可见，通过蒂博与萨维尼的论战，历史法学有了大量的支持者，历史

---

〔10〕 ［英］保罗·维诺格拉多夫：《历史法学导论》，徐震宇译，中国政法大学出版社2012年版，第138~143页。

〔11〕 以阐述历史法学名世的杰出法学家康德罗维茨语。引自 ［德］弗里德里希·卡尔·冯·萨维尼：《论立法与法学的当代使命》，许章润译，中国法制出版社2001年版，中译本序言，第11页。

法学派有了坚实的社会基础。这次论战，也是德国历史法学兴起的导火索。

（二）德国历史法学派的主要观点

德国历史法学派的主要观点在萨维尼的《论立法与法学的当代使命》一文中有了比较全面的说明。围绕该文的观点，结合其他相关论述，德国历史法学派的主要观点包括以下几个方面：

1. 法律是民族精神的产物

萨维尼在"实在法的起源"一部分，对什么是实在法，做了详细的论述，他指出：

> 在人类信史展开的最为远古的时代，可以看出，法律已然秉有自身确定的特性，其为一定民族所特有，如同其语言、行为方式和基本的社会组织体制。不仅如此，凡此现象并非各自孤立存在，它们实际乃是一个独特的民族所特有的根本不可分割的禀赋和取向，而向我们展现出一幅特立独行的景貌。将其联结一体的，乃是排出了一切偶然与任意其所由来的意图的这个民族的共同信念，对其内在必然性的共同意识。[12]

在此，他把法律归结为民族的"共同信念"和"共同意识"的产物，这就是后来所谓的"民族精神"（volkgeist）。萨维尼进一步指出，法律如同语言，与民族的存在和性格有着有机联系：

> 对于法律来说，一如语言，并无绝对断裂的时刻；如同民族之存在和性格中的其他的一般性取向一般，法律亦同样受制于此运动和发展。此种发展，如同最为始初的情形，循随着同一内在必然性规律。法律随着民族的成长而成长，随着民族的壮大而壮大，最后，随着民族对于其民族性的丧失而消亡。[13]

萨维尼认为，法律以前存在于社会意识之中，现在则被交给了法学

---

〔12〕［德］弗里德里希·卡尔·冯·萨维尼：《论立法与法学的当代使命》，许章润译，中国法制出版社 2001 年版，第 7 页。

〔13〕［德］弗里德里希·卡尔·冯·萨维尼：《论立法与法学的当代使命》，许章润译，中国法制出版社 2001 年版，第 9 页。

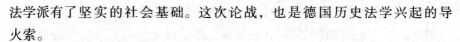

家，法学家在法律领域代表着社会，一方面法律始终是社会存在整体中的一部分，另一方面法律是掌握在法学家之手的独立的知识分支。进而他把法律与民族的一般存在间的联系称为"政治因素"，把法律的独特的科学性的存在称为"技术因素"。总之，萨维尼把法律的发展历程归结为：

> 一切法律均缘起于行为方式，在行为方式中，用习常使用但却并非十分准确的语言来说，习惯法渐次形成；就是说，法律首先产生于习俗和人民的信仰，其次乃假手于法学——职是之故，法律完全是由沉潜于内、默无言声而孜孜矻矻的伟力，而非法律制定者的专断意志所孕就的。[14]

他的法学发展思想，后来被总结为"习惯法"、"学术法"、"法典法"三个阶段。需要指出的是，萨维尼反对蒂博制定全国统一民法典的建议，并不是反对民法法典化，也不是反对德国的统一，而是反对在当时条件不成熟的时候妄图通过人类理性来制定全德实行的民法典。

2. 法律是被发现而不是被创造的

正因为萨维尼把法律归结为民族的"共同信念"和"共同意识"的产物，即"民族精神"（volkgeist），且认为法学发展需经过"习惯法"、"学术法"、"法典法"三个阶段。所以，法学家要做的是从"民族精神"中发现已经存在的法律。这种存在于"民族精神"之中的法律通常以习惯法、民族习惯的形式体现，因此它们在萨维尼那里具有重要的地位。萨维尼反对把法律概念和法律观点看做纯粹理性的产物，认为这是对于概念和观点的源起全然无知，"当我们对于我们个体之于世界和历史的廓然大化之间的联系冥懵无知时，就必然会对我们思想的普适特性与原创禀赋产生虚妄的错觉"，"历史精神乃是抵御自我妄想的惟一保障"。[15]

3. 通过历史的方法研究法律

前已述及，萨维尼强调历史的作用，通过历史资源的发掘来完善法律体系。但是，这只是历史法学派方法的一个主要方面，要具备制定优秀法

---

〔14〕［德］弗里德里希·卡尔·冯·萨维尼：《论立法与法学的当代使命》，许章润译，中国法制出版社 2001 年版，第 11 页。

〔15〕［德］弗里德里希·卡尔·冯·萨维尼：《论立法与法学的当代使命》，许章润译，中国法制出版社 2001 年版，第 85 页。

典的能力：

> 法学家必当具备两种不可或缺之素养，此即历史素养，以确凿把握每一时代与每一法律形式的特性；系统眼光，在与事物整体的紧密联系与合作中，即是说，仅在其真实而自然的关系中，省察每一概念和规则。[16]

历史素养和系统眼光，即是要求对法律进行历史实证研究。萨维尼虽反对理性主义把法律作为纯粹理性的产物，但是他并不反对在法学研究中运用理性的逻辑和推理。他认为法律可以像几何已知两边和一个夹角而推出整个三角形一样，通过对基本公理进行厘别和区辨，从中推导出存在于一切法律概念和规则间的内在联系及其确切的亲和程度。也正因此，法学研究才具有了科学的性质。如前论及，萨维尼担心的是法学研究能否达到这个程度，如不能达到，制定法典则弊病势不可免。[17]

（三）德国历史法学派的历史发展

萨维尼的《论立法与法学的当代使命》虽然扛起了德国历史法学的大旗，但是，在萨维尼之前，用历史的方法研究法律便已产生。1806年，任教于哥廷根大学的古斯塔夫·胡果的《罗马法史》便是代表。按照西方法学谱系，胡果常被称为历史法学派的精神始祖。萨维尼本人也是对胡果的研究赞赏有加。[18]但作为正式学派的开创，仍推萨氏。

1. 罗马派与日耳曼派的分野

值得我们特别注意的是，虽然萨维尼是历史法学派的创始人和代表性人物，但是其法学研究实践却与其理论观点相背离，德国历史法学在日后的发展中，也并没有完全按照萨维尼的方式前进。萨维尼强调法律是"民族精神"的产物，力求在历史中挖掘法学发展的资源，但是萨维尼却把研究的对象确定为古代罗马法，特别是《学说汇纂》，认为古罗马法——区别于中世纪注释法学派、评论法学派和人文主义法学派评注过的罗马法，

---

[16] ［德］弗里德里希·卡尔·冯·萨维尼：《论立法与法学的当代使命》，许章润译，中国法制出版社2001年版，第37页。

[17] ［德］弗里德里希·卡尔·冯·萨维尼：《论立法与法学的当代使命》，许章润译，中国法制出版社2001年版，第18页。

[18] ［德］弗里德里希·卡尔·冯·萨维尼：《论立法与法学的当代使命》，许章润译，中国法制出版社2001年版，第12页。

体现了德意志的民族精神，是最优的法律。因此他们既放弃了神圣罗马帝国罗马法继受之前的各邦国习惯法资源，也放弃了神圣罗马帝国继受罗马法运动的成果，直追《国法大全》所体现的古罗马法。坚持萨维尼观点的一派被称为罗马派，主要代表有萨维尼、普赫塔、温德海得等。罗马派占德国历史法学派人数的多数。这一派在 19 世纪中后期逐渐演变成潘德克顿学派，温德海得是其核心人物。

日耳曼法学派自 1830 年以后逐渐与罗马派决裂，1846 年在吕贝克召开的"日耳曼法学家大会"表明决裂已经公开化。该学派创始人及代表人物是艾希霍恩，其他代表人物还有米特麦尔、阿尔普莱希、雅各博·格里姆、祁克等。日耳曼派在研究方法上与罗马派相同，主张用逻辑的、概念的、体系的手段来研究历史上的法律。但他们更接近历史法学派的最初宗旨，在研究内容上，主张发掘德国私法自身发展的历史。正是由于两派研究方法的相同，研究内容的相异，正好构成了对法律史完整的研究。正是由于罗马派和日耳曼派共同的努力，才有了历史法学丰富的成果，才有了德国民法典的出台。[19]

2. 耶林——在历史法学派与现代之间

耶林常被认为是罗马法学派的代表人物之一，可能是因为其师普赫塔的影响。事实上，耶林早期的确是坚定的罗马派法学家，但是在 1858 和 1859 年之间他的思想经历了一次大的转向。在此之后，他提出了有别于传统罗马派的法学科学性的命题和法律演化论。耶林的法学科学性主张法学家与其所使用的概念之间，应形成一种新的、不再是信仰的而是有意识的关系。他所认为法学的科学性是指：

> 法学就是在法律事物（Dinge des Rechts）中的科学意识。这种意识，必须往法哲学的面向发展，以便探求现实世界法律之起源与效力所赖以成立之终极基础；它必须在法律史的面向上，追溯自己曾经走过的所有道路，好能使自己从一个阶段迈向下个阶段，以臻于更高之圆满；它也必须在教义学的面向上，将所有我们借着对法律之认识与掌握，而获致之暂时性的高点与终点，汇集于经验与事实，并且基于

---

〔19〕 严存生主编：《西方法律思想史》，法律出版社 2004 年版，第 223 页。

实际使用之目的安排这些素材，进行科学式的铺陈。[20]

以此，他纠正了历史法学方法论的偏颇。因为在此之前历史法学派是坚持对历史的唯心主义解释，以历史之名行反历史之实，以历史之名行唯心哲学之形而下学。[21]在这种法学科学性理论之中，已经包含了法律演化的思想，因为法学"必须在法律史的面向上，追溯自己曾经走过的所有道路，好能使自己从一个阶段迈向下个阶段，以臻于更之高圆满"，而这种演化是受到理想之法哲学与实证之教义学的规制的。因此，对于耶林而言，"法律一向具有双重性：它既是人类共同体生活秩序之担保，也是改革的工具。法律是一种掌握了经验空间的知识，它有着双重的任务：为诸权利提供保障，为变迁的需求进行可控管的处置。"[22]因此，法律科学自身必须关注社会关系及规则背后的社会目标。[23]于是耶林开始了其法社会学的转向，这种转向也标志着德国法学向现代法学发展。

（四）德国历史法学派的影响

1. 潘德克顿学派的形成

前已简略述及历史法学派与潘德克顿学派的关系。"潘德克顿"是"学说汇纂"的音译，该派法学家认为，法律是一系列有严密定义分层的概念组成的金字塔式的封闭体系，人们可以从简单的推理中得出逻辑上正确的法律规则，如此可使整个体系达到完善而严谨，任何时候通过科学的演绎法求得"隐藏在民族的法律潜意识中"的新规则。这实际上秉持了历史法学派方法论中的理性主义因素。

2. 现代法律科学的奠基

正是由于历史法学派—潘德克顿学派的努力，现代法律科学的基础才得以建立。无论现代法学家对历史法学有何批评，但是正是因为历史法学

---

〔20〕〔德〕鲁道夫·冯·耶林：《法学是一门科学吗？》，李君韬译，法律出版社2010年版，第92页。

〔21〕对历史法学派的评论，参见〔美〕罗斯科·庞德：《法律史解释》，邓正来译，商务印书馆2013年版，第4～31页。

〔22〕〔德〕鲁道夫·冯·耶林：《法学是一门科学吗？》，李君韬译，法律出版社2010年版，中文版序，第2页。

〔23〕〔爱尔兰〕J. M. 凯利：《西方法律思想简史》，王笑红译，法律出版社2010年版，第281页。

的贡献，才有了今天德国的法律科学，在大陆法体系中竖立着法律先进性的旗帜。

3.《德国民法典》的编纂

历史法学派并不反对制定一部统一的德国民法典，只是萨维尼觉得时机并不成熟而已。设想，如果在刚刚赶走法国人之时就仓促制定民法典，德国民法典定没有法国民法典影响力大，一方面是因为德国分裂的局势决定民法典制定之困难，二是德国法学并没有法国人文主义法学派之法学理论研究之积淀。正是因为延迟了近一个世纪，经过了大半个世纪的学术研究，二十余年的精心编纂，德国民法典一经制定便已超越了法国民法典。

（五）对德国历史法学派的评价

德国历史法学派占据了德国 19 世纪法学的主流，历史法学也是与自然法学、分析法学并立的 19 世纪三大法学流派之一。在历史法学派的手中，法学最终整合了历史、哲学、分析，成为一门法律科学，从而塑造了法学的基本品格。[24]虽然庞德批评历史法学派根本就不是一种历史学派，[25]但是历史法学派完成了其所处时代所应该完成的任务：实现了德国法学研究的科学化、近代化，为德意志民族的团结与统一做出了法学该有的贡献，并最终制定出了一部值得德意志民族骄傲的民法典。历史法学派的影响也不仅仅局限于德国，其向世界其他地区传播，为各地法学的发展提供了重要的养分。特别是对于较为落后的后发型国家，德国法学发展的经验对他们具有重要的意义，例如东亚之日本、中国。

三、中德问题的相似性及比较研究的价值

德国法学发展的经验对于中国具有非常重要的借鉴意义，不仅仅因为中国近代对德国法律有很多借鉴与移植，更在于德国法律近代化的历程本身就是一场意涵丰富的运动。围绕着本国法和外来法之间的关系，以及对

---

〔24〕［美］罗斯科·庞德：《法律史解释》，邓正来译，商务印书馆 2013 年版，第 26 页。

〔25〕 庞德认为，历史法学派认为：其一，法律史乃是一种绝对给定的基据；其二，进步乃是一种我们可以从其自身内部发现某种基础的东西、一种理性的进步或精神的进步，以及一种蕴涵于观念展现之中的进步；其三，法律史中只有一种单一的因果因素在发挥作用，而且凭靠某种单一观念就足以对所有的法律现象做出全面的说明。参见［美］罗斯科·庞德：《法律史解释》，邓正来译，商务印书馆 2013 年版，第 28 页。

外来法的借鉴、移植和继受，是德国法律发展的前提性问题，而这些主题是后发国家必须得以面对的。

（一）近代国家的建构：法律的政治因素

范·卡内冈在评述德意志近代法律发展历程时，用"法律就是政治"作为标题。[26]他如此定题，实为强调政治因素在法律变革中的重要影响。统一民族国家的建构是当时德意志社会最主要的任务，只有建立了统一的民族国家，强大的德意志才会建立，而分散的神圣罗马帝国不能保障德意志民族的强大。近代国家的建立，对于德意志来说就是民族国家的建构，这是当时欧洲社会政治上的主题，其突出代表就是法国。而对于中国，自古就有统一集权的传统，各民族也能在传统宗藩、羁縻政治中维持较好的秩序。加之近代民族国家的理论与传统中华天下观有根本冲突，故而民族国家建构在中国近代历史上并不彰显。清末民族通过"五族共和"基本应对了这个问题。但是民族国家在本质上不等同于民族统一的国家，其本质是实现西方模板式的近代国家。但是中国在国家体制问题上具有极大的特殊性，故而政治上的主要议题不是民族国家建构，而是如何变法图强、实行新政，使中国走上近代化的道路。因此，中德在实现近代国家建构上找到了共鸣。法律作为上层建筑的一部分，便被用来为政治服务。前述神圣罗马帝国的罗马法继受、德国历史法学派的兴起，中国的清末变法都是如此。

但是我们需要注意的是中德之间的差异。德国法学虽深受政治之影响，但是其法学发展本身仍是独立的，即政治并没有在技术性层面上影响法学的发展。在这种情况下德国产生了法律科学。而中国的政治对法学发展和法典编纂的影响不仅仅在意识形态层面，也影响到具体技术操作层面，在清末刑法典编纂过程中体现尤为明显。

（二）民族性还是普世价值：法律发展的内在逻辑

法律移植的动机在于实现民族的富强，其根本动机在于民族主义情感。法律的可移植性在于法律理念与制度的普适性。因此，在特定的民族国家欲通过法律移植实现民族的富强，是充满着紧张的内在矛盾的。德国

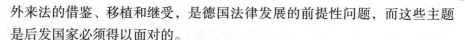

［26］［比利时］R. C. 范·卡内冈：《欧洲法：过去与未来——两千年的统一性与多样性》，史大晓译，清华大学出版社2005年版，第109～163页。

历史法学派内部的罗马派与日耳曼派之争，中国的保守派与改良派之争，都是对于民族性与普适性之关系的不同理解而生。然而，德国历史法学派二分支的论争正好构成了学术上的互补，而中国保守派与改良派的论争却无法取得共识。究其原因，罗马派与日耳曼派有着共同的宗旨，分享着相同的法学研究方法论，对象的不同正好形成研究领域的互补。而中国保守派与改良派在技术性问题层面并没有共同的对话基础，对技术化问题的争论动辄形而上地上升到"体""用"、"道"、"器"的层面，一直在谈主义，却从未认真研究问题。反观罗马派与日耳曼派，并没有因分歧而彻底决裂，而是共享者方法论，少谈主义，多研究问题，最终都为德国法学的发展做出了卓越的贡献。

（三）历史连接：近代中国对德国法的移植

德国历史法学派对中国法律现代化路径选择产生启示的可能性根本点在于，中国近代对德国法的移植。这是不容抹杀、不可忽视、理由不可谓不充分的直接原因。法律移植本应该建立在对接受移植国家和被移植国家法律的充分研究基础之上。但是由于政治上的激进措施，导致中国近代对德国法律的移植过于急功近利，对很多基础性问题没有得到很好地研究。另一方面，我们过于在意法律制度对于社会发展的作用，盲目追求所谓的新法律，忽视了法律与社会实际的契合情况。总之，近代中国对德国法的移植活动需要我们重新检视。但是，这是目前国内法学界很缺乏的。要检视这个历程一方面要了解我们原来的法律制度、了解社会变迁，另一方面要深刻理解我们所移植来的德国法。因此，近代中国对德国法的移植，成为从德国历史法学派的发展中获得中国法律现代化启示的历史连接。

（四）小结：中德比较的基本启示

通过上面三小节的分析，我们可以得出德国历史法学派处理德国法律近代化问题所得到的三点基本启示：首先，政治发展不能影响到法学的独立发展，更不能对法学发展和法典编纂产生技术层面的影响；其次，法学研究应该少谈点主义，多研究些问题；最后，法律移植应建立在对国情和所移植的法律的充分理解的基础之上。

四、德国历史法学派对中国法律现代化路径选择的启示

前述基本启示是针对中德法律近代化比较得出的，但德国历史法学派

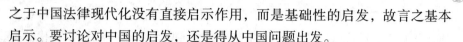

之于中国法律现代化没有直接启示作用，而是基础性的启发，故言之基本启示。要讨论对中国的启发，还是得从中国问题出发。

（一）中国法律现代化路径选择的基本问题

1. "法律现代化"释义

现代化、近代化，在英文中都是 modernize 一词，从实质上来讲，现代化与近代化没有根本区别，但是在汉语的使用语境中，现代化通常体现了近期的一些变化情况。此部分使用"法律现代化"，更是为了思考当下我国的法律变革历程，而非对清末以来法律变革历程的历史性思考。对于法律现代化学界并没有统一的标准。有学者认为，法律现代化不仅是指传统法律向现代法律的一种运动，同时还意味着传统的法律观念、价值体系和行为方式向现代的转变过程。[27]因此，有学者认为，民主、自由、法治是法律现代化的核心内容，这种法律现代化的观点常被认为是"法律西方化"。也有学者认为，法制现代化的标准包括实证标准（表现为法律的形式化）和价值标准（体现为法律的价值合理性）等。[28]无论法律现代化是否是西方化，总之，笔者认为，法律现代化的根本问题是法律是否适应工业文明的社会生产方式。因此，法律现代化必然应该包含自由、民主、法治、宪政等法律核心观念，必须包括私有财产神圣不可侵犯、私法自治、罪刑法定、法不溯及既往等核心法律理念，以及一系列适应现代社会发展的法律制度。

2. 历史中的法还是现实中的法：中西古今之法"辨"

法律现代化的概念已经明确，那么我们需要做的就是充分挖掘法律现代化可资凭借的资源。对于民族主义者而言，中国的法律现代化可以建立在中国传统法律文化的资源之上，因为中国传统法律文化非常优秀，形成了对东亚地区影响颇大的中华法系。而且传统法律文化对于当今中国人的法律理念仍有很大影响。而对于"西化"者而言，中国传统法律文化只能适用于古代农本宗法社会，而不能适应现今的工业资本社会。中国法律现代化必须在中国当今实践中寻找资源，在西方优秀的、先进的法律制度中

---

〔27〕 陶广峰："法律现代化与意识形态化色彩——我国法律变革研究历程中的一个现象分析"，载《中国法学》2003 年第 4 期。

〔28〕 何才明、李牧："法律现代化三论"，载《广西政法管理干部学院学报》2000 年第 2 期。

寻找资源。笔者赞同第二种观点，认为古代农本宗法社会中孕育的传统法律文化并不能适应现今工业资本社会，在很多层面上，传统法律文化甚至是阻碍工业资本社会的发展的。中国传统法律文化在当今的价值更多的是体现在道德层面，传统法律文化没有体现太多"法治"，倒是体现了丰富的"德治"。因此，对于传统法律文化，可以挖掘其在道德领域对今天的可能价值。而中国的法律现代化必须面向未来，走一条法律发展的捷径——法律移植。

3. 法律移植的基本取向与中国方式

德国历史法学派给出了法律移植的典型范例。德意志第一次移植罗马法是神圣罗马帝国后期，但是德意志人称这次移植是法律继受，前已述及，这是由于其"理论上的继受"的缘故。第二次移植是19世纪，由罗马派完成的。第二次移植从时间上和程度上看似乎是对第一次继受的继续，实则不然。第一次继受的罗马法是经注释法学派和评论法学派评注的罗马法，不是纯粹的罗马法。第二次移植的罗马法则直接取材于《国法大全》，特别是《学说汇纂》，重新复活了古罗马法。最后的结果仍是一个美好的结局，因为第一次继受使罗马法的基本理念悄然进入到德意志社会之中，第二次移植则通过理想化研究，给予现实一个判准的基据，两者相得益彰。

对于中国而言，如同德意志第一次法律继受的时代已经从清末至今持续一百多年了，对于第二个阶段，似乎我们还没有真正开始。用耶林的话来说，我们还处在逃避独立思考、献身于作为无意识的工具的制定法的实证主义阶段。[29]中国目前需要的是使实证法成为浸润于科学中并变得高贵的法教义学。而这种法教义学必须与法哲学和法律史相结合。所以，未来中国的法律移植，必须通过法教义学的形式，用外国先进法律理论为指导，以中国社会之实际为依据，对适用之法律进行创造性运用。

（二）法律的科学性与法教义学的中国出路——对话"社科法学"

但是，基于对中国国情的不同认识，对法律功能和理念的不同理解，目前国内出现了批判法教义学的群体，以"社科法学"为代表。"社科法

---

[29] ［德］鲁道夫·冯·耶林：《法学是一门科学吗？》，李君韬译，法律出版社2010年版，中文版序，第50页。

学"主要受美国法学传统的影响，强调运用社会科学的方法来研究法律现象，注重因果关系解释的研究进路。笔者并不反对在法学研究中采用社会科学的研究方法，但是需要大家注意的是，"社科法学"对中国法治具有一定的消解意义，因为目前中国的法律社会学时常会得出一些反法治的研究结论。这或许由于他们习惯从实然中推出应然，或从实然中推出存在意味着有效，以及由此间或产生循环论证等问题导致的。

总之，笔者认为，法律现代化的核心在于实现法治。欲实现法治，必先树立司法权威；欲树立司法权威，必先实现司法独立；欲实现司法独立，必先做到法学自足。在中国，法学作为舶来品一直不太受待见，延续千年的"统治"思维没有给法律留下太多的作用，自然也就难以产生能够自足的法学。而律学与法学之区别即在于律学缺乏价值批判而实现自足。法律现代化要求从礼法社会的"统治"向法治社会的"法治"转变，不是主张法律万能，而是讲求法律效用理论上的极致。这首先就是要求法学自足，成为一门法律科学。虽然在法学领域，表达与实践的背离、法规范与法实效的差异，是无法完全解决的。而且，实证法的统一性和地方知识的有限性之间的矛盾、实证法与社会学内在的紧张关系，是无法消除的。终极而言，任何方法都只不过是一种手段，而不能是目的，否则会消解了法学的独立性。而法教义学所具备的分析实证主义特性，维持着法律科学性的基本品格。故而，在坚守法律现代化的道路上，法教义学必须坚守住阵地；在增进法律的解释力的时候，法教义学或许可以保持一种宽广的胸怀，毕竟自己也只是一种手段而非目的。

五、结束语

（一）历史的重演：中国法律现代化的法律移植道路

新中国成立后抛弃了走了半个世纪的"西方化"道路，转而"苏化"。可是这一逆世界发展大势的行为终以无法继续而停止。当中国打开国门的时候，发现西方仍然引领着世界的潮流，而中国仍然没有摆脱实现富强的任务。当重新站在向世界学习的出发点的时候，我们还是不得不走一条法律移植的道路。德国历史法学派的命运告诉我们，一切历史都是过去，只能作为有待检验的资源，要想赢得未来必须坚持科学、学习先进、面向未来。一百年后，历史开始"重演"。

（二）中国法律史研究的基本态度

前文对历史法学派及其对中国法律现代化的启示做了分析，在此我们需要思考的是，什么是中国法律史学人的贡献。为了实现法律史研究对中国法律现代化的贡献，借鉴德国历史法学派，法律史学研究应该有一定的研究范式（还不敢说是方法论）。即，研究路径上，遵循"法学意识（问题提出）—历史方法（研究方法）—法理贡献（学术创新）""三段论"；研究旨趣上，以"法秩序"和"法正义"为研究的两个面向、以"史实梳理—意义阐释—法理提炼—制度建构"为基本步骤，实现中国法理念的价值更新；研究视域上，以部门法研究和微观研究为基本原则、用微观的视角研究部门法史。中国法制史研究只有通过自我的"革命"，才能继续"生存"；只有通过上升到法理、作用于部门法，才能体现当今法律史研究之价值。[30]

（文字编辑　康骁）

---

[30] 本文主要考察德国历史法学派对中国法律近代化路径选择的启示意义，而中国法律史学研究的深入讨论并非本文主题，在此并不展开，而将另文专门讨论。

法政人物

黄宗羲"治法"思想论析

时　亮*

一、引言

　　黄宗羲乃不世出之大儒，集中代表其法政思想的《明夷待访录》一书，堪称儒家民本主义思想在晚期传统中国发展的最高峰[1]。其在政治上的根本立场，乃以天下为主，以苍生为念，论及数千年间无数兴亡治乱，皆以万民忧乐为旨归。而其对"治法"不遗余力的申明强调，是他法政思想中极具光华的一项重要内容。本文拟将黄宗羲立基于传统中国思想文化对"治法"的论说，予以简略梳理和比较，目的在于：首先，通过对思想文本的疏解分析，识别出黄宗羲对传统儒家与法家致治论的突破所在，表明其对传统中国法政思想的实质性贡献；其次，则试图在洛克这位为现代法治论奠基的思想大师的参照下，显现黄宗羲之"治法"思想所内在蕴含的、与现代"法治"思想结构之深层相通的诸要素[2]，及其对于

　　* 中国海洋大学法政学院讲师，法学博士。

　　〔1〕　长期以来，学界没有对《明夷待访录》之谋篇布局和文本结构的思想史价值予以认真对待，以致不少学人认为这不过是一部没什么内在理路的"文集"而已。笔者对此不敢苟同，已经草有《从〈留书〉到〈明夷待访录〉：论黄宗羲的生存境遇及著述意图兼论其待访对象问题》和《从〈留书〉到〈明夷待访录〉：论二者的内在结构与思想关联》两篇长文予以仔细辩说，文稿未刊。

　　〔2〕　虽然对于黄宗羲法政言述中的"治法"，能否转读为近现代西方意义上的"法治"，学界尚多有争论，而中国法律思想史领域的权威学者贴近文本仔细阅读的结果，也对此持否定立场。此说参看俞荣根教授在《黄宗羲的"治法"思想再研究》（见《重庆社会科学》2006 年第 4 期）一文中的论述。但是，若由此而进一步推论，认为黄宗羲的"治法论"与近现代西方所发展起来的"法治论"毫无相通之处，并认为其对于传统中国法政思想的内容和解构皆无所突破，而将之划入所谓传统儒家"人治"思想的范围之中（俞教授本人并未做出此一推论和划定），则未免是对思想史文本过于粗论而失于细察的偏见。

重建合理可欲之华夏自由法政秩序，所可能具有的建设性价值。

二、黄宗羲"治法论"的思想史前提

太史公在综论六家时即已明言，周秦之际诸子学术，虽然声述而各异其辞，游辩而各张其说，表面上判然分划，彼此间似乎不同，然而究竟其大要旨归，则都在于"务为治者也"五字而已[3]。而在先秦之诸子百家关于治平天下的思想言说中，在积极地建构合理可欲之法政秩序方面，其论述最丰富、影响最深远的，仍要以儒家和法家为宗。

孔子所开创之先秦儒家的法政主张，究其根本，端在对于以"亲亲尊尊"为灵魂的礼制秩序的恢复重建，因而对其最恰当的称呼，应是"礼治"思想——即通过恢复和施行"礼"而达到天下治平。又因为孔子极为坚持"政者正也"的基本立场，注重通过为政者自身德行节操的范型效果，以君子之风教仪征而化成天下，故而又可以恰当地称其为"德治"思想。而在"德"与"礼"两者之间，又不可以分裂独立："德"言其内，"礼"表其外，两者相互为用，层层推延，以达到合理可欲之秩序建构的目的。而当法家学说兴起以后，后世儒者为了强调儒家以"礼治"、"德治"为根本的法政思想，与法家厉行严刑峻法之"法治"的法政思想之不同，乃根据儒家尚贤之义，以孔子曾有"为政在人"的说法，又将儒家法政思想称作"人治"思想。三者之中，"礼治"与"德治"两个语汇，均能表达儒家法政思想的基本内涵和根本精神所在；至于"人治"的称呼，不但极其不足为训，反而因这名称的缘故，在传统中国法政思想史上和近代以来的学术讨论中，都徒生了许多混乱。因为儒法两家法政思想的紧要分别，并不在于"人"与"法"的对立。法家虽然重"法"，却仍旧必须谨以择人来施行所谓的"法"，以此一点，荀子"徒法不足以自行"的批评乃为千古不易之论。儒家尚贤，故而崇德，但是其致治的基本方略，则在于导人以"礼"，即依靠"礼"来建立和维持生活秩序。二者的根本分别在于"法"与"礼"在实质内容上的不同，既不在于"法"与"人"之间的对立，也不在于"法"与"礼"在其主要外部形式特质方面的差异。——后面一点，也正是荀子以儒者隆礼名于当世而"最称老师"，但

---

〔3〕 参见司马迁：《史记》卷一三〇，"太史公自序"。

其弟子李斯、韩非皆为法家巨子的一个重要原因。究其实际，先秦儒家直接否定的是"刑"，尤其是滥施"刑"政以为致治之途的思路，而绝非一般性地反对法家所谓的"法治"[4]。而先秦法家之所以特别重视"缘法为治"，其针对的主要目标，则是在封建时代世卿世禄制度下的"任人唯亲"。在这一点上，儒家尚贤而以"为政以德"为中心的"德治"或"礼治"思想，和法家任能而"缘法为治"的"法治"思想，在其批判性一面，实为在深层相通相辅之说，而绝非相持相悖之论。只是当秦朝以法家学说立国创制，却又以"法"为名，滥施刑杀以威胁天下以后，汉代以下儒家对所谓"法治"的反对，才具有了思想史的实际所指。

儒学之初创规模，内崇德，外隆礼，两者并重而不偏废，至其所构筑的理想秩序样态，也是一个合理可欲且内外一贯的整体秩序。孔子殁后百数十年，至于孟荀，二人乃各执一端以张皇其说。虽然对五等爵制的论述，已经足以表明孟子并未全然不顾外在的礼制问题，但其法政思想的命脉，却主要是立基于对人性本善的乐观判断，从内在建构思路的"崇德"出发，以"仁义"为基本主题，对儒家之"德"做出了最大限度的解释，最终发展为气象宏大的王道仁政学说。就思想史的表面情形而言，孟子的王道仁政学说似乎迂阔难即不切实际，但是究其实际，却主要是为人世间合理可欲的生活秩序，设立一个理念型的基本标准，进而根据此理念所设定的标准，确定良善秩序之组织与建构的基本原则和途径。至其另一面，则据此理念对现实生活秩序的种种不足与缺失展开积极批判，以图救弊归正。就此而言，孟子所发展出的王道仁政学说，实际上为此后两千年儒家致治论确定了"治"的实质性内容，以及对于"治"与"乱"进行评判的基本规范性标准。至于荀子，虽然他也并未放弃对内在之"德"的强调（只要稍稍翻看荀子论"学"的文字就可以知道），但却主要立基于对人性恶的基本判断，从外在建构思路的隆"礼"主题出发，注重在秩序建构中"礼"在"防"和导引方面的重要性，积极寻求通过"化性起伪"来实现儒家法政秩序重建的道路。然而由荀子此一思路出发，对论说的外在形式

---

〔4〕 此义梁启超在1904年的《中国法理学发达史论》中已经涉及，尤其是其"旧学派关于法之观念"部分的第一节对儒家法观念的讨论，见《梁启超全集》，北京出版社1999年版，第1260～1267页。另外，梁任公此节对儒家法观念进行讨论的部分，学者于春松已经选节收入梁启超《儒家哲学》（上海世纪出版集团2009年版）一书第180～192页，亦可参看。

不需做任何重大变动，只要转换其主要内容与操作方式，将儒家依托于历史演变并具有丰富文化内涵的自生之"礼"，转易为由国家依据君王意旨而正式制定颁布的"法"或者"律"，则先秦儒家既具有积极地建构性和批判性的实质内容，又具有可操作之形式法则的"礼治"思想，很容易就被转换成为先秦法家所力倡的、几乎完全专注于外部形式效果的"法治"言说[5]。

　　只要略观先秦法家巨子商鞅、韩非以"法治"为言的丰富论说，就可以知道其力倡"法治"的根本目的，乃在于试图通过由上而下的变革思路，来实现合理可欲的秩序建构。而在周秦战国之世的历史语境中，这种法家意义上合理可欲的秩序重构，至少可以分别出两层紧密相关的意思：其一为强国争胜，其二为实现和平。强国争胜，在乎耕战；而所谓和平，又可以分析出以下至少两个层面的意义：其一是通过由上而下地颁布内在一致的治理规则，在一国之内消除治理权威和治理规则的混乱，确立有效的单一统治秩序；其二是通过征服在诸国之间实现统一，最终重建"天下一家"的和平秩序。而法家"法治"论思路最重要的特征，即在于其建构和平统治秩序之内在逻辑的一贯性：将由上而下制定发布的普遍性治理规则，一是无差别地适用于整个邦国天下共同体的全部地域，二是无差别地适用于整个邦国天下共同体的所有构成人员。其中后面一点，尤其为先秦法家所极力强调，其论锋所指，乃在于商周封建时代"任人唯亲"的世卿世禄制，及其在战国之世以贵族所具有的种种身份特权表现出来的制度与文化遗留；至于先秦法家这一主张的法政思想史意义，则在于在秩序建构的理想图景方面，相对于儒家的"礼治"思想而形成了一种极具挑战力的竞争性主张。在后世千余年间所谓儒家与法家的争论中，此乃一大关键。虽然由两汉辗转而至于隋唐，中国文化在正式制度的建构一面，完成了儒家"德礼"与法家"刑政"的合体——《唐律疏议》特为标举"德礼为政教之本，刑罚为政教之用"的主导精神与基本原则，以及从北齐以至于清末律典中"十恶"的基本内容及其内在组织结构，实堪称这种儒法合体秩序的标准表达形式。但是在思想史的领域内，儒家"礼治"或"德治"

---

　　〔5〕 吕思勉先生对此有一语中的之评论："荀卿明礼，其学本近于法；李斯趋时，益弃儒任法为治。"见吕思勉：《吕思勉论学丛稿》，上海古籍出版社 2006 年版，第 203 页。

思想与法家"法治"思想之间的深层紧张，却并没有得到根本的纾解：从宋元明清历代儒者论王安石、张居正变法而反复申明"其学不正"乃至"纯任法术"的批评之声中，可以明显看到这种深层紧张在传统中国法政思想史上的漫长延续。

三、黄宗羲之"治法"思想述微

一生流连于百家学术而以儒学为宗的黄宗羲，正是在这样一种延绵两千年的思想传统中，在明末清初"天崩地解"的历史情势中，满怀为后世创制万代良法以治平天下的理想，以史为鉴，忧思发愤，在遍览历代兴亡的基础上，明确提出了其"治法论"的基本主张。而黄宗羲之"治法论"的最大特色，乃在于以三代治法为基准，对历史与现实做出普遍而深刻的批判，并进一步就合理可欲之法政秩序的建构问题，在综合孟荀的基础上提出了积极可行的种种主张[6]。

黄宗羲论"法"，开篇即判以三代以上为"有法"之世，三代以下为"无法"之世，其判别"有法"与"无法"的根据，则主要在于立法之"公"与"私"的分别。而所谓"公"，又明确在《原君》篇所提出的"天下为主"的观念意向中，指示那些切实能够"保民"与"惠民"的种种思想建构和制度设计。具体到黄宗羲在《原法》篇中的批判性论述，则同时涉及了历史制度与思想传统两个层面，并且分为三个层次逐渐展开。"二帝三王知天下之不可无养也，为之授田以耕之；知天下之不可无衣也，为之授地以桑麻之；知天下之不可无教也，为之学校以兴之，为之婚姻之礼以防其淫，为之卒乘之赋以防其乱。此三代以上之法也，因未尝为一己而立也"[7]。黄宗羲在此所述，既根本于中国古代养民足兵的井田制立论，又显示着他对孔子"庶"、"富"、"教"原则的遵循，和对孟子以来为民制产之思路的继承和发扬，处处显示着对"公"天下的殷切期盼。就其思想文本的实际篇章而言，则直接与他在《学校》、《田制》和《兵制》

---

〔6〕 对于黄宗羲所谓"治法"，概而言之，凡《明夷待访录》所有的积极性制度构设，皆可称为"治法"的内容，而《原法》一篇则为其余诸篇之枢纽。笔者别有文稿专门对黄宗羲的权力批判和政制批判予以梳理讨论，本文对黄宗羲"治法"思想的讨论，主要以《原法》一篇为文本根据。

〔7〕 见《黄宗羲全集》（第1册），浙江古籍出版社2005年版，第6页。

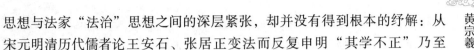

三题七篇中所论述的制度建构内容密切相关。"后之人主，既得天下，唯恐其祚命之不长也，子孙之不能保有也，思患于未然以为之法。然则其所谓法者，一家之法，而非天下之法也。是故秦变封建而为郡县，以郡县得私于我也；汉建庶孽，以其可以藩屏于我也；宋解方镇之兵，以方镇之不利于我也。此其法何曾有一毫为天下之心哉！而亦可谓之法乎？"〔8〕在这里，黄宗羲对三代以下的君主以天下为私物，以私心制天下的种种"法"提出了激烈的批判，并直接呼应着《原君》、《封建》、《方镇》等篇章的具体论述。更为重要的是，黄宗羲就此历史批判而提出了一对基本的概念："天下之法"与"一家之法"，并且可以认定，黄宗羲以三代为"有法"的"法"是"天下之法"，以三代以下为"无法"，则此"一家之法"必不能够称其为"法"。

由此出发，黄宗羲乃进一步在历史叙述与思想论证彼此结合的论说中，提出了更具哲学的抽象性和批判意义的另一个概念："非法之法"。"三代之法，藏天下于天下者也。山泽之利不必其尽取，刑赏之权不疑其旁落，贵不在朝廷也，贱不在草莽也。……后世之法，藏天下于筐箧者也；利不欲其遗于下，福必欲其敛于上；用一人焉则疑其自私，而又用一人以制其私；行一事焉则虑其可欺，而又设一事以防其欺。天下之人共知其筐箧之所在，吾亦鳃鳃然日唯筐箧之是虞，故其法不得不密。法愈密而天下之乱即生于法之中，所谓非法之法也。"〔9〕很明显，"非法之法"的概念，是在与作为"天下之法"的"三代之法"的对比框架中提出的；而黄宗羲对二者具体内容的原则性描述，依然是从彼此立法目的"公"与"私"的不同下手分别。但是，相对于"三代之法"所具有的历史时间内涵和"天下之法"所具有的空间想象纬度，"非法之法"这一概念不但具有更高的抽象性，同时也具有更深的批判力度，从而具有更广泛适用的可能性。"非法之法"这一基本概念的提出，标志着黄宗羲之法政批判达到了继《原君》提出的君职批判、《原臣》提出的臣守批判之后的第三个理性批判高潮，同时也代表着传统中国法政思想史发展的一个巅峰。而对这一概念所具有的丰富可能性的进一步展开，则在黄宗羲之身后以至于今，

---

〔8〕 见《黄宗羲全集》（第1册），浙江古籍出版社2005年版，第6页。

〔9〕 见《黄宗羲全集》（第1册），浙江古籍出版社2005年版，第6~7页。

依然有待其来者〔10〕。

　　已经描绘了"天下之法"的格局与规模，并确立了"非法之法"的批判性概念，黄宗羲乃又进一步展开了对三种观点的批判。"论者谓一代有一代之法，子孙以法祖为孝。夫非法之法，前王不胜其利欲之私以创之，后王或不胜其利欲之私以坏之。坏之者固足以害天下，其创之者亦未始非害天下者也。乃必欲周旋于此胶彼漆之中，以博宪章之余名，此俗儒之剿说也"。〔11〕这是黄宗羲根据"非法之法"的批判概念，对根据"一代有一代之法"而主张后世君王行"祖宗之法"的观点的批判〔12〕。通过对"祖宗之法"的申明强调，以试图将当世君主纳入某种有效的约制之中，这是宋代以来的儒者在展开法政批判时极为普遍的思路，而在其当时也未必不能收到些许的效果〔13〕。黄宗羲在《置相》一篇中，已经对所谓儒者以"祖宗之法"约制君王的无效与可悲，进行了从技术角度出发的批判〔14〕。在这里，通过"祖宗之法"约制君王权力的思路的根本有效性，在黄宗羲根据"非法之法"的概念展开的更深层批判中，已经站立不住。因为，如果所谓的"祖宗之法"的实际内容，本就是开国君王存其私心而立的"一家之法"，则对"祖宗之法"的强调，不仅仅会面临技术上的尴尬而归于无效，甚至更可能名正言顺地使当世君权对天下苍生的祸害更为变本加

---

　　〔10〕　就思想自身所具有的展开逻辑而言，"非法之法"的概念，其批判性指向和积极建构可能性范围均指涉极广，而有待进一步的发掘。黄宗羲本人明确提到的内容，已经包含着对在位者肆意滥权戕害民生等内容的彻底否定。而如果从哲学深层仔细考量并深入发掘，则黄宗羲立基于传统中国思想文化而提出的"非法之法"概念，未尝不可以与现代法学中立基于人权考量，尤其是在二战以来重新确立的"恶法非法"理论，相互会通，而在前门之外别开中西法文化比较的一扇后窗。

　　〔11〕　见《黄宗羲全集》（第1册），浙江古籍出版社2005年版，第7页。

　　〔12〕　这处资料的法政思想史意义，除了此处所论及的内容，还间接涉及黄宗羲对传统儒家由"孝"而"忠"的秩序建构思路的批判。此一论题已在笔者讨论黄宗羲权力批判的论文中审读，此不赘及。

　　〔13〕　参看邓小南教授在《祖宗之法：北宋前期政治述略》（三联书店2006年版）一书中的论述。此一思路在明代成祖以后的两百年间，也曾经反复出现，参看孟森《明史讲义》（中华书局2009年版）第三章"夺门"、第四章"议礼"等章节的内容。黄宗羲本人自然不乏宋明史事的知识背景。

　　〔14〕　黄宗羲原文为："阁下之贤者，尽其能事则曰法祖，亦非为祖宗之必足法也。其事位既轻，不得不假祖宗以压后王，以塞宦奴。祖宗之所行未必当，官奴之黠者又复条举其疵行，亦曰法祖，而法祖之论荒矣。"见《黄宗羲全集》（第1册），浙江古籍出版社2005年版，第9页。

厉——考虑到其父亲并多位师友殒命其中、而其自己也险些罹难的明末宦祸，以及其对东林党人"一堂师友，冷风热血，洗涤乾坤"的评论[15]，则黄宗羲发出这一批判的时候，大明王朝两百余年间围绕君权而产生的种种纠缠和悲剧，一定让他痛到了心肺俱裂的地步。

在批判了"祖宗之法"的思路后，针对"天下之治乱不系于法之存亡"的观点，黄宗羲展开了根据"非法之法"做出的第二项批判。"即论者谓天下之治乱不系于法之存亡。夫古今之变，至秦而一尽，至元而又一尽。经此二尽之后，古圣王之所恻隐爱人而经营者荡然无具，苟非为之远思深览，一一通变，以复井田、封建、学校、卒乘之旧，虽小小更革，生民之戚戚终无已时也"。[16] 黄宗羲这一项批判具有正反两方面的内容：在消极一面，可以说提出了对"天下之治乱不系于法之存亡"的观点的一项答辩，认为正是因为秦朝以"非法之法"立国、滥刑虐杀以威胁天下的做法，极为严重地破坏了古代圣王本着恻隐爱人之心，而为天下经营的"天下之法"的法度和遗意，才最终使得战国以来，尤其是秦朝以下的历史，陷入了有乱无治的悲惨境地。蒙元以夷狄入主中原以后，对"天下之法"的破坏更为彻底，以至于到了"荡然无具"的地步，"生民之戚戚"的情形也变得更加不堪——虽然黄宗羲此处行文单就秦与元的历史发论，却实际蕴含着对满清入据之当下情境的批判与反思[17]。而在理论上，黄宗羲在这里所蕴含的针对性论点：首先是"天下之法"遭到了破坏涤荡，而后天下乃日趋于乱而不可复治。进而在积极的一面，他提出了变革的建议与对未来制度的规划，所谓"为之远思深览，一一通变，以复井田、封建、学校、卒乘之旧"者即是。而这些内容，他在《明夷待访录》以及下文《田制》、《封建》、《方镇》、《学校》和《兵制》等篇中，都一一给予了详细的论述。

黄宗羲从"非法之法"的概念出发所提出的第三项批判，则主要是针

---

〔15〕 见《黄宗羲全集》（第8册），浙江古籍出版社2005年版，第727页。

〔16〕 见《黄宗羲全集》（第1册），浙江古籍出版社2005年版，第7页。

〔17〕 对于这一点，梨洲门人万斯同的一番话与乃师之间论述的相关性最可注意："吾圣尝谓三代相传之良法至秦而尽亡，汉唐宋相传之良法至元而尽失。明祖之兴，好自用而不师古，其他不过因仍旧耳，中世以后并其祖宗之法而尽亡之。至于今之所循用者，又明季之弊政也。夫物极则必变。吾子试观今日之治法，其可久而不变耶？"见万斯同：《石园文集》卷七"与从子贞一书"，转引自吴海兰：《黄宗羲的经学与史学》，厦门大学出版社2010年版，第270页。

对荀子以来，统治儒家主流法政思想近两千年的观点"有治人无治法"而提出的深刻批判："即论者谓有治人无治法，吾以谓有治法而后有治人。自非法之法桎梏天下人之手足，即有能治之人，终不胜其牵挽嫌疑之顾盼，有所设施，亦就其分之所得，安于苟简，而不能有度外之功名。使先王之法而在，莫不有法外之意存乎其间。其人是也，则可以无不行之意；其人非也，亦不至深刻罗网，反害天下。故曰有治法而后有治人"。[18]就命题的构成逻辑而言，黄宗羲此处所谓"有治法而后有治人"的命题，虽然并不构成荀子"有治人无治法"命题的反题[19]，却是对这一命题的重要修正；而从更大的视野中来看，黄宗羲的这一命题也是对儒家法政思想中，一贯从崇德尚贤处强调"为政在人"的绝对优先地位，以至于对确定的制度建设重视不够的思路的重大修正[20]。孔子称"文武之政，布在方策。其人存，则其政举；其人亡，则其政息。……故为政在人"[21]。即以

---

　　[18]　见《黄宗羲全集》（第 1 册），浙江古籍出版社 2005 年版，第 7 页。考黄宗羲写作《明夷待访录》期间的交友和行止，知道他在康熙二年年底（公元 1663 年）完成此书之前，曾经其弟黄宗炎的介绍认识了吕留良，并于当年在吕留良家中设馆讲学，此后二人论学论政均极多。在二人于 1666 年交恶之后，虽然吕留良对黄宗羲多有恶语，但在黄宗羲的诗文著述中，却没有见到他对吕留良的指责。此后，黄宗羲在其诗文中，凡涉及吕留良处，多以"友人"或"某友人"隐晦称呼。再考虑到吕留良法政批判的"德治"立场，以及传统学者著述时凡引用荀子必称"荀卿"或"孙卿"的成例，则其此时黄宗羲论述中的此一"论者"，其历史实体所指似乎应为吕留良，而非梨洲对荀子的指称。此说姑为笔者推测，有待进一步考证。

　　[19]　此说为俞荣根教授在《黄宗羲"治法"思想再研究》（见《重庆社会科学》2006 年第 4 期）一文中首发，堪为不易之论。本文重点不在于此，兹不作专门引述。

　　[20]　虽然黄宗羲此说并不构成荀子上述命题的反题，但是却实实在在是对传统儒家法政思想过于强调"为政在人"的重要突破性修正，而荀子本人在"有治人无治法"的命题中所表达的内容以及《君道》篇所论，正可看做是对孔子"为政在人"一语的详细展开。为进一步考察的方便、并便利读者对照起见，特摘录《荀子·君道》首段极为原则性的论述于下："有乱君，无乱国；有治人，无治法。羿之法非亡也，而羿不世中；禹之法犹存，而夏不世王。故法不能独立，类不能自行；得其人则存，失其人则亡。法者，治之端也；君子者，法之原也。故有君子，则法虽省，足以遍矣；无君子，则法虽具，失先后之施，不能应事之变，足以乱矣。不知法之义，而正法之数者，虽博，临事必乱。故明主急得其人，而暗主急得其势。急得其人，则身佚而国治，功大而名美，上可以王，下可以霸；不急得其人，而急得其势，则身劳而国乱，功废而名辱，社稷必危。故君人者，劳于索之，而休于使之。书曰：'惟文王敬忌，一人以择。'此之谓也。"

　　[21]　语见《中庸》。对于孔子"为政在人"一语，学者多以成书早晚和资料可靠性的角度，以《论语》"颜渊"篇所记载"季康子问政于孔子。孔子对曰：'政者正也。子帅以正，孰敢不正！'"一条为最直接可靠的资料，而辅以《中庸》上引文对之解释。但是，考虑到《论语》此条资料针对季康子的极强的语境性，与思想命题的普遍性要求，则《中庸》所记载的上述资料，才应该是考量孔子法政思想中"为政在人"一原则的最权威之根据。

文武之世，得其人而行政，德泽流布天下，而今其方略遗文犹如其初，却礼崩乐坏无以为功的事实为例，特为标举"为政在人"。此后孟子所发展出的王道仁政学说，与荀子以降主导儒家法政思想的"有治人无治法"观念，都以此为思想正宗。所谓"为政在人"，即是说合理可欲的秩序建构与有效维持的关键，在于得其贤人。所谓"治人"，即以其贤德才能而能够致治之人。所谓"治法"，即行之足以致治之法。儒家论证，向以"治人"为最先、最要，而以"治法"为其次。而自中晚唐以下庸孟之学大彰以来，宋明儒家所展开的法政思想批判尤其如此。故而，黄宗羲所提出的"有治法而后有治人"的命题，虽然并不构成对荀子"有治人无治法"命题的反题，事实上却是黄宗羲对传统儒家法政思想论题，在基本价值序列上的一个重大调整：将"治法"提升到了"治人"之上，成为合理可欲之秩序重建第一层级的需求。而其中所谓"自非法之法桎梏天下人之手足，即有能治之人，终不胜其牵挽嫌疑之顾盼，有所设施，亦就其分之所得，安于苟简，而不能有度外之功名"，则明显尤其是针对明代严厉的士人政策而发[22]。至于黄宗羲以"先王之法"的名义重提的"治法"，则与此"非法之法"全然不同，其中既有具体的法之体制，又有存乎其间的"法外之意"[23]。在这种"治法"所确立的基本法政秩序下，如果为政之人是"治人"，则可以体会"法外之意"、切中于法制之用，充分发挥"治法"的效用，而日致天下于治平；如果为政之人并非"治人"，则虽然他们不能或者根本就不去体会那忧怀天下的"法外之意"，甚至于以天下为私物而试图扩张权力处处谋私，却也必然因为"治法"体制的不可动摇而受到限制，从而为祸也就不会太过严重。此即黄宗羲"使先王之法而在，莫不

---

[22] 关于贯穿于有明一代的对与儒家士人生存环境及其施展抱负之精神空间的种种限制，请参看余英时《宋明理学与政治文化》（吉林出版集团有限公司2008年版）一书第六章"明代理学与政治文化发微"中的考论。而如果能够与其对宋代部分的论述，或与《朱熹的历史世界》所论述相对比而读，则更可见黄宗羲此处所论对于明代的针对性。而其《原臣》、《置相》与《取士》几题数篇中的言论，皆可与此处的论述互解——事实上也必须以此为背景来进行理解。

[23] 有学者将黄宗羲此处"法外之意"与孟德斯鸠"法的精神"相提并论。究其实际，则可知其似是而非。孟德斯鸠所谓"法的精神"，其主要指向在于由地理环境的居处条件而自然形成的、以独特的风俗习惯为依托并以法律制度为正式表达的民族性格，其学术理路，主要是社会学。而黄宗羲所谓的"法外之意"，则主要指前文述及的"古圣王之所恻隐爱人"的存心及其忧怀天下、以天下为主的立法指向；就学术理路而论，乃是黄宗羲经学与史学思路的延伸。

有法外之意存乎其间。其人是也，则可以无不行之意；其人非也，亦不至深刻罗网，反害天下"之所谓。在这里，黄宗羲虽然是以一般化的语言进行的普遍论述，但是如果考虑到明太祖朱元璋废宰相而全面专制、明自永乐以下重用宦官以控制外廷，以至于延及万历、天启年间空前惨烈的宦祸等历史事实，则黄宗羲此等论说的具体历史依托，也就不难寻觅了。孔子谓：与其托诸空言，不如见诸行事之深切著明。黄宗羲为大儒而兼史家，其所论述，亦并未偏离此一原则。

四、黄宗羲"治法论"对传统致治论的突破与贡献

综合上文所述，本文认为，黄宗羲的"治法论"言说对传统中国儒法传统中的致治论，至少实现了以下三个层面的突破：

第一，黄宗羲的"治法论"言说，在儒家法政思想传统内部实现了"治人"与"治法"地位的倒转。在传统中国法政思想史中，儒家致治论的核心思路是立基于崇德尚贤的"为政在人"。但是儒家这种"德治"思想或"礼治"思想，在根本上并不排斥"法治"的基本理路，而是将其降级在致治论中的第二个层面上，并且根据"德治"或"礼治"思想的实质内容，来给"法"做出实质的规定性。"为政在人"所包含的次一层级的意思，即有德的贤能之"人"本身，就是活生生的具体的"法"[24]。而这种被"人"根据"德""礼"而规定了实质内容的"法"，就是先王之道，就是三代之法，也就是所谓"治法"。在传统儒家致治论的思路中，"治人"与"治法"关系的总原则，是"治法"必须从属于"治人"。但是在黄宗羲的"治法论"中，"治法"获取了致治论第一层级的价值关注，并将对不时而得时而不得且往往不得的"治人"的关注，降到了第二个层级。这样一来，黄宗羲就通过改变价值关注序列的方式，在儒家法政思想大传统的内部，对儒家法政思想的基本结构完成了一项实质性的重要修正。

第二，黄宗羲的"治法论"言说，通过将"治法"提升至"治人"

---

〔24〕 在这一点上，主张"法治"的亚里士多德有着相同的主张。亚氏认为对那些"德行巍然"的"一个人或若干人"，"这样卓异的人物就好像人群中的神祇……对于这样的人物，就不是律例所能约束的了。他们本身自成其为律例"。参见亚里士多德：《政治学》，吴寿彭译，商务印书馆1965年版，第154页。

之上，将儒家法政思想传统，尤其是宋明儒家主要专注于通过"德"之修习实现秩序建构的内在思路，转向了具有更大操作可行性的制度批判和制度建构。但这并不是说黄宗羲已经放弃了对内在层面的关注。恰恰相反，黄宗羲对内在层面的关注承袭了儒家传统，在其具体的法政批判中，并未对"心"的问题有丝毫忽略。这尤其又集中于对"君之心"问题的关注。而在"君之心"的问题中，又以"君心之私"或曰"君心之非"为最大。只要对《原君》篇有稍稍了解的人，对于黄宗羲对于后世君主私心以裁制天下的批判，都不会无视于目、无动于衷。但是黄宗羲法政批判的一个显著特色即在于，在对后世君心之私的批判之后，所提出的积极建设性指向，并未如传统儒家（尤其是宋儒）一样，转入去其私意而存大公天下之心的"格君心之非"思路上去，而是在承认"私"具有人之存在意义的现实正当性的基础上，转入了从制度设施的角度，对君主之"私"和一般人之"私"都予以约制、规范和引导，以达到良好的秩序建构和有效维持的思路。这一内外贯通的思路，更是显示出黄宗羲"治法论"对儒家传统的继承性与在继承之中的批判性发展。

第三，对传统中国法政思想史而言，黄宗羲的"治法论"言说的第三层重要突破在于，在很大程度上，他已经将孟子一路立基于王道仁政理想的高调法政批判，和荀子至法家一路的实际法政制度建设，结合而一。前已述及，孔子那贯通内外、德礼并重的秩序建构设想，并未维持多久。在孔子身后，儒家七十子及其后学很快就分裂为八派，而八派之学又与外学参差，以至各有侧重：或重仁义五行，或重诗教礼制，就其所本，则各缘六经之一二，应对现实而各有所取。至战国晚期，儒学乃重新形成孟子与荀子两大支系。而荀子一系又与道家结合，最终发展出李斯与韩非的法家理路。前文已经述及，自战国晚期儒法之争兴起后，至于隋唐之世，以《唐律疏议》为标志，中国文化在制度建构方面完成了儒法合流。但是在思想领域内，根本的对立和紧张却并未得到有效整合[25]。非但如此，在

---

〔25〕 在根本上言，这与儒法两家关于人性善恶的终极判断紧密相关。而晚明思想界承宋明儒"义利之辨"而来对"遂私成公"一项内容的巨大发展，实际上为明清之际人性论的重新理解，以至于传统法政思想的重新奠基，都提供了重要条件。以"义利之辨"、"公私之辨"和人性论问题业已超出本文研究主题而跨入了哲学层面，故不再详细展开。

北宋王安石的变法失败之后，其分裂大有愈加严重的趋势。明代张居正的改革之后，思想界的格局几乎全面重演了宋代的情形。就其思想特质而概括言之，在孟子一系儒家立基于内在之"德"所发展出的王道仁政理想中，就"法"的意义而言，其所强调的是三代圣王推原风俗、考究民情而开创的"良法"。推之而极，则流于不切实际的飘渺虚悬之境。但是这并非说它没有实际的效用，就其在中国历史上所发挥的实际功能而言，主要在于为那些针对现实法政秩序的弊端而展开种种批判以寻求改进的种种努力，提供了一个据以判别是非的理想标准，并以此圆善的理想而为历代儒者的守道和批判，提供了巨大的精神支持和动力来源。至于荀子所导启的法家一路，其法政秩序的建构思路关注的焦点，是"法"在社会层面的实际效力，以至于必以国家所制定颁布的正式法律典章为准，而奉行严格的自上而下的皇权国家主义路线。其弊端在于因为将全副精神全然灌注于和平秩序，对其他价值不予考量，甚至直接弃置，最终使得其所谓"法治"乃纯然立基于皇权国家本位，而走上了全然形式主义的道路[26]。虽然如此，但却必须肯定其不可替代的长处：以其思想对可行性的考量为根本，切实参与到现实制度的建构之中，并普遍无差别地执行业已公开确定的权威规则。通过前文的分析，不难看出，在黄宗羲的"治法论"中，已经将孟子一系儒家的理想主义和现实批判，与荀子所导启的法家一系的现实关注和制度建构，紧密地结合起来而成为新的思想统一体。

五、结语：黄宗羲治法论中的现代"法治"主义要素

事实上，在先秦儒家立基于"礼治"而对于"法"的基本观念，与亚里士多德所代表的西方古典"法治论"传统对于"法"的基本观念之间，

---

[26] 对于法家不问或悬置价值关注的问题，历来学者多有论述，兹不具引。但在笔者看来，法家并非全然不关于"法"的价值层面。相对于法家不关注价值问题的判断，笔者更愿意持下述主张：法家由于过分地关注于和平秩序在形式上的建构问题，而对和平秩序的实质内容以相对主义的态度不置评。由此而论，则法家所关注的价值乃在于"和平"或"秩序"。对于法律价值问题及其序列问题的最简明扼要的讨论，请参看拉德布鲁赫《法哲学》（王朴译，法律出版社2005年版）的"附录二：五分钟法哲学"一文。

其在紧要处的差别并不像一般人所想象的那样大[27]。而在传统儒家立基于天道信仰，以古先圣王的"三代之法"为根据对其当世现实的批判，与基督教自然法传统中立基于神圣自然法而对现实秩序的批判之间，也并非复绝无道而不可同日为语。从而，在继承和发展了传统中国法政思想传统的黄宗羲的"治法论"，与继承和发展了西方法政思想传统的洛克的"法治论"之间，也绝非如同"东"与"西"、"南"与"北"一样不可并立同论。固然在一方面，黄宗羲展开论述的基本框架，是儒家传统所确立的"三代上下"的话语结构，从而其论证思路也是传统的史学思路，以至于其"治法论"在对现实秩序展开深入批判的同时，还以一种实实在在地曾经存在过的伟大典范，来期盼着其在切身可及的生活实践中能够具体性地重现；而在另一方面，对于洛克而言，其"法治论"所得以展开的基本框架，是基督教思想传统所确立和不断提示的"神—人"话语结构，而其论证的全部根基，并不在于其理论在历史中的正当性，而在于那位完全超越的上帝及其永恒不变的理性，因而其论证思路也就具有一种全然非历史的特质。然而在本文看来，虽然由于历史所提供可资运思为用的思想文化资源的不同，使得黄宗羲与洛克在运用术语和论证思路等方面存在诸多表面上的差异[28]，但是，这并不能否定在黄宗羲的"治法论"和洛克的"法治

---

[27] 吴玉章教授在《古代西方的法治观念》一文中，对此曾有过简略的述及，其中说"在古代世界中，先人们重视规则或者法律实在是一个普遍的现象"，并在对各大文明古代致治观念进行了略述后，总结说："古代希腊和罗马的贤人的法治理论传达着强烈的道德气息。这一点，倒与我们的祖先的生活环境和思考有些相同。"而在文章的论述中，吴玉章教授又特别注意到了希腊罗马法治论中普遍的以道德为旨归的道德主义立场。而吴玉章教授最后的四点启示性结论，也颇值得在此引述："第一，法治观念可以在浓厚的伦理氛围中产生。……丰厚的道德遗产恰恰是走向法治社会的宝贵财富之一"；"第二，法治观念的伦理意义"，这里吴玉章教授强调"法治观念的伦理性质"可以防止不顾正义的恶法严刑重罚的统治；"第三，法治观念的基本要求是守法，是人人都遵守法律"；"第四，法治观念不等于政治现实，更不能用来粉饰政治现实"。《古代西方的法治观念》一文见王焱等编《自由主义与当代世界》（三联书店 2000 年版）第 226～265 页。关于我国古代礼治与西方法治精神有其相通合合之处论说，请参看以下两篇重要论文：姚中秋："儒家法律观发微"，载《南方论丛》2009 年第 3 期，亦见氏著：《儒家式现代秩序》，广西师范大学出版社 2013 年版，第 133～156 页；李贵连："从贵族法治到帝国法治：传统中国法治论纲"，载《中外法学》2011 年第 5 期。

[28] 黄宗羲的"治法论"之所以不能直接转读为现代意义上的"法治论"，其中一个主要原因，是因为在儒家思想传统中，无论是"治人"还是"治法"中的"治"字，其核心意义都不是现代"法治"意义上的"rule"或者"govern"，而是对一种合理可欲的生活秩序的理想描述，即主要的是名词或形容词意义上的"治乱"之"治"，而非动词意义上的"治理"之"治"。

论"之间，存在着理论样式上的相似性和可比性，从而同样渗透着法治主义的基本精神。这主要可以从以下几个方面予以简要说明：

首先，从消极的一面来看，黄宗羲的"治法论"与洛克的"法治论"，具有批判指向的一致性。从批判所展开的基本思路看，黄宗羲通过"非法之法"的概念所展开的、对中国专制主义思想与制度的批判，和洛克通过"自然法"学说所展开的、对欧洲专制主义思想与制度的批判，同样都是凭着一己生命信仰的虚灵之真意，来抨击并抵抗共同体法政生活的乖理之实际。众所周知，洛克之自由法政思想所直接针对的，乃是十六七世纪在欧洲思想界日益弥漫、并在政治实践中日趋强大的"绝对专制主义"潮流。而其积极伸张的"法治论"，则直接在此大原则之下，针对着当时欧洲世俗政权滥权虐民的现实而发，并且积极探求着从基本制度上，通过良法善制对"专制主义"问题进行根本的解决。与此相似，也正是立基于对明代专制横行、滥权虐民之惨痛历史的反思，黄宗羲法政思想全部的批判锋芒在在都指向对明代君权专制主义下的专制滥权，以及促成这种专制滥权从而害民误国的"俗儒"思想和恶法制度。而其"治法论"的具体内容，在消极性的一面，可以说是这种批判性在追求"法"的正当性方面的体现；而在积极的一面，归结到根本处，其"治法论"批判的目的，依然是为了分解和约制已经全然制度化的君权，并积极寻求从基本制度上对权力滥用加以约制和防范的道路。虽然其背后依靠的传统不同，展开言说的术语不同，但是解构专制，约制滥权，保障民生，则是黄宗羲和洛克法政思想批判的共同指向。

其次，从积极的一面来看，黄宗羲的"治法论"思想和洛克的"法治论"学说，在理论的形式结构上具有极大的相似性。其一，最值得我们予以认真对待的一个要点，是这两种思想学说在"法治优于人治"这一基本价值上的共同追求。众所周知，洛克对于"法治优于人治"的追求，立基于对欧洲绝对专制主义的批判，而贯穿于其法政思想的前后始终。如前文所述，黄宗羲也同样地立基于对绝对主义（这乃是比欧洲专制主义的思想和制度形式更为强大的东方绝对主义）的批判，已经突破了儒家法政思想在批判方面一贯以"格君心之非"为事，而在建构方面寄希望于圣心君王之统治的基本思路和框架，转而切切期望着通过基本制度的改造，来改造并约制业已全然制度化的绝对皇权。观黄宗羲"使先王之法而在，……其人是也，则可以无不行之意；其人非也，亦不至深刻罗网，反害天下。故曰有治法而后有治人"的论说，并将其对比于孔子"文武之政，布在方策。其人存，则其政举；其人亡，则其政息。……故为政在人"的判断，即可知在黄宗羲对"治法"的主张中，不但有对荀子"有治人无治法"学说的修正，还隐含着对万世不易的儒家圣人孔子言述的委婉批评，就此可见他在"法治优于人治"的方向上，已经达到何种思想境界了。黄宗羲的"治法论"与洛克的"法治论"，在理论结构上之相似性的第二层内容在于，无论是"治法"之"治"，还是"法治"之"治"，两者都对"法"之为"法"，作了具有实质意义的规范性规定：良法。在这一点上，洛克立基于对民族国家专制主义的批判而积极追求的"法的统治"，和黄宗羲立基于对绝对皇权专制主义的批判而积极追求的"治法"之"治"，都绝非国家本位而形式主义的"法治"[29]，而是通过一种积极的批判标准，对"法"之成为"法"的根本内容，做出了限制性规定。虽然洛克据以展开批判的最终根据，在于绝对超越的上帝及其永恒不变的理性，而黄宗羲据以展开批判的最终根据，是天道信仰下"三代圣王"法天而治的恒久典范，但当这种终极性最终落实在现实人世的时候，却都表现为对人之生命内在价值的绝对肯认，以及对这美好生命的存养发展至关重要的人身和财产的保护。故而，当对"法"之为"法"的限制性规定落实在具体历史实际之中的时候，对西方的洛克而言是"全体国民的福祉"，对东方的黄宗羲而言是"万民之忧乐"。其措辞虽然不同，但内容却如出一辙。黄宗羲"治法论"与洛克"法治论"在理论结构上之相似性的第三层内容，在于二人不但都对"普遍守法"提出了明确主张，更是在强调身在其位的执政掌权者必须遵守良法善制，而决不可滥用权力而害世虐民。对此，黄宗羲和洛克除了在积极的方面，对制度约制进行谋划设计之外（洛克对立法权与执行权的划分和黄宗羲对君权与相权的重新设置，都是这种制度性约制

---

〔29〕 如果说洛克以"rule of law"或"rule under the law"的形式所伸张、并对"law"做出良法规定的思想已经被恰当地称为"法治"思想的话，那么，从黄宗羲的权力批判——尤其是对以私心滥权而祸害天下的君主专制的批判的视野中去展开理解，则其"治法论"绝对可以转译为"rule under the good law"，故而其思想内涵不但绝非法家传统的"rule by law"可以范围，更是已经直逼"rule of law"的境界。

在中央政府层面上的落实〔30〕），在消极的一面，洛克乃从中世纪晚期以来的"暴君放伐论"中汲取营养，提出"革命"一路作为对专制滥权最后的抗衡，而观黄宗羲在《原君》篇中对孟子"汤武革命"学说的极力伸张〔31〕，与洛克以"革命"在根本上制约政府滥权的主张〔32〕，几为同道而谋的朋友之说。

总之，在法政思想的形式表达方面，黄宗羲与洛克有着在深层精神上相通的共同目标：一种合理可欲之自由法政秩序的建构〔33〕。而这种"自由法政秩序"的主要内容，首先要在文化—政治共同体的政治生活中确立一种有效的统治，维持基本的秩序与和平，以保证此文化共同体不在外部的威胁中灭丧，从而实现种族的存续与文明的传衍；其次则要对文化—政治共同体的权力治理结构进行设计，在实现第一重目标的基础上，对政治权力在制度上进行平衡和约制，以防止它转化为不负责任的压制性权力；

---

〔30〕 对此论题，笔者在《论合理可欲的统治：黄宗羲与洛克政制批判的简明对勘》一文中有细致审读。

〔31〕 "古者天下之人爱戴其君，比之如父，拟之如天，诚不为过也。今也天下之人怨恶其君，视之如寇雠，名之为独夫，固其所也。而小儒规规焉以君臣之义无所逃于天地之间，至桀、纣之暴，犹谓汤、武不当诛，而妄传伯夷、叔齐无稽之事，使兆人万姓崩溃之血肉，曾不异夫腐鼠。岂天地之大，于兆人万姓之中，独私其一人一姓乎？是故武王，圣人也；孟子之言，圣人之言也。后世之君，欲以如父如天之空名禁人之窥伺者，皆不便于其言，至废孟子而不立，非导源于小儒乎！"见《黄宗羲全集》（第1册），浙江古籍出版社2005年版，第3页。

〔32〕 观洛克在《政府论下篇》第十九章"论政府的解体"的具体措辞及其思想史渊源，并参考英国当时的历史背景，可知洛克所谓的"革命"绝非18世纪晚期以来的"大众革命"，而是承中世纪"暴君放伐论"而来的、由作为整体的人民通过其德行卓异的领袖（如克伦威尔、莎夫茨伯里、威廉等一类人物）的军事行动而实施的政府更替。

〔33〕 对于本文所谓"自由法政秩序"的主要内容，可以做如下简述：其一，在共同体中确立一种有效的统治秩序，能够维持基本的和平，不使共同体在外部威胁中灭丧，从而实现种族的存续与文明的传衍；其二，对共同体的权力治理结构进行设计，在实现第一目标的基础上，对政治权力在制度上进行平衡和约制，以防止它转化为不负责任的压制性权力。就笔者耳目所及，对以上两点第一次从一个消极角度提出说明的，似乎是英国的埃德蒙·伯克对1688年"光荣革命"的下述评论："假如我们的祖先们对自己的自由找不到任何保障，只好使自己的政府运作无力、任职不稳，假如他们除了让国内混乱而外，就想不出任何防止权力滥用的更好办法，那么，他们在革命时就配不上明智这一盛誉了"（语见氏著：《法国革命论》，何兆武等译，商务印书馆1998年版，第39页）。而第一次明确集中的正面表述，则出现于美国国父麦迪逊之口："如果人是天使，就根本无需政府。如果由天使来治理人事，则也无需对（天使的）政府做出任何内外约制。在组织一个由人施政于人的政府时，最大的困难乃是这样的：我们首先必须使政府能够掌控受治的人事，然后再使政府接受对其自身的约制"（语见《联邦党人文集》第51篇，译文为笔者自译，亦可参看中译商务本第264页）。

而无论是黄宗羲的"治法论"，还是洛克的"法治论"，都是建构这种合理可欲的自由秩序之努力的一部分。洛克法政思想的现代价值早已为世所公认，而在其"法治论"思想的参照之下，不难发现，黄宗羲以"其人是也，则可以无不行之意；其人非也，亦不至深刻罗网，反害天下"立说的"治法论"思想，在其"治法"之"治"的致治论中，其基本的思想内涵，已经实质性地突破并超越了"rule by law"的界限，而极其接近在"rule under the law"与"rule of law"两种形式中表达出的现代法治主义思想了〔34〕。

（文字编辑　康骁）

---

〔34〕 关于以 rule of law 和 rule under the law 的形式表达的现代"法治"思想，及其与以 rule by law 的形式表达的各种形式主义法制观和法治国概念的简要区分，请参看刘军宁《从法治国到法治》一篇长文，见氏著：《民主·共和·宪政》，三联书店 1998 年版，第 136～171 页。

中西宪政考镜

知识与权力的博弈：
胡适的制宪诱导术*

黄　东**

一、帝王师的眼光

自宁汉对立至中原大战结束，国民党各派政治力量进入大分裂、大重组、大对抗的时代，胡适派学人凭借积累的文化和社会资本，得到了国民党各方重视，各方皆想与之交往并期待其为自身出谋划策或得到其支持。胡适在这期间的政治立场相对明确，在他的日记中很清楚体现出他以帝王之师周旋各方的自信，且在出谋划策中其念兹在兹者首要便是制定约法。可见，胡适对于南京政权的合法性危机认识得相当清楚，并试图将其重新纳回民主宪政的轨道。

在宁汉对峙时，面对唐生智的拉拢，胡适不为所动。他在日记中记载："肖恩承与唐天如来谈。我知道他们想劝我帮唐生智，所以我大谈近几十年的大乱由于用人才之不经济；不经济者，人各有所长，但各有其限度，用过其限度，五十斤力者乃挑一百斤至二百斤重担——如冯玉祥，吴佩孚，孙传芳，唐生智，皆是也，故一败不可收拾，因此祸及国人，我劝他们陪唐生智到欧美去考察政治一二年。"[1]当李宗仁方面派人来请时，胡适坚持自己诤友的立场，对来客说："留一两个人独立于政治党派之外，也是给国家培养一点元气。若国民党真有征求学者帮助之意，最好还是我

　　* 本文为中国政法大学青年教师学术创新团队资助项目成果（CXTD201108）。
　　** 中国政法大学副教授，硕士生导师，历史学博士，法学博士后。
　　〔1〕　曹伯言编辑：《胡适日记全编》(5)，安徽教育出版社 2001 年版，第 134 页。

去年七月间为蔡（元培）先生说的'约法会议'的办法，根据中山的
《革命方略》所谓训政时代的约法，请三四十个人，学者之外，加党、政、
军事有经验声望的人起草，为国家大政立一根本计划以代替近年来七拼八
凑的方法与组织。"结果胡适发现来客王季文同吴忠信、温挺修对于这番
建议不甚了然，于是他不无失望地写道："他们三人似不很了解此意。"[2]
当二次北伐成功，蒋桂战争结束时，宋子文请教胡适"代他们想想国家的
重要问题"，因为，"现在的局面又稍有转机，又是大可有为的时期了，若
不谋一点根本的改革，必定不久又要打起来"。胡适希望他们能够"逆取
而顺守之"。两人恳谈半天，胡适对其说了很多改革意见，其大旨第一条
便是"召集约法会议，制定约法"。[3]

中原大战期间，汪精卫主持的扩大会议为争夺统治正当性特组织约法
起草委员会。在第一次会议中，委员会商定由郭泰祺以私人资格去请胡适
加入约法起草委员会。[4]胡适没有参加，这显然要维持对于国民党各方中
立超脱的态度，但其实另一方面，胡适又积极给汪精卫出谋划策。在中原
大战关键时刻，交战双方都期待东北的张学良的支持，当张学良已倾向蒋
介石时，汪精卫曾托人将其对张学良表态的电稿草稿拿给胡适，请他提供
意见。该草稿写明对张学良的办法有以下几种：①若东北以"党的立场"
讨蒋，则汪精卫及改组派以党的地位参加，党务政治军事由东北主持。
②若东北以非党的立场讨蒋，则他们以个人地位赞助。③若不讨蒋而主张
和平会议，而他们能以对等地位参加，则他们也赞助。胡适认为："精卫
此时应站的高一点，不可令人轻视；若如第一条所议，则他很失身分。
'党务军事政治由东北主持'，是去一蒋又来一蒋，有何补于国家？不如说
约法宪法与国民会议等，既已由南京承认，是他们（笔者注：汪精卫及改
组派）的主张已胜利，此时惟望党人监视代表大会，使他（注：代表大
会）成功；国人监视国民会议，使他（笔者注：国民会议）成功。如此下
台，岂不冠冕多了？"在当天晚上，胡适又去见汪精卫夫人陈璧君，再次
表明这一主张。陈碧君说："无论如何，精卫必不能放弃'党的立场'。"

---

[2] 曹伯言编辑：《胡适日记全编》（5），安徽教育出版社2001年版，第70~71页。

[3] 曹伯言编辑：《胡适日记全编》（5），安徽教育出版社2001年版，第447~449页。

[4] "一周间国内外大事述评"，载《国闻周报》7卷37期第7版。

胡适回应道："老实说，党到今日，还有救吗？是否能靠北平会馆住着等候差使，月领四五块的生活费的二千多人，来中兴国民党吗？精卫还是愿得这二千多人的同情呢？还是愿站在'国的立场'来博我们多数人的同情呢？"[5]胡适的意见很简单，那就是在大局已定的情况下，要想国人强调其主张的价值，汪精卫不必争党统，而是要看重制定约法的价值，如此方能维持汪精卫的地位，也能赢得国内知识界的同情。第二天，胡适将阎锡山、汪精卫、冯玉祥联合致张学良的通电粘贴在日记中，认为"主张已与我们昨夜所谈相近了"，通电中有这样的文字："自去春以来，内战复起，国家陷于分崩离析，人民罹于涂炭，究其原因，实由□□□（笔者注：指蒋介石，报纸原文如此）个人私意，摇动党国根本所激成。锡山等盱衡世变，以为挽救之道，惟在放弃独裁，培植民治。国民会议为总理遗嘱所定，于最短期间促其实现者，不可不开；约法为训政时期保障人民权利，划定中央与地方政治制度之根本大法，不可不制定颁布；全国代表大会为党治时代一切权力之源泉，不可不依法产生，欲求以整个的党，造成统一的国，非此莫由。"胡适接着又在日记中粘贴汪精卫10月9日的公开谈话，谈话大意为："余在北平及石家庄、郑州、太原屡次郑重说明，无论军事变化若何，吾人党务政治之主张，必得绝对胜利，即个人独裁必须打破，民主政治必须实现，国民会议必须开，约法必须制定颁布是也。今观于蒋中正江电所云，可为吾人主张非武力所能遏抑之一明证云云。"[6]阎锡山、汪精卫、冯玉祥等之所以能"光荣引退"，就在于其抓住民主政治的大旗，要求开国民会议，制定约法，当约法制定之后，他们尽可宣布其政治主张已经实现，尤其是蒋介石的江电发表，蒋要求南京尽快制定约法，汪精卫便说"可为吾人主张非武力所能遏抑之一明证"，所以响应张学良的和平号召，实现停战，自行引退。这番作为，当然不可能全是采纳胡适的意见而定，因为汪精卫于10月9日发表演讲，时间在征求胡适意见之前。但无论如何，征求胡适之意见的做法说明其得到汪精卫的重视，而胡适的建议应该也进一步促使汪精卫等人明确其引退之际政治表态的方向。事实上，这也符合胡适一贯主张，即党治应该向政府之治转化，要确立政府的公信

---

〔5〕 曹伯言编辑：《胡适日记全编》(5)，安徽教育出版社2001年版，第809～811页。
〔6〕 曹伯言编辑：《胡适日记全编》(5)，安徽教育出版社2001年版，第811～812页。

力首先要制定约法。对于胜利者，胡适也不乏指导的冲动，就在当天，他让董显光带信给宋子文，认为大战底定，南京政府对于东北西北，宜有根本方针，宜认清"统一"之性质。换言之，就是要认清"统一应是协商的，而非征服的；应是侧重地方分治的，而非骤然中央集权的。总之，应明白认定'联邦式的统一国家'的原则"。[7]十余天后，他又写信给张学良，信中大意是说，张学良机会太好，责任太大，不可不存敬慎之心，不可不把一些根本问题细细筹虑过。[8]

胡适对于国民党内部，就是期待形成一股文治势力以制衡军权，他期待的文治势力的代表是自己的旧交，即汪精卫和宋子文。在中日冲突后，胡适期待国内形成"汪精卫主党、宋子文主政、蒋介石主军"三位一体的格局。他认为政府得像一个政府，其实际是主张党权和军权不得干涉行政，国家治理要有法可依。1930年9月3日，胡适在日记中写道："近来与人谈政治，常说：民国十一年，我们发表一个政治主张，要一个'好政府'。现在，——民国十九年，——如果我再发表一个政治主张，我愿意再让一步，把'好'字去了，只要一个政府。政府的最低任务是'警察权'，——保境安民——凡不能做到这一点的，够不上政府。"[9]几天后，也就是9月12日，他与李仲揆谈国事，随后他在日记中写道："我说，只要有点政治家眼光，国事并不难办。今日所要者，第一，在这中央权力未造成的时候，要明了分权的必要，在分治之上或可逐渐筑成一个统一国家。第二，要明了文治势力是制裁武力的唯一武器，须充分培养文治势力。第三，要明了一个'国家政策'比一切'民族主义'都更重要。当尽力造成一些全国的（整个国家的）机关与制度。"[10]

二、批评的技艺

一个不敢与现有政权彻底决裂的知识分子如何行使自己的社会责任？如何让自己的意见能够进入当道的耳中？如何让政府的政策制定受到你的影响？概而论之，如何能够成为合格的公共知识分子？

---

〔7〕　曹伯言编辑：《胡适日记全编》(5)，安徽教育出版社2001年版，第813页。
〔8〕　曹伯言编辑：《胡适日记全编》(5)，安徽教育出版社2001年版，第833页。
〔9〕　曹伯言编辑：《胡适日记全编》(5)，安徽教育出版社2001年版，第782页。
〔10〕　曹伯言编辑：《胡适日记全编》(5)，安徽教育出版社2001年版，第792~793页。

总体考察这一时期胡适对国民党的批评，不难发现，其批评涉及的方面很多：既有一般的涉及具体施政的批评，如胡适对白话文教育、对日外交等问题的批评；又有从普世角度指责苛法所体现的人文关怀，如质疑"严厉处置反革命分子"的提案，进而产生对人权和约法的呼吁；更为关键者，是对国民党执政正当性提出质疑，进行意识形态的批判。

当然，最值得注意的是，无论是人权之争还是建国之争，都由胡适及其同仁发起，而国民党相关方面在被动应对，整个问题域的形成和讨论方向都是胡适及其同仁在主导。这种批评何以迎来国民党的回应从而形成舆论热点，进而影响国民党施政？原因很简单，是因为胡适等人试图规范政治权力的批评与国民党党治的转型相契合，故其所设定的问题域导致国民党必须应对，无法摆脱。胡适所争者恰恰是国民党由革命党向执政党转型的大本大源问题，是训政如何走向宪政的制度设置问题，这样就使得国民党无法回避，必须做出因应。

若总体考察胡适在这一时期对国民党进行批评的文本，便不难发现这一特点体现得十分明显。比如胡适对孙中山"行易知难"学说的批评。胡适先是肯定孙中山此学说对于国民党革命成功具有重大意义，继而指出："所以'行易知难'的学说的真意义只是要使人信仰先觉，服从领袖，奉行不悖。中山先生著书的本意只是要说：'服从我，奉行我的《建国方略》'……行易知难的学说是一种很有力的革命哲学。一面要人知道'行易'，可以鼓舞人勇往进取。一面更要人知道'知难'，可以提倡多数人对于先知先觉者的信仰与服从。信仰领袖，服从命令，一致进取，不怕艰难，这便是革命成功的条件。所以说中山说这是必要的心理建设。孙中山死后三四年中，国民党继续奉他做领袖，把他的遗教奉作一党的共同信条，极力宣传。'共信'既立，旗帜便鲜明了，壁垒也便整齐了。故三四年中，国民革命军的先声夺人，所向都占胜利。北伐的成功，可说是建立'共信'的功效。其间稍有分裂，也只为这个共信发生了动摇的危险。但反共分共所以能成功，也都还靠着这一点点'共信'做个号召的旗帜。"〔11〕当然，胡适对孙中山此学说的批评其实是为他专家治国的主张张

---

〔11〕 胡适："知难，行亦不易——孙中山先生的'行易知难说'述评"，载《新月》第 2 卷第 4 号（1929 年 6 月 10 日）。

目，所以他的重点不是对于孙中山的此学说作根本上的哲理批判，他所用的乃是常识。在全文中，胡适具有学理批评者便只有这一段："行易知难说的根本错误在于把'知''行'分的太分明。中山的本意只要教人尊重先知先觉，教人服从领袖者，但他的说话很多语病，不知不觉地把'知''行'分作两件事，分作两种人做的两类的事。这是很不幸的。因为绝大部分的知识是不能同'行'分离的，尤其是社会科学的知识。这绝大部分的知识都是从实际经验（行）上得来：知一点，行一点；行一点，更知一点，——越行越知，越知越行，方才有这点子知识。"〔12〕除此之外的文字也如孙文一般，全是举例，其中举医学的例子对于反驳孙文的论点很有力量。以下则是对当下南京政权用人缺乏专家的指点："治国是一件最复杂最繁难又最重要的技术，知与行都很重要，纸上的空谈算不得知，鲁莽糊涂也算不得行。虽有良法美意，而行之不得其法，也会祸民误国，行的不错，而朝令夕更，也不会得到好结果。……政府以人民为重，故应该小心翼翼地治国。古人所以说'知之非艰，行之维艰'，正是为政治说的，不是叫人不行，只是叫人不要把行字看得太容易，叫人不可鲁莽糊涂的胡作胡为害人误国。……民生国计是最复杂的问题，利弊不是一人一时看得出来，故政治是无止境的学问，处处是行，刻刻是知，越行方才越知，越知方才可以行的越好。……今日最大的危险是当国的人不明白他们干的事是一件绝大繁难的事。以一班没有现代学术训练的人，统治一个没有现代物质基础的大国家，天下的事有比这个更繁难的吗？要把这件大事办得好，没有别的法子，只有充分请教专家，充分运用科学。然而'行易'之说可以作一班不学无术的军人政客的护身符！此说不修正，专家政治决不会实现。"〔13〕若从批评的发生学来看，国民党虽然强调要以总理遗教作为治国的理论指南，但在建政以来，蒋介石和胡汉民等并没有单单强调"行易知难说"。作为治国者来说，胡适所言应该是卑之无甚高论，南京政权难道倡导武夫治国？何况党人也没有全面占领各个要害部门。蒋介石是军人出身，在军权与党权的争夺中，他反而希望引用那些与国民党党争没有关联

---

〔12〕 胡适："知难，行亦不易——孙中山先生的'行易知难说'述评"，载《新月》第2卷第4号（1929年6月10日）。

〔13〕 胡适："知难，行亦不易——孙中山先生的'行易知难说'述评"，载《新月》第2卷第4号（1929年6月10日）。

的专家，比如外交部门启用顾维钧，智囊中收纳杨永泰，文胆借重陈布雷，都是如此。南京政权的这一做法，以至于当时还引起党内的讽刺和不满，说是"军事北伐、政治南伐"。所以说，胡适的批评针对基层党人的嚣张则可，指向南京政权的用人，则不符合实际。所以，其真实意图是让南京政权进一步走专家政治的道路。

又比如胡适强调训政也需要有约法。他这样说道："中山先生也曾主张颁布约法'以规定人民之权利义务，与革命政府之统治权'。这便是一种宪法了。"后来孙中山之所以说不要约法，是因为对于民国历史的总结错误，"故民国十几年的政治失败，不是骤行宪政之过，乃是始终不曾实行宪政之过；不是不经军政训政两时期而进行宪政，乃是始终不曾脱离扰乱时期之过也"。[14]因此颁布《约法》将使得训练民众和约束政府都有依据。"我们实在不懂这样一部约法或宪法何以不能和训政同时存在。我们须要明白，宪法的大功用不但在于规定人民的权利，更重要的是规定政府各机关的权限。立一个根本大法，使政府的各机关不得逾越他们的法定权限，使他们不得侵犯人民的权利，——这才是民主政治的训练。程度幼稚的民族，人民固然需要训练，政府也需要训练。人民需要'入塾读书'，然而蒋介石先生、冯玉祥先生，以至于许多长衫同志和小同志，生平不曾梦见共和政体是什么样子的，也不可不早日'入塾读书'罢"？训政者在训练民众的同时自身也需要训练，即"人民需要的训练是宪法之下的公民生活。政府与党部诸公需要的训练是宪法之下的法制生活。'先知先觉'的政府诸公必须自己先用宪法来训练自己，制裁自己，然后可以希望训练国民走上共和的大路。不然，则口口声声说'训政'，而自己所行所为皆不足为训，小民虽愚，岂易欺哉？我们不信无宪法可以训政，无宪法的训政只是专制。我们深信只有实行宪法的政府才配训政"。[15]这就直指孙中山宪政设计的空白之处，也是国民党获得政权后按照"总理遗教"来执政必须发展创新之处。孙中山强调民众之愚昧，强调国民党之先知先觉，强

---

〔14〕 胡适："我们什么时候才可有宪法——对于《建国大纲》的疑问"，载《新月》第 2 卷 2 号（1929 年 4 月 10 日）。

〔15〕 胡适："我们什么时候才可有宪法——对于《建国大纲》的疑问"，载《新月》第 2 卷 2 号（1929 年 4 月 10 日）。

调由国民党规训保姆民众，但这样的设计如何避免一党的专制和党魁的独裁；又如何避免整个国民党由保姆民众变成统治民众的危险；在没有其他党派制衡的情况下，如何避免国民党整体的腐败。这都是孙中山没有彻底解决的设计问题。另外，国民党强调训政走向宪政，但训政本身又缩小公民的政治参与空间，抑制公民民主权利的行使，这样如何能够走向自治，进而达到宪政？可以说，"中华民国面临重建强大的国家和扩大民众参政之间的久而未决的关系问题。这种紧张状态又因年轻的共和国所处的国际环境而加剧了"。[16]所以当胡适对此提出质疑，并在理论上为国民党政治转型做高端设计时，国民党不能不重视。

另外，胡适由陈德徵的《严厉处置反革命分子》提案发出人权与约法的宏论，更是指明国民党由革命党向执政党转型时制度选择的困境。胡适给当时司法部长王宠惠写信，先引用陈德征的提案，"凡经省或特别市党部书面证明为反革命分子者，法院或其他法定之受理机关应以反革命罪处分之。如不服，得上诉。惟上级法院或其他上级法定之受理机关，如得中央党部之书面证明，即当驳斥之"。接下来，文字间满是正义的火气："先生是研究法律的专门学者，对于此种提案，不知作何感想？在世界法制史上，不知那一世纪那一文明民族曾有过这样一种办法，笔之于书，立为制度的吗？我的浅识寡闻，今日读各报的专电，真有闻所未闻之感。中国国民党有这样党员，创此新制，大足以夸耀全世界了。"[17]胡适此信并非是私人信件，而是带有质疑的公开信，可惜此信被检查者扣押，不让报刊发表。[18]其实"反革命"、"反革命法"这些名词都非中国独创，乃是学习苏联的做法。在所拟定的罪责上，大革命时期出台的《反革命罪条例》要比《暂行反革命治罪法》更为宽泛。国民党若坚持苏联模式，坚持大革命道路，对胡适之质疑无需与辩，强硬者直接将胡适冠以"反革命"惩处即

---

〔16〕 费正清、费维恺编：《剑桥中华民国史》（下卷），刘敬坤等译，中国社会科学出版社1994年版，第86页。

〔17〕 "胡适致王宠惠"，载中国社科院近代史研究所编：《胡适来往书信选》（上），中华书局1979年版，第509页。

〔18〕 胡适将国闻通信社告知其公开信被检查官禁止发表的信函粘贴在日记里，见曹伯言编辑：《胡适日记全编》（5），安徽教育出版社2001年版，第376页。

可，因为胡适恰好符合《暂行反革命治罪法》最后一条："宣传与三民主义不兼容之主义及不利于国民革命之主张"。这里国民党无法回避者，并不是被后来研究者习惯指出的"马上打天下"向"马下治天下"的转变产生的困境，而是旧马必须放弃，新马尚处在寻找、训练不能的迷茫之中。所以我们看到，当胡适质疑此法，并发起人权之争时，国民党的应对，就是《暂行反革命治罪法》被《危害民国紧急治法》取代。

三、制宪诱导战略

通观1930年代胡适的政论，与其书信、日记相印证，发现其在国难声中有着草蛇伏线般的宪政实现战略。1928年国民党宣布进入"以党治国"的训政时期，依据孙中山的《建国大纲》，训政时间为6年。在未来的几年中，如期结束训政、实现宪政和延期训政的两种主张始终存在。前者以孙科为代表，所持理由为"遗教"不可背叛，制宪有助于收拾人心。后者则以于右任、汪精卫为代表，认为结束训政，便是"结束党之领导革命也"，是"毁党毁政"。[19]

对于国民党党内的分歧，以及结束训政的时间表甚至实际变化，胡适显然有所心照，他及其独立社成员在1932年2月13日有过讨论，其结论大致是：①应渐渐由分权的名义上的统一做到实质上的统一；②应努力做到物质上的统一的基础：完成干线的铁路网；③应有健全的政府组织，从"革命的政治"走上法治的轨道；④应做到全国和平不打内战。当吴宪问及未来政权权力应该如何分配时，讨论的结果是：①应取消"党内无派"，使国民党自己分化成政党；②应取消"党外无党"，使国民党以外能有政党发生；③国民党此时的专政，是事实上不能避免的。胡适在其后还记载大家对于当时党内外力量的悲观："周炳琳君对于国民党的前途甚悲观；其余皆非党员，却承认党外的政治团体更无希望。"[20]这事实上是胡适在国家大政问题上努力的方向，宪政的设计与战略也以此为依归。当然，需要明确的是，胡适在当时所说的宪政，是一种具有中国特色的低层次的宪

〔19〕　于右任："放弃训政与中国革命之危机"，载《申报》1932年5月5日第2版。

〔20〕　曹伯言编辑：《胡适日记全编》(6)，安徽教育出版社2001年版，第175～176页。

政。他说："我们不信，'宪政能救中国'，但我们深信宪政是引中国政治上轨道的一个较好的方法。宪政论无甚玄秘，只是政治必须依靠法律，和政府对于人民应负责任，两个原则而已。"[21]这是胡适所谓民主是幼稚园政治的现实诱因。

若以 1930 年代那场著名的"民主与独裁之争"为例，则胡适的诱导战略体现得十分明显。[22]1930 年代的"民主与独裁之争"，始于蒋廷黻由福建事变而发表的《革命与专制》一文，其后胡适作文答辩，蒋廷黻、丁文江、陈之迈纷纷参与其间。陈仪深曾经以主张的不同将"独立评论社"成员分为三类：①民主论者，以胡适和陶希圣为代表，主张在国难时期应该而且可以行民主政治；②折中论者，以陈之迈和张佛泉为代表，他们主张政治改革，但不主张开放政权；③独裁论者，以丁文江、蒋廷黻为代表，他们主张为统一、建国应行专制独裁。[23]此处需要分析《独立评论》作为舆论平台以及胡适作为主编的价值。从《独立评论》的创刊辞可以看出，胡适其实是强调这一群体的独立的诤友地位，即观点可以多样且不受他人影响，但一定是要站在不推翻国民党的立场进行改良主义的探讨。同时，这并非是朋友聚餐之后的言论记录，而是"我们现在发起这个刊物，想把我们几个人的意见随时公布出来，做一个引子，引起社会上的注意和讨论"。[24]毫无疑问，胡适期待以《独立评论》作为政治舆论的中心场，有点现代版东林书院的意思。同时，从争论来看，胡适固然有自己的主张，但其言论对象始终是瞄着读者，尤其是读《独立评论》的国民党衮衮诸公。他有调和诸家，成为意见领袖的自觉。我们试看，在"民主与独裁之争"告一段落之际，胡适特地发表的《从民主与独裁的讨论中求得一个共同的政治信仰》，这当然是这场论争的总结性文字，但又何尝不是对国

---

〔21〕 胡适："宪政问题"，载《独立评论》第 1 号（1932 年 5 月 22 日）。

〔22〕 关于这场争论的历史梳理和观点评析主要参见雷颐："近代中国自由主义的困境——三十年代民主与专制的论战透析"，载《近代史研究》1990 年第 3 期；郑大华：《民国思想史论》（社会科学文献出版社 2006 年版）之第五编第一节；顾昕："民主思想的贫瘠土壤——评述一九三〇年代中国知识分子关于'民主与独裁'的论战"，载许纪霖：《二十世纪中国思想史论》，东方出版中心 2000 年版；张勇："历史场景与言外之意：也说'民主与独裁'论战"，载《清华大学学报》2010 年第 6 期。

〔23〕 参见陈仪深：《〈独立评论〉的民主思想》，台北联经出版公司 1989 年版。

〔24〕 胡适："《独立评论》引言"，载《独众评论》第 1 号（1932 年 5 月 22 日）。

民党的呼吁。他说："我们为国家民族的前途计，无论党内或党外的人，都应该平心静气考虑一条最低限度的共同信仰，大略如陈之迈先生指出的路线，即是汪蒋两先生感电提出的'国内问题取决于政治而不取决于武力'的坦坦大路。党内的人应该明白孙中山先生的遗教，尊重党内重要领袖的公开宣言，大家努力促进宪政的成功；党外的人也应该尊重中山先生手创的政党是以民主宪政为最高理想的，大家都应该承认眼前一切'带民主色彩的制度'（如新宪法草案之类）都是实现民主宪政的历史步骤，都是一种进步的努力，都值得我们的诚意的赞助使它早日实现的。"[25]

总结这一时期胡适的制宪诱导战略，大致分为以下几个方面：

首先，从"总理遗教"的法源上来推动国民党走向宪政，并强调国民党的地位不会动摇。在"民主与独裁之争"时。陶希圣曾就此评价道："胡适之先生主张的民主政治，很显然的是议会政治。"陶说要是以议会斗争与国民党相争，国民党不会答应。胡适回应说："我们现在也可以很明白地告诉陶先生和国民党的朋友：我们现在并不愿意'以议会与国民党相争'，因为依我们的看法，国民党的'法源'，建国大纲的第 14 条和 22 条都是一种议会政治论。……国民党如果不推翻孙中山先生的遗教，迟早总得走上民主宪政的路。"[26] 胡适认为不会有任何政党能取代国民党或同国民党抗衡，因此国民党正好开放政权，"名义是正的，人心是顺的"，可以团结全国人心。而党内不同的派别在开放党禁之后，尽可自行组党，党内纷争"不了而自了"。[27]

其次，鼓吹专家政治，以推动国民党的改良。胡适的专家政治论，在理论和情势上都有合理性。他先是提出孙中山的"知难行易"理论虽然打破了一种迷信，但同时又树立了一种新的迷信，那就是使得人们盲目信仰领袖，产生"打倒智识阶层的喊声，有轻视学问的风气"，是一种革命的哲学而非建设的哲学。言下之意，便是建设需要智识阶层的参与，国民党的领袖们需要知识分子的帮助。进而，他主张"无为政治"。当汪精卫以

---

〔25〕 胡适："从民主与独裁的讨论里求得一个共同政治信仰"，载《独立评论》第 141 号（1935 年 3 月 10 号）。

〔26〕 胡适："从民主与独裁的讨论里求得一个共同政治信仰"，载《独立评论》第 141 号（1935 年 3 月 10 号）。

〔27〕 胡适："政制改革的大路"，载《独立评论》第 163 号（1935 年 8 月 11 日）。

国家多艰，非建设不足以应对危机相问时，胡适回应其反对的是无效的建设、浪费的建设，而如何才能做到建设有效呢，那自然不能单纯依靠党人，而需要专家治国。因此，胡适在见蒋介石时以《淮南子》相赠，结果蒋介石以为他主张"君逸臣劳"，颇不以为然。胡适只得在一次演讲中夫子自道："中山之说以'知难'属于领袖，以'行易'望之众人，必人人信仰领袖，然后可以'知行合一'。然既谓'行易'，则不必一定信仰领袖了。以吃饭说话等事譬喻'行易'，众人自然可以自信皆能吃饭说话了！所以必须明了'行亦不易'，然后可以信仰专家。"后面其实还有一句潜台词，即"然后可以确保信仰领袖"。"明乎此，然后可望有专家政治"。[28]

最后，认为宪政是"幼稚园的政治"，以推动党治下宪政的试验。胡适以为，民主政治是常识的政治，而开明专制是"特别英杰"的政治。"特别英杰不可必得，而常识比较容易训练。在我们这样缺乏人才的国家，最好的政治训练是一种可以逐渐推广政权的民主宪政"[29]。因为，"只有民主宪政是最幼稚的政治学校，最适宜于收容我们这种幼稚阿斗"。[30]这种幼稚园的政治恰好可以突破训政之下如何实现宪政的困局。胡适称现在的党治格局全非孙中山原意，国民党强调训政，以训练民众为宪政准备，可是"七八年的训政经验，民众所得训练在哪里？"所以这不是国民党领袖愿不愿意训练民众的问题，而是本身缺乏制度保障。"绝少数的人把持政治的权力是永不会使民众得着现代政治的训练的。最有效的政治训练，是逐渐放开政权，使人民亲身参加政治里得到一点政治训练。说句老实话，学游泳的人必须先下水，学弹琴的人必须先有琴弹。宪政是宪政的最好训练"。[31]

关于胡适的民主政治幼稚论，历来存在颇多争议。当时蒋廷黻就说："你那一段议论简直是笑话，不值得讨论。"丁文江直接说："这句话不可

〔28〕 曹伯言编辑：《胡适日记全编》（6），安徽教育出版社2001年版，第185页。
〔29〕 胡适："我们什么时候才可有宪法——对于《建国大纲》的疑问"，载《新月》第2卷2号（1929年4月10日）。
〔30〕 胡适："再论建国与专制"，载《独立评论》第82号（1932年12月24日）。
〔31〕 胡适："从一党到无党的政治"，载《独立评论》第171号（1935年10月6日）。

通的。"[32]后来的一些学者认为这体现出胡适的策略，因为蒋廷黻等人认为当前中国最大的问题是建国，而建国需要依靠开明专制，甚至为国家计可以将"开明"去掉。胡适于此不仅不认同，而且担心这样的论断恰好给国民党延续训政并且加强力度的理由。胡适曾对傅斯年说："廷黻论专制的文发表时，此间省市两党部中人皆大欢喜!! 我听了真栗然以忧。'我岂好辩哉，不得已也'。"[33]有鉴于此，胡适便发此矫枉过正的议论，更是在以后的文章如《再论建国与专制》、《一年来关于民治与独裁的讨论》中三复斯言。客观分析，胡适此番理论确实降低了蒋廷黻言论影响的作用，但是否就全归之于胡适的策略，笔者认为尚不能轻下断言。

更有争议的是，胡适在提出此论之后断言："我们小心翼翼地经过三五十年的民主宪政的训练之后，将来也许可以有发愤实行一种开明专制的机会。"[34]这样的思路遭受到一些政治学者的批评，张熙若就对胡适提出批评，认为民主宪政有"低度"和"高度"的区别，但不能说民主宪政可以从"低度"开始就说它是"幼稚园政治"，这在逻辑上会发生问题，因为如此，到高度之后，岂不是要说成是大学的政治制度吗？他更是对于胡适所说的"训练三五十年之后有发愤实行开明专制的机会"不满，直接质问："升学后所升之'学'是高度的民治呢，还是专制与独裁呢？若是高度的民治，那时是否还算幼稚园？若是专制与独裁，难道在胡先生心目中民治的用处竟是如此，竟是在替专制与独裁作预备工作?"[35]对此，胡适回应说，张的批评未曾搔到痒处，他再次申明说："我说的只是那代议制的民主政制（注意！我这里说的是'政制'）并不需要很高的知识程度，是一种幼稚园政制……至于一个现代的'政府'（注意！这里说的是政府）当然需要专门技术人才，当然需要领袖人才。这一点我从来不否认。"[36]胡适这样的回应其实只说明民主政体是幼稚园，正适合中国人，但却没有

---

〔32〕 胡适："再谈谈宪政"，载《独立评论》第236号（1937年5月30日）。

〔33〕 胡适："致傅斯年"，载耿云志、欧阳哲生编：《胡适书信集》（中册），北京大学出版社1996年版，第632页。

〔34〕 胡适："再论建国与专制"，载《独立评论》第82号（1932年12月24日）。

〔35〕 张奚若："民主政治当真是幼稚园的政制吗?"，载《独立评论》第239号（1937年6月20日）。

〔36〕 胡适："编辑后记"，载《独立评论》第239号（1937年6月20日）。

回答此时的民主是否在为以后的专制与独裁作预备工作。从胡适的相关政论和书信来看，对于三十年代兴起的法西斯、社会主义以及美国强化行政权的做法，胡适并没有像经典的自由主义者一般做立场鲜明的拒绝。追溯20 年代后期他的苏联之行，也基本是肯定之辞。[37] 似乎在实行民主三五十年之后，若代议制政体自己决定走向开明专制，他对于此也并不拒绝。这体现宪政工具论者天然的弊病，还是基于认知的差异，抑或二者兼而有之？

胡适的宪政实现思路显然是从两个方面入手的，他当然不否定宪政的真正实现需要有现代公民，所以要以议会政治培训阿斗（民众），培育起代议制的民主力量。但以孙中山的"遗教"为号召推动国民党自我限权，逐步开放政权，引入专家，继而取消党禁，这也是当时显见的破局手段，也是重新确立起中国作为一个现代国家的形象需要。当然，作为诤友，他也支持一定时间内反对党不应该去竞争国民党的统治地位。对于其后出现假民主，如胡适所总结的"一人之独裁、一党之独裁、一阶级之独裁"，那么是否要鸣鼓而攻之，胡适并没有明确表明态度。且看胡适反对新式专制的理由："第一，中国今日没有能专制的人，或能专制的党，或能专制的阶级；第二，中国今日没有什么有大魔力的活问题可以号召全国人民的情绪与理智，使全国能站在某个领袖或某政党某阶级的领导之下，造成一个新式专制的局面；第三，我不信中国今日的知识经验能够得上干那需要高等知识与技术的现代独裁政治"。[38] 这样的理由并不是反对，而是论证其不可能出现。胡适真正试图从理论上批判新式专制政体本身对于自由、人权的扼杀，是十余年后发表的《我们必须选择我们的方向》，其立论已然与哈耶克暗合。

总体来看，胡适的宪政战略尽管隐而不彰，且侧重点和时间计划也很难清晰说明，但就文本资源来分析，也并非全是空中楼阁，或是研究者的自我想象。从国民党的发展来看，胡适的呼吁与蒋介石出身军权欲摆脱党权约束的诉求暗合，国防设计委员会的设计其实便是吸纳党外专家入阁，

---

〔37〕 较近关于胡适此时苏俄印象的研究，参见罗志田："胡适 1926 年对莫斯科中山大学的访问"，载张国刚主编：《中国社会历史评论》（第 5 卷），商务印书馆 2007 年版；高力克："徐志摩与胡适的苏俄之争"，载《浙江大学学报》2010 年第 5 期。

〔38〕 胡适："再论建国与专制"，载《独立评论》第 82 号（1932 年 12 月 24 日）。

约法、宪草的制定乃至于其后战后宪法的制定，一切都有着转型的轨道。从这个意义上说，胡适所从事的工作，或许便是在孙中山的训政至于宪政之理论的空白之处着墨，为国民党执政后如何扬弃孙中山的宪政遗产提供了一种思路，从而实现了诱导目的。

（文字编辑　肖泽）

桀骜难驯的权力

——德国立宪艰难之因

王晓玲*

一、问题的引出

近代西方各强国都选择宪政作为治国方略，各国的宪政之路充满了波折，然而谈到起步之艰难，阻力之顽强，莫过于德国。德国于19世纪中期才开始迈上立宪的漫漫征程。其间阻力重重，举步维艰，直到二战以后德国宪政才步入正轨，1990年伴随着国家统一才取得了全面的胜利。由此不仅感思，德国立宪艰难之原因何在？

学者们对于立宪艰难的原因提出了不同的看法：有些学者认为迟到的民族国家延误了宪政的到来；有些学者认为德国资产阶级经济上的晚熟和先天不足，政治上的软弱性、妥协性导致立宪发展的迟缓和艰辛；有些学者认为强大的军国主义、封建主义传统、特有的民族主义情节将人们捆绑在封建制度之下，立宪难以突破。那么造成德国立宪艰难的最根本的原因是什么呢？

笔者认为导致德国立宪艰难的最根本原因在于权力难以驯服。本文试图紧扣权力对德国宪政艰难的原因进行分析，总结德国立宪过程中的经验与教训。

二、权力立国：权力铸就统一

（一）权力铸就的统一

1806年德意志被拿破仑占领，有名无实的"神圣罗马帝国"寿终正

---

* 山东广播电视台总编室，法学硕士。

寝。1812 年拿破仑在俄国遭遇失败，德意志的解放战争由此开始。在这一背景之下，普鲁士的强权政府获得了大显身手的机会，为德意志的解放立下了汗马功劳。于是，普鲁士便成了民族统一的领导者和完成者。

19 世纪时普鲁士也制定了宪法，并露出了宪政的痕迹，但是制定宪法只是给权力披上外衣而已，权力依然禁锢着宪政。然而，宪政这一历史的潮流却是普鲁士无法抵制的。1848 年，德意志宪政力量发起召开了法兰克福全德会议，试图制定宪法，并完成民族统一和宪政的双重目的。但是这次尝试却被权力无情打压。虽然议会最后选举普鲁士国王弗里德里希·威廉四世（1840～1861 年在位）为德意志帝国的皇帝，但君主权力遭到了极大的限制。所以，威廉四世毫不犹豫地拒绝了这顶被"设限"了的皇冠。就在资产阶级在议会里争论不休的时候，威廉四世已经重整旗鼓，欧洲反动势力也已经开始了全面反攻。随着轰轰烈烈的"护宪运动"遭到镇压，制宪会议被迫解散，1848 年革命以失败告终。但是，1848 年革命艰难地迈出了德国立宪的第一步，在公民权利的保障和权力的规制方面对今后德国立宪产生了重要的影响。

1864～1871 年，俾斯麦以"铁血"手段，发动三次王朝战争，统一了德意志。这使得权力更加有恃无恐。在统一战争的过程中，宪政力量意识到了权力无边的巨大危险，于是竭力向权力发难，否决了政府的军费预算，导致了"宪法纠纷"。

1860 年，普鲁士政府向议会提出了军队改革的方案，要扩充军队，增加军费，还将常备军的服役期从 2 年改为 3 年。资产阶级担心军事改革后军队成为容克反对资产阶级利益和邦议会的工具，不利于资产阶级与国王分享政权的君主立宪制度的建立。因此，议员们不但否决了政府提出的军事拨款，而且要求政府实行内阁对议会负责的制度。面对议会的反抗，政府下令解散议会，再选议员。资产阶级在大选中赢得了多数，再次否决了军事改革的方案。"宪法纠纷"使国内矛盾空前尖锐，威廉一世宁愿退位也不愿同资产阶级妥协，权力的桀骜难驯可见一斑。而俾斯麦的出现不仅化解了矛盾，还"俘虏"了资产阶级。俾斯麦毫不犹豫的违反宪法来拨款建设军队。随着普鲁士在 1866 年普奥战争中的大获全胜，1862 年至 1866 年普鲁士连续 4 年的"宪法纠纷"也尘埃落定。议会多数票通过了对俾斯麦的豁免责任法，豁免了俾斯麦内阁在"宪法纠纷"中违法拨款的责任。

资产阶级在这场对决中，不仅败了，而且还成了权力的俘虏。

（二）铁风血雨打铸帝国强权

俾斯麦以军事力量为后盾，通过三次王朝战争统一了德意志。1864年1月，普鲁士与丹麦之间的战争爆发，丹麦战败之后被迫签订条约，什列斯维希归属普鲁士。普鲁士对丹麦战争胜利之后，普奥争夺德意志霸权的斗争升级，1866年4月，普鲁士发动了对奥地利的战争，奥地利惨败，签订《布拉格和约》，1867年建立了以普鲁士为盟主的"北德意志联邦"。至此，普鲁士成为欧洲大陆上的军事强国。德国的统一和强大给法国带来极大的威胁，于是极力阻挠德意志的统一，1870年普法战争爆发，结果法国战败，签订了《法兰克福和约》，至此，德意志统一大业已稳操胜券。1871年1月1日，德意志第二帝国成立，俾斯麦为首相，1月18日，普鲁士国王威廉一世（1861～1888年在位）在法国的凡尔赛宫加冕为德意志皇帝。德意志帝国是德国历史上继"神圣罗马帝国"之后的又一帝国，因此又称为"第二帝国"。德意志的统一大业在铁风血雨的洗礼中完成。这样，资产阶级梦寐以求并为之苦苦努力而始终不能的梦想，被俾斯麦轻而易举地实现了。德意志国家的领导权就牢牢地掌握在普鲁士王朝手中，这也就决定了1871年建立的德意志帝国的政权性质。1871年德意志帝国实现二元制君主立宪制，皇帝掌控两院，实行准集权的联邦制，帝国宰相握有大权，并实行军国主义。

三、魏玛立宪短春：权力潜伏的共和国

"一战"之后，德意志建立了共和国，制定了魏玛宪法，但是宪法中存在着不可忽视的制度缺陷，加上传统权力意识的影响，使得权力随时有可能挣脱出宪政的枷锁。

（一）魏玛宪法中的制度缺陷

1. 帝王式总统权力

魏玛宪法在政治制度方面实行立法、行政、司法三权分立原则，即国会、总统与政府、法院三权分立。国会是最高立法机关，议员由年满20岁以上的男女，依照比例代表选举制，以普遍、平等、直接、秘密之选举产生。总统是国家元首，由全体公民直接选举产生，任期7年，可连选连任；国家政府，即内阁由总理与各部部长组成，由总统任免，内阁成员必须得

到国会的信任，否则需辞职。司法方面，法官地位独立，并只服从于法律，最高法院解释法律，裁决各种争端。

这样，魏玛宪法在设立选举的议会主权的同时，设立了直选的总统作为国家权力的中心，而司法权一开始就被放在了一个相对较弱的地位。有人将魏玛宪法的议会制度称为"二元"的或"双头"的议会制体制。[1]魏玛宪法设计了总统与国会之间的二元权力平衡结构，但是德国总统的权力无论与国内议会权力相比还是与其他资本主义国家相比，都是比较强大的。

首先，总统的任期大于议会议员。由于国会议员和总统都由直接选举产生，从权力合法性来源及程度上看，两者不相上下，但是议会议员任期为4年，总统的任期为7年，几乎是议员的两届任期。其次，在罢免与弹劾权力方面，宪法第25条规定总统可以解散国会，宪法第43条则规定国会可以弹劾和动议罢免总统，但是国会罢免总统的动议要得到国会中过半数议员的同意，国会表决罢免总统则要得到2/3多数赞成；国会对总统的弹劾动议须由国会议员100人以上连署，并必须征得与修宪相同标准的议员同意，这在一般情况下难以达到。而总统一人就可以决定解散国会并举行新的国会选举。最后，总统干涉立法权。一般情况下，立法权属于国会，但是宪法第73条规定总统对国会的立法权有干涉权，总统可以在国会通过一项立法后的1个月内决定将其提交人民公决表决。其中臭名昭著的第48条使总统得到非常的立法权与行政权，人民的各项基本权利也因此而归于零。这使得总统具有某种程度的独裁性，整个国家的政治生活完全处于总统的股掌之中，个人专制唾手可得。

两权分立结构很难长时间保持平衡，一旦权力的天平出现失衡，哪怕一丁点倾斜，那么根据马太效应原理，必然是强者越来越强，弱者越来越弱，最后不可逆转地走到一权独裁。英国史学家加德纳（Gardiner）针对两权平衡结构一针见血地指出"二人骑一马，必有一人在前"。二元制本来就蕴藏着一权独裁的风险，而帝王式总统权力加剧了这一风险的强度。"坡脚议会"与"帝王式总统"为极权独裁政治的出现提供了极大的便利。

---

〔1〕〔日〕佐藤功：《比较政治制度》，刘庆林、张光博译，法律出版社1984年版，第140页。

2. 政党制度

在魏玛共和国时期，德国政坛呈现出来的是一种"分裂的政党体制"。比例代表制使得任何政党进入国会都成为可能，按照宪法的规定，一个政党即使仅获得1%的选票，它也相应地会在国会中占有1%的议席。这让一些规模很小的政党很容易的就得到了生存的机会，全国共有大小政党100多个，其中能够经常进入议会的有20多个。在英国，由选民直接选举议员，可以使选民的意志直接反映在最高权力机构的产生过程中，选举制度透明度较高。在选票统计方面，英国人实行的是相对多数代表制，也可以称为简单多数制。这种选票统计方法对大党候选人极为有利，而不利于小党的候选人和独立候选人，从而在制度上杜绝了议会活动受到某些小党的恶意干扰，保证了议会权力始终掌握在多数人手中。德国的绝对比例代表制实际上鼓励了政党的泛滥，从而使某一政党在国会中拥有简单多数几乎不可能。小党派为了本团体的利益，在国会中向那些中等党派或者大党派兜售手中的政治权力，在这种情势下，各个政党都不会像英国政党制度中所规定的"胜者全得"那样为了进入议会而被迫联合成强大的政党并淡化本党观点，因为他们并不会取悦于所有人。这样魏玛德国时期德国的政党结构就是一个多党并立、互不妥协的分裂的政党体制。当时，联邦议会内通常有两三个大党和若干个小党，没有一个大党能够获得绝对多数。政府因此不能获得议会的稳定多数而频繁更替。从1918年到1928年，魏玛共和国更换了10届政府，每届政府的平均寿命只有1年。一位德国政治学教授在二战结束后这样写道："既然魏玛共和国的国民议会就像集市一样如此贴近大众，那么纳粹党的诞生也就不足为奇了"。[2]

（二）魏玛共和国的权力底座

"从君主政体拆卸下来的材料，用以建设共和国，当然是困难的。不将原有的石头全部打掉，建设是不可能的，然而这么做需要时间。"[3]魏玛共和国建立在俾斯麦一手打造的第二帝国的地基之上，一战中倒下的只是帝国大厦的残砖乱瓦，而帝国的地基却依旧深埋地下，未曾被彻底瓦

----

〔2〕 吴友法、邢来顺、齐世荣：《德国从统一到分裂再到统一》，三秦出版社2005年版，第138页。

〔3〕 丁建弘：《大国通史——德国通史》，上海科学院出版社2007年版，第296页。

解。魏玛共和国的立宪之路也因此而命途多舛。

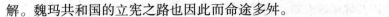

1. "守护"共和国秩序的帝国军团

由于建国伊始就危机重重，既有来自左派的"革命的叛徒"的罪名，又有来自保守派"背后一刀"的指责，面临这种严峻的政治形势，共和国需要依赖国防军来维持生存，而共和国的缔造者们对军国主义的印象仍然是美好而深刻的，霍亨索伦封建王朝的旧军官仍然受到军队的欢迎，"尽管社会民主党多数派具有悠久的反军国主义传统，但该党党员永远也不能从本国民族主义历史的记忆中消除德国军队的荣誉"[4]。因而魏玛政府并没有按照《凡尔赛和约》的规定进行裁军计划。协约国对于战犯的传讯和制裁完全流于形式，并未真正制裁战犯。魏玛共和国成立之后，"旧军官都回到军队，一个新军官也没有增加，而旧的军官也鲜有减少。1913年在普鲁士军官中有22%是贵族，到了1921年这个数字是21.3%，革命的结果只减少了0.7%的贵族"，[5]而他们绝不是共和国的支持者。

共和国相对稳定时期，国防军开始暗中加强其政治地位。首先，基于兴登堡总统与军队之间的特殊关系，军队的意愿能直接反映到元首那里影响政府决策。其次，军队向政府部门渗透。最后，军队大权全部转入军队将领和有军界背景的政治家手中。这样，从总统、国防部长、到国防部长办公厅主任全部是陆军总参谋部的成员，强化了国防军的政治地位，成为共和国权力真正的主人。共和国后期国防军的政治代表施来歇尔曾经说："真正的问题不是共和国还是君主国，而是这个国家将是什么样的共和国。有一点绝对清楚，当我们乐于为它服务时，国家将按照我们的意愿发展。"[6]

背负着恢复旧帝国权力使命的国防军为了保存实力，在危机四伏的共和国潜伏下来，但是他们绝不是共和国的支持者，却是魏玛立宪政府的掘墓人。

2. "服务"共和国的旧官僚

德国的君主势力在十一月革命遭到削弱，但没有被铲除，当时这个势力主要聚集在民族联合会、军官团、民族人民党以及人民党内。随着革命运动

---

〔4〕 吴友法、黄正柏：《德国资本主义发展史》，武汉大学出版社2000年版，第258页。

〔5〕 李伯杰：《德国文化史》，对外经济贸易大学出版社2002年版，第17页。

〔6〕 Francsi L. Carsten, *The Reichswehr and Politics 1918~1933*, California: University of California Press, 1974, p. 260.

渐趋低落，以及魏玛政府对他们采取宽容和合作的态度，旧帝国的文职人员转入共和国政府机构，这些文职人员站在帝国权力的记忆中为共和国政府服务，时刻准备着瓦解共和国的立宪政治，为独裁政权效力。这样，本来应作为立宪政治推动者的官僚们，却扮演了摧毁共和国大厦的阴谋家。

艾伯特总统在右翼势力的围攻之下心力交瘁，在 1925 年 2 月病逝。德国新总统的选举为专制权力提供了一个千载难逢的合法"复活"的机会，右翼政党们在 1920 年酝酿的夺权计划在 1925 年成为现实。这一年，老军国主义者、极端保守的君主主义者兴登堡当选为共和国总统。兴登堡的当选是右翼军国主义势力再次崛起的标志，一方面足以看出这位"总统"背后的支持力量有多么强大，兴登堡只是这些潜伏已久的旧势力积蓄力量的释放；另一方面，兴登堡的当选使许多忠诚于旧政权的德国人开始团结在共和国周围，使共和国的反动力量越来越庞大。[7]在历史学家艾克看来，兴登堡当选为共和国总统"是民族主义和军国主义的胜利，是共和国议会制度的严重失败"[8]。

《魏玛宪法》在兴登堡任职期间成为权力为所欲为的合法外衣，而权利仅仅成为共和国的点缀。在兴登堡履行总统职责的 20 年代，总统违背宪法，干预政党政治，强化总统权力的情况时有发生。总统艾伯特曾用《魏玛宪法》第 48 条规定的"总统紧急权力"来捍卫共和国的生存，保护公民的权利和自由，维护立宪政体，而兴登堡则把它当成专制权力的合法工具，利用议会与政府的争执抬高自己的威望，巩固自己的权力。正如有学者指出："不是总统宪法上的权力，而是兴登堡及其随从使用这些权力，以便找到替代议会民主制的意愿破坏了共和国"[9]据统计：总统颁布的紧急条例 1930 年有 5 次，1931 年有 44 次，1932 年有 66 次；国会颁布的法令 1930 年是 98 次，1931 年有 34 次，1932 年有 3 次。[10]"议会急剧地

〔7〕 孙炳辉、郑演达：《德国史纲》，华东师范大学出版社 1995 年版，第 201 页。

〔8〕 ［瑞士］埃利希·艾克：《魏玛共和国史——从帝制崩溃到兴登堡当选（1918～1925）》（上卷），商务印书馆 1994 年版，第 344 页。

〔9〕 John Garrard, Vera Tolz and Ralph White, *European Democratization Since 1800：Past and Present*, London：Macmillan Press Ltd, 2000, p. 103.

〔10〕 吴友法：《冒险、失败与崛起——二十世纪德意志史》，武汉大学出版社 1992 年版，第 160 页。

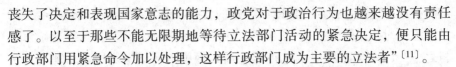

丧失了决定和表现国家意志的能力，政党对于政治行为也越来越没有责任感了。以至于那些不能无限期地等待立法部门活动的紧急决定，便只能由行政部门用紧急命令加以处理，这样行政部门成为主要的立法者"[11]。

魏玛共和国行政部门的官僚也不过是帝国大臣的改头换面，并没有什么实质性的改变，他们怀着对帝国权力的眷恋和对共和国立宪的仇恨潜伏在共和国的行政编制内，按照以前的方式为新的共和国"效劳"。司法部门则公然对共和国制度表示敌意，法官们经常宽容右翼民族主义的政治暗杀活动，但对左翼分子的判决往往非常严厉。1923年啤酒店暴动，是纳粹党第一次大规模的夺权尝试，而1924年4月1日慕尼黑法院对于暴动的元凶希特勒却仅仅判处5年徒刑，其他同党被无罪释放。也是在同一年的12月20日，希特勒被假释出狱。1921年左翼共产党领导了三月斗争，大约有6000人被捕，许多人被判处长期徒刑和监禁。司法机关的险恶用心，可见一斑。

君主专制主义忠实的追随者兴登堡成为共和国的代言人，旧官僚摇身一变成为共和国的建设者，那么这个共和国还有什么是属于共和呢？政府的存亡越来越依赖于总统膨胀的权力，专权倾向越来越浓。

3. 共和国无力掌控的经济

德意志1919年"革命"的目标绝不是像英美国家一样，用自己的力量来捍卫自己的权利和自由，在德国建立平等、自由的宪政秩序，更没有丰富的想象力去建立一个共和国，它只是在世界大战中战败了的容克和社会民主党右翼、软弱的资产阶级温和派政党结成联盟妥协的基础上建立起来的。维护旧德国的经济基础和社会结构及其统治力量是这个联盟的使命。而艾伯特、谢德曼主张在"继续发展现存国家机构的基础上实现议会民主制"，"没有勇气清除旧帝国的代表"，于是容克们仍然掌握着国家的经济命脉。容克们拥有大工业、大庄园和全国大部分资本，他们的财富可以而且实际上用来资助破坏和反对共和国的政党和报纸，企图恢复战前那种君主政体统治。

带有惩罚性的战争赔款使魏玛共和国几乎陷入绝境，三次经济危机使共和国经济雪上加霜。而相对稳定时期的共和国经济发展是完全依赖外国

---

〔11〕 〔日〕佐藤功:《比较政治制度》，刘庆林、张光博译，法律出版社1984年版，第160页。

经济援助，这是一种"拔苗助长"式的自我毁灭，虽然暂时制造了经济的繁荣，但对外国的经济产生了严重的依赖，一旦丧失外援国家就会陷入危机之中。1929年世界经济危机爆发后，德国陷入乱世之中。总理布吕克"积极支持垄断资本家、容克地主，给了他们100亿马克以上的补助金和贷款，增加了国家订货，并加紧推行强制卡特尔化"。[12]与中产阶级的彻底崩溃、无产阶级的悲苦生活相反，工业巨头、投机商却在经济危机中积聚了巨额的财富。他们一直潜伏在共和国，伺机发起对共和国的攻击。即使不出现希特勒，他们也会找出另一位独裁者来实现帝国梦想。而希特勒正是得到了这些财团的巨额资助，才"捏着鼻子走进国会"，然后牵着共和国的鼻子走向帝国。

一战结束后，战胜国除了将霍亨索伦帝国外壳强行拆除之外，一切都还是原来的样子。战胜国对德国的政策是以掠夺为主，并没有对给世界人民带来浩劫的元凶进行彻底的处理：战犯没有被严惩，《凡尔赛和约》没有被完全执行；帝国军队被用来守护新成立的魏玛共和国，各种准军事组织在这一时期极为猖獗；帝国官僚们也暂时带上共和的面具，假惺惺的为共和国服务，而正是这些力量使共和国不断右倾化；战争赔款的一再延减，给了大资本家们得以喘息的机会；战胜国对成长在权力"家世背景"之下的国民思想也没有进行清洗，他们的思想仍然滞留在帝国权力之下。魏玛共和国就这样直接被嫁接在帝国权力基础之上，这种嫁接的排异反应在所难免，结果无非两个：其一，立宪遭遇旧权力压制，共和国成为专制权力的傀儡，立宪之路遭遇困难；其二，共和将权力驯服，议会民主将成为权力有力的督导者，这种结果的前提是国内有自由民主法治的传统，就像君主立宪制下的英国。而当时的魏玛共和国并不具备这种法治素养和传统，有的只是暴力和权力的印象。德国最终写在历史上的答案是前者，随之而来的便是权力脱缰的帝国。

四、权力脱缰：权力的巅峰时刻

（一）权力一体化

魏玛共和国的领导人"没有勇气清除旧帝国的代表"，主张"在继续

---

〔12〕 樊亢：《主要资本主义国家经济简史》，人民出版社1973年版，第272～273页。

发展现存国家机构的基础上实现议会民主制"，因而魏玛共和国从诞生之
日起民主制的根基就是脆弱的，资本容克贵族仍然控制着军政大权和经济
命脉。魏玛共和国的立宪体制漏洞为权力东山再起打开了便利之门。1933
年1月30日，兴登堡正式任命希特勒为总理。同年7月，希特勒建立了德
意志第三帝国，希特勒的上台标志着魏玛共和国历史的结束，同时权力当
道的帝国时代也随之到来。

上台之后的希特勒，积极推行权力"一体化"，试图建立一个以自己
为中心的权力金字塔。"一体化"即"纳粹化"，在于强化权力，废除民主
制。德国法西斯的本质特征是反对共和国议会民主制，要求在德国实行专
制主义统治。希特勒是普鲁士专制主义的崇拜者，他利用小资产阶级的封
建保守性和让国民深感失望的魏玛共和国议会民主政治，大肆宣扬反民主
的专制主义，要求建立"国家权威"并恶毒攻击"民主政治"，认为多数
人参加管理的议会制度是"集合一群卑鄙无用的人"[13]，他把国家的灾难
归罪于议会政府的腐败无能，把国家分裂、削弱的原因归罪于多政党的议
会制度。希特勒的目的在于实行国家全面控制的"一体化"，于是在"合
法"上台之后，就开始了他疯狂的权力一体化计划，极力构建自己的领袖
王国。通过"国会纵火案"和制定《总统关于保护人民和国家的紧急法
令》、《禁止组织新政党法》、《党和国家统一法》、《消除人民与国家痛苦
法》等法律，希特勒实现了权力的一体化。

（二）权力的巅峰时刻

1. 战争经济

希特勒是在内外交困的危机中开始执掌大权的，当时的德国经济凋
敝、民不聊生。希特勒面对严峻的经济形势，继承了上届政府的就业计
划，不同之处在于指导思想——重整军备。他强调："以下5年要致力于
德国人民的重整军备工作，国家的每一个创造就业计划都必须从这一立足
点上来判断：它是恢复德国人民军事力量所必需的吗？"[14]这表明，在希
特勒眼里，经济只是为扩军备战服务的。所有的经济措施都围绕着扩军备

〔13〕［德］保罗·汪戴尔：《德帝国主义与战争——德国的民族不幸》，何名译，世界知识出
版社1959年版，第114页。

〔14〕吴友法、邢来顺、齐世荣：《德国从统一到分裂再到统一》，三秦出版社2005年版，第
225页。

战展开。①建立了战备国民经济管理体制。希特勒为了加强国家对经济生活的全面控制，把魏玛共和国时期以市场经济为主的体制改为以国家干预为主的体制。在纵向上，由垄断资本家和纳粹党人组成的"德国经济总会"占有极其重要的地位。在横向上，希特勒成立了"全德经济协会"对经济加以控制。纳粹政府还通过强制推行卡特尔化，对全国经济进行改组，以便进行控制。以便保证最大限度地为战争服务。②多方筹措资金。帝国银行行长沙赫特为了筹措军费发行商业汇票，支付了大约1/5的军费。另外，他还通过发行公债、提高税收、掠夺纳粹政权敌人在德国银行的存款来维持军队开支。正如沙赫特所说："我们的军备有一部分是用我们政敌的钱来支付的。"[15]③希特勒上台之后在1936年开始执行"四年计划"。在战争不可或缺的20种战略原料中，除煤以外，德国样样都缺。[16]希特勒为了避免在战争中遭受封锁，在1936年实施了旨在使战略物资和原料自给自足的"四年计划"。四年计划的主要任务是：其一，德军必须在四年内做好准备；其二，德国经济必须在四年内做到能应付战争。"四年计划"的实施使原料自给自足的能力得到了提高。④希特勒为了加强对经济工作的指导，再组了经济主管部门。1939年2月希特勒还在武装部队最高统帅部之下设立了战时经济事务处，具体负责战争爆发后德国战时经济政策。在纳粹穷兵黩武的政策之下的德国军备工业得到了极大的发展，并进而刺激了德国民用工业的发展，创造了就业机会。到1938年，"德国失业率降到了1.3%，而同期美国失业率为1.89%，英国为8.1%，比利时为8.7%，荷兰为9.9%"。[17]所有的经济措施都围绕着扩军备战展开。

2. 严密的监控镇压系统

伴随着"权力一体化"而来的不是希特勒曾经许诺的"胡萝卜"，而是完备而有效的监控和镇压系统，是强有力的"大棒"。然而，在"大棒"和"胡萝卜"之间，法西斯当局把欺骗性的"胡萝卜"置于显要位置，于是对于一个痴迷于法西斯主义的人来说"大棒"成为获得"胡萝卜"的

---

〔15〕 吴友法、邢来顺、齐世荣：《德国从统一到分裂再到统一》，三秦出版社2005年版，第227页。

〔16〕 吴友法、邢来顺、齐世荣：《德国从统一到分裂再到统一》，三秦出版社2005年版，第227页。

〔17〕 陈勤："德国人为什么拥戴了希特勒"，载《中国社会导刊》2006年第5期。

工具。

在纳粹统治之下，国家暴力机器在规模上和权力上都得到了空前的扩张。纳粹上台之后，除了把原有的警察部门接管之外，又组建了秘密警察（盖世太保），专门对付所谓的政治犯。警察组织的核心是党卫队，原意为近卫军，本身是一个多功能组织，从最初保卫纳粹党领袖的卫兵组织，发展成最后渗入党、政、财、文各个部门的庞大体系。党卫队曾经为纳粹夺权立下了汗马功劳，纳粹上台之后，党卫队也就成为一支警察辅助力量。在镇压冲锋队的二次革命之后，党卫队在德国取得了独一无二的地位，成为纳粹德国的"中坚力量"。他的首脑希姆莱兼任警察首脑，这样就在德国建立了以党卫队为核心的警察恐怖体制。这些恐怖机构凌驾于任何法律之上，对德国人民进行野蛮压迫和严密控制。在党卫队的控制之下，集中营成了独立于法律之外与警察局和司法机关并行的司法机构。盖世太保属于警察的一种。随着纳粹政权把联邦体制改为中央集权制，1936年希姆莱就任德国警察总监之后，将各邦政治警察改名为国家秘密警察（即盖世太保）。盖世太保的主要任务就是在党卫队保安处的配合之下，镇压一切反对纳粹政权的人和活动，而且作为"一种慑服和恐怖的混合物"，其实用的手段有窃听、劫持、谋杀等，而利用"监护拘留令"把政敌关进集中营成为最有力的操控手段。纳粹当局规定，盖世太保的行动不必经司法部门批准和复核，法院不得干涉，只要警察在执行元首的意志，他的行动就是合法的。

3. 领袖独裁专制

"领袖原则"是纳粹德国政治体制的基础，也是希特勒建立法西斯专制独裁统治的重要理论依据。它来源于尼采的"超人"哲学。"超人"哲学的主要观点是：超人是历史的缔造者，有权统治别人，而大多数人只能充当超人实现其意志的工具。"超人"哲学在纳粹党理论家们手中就具体化为"领袖原则"。

"领袖原则"有两个方面的含义：一是作为纳粹党和国家最高领导人的"元首"享有无限全权和绝对的权威；二是作为纳粹党分支机构和地方领导人以及政府各部门的头目的各层领导，由希特勒任命并对其负责，在本地区和部门内行使绝对权力。这是一个以希特勒为大独裁者，大批政府官员和纳粹党为小独裁者共同组成的权力结构。在这一权力结构的统治下，有两个极端。一个极端是作为总独裁者的希特勒拥有无限权力，他的意志就是法律，任何人不得违背。元首希特勒发布命令，然后命令被传到下面，由相关部门负责实施。按照这样的模式，希特勒想要做什么事情都能够实现。同样，第三帝国所做的一些重大的决定，特别是外交和军事方面的决策，也完全由希特勒一个人制定。权力极端化的后果是群众完全丧失了基本的人权。

第一，一元意志。希特勒并不满足于占有官方的权力部门，而是从一开始就追求这一目标：使各阶层人民都服从于领袖的绝对权力，不仅在行动上，而且也在思想上把他们纳入这个制度。为此，他建立了许许多多的组织来掌握和监督生活的各个领域。内政部长弗里克宣称："必须是一个意志，必须由一个意志来领导"，[18]并把必须盲目服从的党说成是唯领袖马首是瞻的组织体系的基础。纳粹党通过街道和支部组织，深入到每一个家庭，企图控制人们生活的每一个活动。

第二，法律虚无。在纳粹独裁统治之下，西方议会民主被全盘否定，德国议会完全变成了一个橡皮图章，为独裁统治加盖"合法"的标识。法律面前人人平等的原则被民族社会主义原则所取代，它的最高原则就是："凡是对人民有利的就是合法的"。戈林在1934年7月12日对6月30日的大屠杀是这样解释的："我们并不认为法律是第一性的，第一性的是并且始终是人民。"[19]至于什么对人民有利则完全由希特勒说了算，因此领袖的意志就是法律，领袖本人就成为——用希特勒自己的说法——"德国人民最高的执法官"。[20]总而言之，"德国人民的一般意志只有靠元首决断方能得到保障，在形式上也即表现为全体人民或人民代表始终应定位于支持元首决断的立场上。人民的国家就是通过这种元首制的意志形成权而区别于任何一种形式民主制的"。[21]这就意味着仍然为希特勒控制的议会两院，

---

〔18〕［德］卡尔·迪特利希·埃尔德曼：《德意志史》（第4卷·上册），华明等译，商务印书馆1986年版，第288页。

〔19〕［德］卡尔·迪特利希·埃尔德曼：《德意志史》（第4卷·上册），华明等译，商务印书馆1986年版，第291页。

〔20〕［德］卡尔·迪特利希·埃尔德曼：《德意志史》（第4卷·上册），华明等译，商务印书馆1986年版，第291页。

〔21〕甘超英：《德国议会》，华夏出版社2002年版，第25页。

尤其是国民议会已经失去了人民代表机关的性质，名存实亡。无怪乎在法西斯统治时期，德国议会仅仅通过了 7 项法律，其中两项还是为了延长《授权法》的权力。

4. 法西斯主义

希特勒上台后，曾说他的政权继承了德国腓特烈大帝建立的第一帝国和俾斯麦建立的第二帝国，所以他自称"第三帝国"。纳粹发售的印有腓特烈大帝、俾斯麦、兴登堡和希特勒肖像的明信片上所写的文字，就可以充分说明法西斯继承了普鲁士尚武精神。在这种明信片上，印有德国是由"国王所征服的、由亲王建成的、元帅保卫的、士兵拯救和统一的"等字样。"其中国王指腓特烈大帝、亲王指俾斯麦、元帅指兴登堡，士兵指希特勒"。[22]希特勒是普鲁士尚武精神的继承者，又把这一精神的精髓，即强权军国主义发挥到极致——法西斯主义。此时，普鲁士尚武精神最终被希特勒打磨成一把无坚不摧的利刃，成为第二次世界大战的罪魁祸首。

缺乏限制的权力犹如一匹脱缰的野马，肆意驰骋，野性难驯。即便有了缰绳，如果驯驭无方，一不小心也会被踢到马下，摔个鼻青脸肿甚至粉身碎骨，所以要驯服野马不仅需要一副坚韧有力的缰绳，还需要有真正能使缰绳发挥作用的驯驭之法。如果说驭权之缰是宪法，那么驯权之法和整个驭权过程就是宪政。自从普鲁士王国建立后，权力在德国一直没有被真正驯服。虽然第二帝国也曾制定宪法，但它是权力意志的产物，不仅不是驯权之缰，反而成为权力肆意妄为的工具，最后将第二帝国送上了第一次世界大战的战场。战后的魏玛共和国宪法这副缰绳看起来美轮美奂，实际上华而不实，不但没有成功地限制住权力，反而成为权力的牺牲品。复出后的权力变本加厉地践踏宪政，臻于疯狂，最终又把德国推入了人类历史上最野蛮、最残暴的法西斯专制，并给世界人民带来了第二次世界大战的空前浩劫。

五、劫后重生：内外合力之下的立宪重建

战后，为了尽快恢复和平秩序，英、美、苏三国首脑多次聚首商谈德

---

〔22〕 李世安："普鲁士精神、法西斯主义与第二次世界大战的爆发"，载《烟台大学学报》2005 年第 3 期。

国重建大计，并在雅尔塔会议和波茨坦会议中达成共识：消灭德国的军国主义和纳粹主义，保证德国从此永远不能破坏世界和平。西方盟国在雅尔塔会议和波茨坦会议上对占领区的民主化改造问题达成的一些原则，通常人们将其概括为"四化"方针，即"非军事化"、"非纳粹化"、"非集中化"和"民主化"。[23]以上几个方面环环相扣、同步进行，在摧毁帝国权力物质基础的层面逐步向思想深层递进，目的在于将盘踞德国千年有余的庞大的权力根系连根拔起。此外，德国人也对权力给世界人民造成的滔天罪恶进行了深刻反思，并对整个国家和国民进行了再教育，对国民思想进行了大清洗。

在内外合力之下，德国重建了宪政。美、英、法三国特别是美国在《基本法》的制定过程中起到不可忽视的作用，一定程度上体现了占领当局的意志，其制定在很大程度上受到了战胜国的影响。

（一）《基本法》的制定

美国和苏联都主张建立一个统一的德国，但是美国坚持"经济统一"，苏联坚持"政治统一"，最终因这一分歧无法达成协议而导致德国分裂。1948年以美国为首的西方三国完成了西占区的统一工作，这就是"未来德意志联邦共和国的雏形"。1948年2月至6月，美国、英国、法国、荷兰、比利时、卢森堡六国外长在英国伦敦就未来建立的西德政府问题举行会谈。7月，美、英、法三国军事长官向西德11州的代表提出《法兰克福文件》，其中包括《关于宪法决定的声明》、《关于改组州议会的声明》和《宪法生效后军事长官权限的声明》，一方面要求各州开始着手制定宪法，另一方面也是对德国今后发展的基本方针的规定。[24]人们称这三个文件是"联邦德国的出生证"。占领当局"已对宪法的主要特点作了规定，它必须是民主的，联邦性质的，而且必须保障民权。在其他方面，德国人可自行制定。"[25]1949年2月，议会委员会向占领当局提交基本法草案，但占领

---

〔23〕 张沛："凤凰涅槃——德国西占区民主化改造研究"，华东师范大学2003年博士学位论文。因Demilitarization, Denazification, Deindustrialization, Democrazition四词均以字母"D"开头，因此又称"四D"计划，事实上不仅只是这"四化"还有非集中化（Decentralization）、"再教育"等等。

〔24〕 阿琳娜："二战后到统一前联邦德国民主重建"，西北大学2009年硕士学位论文。

〔25〕 阿琳娜："二战后到统一前联邦德国民主重建"，西北大学2009年硕士学位论文。

当局认为自己的权力过小，未来的西德政府权力过大而未予通过。1949年5月8日，西德《基本法》以53票对12票通过，没有再为此进行公民投票，5月23日基本法被公之于世，次日正式生效，联邦德国诞生。基本法的立法者在序言中写进了"为过渡时期"的字样，其效力一直延续到"德国人民在自决的情况下通过的宪法生效"时为止。这样，联邦德国的建立更多的是取决于政治家的意志，而不是人民的选择。

（二）《基本法》的立宪机制

在以美国为首的西方国家的干预之下，确立了西德《基本法》的民主、法治、社会福利、联邦制的原则，在这些原则之下，开始积极构建德国立宪体制。立宪仅在德国一半的领土上进行，后来却产生了全德的效应。《基本法》建立议会制共和政体、联邦制等宪政制度，尤其是建立了独特的权力制衡制度，笔者将对这一制度重点予以介绍。联邦德国在重建之时，不仅仅继承和发展了纵向分权的联邦主义、横向上权力内部的三权分立与制衡，这一时期立宪还在以下几个方面具有特色：

1. "建设性不信任案"制度

为确保联邦总理的权力和政府的稳定，《基本法》第67条就联邦总理不信任案作出了具体规定。授予政府首脑——联邦总理以"决定总的政策并为之负责"的权力。联邦议院可以对总理进行不信任表决，但前提是议院必须提出"建设性的不信任案"，即联邦议会先要选出继任的总理，才能进行这种表决。这样不仅可以对总理有所限制，使联邦议会的权力大大提高，同时也可以保证政权的平稳过渡，不至于造成内阁无人领导的情况，这也使得德国战后政局一直保持相对的稳定。一般来讲，总理是由在联邦议会选举中获得多数的政党和政党联盟协商推选出来的，很少出现议会与政府意见不合，以致相互提不信任表决，除非获胜的政党内部或联盟内部出现较大的分歧，而且这一分歧不可协调。

由于通过议会半数选举新的总理并不是一件很容易的事情，因此联邦德国总理很少因为这个原因下台。从联邦德国建立到统一前，对总理的建设性不信任投票总共只有两次。一次是1972年4月，联盟党对勃兰特（1969~1974年任西德总理）提出不信任表决案，但在联邦议会以两票之差终告失败。另一次是1982年，联合执政的社会党和自民党就经济参政问题发生争执，联合政府垮台，当时总理施密特（1974~1982年任西德总理）拒绝辞职，并试图解散议会。自民党和联盟党合作提出建设性不信任投票，议会以多数通过，基民盟主席科尔成为新的总理。这也是迄今为止唯一成功的一次不信任投票。

德国实行的"建设性不信任案"，较实行议会内阁制度的西方国家如英国、日本等增加了议会推翻现任政府难度的一面，又强化了议会监督制衡政府的权力，更有利于议会实现对新产生的政府监督制衡机制的一面。[26]

2. 混合的议会选举制度

纳粹党的上台证明了比例代表制所包含的"制度性缺陷"。德国人既不愿放弃通过不同政党表达各自愿望的目标，又想避免出现魏玛时期议会制所容易导致的软弱无能的弱点，他们只能通过调整宪法和法律内容的方式来防止民主制的再次失败。他们对选举制度作了重大修正，引进了两党制国家的单名选区制并与比例代表制混合，形成了一种新型的选举制——混合制。

所谓混合选举制，就是将联邦议会的全部议席一分为二。其中一半议席按照单名选区制分配，另一半议席按照比例代表制分配。每名选民在选举中要对这两部分分别投票，即直接投给所在选区候选人的第一张票和投给政党的第二张票。联邦德国选举法规定，任何未能争取到至少3个本选区席位或在联邦全境第二次投票中得票不足5%的政党，均不给予代表权。多年来的事实证明，这种选举制度成功地使联邦德国形成了以基民盟或基社盟为主的右翼联盟以及以社会民主党为首的左翼联盟，两大政党集团轮流执政的局面避免了魏玛共和国后期不利形势的出现。

由此可以看出，这一限制条款不仅可以避免由于众多小政党参政而导致的政府工作效率低下、政府组成困难等问题，又可以实现大党之间相互限制，保证了立宪政治的运行。

3. 开放性的违宪审查制度

战后德国最引人瞩目的新建宪政机构是宪法法院。宪法法院兼具政治和司法功能，由联邦法官和其他成员组成，联邦议院和参议院各任命其中

---

〔26〕 赵宝云：《西方六国——权力制衡机制通论》，中国人民公安大学出版社2009年版，第223页。

的一半成员。该机构是独立机构，其成员不隶属于联邦议院、联邦参议院、联邦政府以及各州政府有关机构。根据《基本法》和 1951 年《联邦宪法法院组织法》的规定，宪法法院的职权主要有：一是对法院的裁判进行监督，即根据公民的要求，对其他法院的审判程序和适用法律是否损害了公民的宪法权利进行审查；二是对行政机关的监督，即根据公民的请求，审查政府和行政管理机构的行政行为是否侵害了公民的宪法权利；三是对立法机构的监督，即根据公民的宪法控诉或有关的申请，审查某项联邦或州法律是否违反宪法；四是处理权限争议，即对联邦议院、联邦参议院、联邦政府、议员、政党机构中任意两者之间发生的宪法权限争议进行裁决，也可以对联邦与州之间以及各州之间发生的权力争执进行裁决；五是其他职权，作为保障宪法实施的最高机关，它可以利用一些特别程序来保障基本法规定的自由民主程序，如审理由议会两院提出的弹劾总统案，就某政党的活动是否违宪做出裁决，审理选举诉讼等。

在违宪审查方面，与美国联邦最高法院只通过审理具体案件审查某项法律与法令的合宪性，以及法国宪法委员会只在有关法律公布或执行前进行审查的做法不同，德国宪法法院既可以像美国那样对需要审查的法律进行具体的审查，也可以像法国那样进行抽象的审查，还可以接受任何公民或法人提出的宪法控诉，而不管他们所质疑的法律或行政行为是否已经造成了对公民的侵害，也不管这一法律或行政行为是否与其自身有关。由此可见，德国的宪法法院的审查手段更加全面，对宪法的权威维护以及公民基本权利的维护也就更加切实有效。为公民权利的保护和宪法良性运行提供了一个开放性的保障机制。

从《基本法》的主要内容来看，它更多的还是受到了德国立宪经验的影响。联邦德国的《基本法》既是对 1848 年立宪思想的继承，也是对魏玛立宪体制漏洞的反思。从《基本法》的指导思想、原则、制宪程序以及政府机构组成形式上看，显然是与西方盟国的影响和作用分不开的。但西方盟国在基本法中的作用不应该夸大，正如社会民主党人、议会委员会中心委员会主任卡洛·施密特教授所说："在向全德统一的过渡时期中被简单称为'基本法'的法律将西德的政治制度以法律形式固定了下来。这样做的基础是，我们赞成以人为中心的价值体系。"的确，即使"没有盟国的任何特别指令，几乎不可能有任何疑问，德国当局原本也可以为联邦体制规划出一部民主的宪法"。当然，这并不意味着可以抹杀它们在建立这一政治体制中的作用，正是在内外合力之下才有了德国立宪的新生。

六、结语

纵观近代宪政的产生和发展过程，可以看到，虽然各国的历史背景和政治条件互有差异，但立宪的根本目的是相同的，即通过权力约束来实现法律对国家权力的控制。宪政的实质在于限制国家权力，以达到保障公民基本权利的目标。立宪的过程也就是对国家权力进行驯化的过程。然而，基于权力贪得无厌、追求无拘无束的本性，这一过程无疑是充满艰辛与困难的。由此推论，权力越强大，权力对社会的掌控越是全面深入，立宪的难度就越大，这也就是宪政为什么没有在同是人类文明发源地的埃及、巴比伦、印度等国家产生的原因。相反，在权力还没有强大到掌控社会的地方，立宪相对来说比较顺利。

德国立宪既不像英美一帆风顺，也不同于东方国家一潭死水，而是介于两者之间。特殊的地理环境让普鲁士在战争中成长，面对国土周围的劲敌，要想摆脱被奴役的政治地位，除了强权崛起，别无他法。在德国独立与统一问题上，同样遇到了国内外的强大阻力。施泰因改革、1848年革命、1862~1866年四年的宪政纠纷是德国立宪的三次努力，立宪力量在彪悍的权力面前不堪一击。最终权力力挽狂澜，通过三次王朝战争完成了德国的统一。无论是普鲁士的强权崛起还是普鲁士对德意志的铁血统一，权力确实起到了积极的作用，立下了汗马功劳。然而，权力拓邦、权力立国也让权力成长为一只凶猛的"老虎"。既然这只"老虎"成为国家的主宰者，那么要想将这只跋扈惯了的"老虎"关进"笼子"，其艰难程度可想而知，而且充满了危险，稍有不慎便会遭到反击，轻则被"咬伤"，重则"丧命"。可以说，权力带来的独立、统一实际上是喜忧参半。作为立宪开始标志的1848年革命就是在血腥镇压中草草收场，于是德意志第二帝国就毫不犹豫地挑起一战；作为立宪高潮的魏玛共和国被希特勒颠覆，希特勒又趾高气昂地将德国拖入二战。这些血淋淋的事实都在控诉着权力的野蛮和残酷，也一再提醒人们这样一个道理：没有边界的权力只会给世界带来灾难。二战结束之后，战胜国意识到了德国权力问题的严重性，如果不彻底处理，只会贻害无穷。于是在战胜国合力之下对德国进行了民主化改造，并协助德国人将权力这只"猛虎"关进了"笼子"，伴随着德国的重新统一，立宪之路才在德国大获全胜。

当然，不能否认的是，从 18 世纪德意志启蒙运动开始，经历了狂飙运动、施泰因－洪堡改革到具有历史决定意义 1848 年革命，这些都是为立宪而付出的艰辛努力。虽然立宪力量因为民族国家的迟到而先天不足；产生之后就面临封建反动势力和无产阶级的双面夹击，可谓是后天发育不良，无法承担起民族与民主的双重任务。但是，立宪的洪潮已经冲击并开始动摇了人们曾经固守的观念，权力已经不能按照旧的秩序统治下去了，俾斯麦的铁拳虽然打造了资产阶级梦寐以求的统一，但是也不得不制定宪法，不得不建立君主立宪政体来顺应不可逆转的时代潮流。魏玛共和国不仅仅颁布了被誉为当时世界上最民主的宪法，而且成立了议会民主共和政体，完成了 1848 年革命的遗愿。《魏玛宪法》上承 1848 年宪法，下继《基本法》，使《基本法》承继其始于 1848 年宪法的权利保障的精华，并去其魏玛立宪体制漏洞的糟粕，成为德国沿用至今的现行宪法。希特勒建立的德意志第三帝国演绎着帝国权力的巅峰之作，立宪在权力当道的时代跌落低谷。二战结束之后，德国立宪在内外合力之下，在 1990 年取得了全面的胜利。

从 1848 年革命到 1990 年德国的统一，近一个多世纪的立宪努力是漫长而艰辛的，但是却也在不懈的努力中一点点走向了胜利。这一路走来，德国立宪之路遭遇了权力这个巨大的障碍，权力的强大让立宪努力的过程十分艰难。但是当权者们为了维护统治适时地顺应潮流的改革和微小的让步也为立宪提供了生存和发展的空间，每次努力失败之后都会前进一小步。虽然艰难缓慢，但也最终在内外合力之下走上了正轨，取得了巨大的成功。德国立宪既不同于法国也不同于英美，特殊国情之下独辟蹊径的立宪轨道为立宪中的国家们提供了十分宝贵的经验。

（文字编辑　康骁）

理想与现实的悖论

——法国立宪曲折之源

来蕾蕾*

一、问题的提出

西方各国在政治转型的过程中，普遍选择了宪政模式。英美法德等西方典型民主政治国家的宪政体制虽然具有内在的一致性，但形式上却有着明显的区别，这是因为各国的宪政道路不一样。1789 年法国大革命爆发，法国由此开始了其立宪之路。大革命以一种近乎宗教狂热似的方式，不仅旨在摧毁一切现存权力，而且试图全面地、根本地改变社会，与传统彻底决裂。然而，建立在理性与激情之上的宪政设计，终因脱离现实国情而旋即倾覆。以后几次宪政革命的轨迹和命运莫不如此。直到 19 世纪 60 年代法国工业革命完成，法国宪政基础才基本建立。在稳定的资产阶级政治统治下，伴随第三共和国 1875 年宪法的制定，特别是经历了 1877 年 5 月 16 日危机之后，法国共和政体得以最终确立，此时法国终于真正踏入民主立宪的轨道。

"法国宪法史的特点是政治的变革典型地伴随着国家组织机构的变革"，[1]每一次宪法制度变革的背后均以一种新的宪法理论为依托。为什么一向崇尚理性的法兰西民族在一百多年的立宪过程中表现得反复无常？法国宪政史是否按其自身意愿而发展？为何法国立宪过程如此长期而曲折？为解决这些问题，学者们作了一系列的探讨，认为法国立宪过程如此

---

* 山东省东营市人民检察院，法学硕士。

〔1〕 ［日］佐藤功：《比较政治制度》，刘庆林等译，法律出版社 1984 年版，第 58 页。

曲折的原因包括：法兰西民族性；阶级力量对比变化；专制主义的根深蒂固；卢梭人民主权论的极端应用等等，但是认为法国立宪曲折原因是理想与现实的悖论，还未有专论，故选题"理想与现实的悖论——法国立宪曲折之源"，以期从一个新的角度探讨法国立宪曲折之因。

二、压迫之下的大爆发：法国立宪的开端

（一）大革命的爆发

大革命前夕，法国正处于从封闭的自然经济转向商品经济的过渡时期。而此时的法国等级森严、国内关卡林立，由于国王、贵族骄奢淫逸，法国陷入了财政危机。1774 年继位的路易十六上任后意识到国家的危机，因此先后重用杜尔阁和内克，进行改革，以扭转国家的困境。但是由于特权等级的阻扰，改革都宣告失败。后来，他又任用卡隆和布里埃纳改善财政状况。卡隆一面用代替宫廷权贵偿还赌债和提高年金的办法争取特权者的支持，并制造王室阔绰的假象，一面又修道路、挖运河、建港口，争取美誉，同时大量举债和增加税收。由于他以土地特征税取代人头税和什一税，要求所有臣民包括特权等级都要缴纳，招来了特权者的责难。在 1787年 2 月至 5 月召集的显贵会议不仅没有支持他的政策，反而明确拒绝承认这个税则。就在会议期间，卡隆被免职。接任的布里埃纳因袭前任的方案，宣布征收印花税和土地税，依然遭到攻击。虽然路易十六亲自出面支持布里埃纳并对贵族们施加压力，但是巴黎高等法院拒绝为新税法登记，并提议召开三级会议以决定臣民如何自由地向国王纳税。

在路易十六逮捕两名法官后，公众起来进行了反抗，贵族和教士也支持法院，主张召开三级会议。1787 年开始的这场贵族抗命不遵的纠纷，被一些人称为"贵族革命"。布里埃纳在这次纠纷中被迫辞职，万般无奈之下，路易十六同意在 1789 年召开三级会议。1788 年初内克被召回，再度出任财政总监。这时，专制王朝的危机已十分严重。在因参加北美独立战争消耗巨额军费之后，法国又于 1786 年同英国签订了贸易条约，于 1787年 5 月生效。根据条约，法国大幅度降低英国工业品的进口税，普遍降至10% 以下。由于英国许多产品特别是纺织品价格明显低于法国，所以英货迅速充斥法国市场，造成法国生产萎缩，法国于 1787 年至 1788 年发生经济危机。与此同时，粮价大幅度上涨，1787 年至 1789 年粮价上涨了一倍

多。政府的财政危机进一步加深了。内克重新任职后于1788年3月起草出财政预算报告，其中列举了以下的数字：财政收入为5.03亿锂，支出为6.29亿锂，赤字是1.26亿锂。应偿付的国债利息为3.18亿锂。财政处于破产境地已是确凿的事实。旧制度已无可挽回地陷入了绝境。

路易十六面临困难，最主要的原因是制度上的。此时的第三等级，是除了僧侣和贵族之外的一切社会阶层，力量空前强大。他们早就不满足于纳税多而权利少的政治地位，只要有合适的机会，他们就要将自己的意愿表达出来，重新改组社会结构和重新分配权力。此时召开的三级会议为第三等级提供了一个难得的机会，他们不失时机地将这次会议变成了制宪会议。对此，路易十六丝毫没有察觉，更没有提出任何社会改革的方案以应对第三等级可能提出的要求。

1789年5月5日在凡尔赛王宫召开的三级会议仍然按传统方式进行，国王只关心财政问题，第三等级代表对路易十六大失所望。他们认为，三级会议不能成为特权等级维护私利的场所，必须制定一部宪法以维护人人生而有之的基本权利，建立一套新的国家机器以取代弊端丛生的专制机构。在他们看来，如果继续实行三个等级分厅议事并按等级投票，税收权利和政治权利的平等就是一句空话。于是第三等级自行组成国民议会，并且赋予自己批准税收的权力。对此，路易十六并未想出什么化解危机的良策，而是采取了一个愚蠢的行动——关闭第三等级的会议大厅，结果引发了著名的"网球场宣誓"。

在议长巴伊的带领下，第三等级代表到达距会场不远的网球场大厅。穆里尼奥建议国民代表"通过庄严的誓言表示愿为民族兴亡和祖国的利益而奋斗"，他的建议引起一片热烈的掌声。所有代表一一宣誓："我们宣誓永远不脱离国民议会，在形势需要的任何地方开会，直到王国的宪法制定出来并且在坚实的基础上得到巩固。"国民议会的坚定态度使特权等级代表发生了严重分化。6月24日大部分教士代表加入了国民议会。25日，以奥尔良公爵为首的47名贵族代表也参加进来。路易十六被迫让步，于27日命令特权等级代表全体加入国民议会。议会决心实现网球场誓言，于7月9日正式改称制宪议会。一些代表已开始酝酿起草作为宪法指导原则的《人权和公民权宣言》。不甘心的王室和贵族策划调集外籍军团进行镇压，因政府财政改革毫无成就而生活艰难的巴黎人民被激怒了，他们举行了武装起义，于 7 月 14 日攻占了巴士底狱，法国大革命由此爆发。

（二）君主立宪派的理想及其努力

1789 年 7 月 14 日巴黎人民起义胜利之后，代表金融资产阶级的君主立宪派即刻掌握了法国政权。大革命初期的君主立宪派是一个混合派别，包括金融资产阶级、资产阶级其他派别、自由派贵族等，他们是一批深受启蒙思想影响，拥有某种革命探索与献身精神的资产阶级理想主义者。他们要求建立英国式的立宪君主制，实行两院制，给予国王以否决议会法律的权力。实际上，这是一种希望新旧制度妥协的思想。在革命初期，他们赞成革命，但不想让革命走过头。作为这种思潮的典型代表米拉波，他的目的是使宫廷转向革命，而不是把革命交给宫廷。他想加强王权和巩固革命，但又担心王权制服革命，或革命取消王权。事实上，由于法国阶级力量和经济力量的对比关系与英国大不相同，要使革命与王权两全是不可能的。随着革命的向前发展，君主立宪思潮的代表人物以及后来继承这一思潮的斐扬派，统统倒向宫廷，背离了革命。

君主立宪派的理想就是要摒弃旧传统，重建法兰西，树立法制权威，在法律的威严下实现国民与国王的共治，在"自由、平等"的旗帜下追求法兰西民族乃至全人类的新生。君主立宪派的理想集中体现在 1791 年宪法当中。1791 年宪法是法国第一部资产阶级宪法、第一部君主立宪制宪法，为法国近代政治制度的建立奠定了基础，在法国宪法史上具有重要地位。宪法前面被冠以《人权和公民权宣言》，这是法国宪法的一大特点，也是较之英美宪法的进步之处，显示了宪法要遵循宣言基本原则的革新精神。《人权和公民权宣言》强调决定国家意图的，不应是掌权者而应是国民。国民的公共意志应是立法的根本依据。"法律是公共意志的表现。所有公民都有权利亲身或委托代表参与法律的制定。"法律保护人的自由权利，不依照法律就"不得控告、逮捕或拘留任何人"。每个人在守法方面也是平等的，"不扰乱法律所规定的公共秩序"。宪法宣布废除贵族、爵位、世袭荣衔、等级差别、封建制度和任何特权。确认人民主权原则，宣布主权属于国民，一切权力只能来自国民。主权是统一的、不可分的、不可转让的和不因时效而消失的。它确认了三权分立的原则。宪法规定，"立法权委托给由人民自由选出的暂时性的代表们所组成的国民议会，由它协同国王的批准按照下面所定的方式行使之。""政府是君主制；行政权委托给国王，在他的管辖之下由部长和其他负责官员按照下面所定的方式行使之。"
"司法权委托给由人民按时选出的审判官行使之。"

1791 年宪法中的权力分立具体体现为：立法权属于国民议会，国王不得解散立法议会。立法议会的法令应提呈国王，国王对于法令可拒绝同意。凡被国王拒绝同意的法令不得由本届立法议会再行提呈国王。但当下两届议会以同样的词句继续提出同一法令时，即认为国王已予批准。对于国王否决权，穆里尼埃、米拉波等君主立宪派赞成给予国王无限否决权，拉法耶特、孔多塞等吉伦特派则赞成国王暂时否决权，以罗伯斯庇尔为首的革命民主派则反对授予国王否决权。最终，在 1789 年 9 月 11 日的表决中，议会以 673 票对 325 票通过了国王否决权有效期为两届议会（至少 4 年）的决定。[2]

在君主立宪派的努力下，法国在大革命爆发后首先建立起君主立宪政体，法国开始了其近代立宪之路。在法国社会从封建主义向资本主义过渡的时代，这一选择无疑是符合时代潮流，有利于法国社会的过渡的。

法国长期以来是封建君主专制的典型国家，在人民中，特别是农民中，王权主义影响极深。他们虽然对专制统治深恶痛绝，但认为进行统治的是宫廷，而非君主，正如西哀耶斯所说："人民总以为国王是受欺骗的人。在活跃而有全权的宫廷中他是毫无保护的；人民从来没有想到因为一切罪恶是假其名以行而来责骂他。"[3]人们希望有一个明君，一个"好国王"，还没有提出废除国王和实行共和制的要求。革命领导者这一决策无疑是正确的，如果一举推翻王政，不仅不能完成法国统一，制定出宪法，相反，可能会发生内战，导致法兰西民族的分裂，封建制度的复活，因为毕竟中央集权国家的君主一度被视为反对地方封建割据势力和维护国家统一的代表。君主立宪派的活动是现实而正义的，符合时代和人类进步的要求，成为大革命时代保留最多的革命成果。汤普逊曾说，1789 年的代表们"可能没有更多的政治经历，但是他们太熟悉发生的事件，并不会沦为十足的梦想家。他们虽不囿于政党秩序，但他们深知一种政策在什么情况下

〔2〕 朱学勤：《道德理想国的覆灭》，上海三联书店 1994 年版，第 194～195 页。
〔3〕 吴绪：《十八世纪末法国资产阶级革命》，商务印书馆 1962 年版，第 9 页。

是实际的，在什么情况下又是空幻的。"[4]

三、雅各宾派专政：法国立宪悖论的出现

（一）法国大革命走向激进和疯狂

君主立宪派建立的君主立宪政体是参照英国设立的，不可否认这一制度的合理性。然而法国封建势力十分顽固，不愿对革命作任何让步，旧势力与革命人民之间的矛盾不可调和，新旧势力之间缺乏长期妥协的基础。君主立宪政体的建立不过是旧势力迫于革命形势和人民的压力而采取的权宜之计，以便保全自己，伺机反扑。同时，法国人民也不愿同旧势力妥协，他们以武装起义打破资产阶级同旧势力相妥协的意图，将革命不断推向前进。

1791 年 6 月 20 日，国王及王室成员秘密出逃，企图勾结外敌镇压革命，被革命人民发现，押回巴黎。7 月 17 日，人民群众在马尔斯广场集会，要求废黜国王。1792 年 4 月 20 日，路易十六在议会对奥地利宣战，同时将法军的作战计划泄露给敌人，试图引狼入室，借助外国反动势力绞杀革命，致使普奥联军入侵法国本土。7 月 25 日，普奥联军统帅布伦斯维克发表宣言称：必须恢复国王路易十六的自由和合法权利，保证王室安全；若国王一家受到"丝毫侵害"，便要"血洗巴黎城并将它夷为平地。这将是足以为训和永世难忘的报应。"

这些事件使得法国革命面临着国内外敌人的双重威胁，继续保留国王，无疑给革命留下一个祸害。同时，这些事件促进了共和运动的兴起和高涨，人们对国王的态度发生了根本改变，国王已不是"神圣不可侵犯"的了。更重要的是，人民群众一旦破除了对国王的迷信，他们就毫不犹豫地用"废黜国王"的口号代替了"国王万岁"的口号，并用武装起义实现自己的要求。1792 年 8 月 10 日，巴黎 48 个区中的 28 个区的 89 名代表来到市政厅集会，以多数区的名义宣布废除旧市府，建立了新的巴黎公社。公社随即指挥武装民众血洗了杜伊勒里宫，并逼迫立法议会废黜了逃来避难的路易十六。尽管彻底推翻君主制本身并不是罪恶，甚至还可称为莫大的功绩，但是这次起义使得巴黎公社僭越了议会，1791 年宪法在起义冲击

---

[4] 龙宏甫："试论法国大革命中君主立宪派的理想"，载《安徽大学学报》2004 年第 4 期。

下失效了，国家大权落入吉伦特派手中。

吉伦特派统治时期，当权派将主要精力放在议会内部斗争之上，无力解决外敌入侵和国内叛乱的局面，并且在面对国内严重的物资短缺和物价飞涨的情况时，逐渐走向了人民的对立面。这一切使得代表小资产阶级的雅各宾派逐渐与人民群众相靠近，从而奠定了其联合推翻吉伦特派的基础。加之，雅各宾派主导的巴黎公社在对外战争和平定国内叛乱中发挥了重要作用，议会中多数逐渐倾向雅各宾派。终于1793年5月末6月初爆发的起义推翻了吉伦特派的统治，雅各宾派登上国内政治舞台。这一行为严重损害了国民公会这一当时最高的立法机关的权威，损害了当时正在建造的共和制度。对于吉伦特派的倒台，法国大革命史专家索布尔做出了精辟的评析："吉伦特派宣布了战争，但又不知道如何去进行这场战争；他们废除了国王，但又不敢判处国王死刑；他们请求人民支持他们反对君主制，但又拒绝与人民一道进行统治；他们促成了经济危机的恶化，但又不满足人民的全部要求。"[5]

（二）雅各宾派专政：自由、平等、人权的幻灭

1793年6月，雅各宾派正式执政，并将卢梭的思想作为执政的理论指导。这是前期革命的延续，又是前期革命的断裂。所谓延续，是指在此之前，卢梭思想的影响已渗透到法国的政治生活和社会生活，弥散于四方的卢梭幽灵正在向一个焦点聚集；所谓断裂，即指雅各宾派执政后，突出实践卢梭的道德理想，尽可能排除先前与之共存的其他革命成分、革命要求。[6]雅各宾派在经济上追求平等以实现权利的平等，在政治上践行人民主权原则，在统治方式上以道德的统治取代法治统治。在此背景下，雅各宾派实行了恐怖主义的统治。

为实现"理性共和国"而实行的恐怖统治，在最初的时间里确实发挥了巨大的作用：经济上，囤积居奇和哄抬物价的现象得到了较大程度的遏制，投机商人敛迹。证券贬值停止，并在大量增发的情况下出现了币值的回升，经济混乱得到一定克服，人们对政府的信任感大为加强。在对敌斗

---

〔5〕［法］索布尔：《法国大革命史》，中国社会科学出版社1989年版，第96页。转引自吕一民：《法国通史》，上海社会科学院出版社2002年版，第122页。

〔6〕朱学勤：《道德理想国的覆灭》，上海三联书店1994年版，第160页。

争方面，恐怖统治的作用更为突出。群众踊跃参军，积极参加镇压叛乱，迅速扭转了危险局面。1794 年春天，共和国军队不仅已将全部外国军队逐出国土，而且还反攻出去，进入境外作战。

然而必须要明确的是，实行恐怖统治所付出的代价也是巨大的。恐怖统治期间，违反法制，滥行杀人的现象相当严重。救国委员会大权独揽，掌握最高国家权力。实际控制救国委员会的罗伯斯庇尔、圣茹斯特、库通、卡尔诺等人，严厉惩罚发生过叛乱的地区。里昂是发生过王党与联邦派叛乱的城市，委员会派库通、富歇、科洛德布瓦作为特派员去里昂。他们在那里不加区别地枪杀居民，毁坏建筑物，十分残暴；曾发生叛乱又一度被英国占领的土伦，被收复后也遭到惩罚，特派员巴拉斯、弗雷隆在土伦杀死了大批叛乱者和普通群众；卡里埃在南特组织"马拉连队"，肆意搜查民宅，将数以百计的被捕者驱入河中集体溺毙或集体枪杀。

对于已经被捕的人，尤其是雅各宾派的政敌，他们更是不肯放过。1793 年 10 月 16 日雅各宾派处死王后玛丽·安托瓦内特之后，于 10 月 31 日将在押的 21 名吉伦特派成员全部处死，其中包括布里索、维尼奥、让索内、拉索斯等等。他们原是革命中第一批共和主义者，曾为革命立下很大功劳，只由于同雅各宾派领导人政见不同，就遭到杀戮。11 月 7 日，他们又将罗兰夫人送上断头台。此外，一批立宪派成员，包括国民议会的第一位主席、巴黎市长、网球场宣誓的领导者巴伊在内，也被杀死在断头台下。[7] 后来，罗伯斯庇尔还强行宣判了丹东等人的死刑。丹东等人认识到恐怖统治的弊端，呼吁结束恐怖统治，把司法与人道结合起来，恢复法治原则。这些意见是顺应历史潮流的，也是切中法国时弊的，然而，罗伯斯庇尔等不能容忍与他们政见相左而又有较高威信的人，在国民公会上公然宣布丹东是"吉伦特派和祖国敌人事业的继承者"，将丹东派主要人物逮捕并将其送上断头台。罗伯斯庇尔以残暴的手段处死持不同见解的革命家和政治派别，完全违背了人权宣言规定的原则和他自己曾多次阐述过的民主政治原理。

另外，还出现了违反人权原则、破坏信仰自由的"非基督教化"运

───────────────

〔7〕 陈敏昭："法国大革命：由激情走向恐怖"，载 http://new.21ccom.net/articles/lsjd/lsjj/article_2010082316515_7.html，2014 年 11 月 5 日访问。

动。它不顾法国绝大多数人世代信仰天主教的事实，企图人为地消灭基督教。他们强迫巴黎主教高贝尔辞职，还接管了巴黎圣母院。巴黎公社将圣母院改成"理性庙"，强制人们去搞无神论的"理性崇拜"。11 月底，公社又封闭了所有的教堂。尽管有不少反对派教士利用宗教进行反革命活动，但这与一般群众的宗教信仰是毫无关系的。"非基督教化"运动的矛头却对准了整个天主教甚至新教。虽然救国委员会和罗伯斯庇尔指责了这一破坏信仰自由的做法，国民公会也据此于 12 月 8 日通过了保证信仰自由的法案，但是最早打破传统信仰的还是国民公会本身。1793 年 10 月 5 日国民公会通过了实行共和历法的决议，否定基督教的格列历法（即公历）。共和历以 1793 年 9 月 22 日共和国成立之日作为元旦，一年仍分 12 个月，每月 30 天，每 10 天为一旬即一个来复。休息日定为第十来复日，以此取代了格列历法即公元纪年的 7 日一周的礼拜日。12 个月之外的 5 天或 6 天，称为"无套裤汉日"。这个取消天主教信仰、废除礼拜日的共和历法，为"非基督教化"运动开了先例。[8] 1794 年 5 月 7 日，罗伯斯庇尔在国民公会上提出了建立崇拜"最高主宰"节日的议案。他硬说，法国人民相信灵魂不灭和"最高主宰"的存在。体现罗伯斯庇尔自然神论的"最高主宰"，不过是继"理性崇拜"之后的"非基督教化"的又一种表现形式。它同样无法被群众理解和接受。6 月 8 日罗伯斯庇尔主持第一次"最高主宰"节仪式时，独自手捧鲜花、麦穗走在前面，紧随其后的国民公会代表队伍中，不时发出"独裁者"、"暴君"的议论声，旁观的群众则反应十分冷淡。

　　恐怖手段无所禁忌，它一旦和道德结合就可以在美名之下衍变为一场道德灾难。这就是 1794 年 6 月，库通在救国委员会提出的改变革命法庭审判程序的法案。按照库通的意见，今后的审判要取消辩护人和陪审员，取消预审制，在直接审判中可以不需证据而根据"推理"定罪，凡确定有罪者，一律判为死刑。这显然是一个失去法理的扩大恐怖的荒谬议案。国民公会在讨论时对此进行了修改，使之有所缓和。而当时罗伯斯庇尔没有出席会议。1794 年 6 月 10 日，他来到会场，坚持按原来议案形成法令。国民公会被迫予以通过。这就是令人生畏的牧月法令（当天是共和二年牧月22日）。牧月法令使恐怖急剧扩大化了。自法令颁布起到 7 月 27 日罗伯斯庇尔倒台，平均每周的死刑数竟骤然增至 196 人，达到了骇人听闻的程度。不仅如此，被处死的人中，原特权等级所占比例已很少了。恐怖统治成为罗伯斯庇尔排除异己、维护权力的一种手段。

恐怖统治只是过渡时期在特殊条件下采用的一种非常手段，并不是归宿。一旦危机克服，就应终止，并恢复和建立正常秩序。从掌权的雅各宾派领导人来看，他们原来是不赞同实行恐怖统治的。当他们被形势所迫而接受恐怖手段之时，也认为这是战时措施。但是，在恐怖年代里养成的那种排他自保和权力欲膨胀的心态，又使他们要继续利用恐怖手段，不断排除异己，维护权力，因而不肯果断地终止恐怖。这就违背了客观历史潮流。这些自称最爱国、最革命的雅各宾派精英们，最后也被推上了断头台。

四、总统制宪政模式理想的破灭

随着 1799 年拿破仑发动军事政变夺取政权，法国由大革命引发的第一次立宪高潮结束，人民革命陷入低潮。法国第二次立宪高潮发生于 1848年。1848 年是欧洲资产阶级民主革命之年。受此起彼伏的欧洲资产阶级革命影响，又加上 1846 年至 1847 年的农业歉收和 1847 年至 1848 年波及法国的经济危机的加速，终于在 1848 年 2 月法国爆发了"二月革命"。资产阶级共和派、小资产阶级民族派和以工人阶级为首的广大人民群众联合起来，推翻了路易·菲利普的七月王朝，并于 2 月 25 日建立了法兰西共和国。

（一）1848 年宪法——总统制宪政模式理想

二月革命后，1848 年 4 月 23 日，法国进行了制宪议会选举，同年 11月 4 日，制宪议会通过并颁布了一部新的法国宪法——法兰西第二共和国宪法，也称 1848 年宪法。

1848 年宪法从制宪思想上来看，既出于对 1789 年大革命传统的继承，又出于当时局势的紧急需要。这部宪法宣布法兰西是民主、统一和不可分割的共和国，第一次把"自由、平等、博爱"作为共和国的基础。如果说1791 年宪法强调自由，1793 年宪法强调平等，那么 1848 年宪法更强调博爱。它恢复了 1793 年宪法中的普选权。

它第一次规定总统为国家元首，由人民直接普选产生，"他有权通过部长向国民议会提出法律草案。他监督与保证法律的执行"；在规定的颁布期限内，总统可以请求"议会重新审议，它的决定便是最终决定"。但总统的部分权力受到议会和参政院的限制。赋予国民议会立法权以独立的地位。立法议会拥有召开会议的"全部权力"，自行决定开会地点和会议是否延期。"每个代表拥有议会的立法创议权"。单独规定参政院，规定其任务为："预先审查"政府提出的法案和议会创设的法案；规定行政规章；监督行政机构。普洛普这样评价参政院："根据立宪者的意图，它应该保证国家机制的政治平衡与立法技术的改进。"[9]参政院获得部分立法权与部分行政权。制宪者们"希望给参政院注入一种新的精神，"使共和制具有新的选择性。[10]在充分估计两院制的弊病，考虑到二元性或易出现混乱，制宪者们肯定了一院制，也做了对其不足的弥补，赋予参政院以任务，目的在于保证平衡，防止一院议会走向专权。在总统与议会的关系上，模仿美国宪法的某些规定，这是法国宪法从英国式向美国式过渡的第一次制度上的尝试。

（二）美国式宪政理想的破灭

宪政都以分权制衡为技术手段。任何目的的实现都需要相应的手段，任何艰难目的的实现都需要强大有效的手段。理论研究和实践经验都已证明，分权制衡是实现宪政目的的最基本、最强大、最有效的技术手段。正是在这个意义上，戈登把宪政定义为"通过政治权力的多元分配从而控制国家的强制力量的政治制度"[11]。三权分立制衡理论正是一种成熟的甚至可说是科学的国家权力结构设计和配置方案，被誉为是政治学中的"牛顿定理"。三权分立制衡结构能够最有效地防止专制，保障权利。有这样的一个说法，立法权的实质是分配权利，行政权的实质是落实权利，司法权的实质是救济权利。三权的划分清晰条理地揭示出了权利实现和权力运行相互对应的各个环节和顺序，说明这种权力结构设计是符合客观实际的。

〔9〕 郭华榕：《法国政治制度史》，人民出版社 2005 年版，第 314 页。
〔10〕 郭华榕：《法国政治制度史》，人民出版社 2005 年版，第 314 页。
〔11〕 ［美］斯科特·戈登：《控制国家——西方宪政的历史》，应奇等译，江苏人民出版社 2001 年版，第 20 页。

更重要的是，三权构成了一个权力三角形结构，它可以通过自身内部的两两结盟抗衡第三者机制，有效防止一权独大、走向专制。因为在这种结构下，一旦其中的一个权力稍稍强大起来，显露出独裁的苗头，另外两个较弱的权力势必联合起来与之抗衡（否则就会被各个击破，陆续吃掉），而且一旦联手，一定能将较突出的那个权力压制下去，因为数学上的勾股定理告诉我们：三角形的任何两边之和必定大于第三边。可见，在三权结构中，权力很难集中于一个部门，独裁专断自然不易生成。

美国式总统制正是这样一种三权分立制衡的结构，其特点概括起来主要包括三个方面：其一，总统集国家元首和政府首脑身份于一体，在三权分立的制度中握有行政权；其二，总统在行政体系中处于中心位置；其三，总统与国会和联邦法院三者平行分立，相互制约。所以，总统制政体并非意味着总统拥有至高无上的权力，相反是行政、立法、司法三种横向权力之间的严格分立和相互制衡，其中的关键就是行政权与立法权之间的制衡关系。美国政体中权力关系的最大特点是三权平行分立相互制衡，而凌驾于它们之上的是合众国宪法。也就是说，美国政体中的三权都来源于宪法。

而法国 1848 年宪法从内容来看，规定了立法权与行政权的分立，对国民议会和总统权力也作出了约束，但却是一部相当不协调和很不现实的作品。它试图仿效 1791 年和 1793 年宪法的一院制，又想引进美国的总统制。结果却创立了两个同样强有力的权力：总统和议会。两者均来自普选，却没有一个可以使二者保持平衡和解决它们之间冲突的机构，分权而不制衡。总统虽然拥有议会法案否决权，却不对议会负责，也不能解散议会；议会对总统权力有极大约束，却不能选举总统，也不能罢免总统，只能在犯有叛国罪时才能弹劾。

两权分立结构很难长时间保持平衡，因为一旦权力的天平出现失衡，哪怕一丁点倾斜，那么，根据马太效应原理，必然是强者越来越强、弱者越来越弱，最后不可逆转地走到一权独裁。1848 年宪法的这个致命弱点决定了它最终的失败命运。马克思对此做过深刻的分析："这个弱点不是在脚踵上，而是在头顶上罢了，或者不如说是在全部建筑物顶端的两个头脑上：一个是立法议会，另一个是总统。……按照第 45~70 条规定，国民议会可以用合乎宪法的办法排除总统，而总统要排除国民议会却只能用违背宪法的办法，即取消宪法本身。可见，这里宪法本身是在号召以暴力来消灭自己。"[12]制宪者们原本想引进美国的总统制，加之本国立法权强大但受参政院制约的优势，明确分工以显示各个权力独立性与相互制约，两权协调以展现制度的灵活性和应变能力，结果却是立法权依然强大，又创立了总统这一大权力，行政权与立法权冲突日益激化，国家难以治理，终于1851 年 7 月，当议会否决路易·波拿巴修改宪法的要求时，他于 12 月 2日发动政变，1848 年宪法被废除。"1848 年宪法就是这样。它在 1851 年12 月 2 日不是被人头撞倒，而只是被一顶帽子撞到了；诚然，这顶帽子是拿破仑的三角帽。"[13]

五、法国立宪走出悖论

（一）第三共和国的诞生及其早期统治

19 世纪 60 年代后期，周期性的经济危机在法国再度爆发，国内矛盾愈加尖锐。工业革命后迅猛发展起来的工人运动和在帝国后期复苏后急剧壮大的资产阶级共和派，构成对帝国威胁最大的两股力量。共和派一方面通过选举扩大自己在立法团中的势力，一方面利用各种机会频频向帝国发难。共和派在 1869 年选举前夕制定的《贝尔维尔纲领》这一民主改革纲领，将一些纯粹的自由主义要求与工人运动年轻领袖们所鼓吹的要求糅合在一起，从而巧妙地把工人们拉到了自己一边。在帝国最后一次议会选举中，以共和派为主的反对派获得了大量选票，而政府得票率下降了。政府的拥护者中为数众多的是农民。虽然拿破仑三世依靠农民的投票，继续担任皇帝，然而他深知帝国深刻危机的存在。与此同时，法国在外交上接连受挫，法国有可能腹背受敌。普鲁士的崛起与德意志统一进程的加快，更对法国在欧洲大陆的霸权地位形成威胁。总之，为使法国摆脱内外交困的局面，拿破仑三世萌生发动普法战争的念头，以借此摆脱国内危机，延长帝国寿命。

面对准备充分的普鲁士军队，拿破仑三世亲自率领的法军伤亡惨重。最终丧失斗志的法军于 1870 年 9 月 2 日向普方投降。拿破仑三世本人被俘

---

〔12〕《马克思恩格斯选集》（第 1 卷），人民出版社 1972 年版，第 616~617 页。
〔13〕《马克思恩格斯选集》（第 1 卷），人民出版社 1972 年版，第 619 页。

的消息传到巴黎，许多群众于9月3日当晚来到波旁宫前面举行示威游行，要求废黜应对战败负责的皇帝，实行共和制度。富有革命斗争传统的巴黎人民于次日进行革命，第二帝国被推翻。资产阶级共和派在此情况下成立了临时政府，并得到革命群众的认可。临时政府的建立意味着帝制已经被推翻，法兰西第三共和国诞生。

不久巴黎人民举行武装起义，成立了人类历史上第一个无产阶级政权——巴黎公社，但是很快就被镇压。梯也尔镇压了巴黎公社起义，使其获得了君主派和共和派的共同支持。1871年8月31日议会通过一项法律，该法律由里维建议，史称"里维法"。梯也尔成为"共和国总统"，由此，梯也尔一人身兼三职：总统、总理和议员，掌握了国家大权，成为"全国一致公认的主宰"。

由于君主派在议会中占据了多数，第三共和国前途未卜，梯也尔的政治态度在此时对第三共和国的存续起到了至关重要的作用。梯也尔作为七月王朝时期的重臣，其固有的癖好便是统治，并且其权力欲此时更为强烈。他非常清楚，"保守的共和国"更能实现其大权在握的梦想，并且符合法国当时的国情。为此，他坚决地把政治赌注押在"共和国"身上，镇压了巴黎公社之后，梯也尔开始明显疏远了君主派，在加强国防、整顿和改组国家机构、恢复和发展经济等方面做了大量工作，取得了很大成效。此时的君主派开始将其复辟计划付诸实施，波旁王室长幼两支图谋融合，波拿巴派也重新活跃起来。面对梯也尔对复辟的冷淡态度，他们虽然极为不满，却因种种原因暂时无法对其采取措施。

梯也尔对政治制度的态度逐步向左演变，至其掌权后期，他已经毫不掩盖自己的共和倾向。他对君主制度持否定态度，认为它已不合时宜。这使得君主派对其容忍到了极限，他们多次在议会中向其发难。1873年3月15日，法德签订德军从法国撤走的协定，这一事件使得借助梯也尔来对付敌国的必要性大为减弱。于是，5月24日，议会以362票对348票通过了对梯也尔政府的不信任案，总统被迫辞职。国民议会以多数票通过了对总统的不信任案，接受他的辞职，并再次通过选举选出麦克马洪作为新总统，立法权的决定导致行政权的重大变化，议会制的作用再次得以明确体现。

新总统的上台和新内阁的组成，使得君主派加快了派别间的融合，以期尽快复辟王政。然而其中最大的两个派别——正统派和奥尔良派在政治体制和王朝旗帜上的分歧使得复辟计划最终破产。双方互不相让，为坚持自己的利益，奥尔良派不惜与共和派一起，在议会中反对正统派。君主派逐渐四分五裂，共和派的影响却不断扩大，共和事业日益深入人心。国民议会经过补选等变化和重新组合，奥尔良派与共和派逐渐占据多数，为1875 年宪法的制定提供了政治环境。

（二）1875 年法国宪法的成功——法国步入民主宪政轨道

革命并没有给法国带来宪政，反而带来了长期的政治体制的混乱，真正给法国带来政治稳定的恰恰是第二帝国的专制统治。帝国统治时期，法国完成了工业革命，工业资产阶级的力量成长起来，资产阶级实行全面统治的经济条件得以成熟。日趋稳定的政治制度则为法国立宪进程的新发展打下了政治基础。法国真正步入民主宪政的轨道是从1875 年第三共和国宪法开始的。法国的民主宪政从勉强的妥协开始。

1. 何谓妥协

"妥协"一词向来被国人作为一个贬义词、负概念来使用，经常与"懦弱"、"背叛"、"投降"等词语联系在一起使用。实际上，妥协并非总是一种消极行为，而且在现实生活中，妥协无处不在、无时不有。美国学者多比尔说，虽然没有人喜欢妥协，但每个人都在妥协，每个地方都存在妥协。"拒绝妥协，除开无条件投降外，不接受任何一切，这是专为儿童所写的故事书中那些英雄们所表现的特性。"[14] 在政治生活中，妥协更是比比皆是，因为妥协作为一种和平解决政治冲突的理性手段，可以将损失降至最低，能够以最小的代价换取冲突各方利益的最大化，实现帕累托最优。所以，阿克顿说："妥协是政治的灵魂，如果不是其全部的话"。

早在150 多年前，马克思就注意到了宪法的产生与政治妥协、社会均势之间的内在联系，他说："通常是在社会变革的过程中已经达到了均势，在新的阶级关系已趋于稳定，统治阶级内部的各个斗争派别彼此已经达到妥协，因而有可能继续相互进行斗争并把疲惫的人民群众排除于斗争范围外的时候，才制定和通过宪法。"[15] 后来，列宁更加明确地指出："宪法的

---

〔14〕〔美〕科恩：《论民主》，聂崇信、朱秀贤译，商务印书馆2007 年版，第183 页。
〔15〕《马克思恩格斯选集》（第1 卷），人民出版社1972 年版，第426 页。

实质在于：国家的一切基本法律和关于选举代议机关的选举权及代议机关的权限等等的法律，都表现了阶级斗争中各种力量的实际对比关系。"[16]这就是说，宪政本质上是各种阶级力量和政治力量对比结构在国家政治体制上的反映。

对于宪政来说，妥协是一种不可或缺的美德和艺术，因为宪政赖以牢固确立和顺利运行的基石在于政治利益与力量之间的平衡，而妥协则是达致平衡的必要前提，因此科恩把是否愿意以妥协办法解决分歧列为民主（即宪政）成功的"最重要的"心理条件。[17]大凡真正意义上的宪政，无一不具有妥协性、平衡性品格，其中包括国家与社会之间、公权力与私权利之间、权力与责任之间、权利与义务之间、个人利益与社会利益之间、多数人与少数人之间、中央政府与地方政府之间、中央和地方政府内部不同权力机关之间等各个层面上的相互妥协与平衡。所以国内有学者指出："撇开价值观念和意识形态不谈，从宪政存在的实然状态上讲，宪政是一种平衡机制以及由此达成的平衡状态。"[18]这一点，从英国的宪政实践中可以非常清楚地看到。

妥协合作是宪政的基本特征之一，因为任何社会都存在着多种基于不同利益和价值诉求的政治力量，它们都力图在国家政治体系中占据主导地位，并为此而斗争不已。斗争的结果无非有两种：一种是各种政治力量遵循中庸之道，各自做出一些妥协让步，最后达成一种整合性平衡，使每一种力量都享有与自身势力相称的权力份额，社会由此而走向权力共有共享的宪政之路；另一种结果是各种政治力量互不妥协，最后势力最强大的那个力量完全压倒或消灭其他力量，垄断全部政治权力，社会由此走向权力独有独享的专制之政。可见，宪政的建立是需要一定的政治宽容性和包容性的，是需要求中致和的中庸精神的，特别是对于强势集团来说，这种政治品格尤其必不可少。但是不容否认，许多国家的立宪进程通常都是以你死我活的暴力革命为先导的，但从立宪的全过程来看，暴力革命的真正价值和功效仅仅在于排除反宪政的障碍，为启动立宪进程开道铺路，亦即打

---

〔16〕《列宁全集》（第15卷），人民出版社1972年版，第309页。

〔17〕［美］科恩：《论民主》，聂崇信、朱秀贤译，商务印书馆2007年版，第182页。

〔18〕谢维雁："论宪政的平衡性"，载《四川师范大学学报》2002年第2期。

碎封闭性、排他性的旧有专制体制，为各种政治力量进入政治协商系统创造条件。一旦"暴力破旧"目的达到，宪政革命者就应审时度势，适可而止，不失时机地转入"协商立新"阶段，亦即"博弈建制"阶段，是为立宪成功之道。法国 1875 年宪法的制定，充分体现了这一点。

2. 法国 1875 年宪法的制定及其成功

1875 年 1 月 30 日，瓦隆提出的确认共和制为正式政体形式的宪法修正案在议会以 353 对 352 仅 1 票的多数得以通过。同年 2 月和 7 月，国民议会又先后通过参议院组织法、国家权力组织法及国家权力关系法，合称 1875 年宪法，总共只有 34 条。

1875 年宪法是法国第三共和国——法国至今历时最长的共和国的基本文献。在法国宪政史上，与法国自 1789 年革命以来制定的十多部宪法相比，如 1791 年宪法、1793 年宪法、1799 年宪法、1848 年宪法等，1875 年宪法是实施时间最长的一部宪法，达 65 年之久，并且是法国历史上唯一的一部并非系统完整的宪法典的宪法。一般认为 1875 年宪法由三项宪法性法律组成，从实质内容看应该是由五项法律组成，即另加两项组织法律。它们分别是：1875 年 2 月 24 日《关于参议院组织的宪法性法律》，1875 年 2 月 25 日《关于公共权力组织的宪法性质法律》，1875 年 7 月 16 日《关于公共权力关系的宪法性质法律》，1875 年 8 月 2 日《关于参议员选举的组织法律》和 1875 年 11 月 30 日《关于众议员选举的组织法律》。

这一宪法的制定以第三共和国的建立为大背景，其产生历经斗争与妥协，最后得以通过。从 1870 年 9 月 1 日色当一役，法兰西第二帝国皇帝拿破仑被俘，第二帝国早已瓦解。在这政权中断的空隙期间，巴黎工人和自发组成的国民军于 1870 年 9 月 2 日举行推翻第二帝国的革命起义。在起义工人及国民军的压力下，国民议会的资产阶级分子为了夺取政权，于 9 月 4 日宣布第二帝国的覆灭和共和国的成立。他们自号为"国民政府"，而实际上他们害怕革命工人秘密地与普鲁士勾结谈判投降。他们企图依靠普鲁士人来扑灭革命。以梯也尔为首的资产阶级政府逃往凡尔赛，与巴黎公社的工人阶级政府相对抗。巴黎公社的英勇革命斗争具有伟大的历史意义，但由于当时历史条件的局限性和公社某些措施失当，革命在内外敌人的夹击下而失败。公社失败后，大资产阶级对无产阶级革命风暴感到恐惧，极力想建立一个强大的集权统治。这是 1875 年宪法制定的一个大背景。

当法德战争结束，恢复和平后，政治制度的问题就提上了议事日程。1871 年 2 月，法国召开了国民会议，其成员大部分是保皇党人，一小部分是资产阶级共和党人，各派势力为在法国建立君主政体还是共和政体的问题在会议中争吵不休。国民会议基本上是由君主制度的拥护者所组成。但是内部存在分化，一派为正统派，拥护波旁王朝后人；一派为奥尔良派，赞成路易·菲利普的继承人；还有一派则拥护拿破仑三世的儿子复位。保皇派之间互相争斗，同时，保皇派又与共和派争执无法妥协，因此，宪法迟迟不能制定。然而，在这些斗争中，政治集团力量对比逐渐发生变化，到 1875 年前后各种政治势力相对均衡，保皇派的内部争斗使民主共和派在选举中获益，共和派渐渐加强了自己的地位，才有了一系列宪法性法律的陆续出台。

这部宪法是各政治势力妥协的产物，一方面肯定了共和政体，把"共和国"一词写入宪法，另一方面又赋予总统过大的权力。它规定参议院由间接选举产生，并有 75 名终身议员。虽然它既没有规定地方制度，也没有规定司法制度，对公民的权利更是只字不提，很不完备，却成为法国历史上实施时间最长的一部宪法，可以说取得了成功。各种政治派别，包括保皇派内部的三个派别，共和派的温和共和派、激进共和派和小资产阶级等多种政治派别，他们显然各有政治主张。但是他们面临的不是简单的敌人，而是复杂的社会现实以及历史传统、王族血脉、派别利益，直至法律条文的措辞和获得通过的可能性等等。他们即使想坚持自己的信条，也不得不维护已经拥有的政治权益，因此，在谁也无法独断专行的情况下，彼此妥协成为唯一的出路。有学者如此评价 1875 年宪法："这部宪法的目的，并不在建立一种理想的美满的政治制度，它只在适应当前需要，规定可行的实际办法。"[19]

1875 年立宪前后各种政治势力相对均衡，虽然宪法本身确认了共和体制，但宪法到处可以看到君主制的影子：①以往只有在 1814 年和 1830 年宪法中所承认的君主制的元首无责任与大臣政治责任原则，在共和制下得到了承认。②宪法赋予总统的权力，如统率军队、任命全体文武官员、特

---

[19] ［法］瑟诺博斯：《法国史》，商务印书馆 1972 年版，第 492 页。转引自王守田：《立宪主义的源流和发展》，知识产权出版社 2007 年版，第 60 页。

赦、在参议院赞同下解散众议院等等，都是以往只有君主制才有的。③排除共和制的一院制而采用两院制。宪法规定众议院由普选产生，任期4年。而参议院由间接选举产生，任期9年，并且规定1/4的参议员由国民议会选出、并终身任职。终身议员的设置显然并不符合纯粹的民主共和原则。④关于议会的会期，采用了共和制的常设原则与君主制下召集原则相结合的折衷办法。议会于每年1月的第二个周二召集，经过5个月后政府可以自由闭会。政府还可以召集临时会议，后于每年10月前后举行已成惯例。⑤关于宪法修改，以往共和制下根据立法程序进行，在君主制下则有特殊的制宪议会承担。在1875年宪法中由特设宪法修改国民议会进行，即两院根据各自的提议或总统的要求，作出修改宪法的决议时，便自然地合并成国民议会，对修改宪法事项进行审议。[20]

"这样一个七拼八凑的宪法不符合任何政党的理想，但是它是唯一能持久的宪法；法国有了一个稳定的政治制度，这还是第一次。"[21]这部妥协性的宪法存在了65年之久，如果没有1940年6月的溃败，它很可能还会继续存在下去。它不是被国内革命推翻的，而是因外部战争而被摧毁，因此，它有效地防止了国内战争，这一点上它是成功的。它与过去的宪法不同，"避开抽象理论，而着重根据经验和实际需要创建适当的权力机构"，[22]因而能够根据社会形势的发展作出相应的措施，维持了较长的生命力。迪瓦热认为它之所以长命，那是因为"它使得1789年以来支离破碎的两个法国得以和平共处：一个是革命的法国，另一个是旧制度的法国。"[23]这是说保皇派与共和派的妥协：多数的保皇党人由于力量分裂，不能取得一致，对于这一宪法，只希望它是一个过渡的工具，以便日后恢复君主制；而共和派虽然理想高远，但是面对现实的力量对比，为保有已取得的政治利益，也只能让步，只求得共和的形式和开端就已满足。因此说1875年宪法是两个法国的和平共处。

---

〔20〕 钟群：《比较宪政史研究》，贵州人民出版社2003年版，第75页。

〔21〕 张金鉴：《欧洲各国政府》，台湾三民书局1976年版，第151页。转引自王守田：《立宪主义的源流和发展》，知识产权出版社2007年版，第62页。

〔22〕 洪波：《法国政治制度变迁：从大革命到第五共和国》，中国社会科学出版社1993年版，第97页。

〔23〕 转引自韩大元主编：《外国宪法》，中国人民大学出版社2000年版，第65页。

3. "1877 年 5 月 16 日危机"的解除——法国踏上民主立宪之路

1877 年 5 月初，众议院以多数票通过责成政府镇压教权主义的决议，共和派总理西蒙接受这一决议，对教权派的宣传进行限制，此举使得总统与政府发生了冲突。君主派总统麦克马洪迫使西蒙内阁辞职，任命君主派布罗伊组阁。这一举动遭到共和派的强烈反对，众议院 363 名共和派议员提出议案，拒绝信任新政府，声称政府首脑只有同议会多数取得一致时才能执政。麦克马洪不能接受一个与自己的政治主张相悖的政府，这样，1875 年宪法所体现的总统的原则（总统任命政府总理，并可解散议会）与议会制度的原则（政府对议会负责）便产生矛盾。对此麦克马洪采取极端措施，在参议院同意下强行解散了众议院。但在同年新的众议院选举中，共和派仍保持多数，占到 329 席，保守派仅占 208 席。同年 11 月 23 日，布罗伊辞职，麦克马洪的企图失败。这就是法国历史上著名的"5 月 16 日危机"。这是决定法国民主宪政制度前途生死攸关的时刻。竞选新众议院的活动进行得异常激烈，参加投票的选民高达 80% 以上。结果共和派取得 420 万张选票，以 323 席对 208 席的优势战胜保守派。麦克马洪曾指望利用军队进行政变，但他发现，大部分官兵倾向于共和制，于是只得屈服，此次危机得以解决。

根据 1875 年宪法逐渐建立起的政治体制，特别是镇压了巴黎公社起义后，人们吸取经验教训，认识到不能完全按照自己的愿望进行国家管理。尽管这一期间各党派的政治立场和政治理想都有巨大的分歧，但他们没有像大革命时期雅各宾派那样去直接诉诸街头民众，不惜以暴力毁灭民主的基本体制——议会；执政的领导人也没有像两代拿破仑那样通过军事政变去攫取和巩固自己的权力。人们开始习惯于妥协和忍耐，统治阶级各派之间逐渐将政治斗争局限于议会和选举。各党派都努力进行经营，通过选举改变议会组成，最终通过议会实现自身理想。这次事件正说明了这一点。这次危机的解决奠定了议会制共和政体的基础，从此，共和国按照宪法只对议会负责，政府必须得到众议院的多数支持，总统权力受到严格限制，不得轻易行使解散众议院的权力。由此法国正式踏上民主立宪的道路，法国特色的半总统半议会制的宪政模式雏形初现。

六、结语

一向崇尚理性的法兰西民族在一百多年的立宪进程中表现出的却是反复无常，在一次次的宪法制度变革中，法国人民不断尝试，却屡受挫折，由此导致法国立宪之路长期而曲折。无论一部宪法在形式上设计的多么完善，如果没有制度上的保证，只能沦为被野心家利用的舆论工具，有名而无实。激进的法国人在为其宪政理想而努力的时候，却因脱离现实而接连失败。法国大革命以来法国人民的不断努力告诉我们，建立一个理想政治制度的可能性是非常小的，这种努力极少成功，不顾现实情况一味建立理想社会，结果总是得到与理想背道而驰的结局。1789 年法国大革命，以自由平等为目标，却以拿破仑的专制统治而结束；1848 年，革命者推翻了统治较为宽松的奥尔良王朝，其结果却选举产生了另一个专制独裁的第二帝国。理想与现实相脱节，理想国何以建立。

宪政作为人类迄今为止最为完美的政治制度，既是人类理性设计的产物，又是社会自然演进的结果。事实证明宪政并不可能通过理性设计一次建构成功，需要在实践中生长生成。宪政的建构方式应当是理性主义与经验主义的结合。综观世界各宪政国家的经验，无论是构设产生还是演进发展，宪政都既是由理性发展了的经验，也是由经验证明了的理性。正是正确的理性为经验指明了方向，没有理性的指导，经验就成为盲目的、保守的力量；而丰富的经验在一定程度上则又弥补了人类有限的理性能力，避免理性的自负可能带来的危险。

由于缺乏真正的民主宪政实践，作为西方宪政运动之思想原动力的建构理性主义，便成了近代法国合乎逻辑的历史选择。奥克肖特曾经对法国宪政运动中的理性主义倾向做过这样的描述："法国革命正是以抽象的意识形态教条为动力的，权利与义务、终极正义、自由、平等、安全、财产等成为政治行动的根据。"[24] 在理性主义模式主导的社会中，只有具有高贵精神的少数社会精英才能掌握所谓"完全的知识"，即建设理想社会所必要的智慧、理性和善，而社会大众只要在精英们所精心设计和周密策划

[24] 转引自郑旭文："经验主义与建构主义——宪政实现的基本范式"，载《中国石油大学学报》2009 年第 1 期。

好的制度框架内，朝着设计好的发展目标努力，就可以达到美好的法治状态。在这个过程中，要完成对社会资源的整合，将精心设计好的制度框架付诸实施，权威和命令是必要的手段。因此，理性主义从逻辑上又包含权威主义和精英主义。理性主义更多地体现了社会上的知识贵族和政治精英的文化霸权主义和政治垄断主义的态度和立场，而这种态度和立场具有反平民主义的倾向，与维护个性自由、倡导权利平等的宪政精神背道而驰。法国大革命后专制主义体制的复辟证明了理性主义具有向权威主义异化、发展的趋势。

经验主义则注重历史与经验，从来不试图从抽象的形而上学理念中推导出现实的宪政原则，强调对既存价值和现实的某种程度的维护，认为宗教、信仰和自然原则应该成为国家和市民社会的基础，逻辑、抽象理论和形而上学不是行动的指南，经验、传统和习惯才是行动的指南。经验主义并不否定理性的作用，但更强调经验在知识积累过程中的作用。因此，经验主义在本质上是一种经验理性主义，因为它企图用经验来界定理性的范围，把理性的内涵封闭在经验的范围之内。经验主义捍卫人民生活和权利的既定性，从而将政府权力限制起来，使之成为特定的、有限的活动。法国的政治制度建设者们在第三共和国时期逐渐吸取经验教训，在制度设计的基础上，注重实践经验主义，更多的是妥协与合作，极力避免因政见不同而诉诸暴力，将政治斗争局限于政治体制之内，建立起极具包容性的政体。这一切努力构成了经验理性与建构理性的融合，法国政体逐步稳定，法国社会最终踏上民主宪政的轨道。

（文字编辑　康骁）

佛罗伦萨共和宪政的兴衰
（12～16 世纪）

王峰升[*]

佛罗伦萨是中世纪意大利最重要的城市国家之一，自 12 世纪取得独立地位以来一直存续到近代，也是意大利历史最为悠久的城市国家之一。该城市国家位于亚平宁半岛中部，这里曾是古罗马帝国的心脏，而且与希腊文明的发源地巴尔干半岛相隔不远。得天独厚的地理条件，使佛罗伦萨得以较多地继承和保留了古希腊罗马的宪政文化传统，成为中世纪欧洲为数不多的一度建立宪政制度的城市共和国。因此，对中世纪佛罗伦萨宪政进行研究有着重要的学术价值和理论意义。

本文借鉴了国内外研究的大量成果和史料进行分析探讨，力图对佛罗伦萨的宪政状况作一全面客观的介绍。首先，对其宪政制度作一宏观全面的论证，力求全方位的展现其宪政概况；其次，希望能一定程度上弥补这一时期国内宪政研究的空白，或至少能起到抛砖引玉的作用，引起学界对中世纪佛罗伦萨宪政研究的重视和兴趣；最后，希望能起到承上启下的作用，将古希腊罗马的古典宪政和近现代宪政连接起来。基于此，本文的研究范围主要集中在 12 世纪初至 16 世纪前期的佛罗伦萨政治制度和政治生活上，重点是佛罗伦萨共和国时期，即 13 世纪至 15 世纪末。

一、佛罗伦萨的独立和宪政起源

佛罗伦萨的独立始于市民争取城市自治权的斗争。从当时的历史背景

---

* 山东省动物卫生监督所，法学硕士。

来看，中世纪西欧的自治城市主要有三种类型：一是城市共和国，自治程度最高；二是城市公社，对城区有自治权，对郊区则没有；三是半自治城市，由市民和教俗封建主共管。佛罗伦萨争取城市自治的过程比较独特——首先建立城市公社，然后逐渐过渡到城市共和国。

佛罗伦萨独立的过程即是其宪政起源的过程。由于资料匮乏，对佛罗伦萨公社时期的国家制度、政权构成、行政和司法体制、民主法治程度等宪政因素，目前尚难作精确的阐述。但我们可以在有限资料的基础上，参考同一时期欧洲典型城市公社的历史演变，对佛罗伦萨公社的产生原因及基本轮廓做一个大致的描绘。

中世纪欧洲城市争取自治权的斗争实际上是新生的社会关系对旧体制的反抗，诸多进步因素体现于其中。

首先，从领导阶级来看，斗争的领导者主要由城市的市民阶层（工场主、新兴的商人）组成。这是因为，市民阶层是新兴阶级，自身利益受旧秩序的损害最直接、最严重，而且他们有学识、有财富和足够的号召力，能够把广大基层群众团结到自己的周围。因此，无论从客观上还是主观上，市民阶层都具备了担任领导者的条件。"从11世纪初期，市民阶级开始企图反对使他们受到损害的现状。此后他们的斗争再未停止。经过各种曲折，改革运动不可抗拒的向目标迈进，……在12世纪时终于达到把基本的城市制度授予城市的目的……"[1]

其次，从领导阶级的主张来看，虽然他们尚无推翻现有秩序的打算，但明确希望通过斗争迫使对方让步，以满足自己最低限度的要求。这些要求主要包括：①满足自己的人身自由，摆脱对封建领主的人身依附，使工场主、商人乃至普通工人能够在城市之间、城乡之间自由的迁徙，适应工商业发展的流动性要求；②确立新的与商品经济发展相适应的司法审判体制，建立专门法庭，摆脱教会法庭和封建世俗法庭的干扰；③要求广泛的政治自治和地方自治；④要求有安全的治安环境，废除阻碍工商业发展的各项苛捐杂税；等等。市民阶层提出这些主张，虽然主观上并无追求天赋人权、自由平等、分权制衡等宪政因素的动机，甚至他们连何为宪政也不清楚，但客观上确实对日后这些国家的宪政发展起到了推动作用，充当了

---

〔1〕〔比〕亨利·皮雷纳：《中世纪的城市》，陈国樑译，商务印书馆2007年版，第109页。

"历史不自觉的工具"。

再次，从司法上看，城市公社基本实现了司法自治。城市自治首先是司法自治。市民阶层进行斗争的目的就是为了建立一套维护本阶层利益的制度，促进工商业发展。公社建立后，他们首先以法律的形式将斗争成果固定下来，制定了适合商品经济关系的新法律。与旧法相比，这些新法不仅在形式上，而且在实质内容上也有了重大变化。可以说，最早是在城市公社，或者至少是在公社新的商品经济关系中排除了世俗封建法和教会法的干预。同时，由于法律内容的变化，旧的法庭执行吏难以胜任司法裁判，必须有新的法庭作为司法机关负责城市法的适用。因此，市民又选举法官，成立了自己的法庭。到11世纪末12世纪初，城市公社最终成为一个独立的司法区，拥有独立的审判权。

最后，公社有了独立的管理机构——市政会。城市建立公社后，由市政会（Consilium）代表公社管理日常的行政事务，如负责财政、工商、军备、教育以及公共福利等工作。这些市政机构有鲜明的近代民主宪政色彩，"是唯一没有特权阶层的一个群体功能的有限机构。"[2]据资料记载，佛罗伦萨在12世纪下半叶即有了自己的市政领导机构。市政会的权力来源于公社授权，其成员也来自市民阶层，是市民的代表。但公社并不会大权旁落，市政会成员由选举产生，且任期很短，不可能篡夺公社授予给他们的权力。因此，早期的公社市政会只是集体意志的执行者，并没有一个最高的权力核心。

以上便是佛罗伦萨城市公社及欧洲其他典型城市公社的基本特征。在这里，我们只能找出一些共性的东西，描绘一个大致的轮廓。不可否认，以此来描绘佛罗伦萨城市公社的全貌，势必过于笼统。因此，根据上述分析即认定这一时期佛罗伦萨已建立宪政制度，显然是缺乏有力论证的。不过，将其归结于宪政的起源阶段则不为过。如果说公社时期的佛罗伦萨尚未建立宪政制度的话，至少已出现了宪政的萌芽，为日后共和国宪政的发展打下了坚实的基础。毫无疑问，佛罗伦萨共和宪政的渊源始于此。

---

〔2〕 参见雷勇："西欧中世纪的城市自治"，载《现代法学》2006年第1期。

二、市民斗争和佛罗伦萨共和宪政的发展

12 世纪后期，佛罗伦萨建立共和国，由此开启了其 300 余年的共和国历程，佛罗伦萨的宪政制度即主要存在于这一时期。

在共和国成立后的几十年内，佛罗伦萨国家的宪政结构框架基本形成——尽管还有诸多不完善之处，这标志着佛罗伦萨宪政的初步确立。进入 13 世纪，经过无数次的市民斗争，共和国体制不断健全，佛罗伦萨宪政进入蓬勃发展时期。在 15 世纪以前，对佛罗伦萨宪政发展有重要推动作用的，最主要的是两件大事，一是《正义法规》的颁布，二是梳毛工起义。前者将封建贵族排除在政府显要官职之外，后者扩大了共和国的社群基础。

(一)《正义法规》的颁布

佛罗伦萨共和国建立后，封建贵族并未完全退出国家政治舞台，在国家政权中仍占据要职。为争夺政治权力，市民阶级同他们展开激烈斗争，并逐步取得胜利。自 13 世纪中叶起，平民集团开始在政治上占据主导地位。又经过几十年的发展，至 13 世纪末，市民阶层的代表——七大行会[3]实际上控制了国家政权。之后，他们进行了一系列的社会改革，最为著名的是，1293 年颁布了具有宪法性质的《正义法规》（Ordinances of Justice），确立了一套较为完备的政治体制。

该法规对佛罗伦萨国家的基本政治制度从宪法上加以确认：军政大权归行会掌握；政府的最高行政机构是首长会议（Priorate）；政府首脑由首长和"正义旗手"（Gonfalonier of Justice）组成，他们都由选举产生，有一定的任期限制；[4]首长会议下设两个辅助机构，即分管行政咨询的"贤人团"（buonuomini）与分管军事的"旗手团"（gonfaloniere）；立法机构有人民会议与公社会议，他们对政府议案都有否决权；聘请外国人士担任法官，行使司法审判权；行政、立法、司法机构的职权有了较为明确的划分。尤其值得强调的是，该法令还规定了一系列措施，限制了相当于城市

---

[3] 这七大行会包括银行业、毛织业、舶来毛呢加工业、丝织业、医药香料业、皮毛业和律师业。
[4] 主要由各大行会的会员担任。普通群众和城市封建贵族无置喙的机会。

封建贵族的"世家大族"的政治权利。凡法令中榜上有名的世家大族，均受到严格限制——家族中的男性成员必须向政府宣誓效忠，而且被剥夺了担任首长会议和正义旗手官职的任何机会；大族成员"受到各种监视：每家须以一人为质，并交巨额押金，若犯法或伤害市民则受严惩"；贵族犯罪与平民同罪同罚，公众的告发就可以作为定罪判罚的证据；在某些暴力刑事案件中，对贵族的惩罚还要加倍，甚至他们的亲属也会受到牵连——这主要是因为城中贵族素来骄纵不法，经常无所顾忌的践踏平民权益，使他们深受其害。这些措施沉重打击了佛罗伦萨传统贵族的势力，使他们的社会地位急剧下降。以至有学者认为，贵族就是在这一时期被毁灭的。[5]

总体而言，《正义法规》具有宪法的性质和效力，体现了法律至上的宪政精神；市民成为国家的主人，任何个人和单一的组织都不能独揽国家大权；法律面前人人平等，任何人都不能有超越法律的特权，都必须在法律规定的范围内行事。可以认为，《正义法规》之于佛罗伦萨共和国类似于《自由大宪章》之于英国。

（二）梳毛工起义

1378 年，深受压迫、忍无可忍的佛罗伦萨下层群众揭竿而起，在全城举行起义，推翻了上层市民控制的国家政权。起义主体是梳毛工人，主要原因是梳毛工长期处于社会最底层，从事最艰苦的工作，却得不到应有的报酬，自由和权利受到损害，却得不到有效保护。

当时佛罗伦萨的毛织生产已有了明确分工，从羊毛织成毛呢要经过洗毛、梳毛等20多道工序。梳毛是整个毛织生产中最脏最累的活，从事这项工作的人被称为梳毛工，他们每天要工作15～16个小时以上。因属于纯体力劳动，技术含量低，梳毛也是当时工资最低的工作。佛罗伦萨有大量的梳毛工人，他们处于社会的最底层，受到的剥削压迫最为深重，生活悲惨，毫无政治权利可言，被视为"庶民"、"贱民"。梳毛工与工场主的尖锐对立成为佛罗伦萨阶级矛盾的焦点。

由于社会矛盾长期得不到解决，最终导致了1378年梳毛工起义的爆发。这次起义目的就是夺取共和国政权，取代显贵上层的统治，改变被压

---

〔5〕 参见［意］尼科洛·马基雅维利：《佛罗伦萨史》，李活译，商务印书馆1982年版，第69页。

迫、被奴役的地位，实现真正的自由和平等。一位起义领导者在演说时讲到："我们将成为这个城市的主人，并按照我们的意志进行统治。""不要上当，以为他们祖先的古老血统会使他们比我们高贵。因为所有的人类出自同一祖先，都同样的古老……由于贫富不同才使我们有了贵贱之分。"〔6〕起义群众成立了"庶民政府"，在随后3年一直掌控着佛罗伦萨政权，他们推行了一系列改革措施，打击上层显贵，提高自身地位。

第一，恩威并施。一方面，镇压世家大族和市民上层的反抗。起义群众摧毁了许多豪门的家宅，没收了他们的财产；放逐了大量传统贵族和上层显贵；将许多贵族贬为平民，对严重扰乱秩序的极端分子处以极刑。另一方面，创造条件，提高庶民和平民下层的地位。将城中一些德才兼备的平民和庶民代表封为骑士或提升到贵族等级。

第二，改组政府。首先撤销了原先各行会官员的职务，安排新人接替；罢免了时任执政团成员及其同僚的官职。在原有行会的基础上，另行组建了3个手工业行会，参与国家政权管理，它们分别是梳毛、染毛工组成的行会，理发匠、紧身上衣缝制工组成的行会，最底层平民组成的行会。〔7〕在随后组成的执政机构中，有4名成员来自社会最底层的庶民阶级，两名来自大行会，另外两名来自小行会，正义旗手则由出自庶民阶层的米凯莱·迪·兰多（Michele di Lando）担任。下一届执政团上任之际，政府机构略作调整，取消了社会最底层组成的行会，正义旗手由各行会轮流担任。但政府仍掌握在下层群众手中，他们的势力仍远大于平民上层。

第三，制定法律规章，改革选举制度。庶民阶级取得共和国政权后，为了保卫政权，打击敌对势力，陆续制定了大量的法律规章，将胜利果实以法律的形式固定下来。同时，他们还改革了选举制度，将前任政府时期审查通过的装有资格候选人名签的口袋烧毁，重新进行资格审查，从本阶层和支持本阶层的人群中确定人选，将他们的名签放入选举袋，以确保以后政府选举的官员依然是本阶级的代表，能够维护本阶级的利益，使革命成果不致因政府换届而丧失。

〔6〕[意]尼科洛·马基雅维利：《佛罗伦萨史》，李活译，商务印书馆1982年版，第146页。

〔7〕参见[意]尼科洛·马基雅维利：《佛罗伦萨史》，李活译，商务印书馆1982年版，第150、153页。

总之，下层平民控制政权的这三年是佛罗伦萨共和国历史上政治变革最为剧烈的时期，对佛罗伦萨宪政的发展有着重要影响。它沉重打击了显贵上层的势力，完善了共和国的政权结构，极大地扩充了佛罗伦萨的社群基础，推动了共和国宪政的繁荣。尽管起义由于仓促起事及部分领袖背叛等原因，最后被镇压，但其确立的若干政治制度在随后许多年中被保存下来。佛罗伦萨的显贵上层在很长时间内一直对此起义心有余悸，在擅权的路上不敢走得太远，不敢肆意践踏下层群众的权利。

综上所述，通过《正义法规》的颁布和梳毛工起义这两件大事，以及其他多次规模较小的市民斗争，沉重打击了佛罗伦萨的封建贵族势力；共和国体制日趋健全，政治权利平等和民主法治程度大为增强，贵族和平民成为法律面前平等的公民；同时，也限制了新兴市民上层的特权，增加了社会下层群众的权益；扩大了共和国的阶级基础，（形式上）国家公职已向绝大多数市民开放，当时，甚至连一个糕饼师——行会最低贱的会员也会希望有朝一日能够有资格进入首长会议。[8]在这些因素的推动下，佛罗伦萨宪政持续发展，到14世纪后期进入了鼎盛阶段。

三、佛罗伦萨共和宪政的结构与特点

（一）佛罗伦萨共和宪政的结构

佛罗伦萨在公社时期建立的市政会是最早的市政领导机构。共和国建立后，国家机构逐渐完善。13世纪中叶，平民集团掌权后建立了民众政府，（在原有国家机构的基础上）进行了逐步的机构改革。到1282年改革基本完成，确立了共和国时期佛罗伦萨国家政权的基本结构，主要由首长会议、旗手团、贤人团、人民会议、公社会议等固定机构以及其他一些临时机构组成，这一框架为共和国时期历届政府所遵循。

首长会议是佛罗伦萨共和国的最高行政机构，又称为"长老会议"，主要负责共和国的管理事务，如总理国内政务、指导外交及拟定法案等。正义旗手（Gonfalonier of Justice）的产生稍晚于首长会议。为了压制城市传统贵族世家无法无天、肆意践踏法律的行为，平民政府于1289年设立了

---

　　〔8〕　参见［美］坚尼·布鲁克尔：《文艺复兴时期的佛罗伦萨》，朱龙华译，三联书店1985年版，第185页。

正义旗手职位——由首长会议从平民中选举产生。由首长和正义旗手组成的首长会议在佛罗伦萨共和国拥有广泛的权力。对内，他们负责制定城邦政策，管理日常政务；同辅助机构一道选举下级官吏；一定程度上他们甚至能够干预司法。对外，他们指导外交；向各地派驻使节；有权向其他国家宣战或媾和。[9]但首长会议的权力并不是无限的，也并非不负责任、不受监督的。他们受到立法机构和选举机构的制约，既要为所代表的阶层服务，同时还必须按照共和国的法律规定行事。按照人民首长法令的规定，"首长们和正义旗手应勤勉工作，以维护佛罗伦萨公社和人民国家的和平与安宁，保障它的安全和发展，保持它的长治久安。"[10]而且各首长之间地位相同，平权议政，按少数服从多数原则作出决策，彼此之间可以相互牵制和制约，避免集权和专制的发生。

从司法上来看，佛罗伦萨已建立了独立的司法机构，而且在中世纪的欧洲国家中，它的司法审判体制是比较复杂和完善的。在共和国早期，由人民首长和总监来处理民间发生的各种民事、刑事纠纷。随着共和国的发展，佛罗伦萨的司法机构不断完善，细化为多种专门法庭，职责权限进一步明确。督政官、人民首长和执行官的法庭是佛罗伦萨共和国最高的刑事和民事审判机构；有关渎神、辱骂教会之类案件由大主教评议团负责处理；有关外国人的诉讼纠纷，则由商业法庭处理。除了这些专门的审判机构外，首长会议和共和国政府的许多行政委员会（如自由权利十人团等）以及行会法庭等也有权对违反其法令规章的行为予以惩处。[11]值得注意的是，佛罗伦萨共和国还聘请外国人士来行使司法权，尤其是对处于城市审判机构关键职位的法官（如前面提到的总监、督政官、执行官等），他们总是聘请国外德高望重的贵族骑士担任（任期半年），目的是为了避免当地派系势力的影响，保证审判的公正性，消解过去判案后经常出现的城邦内部的不和。

---

　〔9〕　Theodor Mommsen, *Italienische Analekten*, Stuttgart：A. Hiersemann, 1952, pp. 121～126. 转引自朱孝远、霍文利："权力的集中：城市显贵控制佛罗伦萨政治的方式"，载《河南大学学报》2007年第6期。

　〔10〕　Romolo Caggese ed., "Statuti della Repubblica Florentina", *Florenee*, Vol. 1, 1910, p. 78.

　〔11〕　参见［美］坚尼·布鲁克尔：《文艺复兴时期的佛罗伦萨》，朱龙华译，三联书店1985年版，第199页。

（二）佛罗伦萨共和宪政的特点

1. 多元分权原则

多元分权是佛罗伦萨共和宪政的基本原则，其根本特征是将国家权力分解为若干个部分，各部分之间各司其职，相互牵制，在国家权力体系中没有至高无上的绝对主宰，从而达到限制和控制国家权力、保障公民自由权利的目的。

首先，立法、司法、行政三大部门系统之间的职责权限在实际运行中有了较明确的划分。以首长会议为首的行政机关，是共和国最庞大的管理机构，主要负责共和国的行政工作，行使着治权。但行政机关的权力不是无限的，它必须在法律范围内行事，还受到另外两大系统的监督制约。行政官员必须接受民众大会的监督，而且还有一定的任期限制。民众大会控制着立法权，有着广泛的社群基础，能够反映大多数人的利益需求，能够对行政权进行有效的牵制，特殊时期甚至有权改组城邦。但通常情况下，他们不能主动提起法案，法案的提案权属于高级行政长官，如首长，其更多的职责是审查法案。司法权的行使主体主要是各类审判官，但他们也不能独断专行，还受到行政机关和民众大会的制约，特别是首长会议和巴利阿的决议能够对审判官司法权的行使施加明显影响。[12]

其次，各个系统内部不同机构和职务之间相互分权和制约。首长会议是最高的行政机关，但职权行使也受到它的辅助机构旗手团和贤人团的牵制；此外，各行会首领和地方各区区长也制约着中央行政机关职权的行使。民众大会有多种会议形式，每种形式都由众多成员组成，代表多方利益主体，每次决议的作出都是他们相互博弈、相互妥协的结果。司法机构内部的分权则更为清晰。为了适应社会发展的需要，佛罗伦萨设立了名目繁多的司法机关，有负责民事的，有负责刑事的，还有负责宗教的等等，各个机关之间的职权有着明确界限，各自行使，互不超越。

最后，制定多种规章制度，确保分权原则有效。为了使多元分权落到实处，特别是对公民自由最具潜在危害的行政权能够做到有效控制，佛罗伦萨人采取了多种制度措施：①广泛的社会参与制。理论上讲，几乎共和

---

[12] 首长可以通过递条子的方式干预司法审判，而巴利阿的决议可以直接使生效的判决不被执行。

国的所有市民都有权参加各种民众会议，参与制定国家法律和选举政府官员，甚至参与决定国家大政方针，其意在避免国家权力脱离社会公众的控制。②普遍选举制。共和国时期的佛罗伦萨制定了相对完善的选举程序，行政机构、司法机构的大小官员，甚至立法会议的成员大都由选举产生，这意味着只有人民的正式授权，才是官员拥有和行使国家权力的合法来源。③严格的任期限制。除极个别职位外，共和国对多数官员都规定了严格的任职期限，一般只有数月任期，而且出任同一官职还需经过一定的时间间隔。[13]现在看来，这种制度有不可避免的负面影响，比如会阻碍政策的连续性，影响公职人员经验积累等。但在中世纪那个特殊的时代，其积极意义还是主要的，它有助于防止国家权力长时间掌握在某一部分人或某个小集团手中，形成权力垄断或权力集中。④同僚制约制。在佛罗伦萨的国家机构中，基本不存在一个官职只有一名官吏的情况，几乎每个职位都由2人以上同时担任，即使是需要高度集权的军事长官，也是由8位军事专员负责。而且，同一职位的不同官员之间，地位平等，没有权力最高者。这样可通过相互监督，互相制约，避免个人专权事件的发生。

综上所述，从当时的历史背景来看，佛罗伦萨人虽然没有明确提出多元分权的理论，也没有直接证据证明他们在创制政府机构时是以分权制衡为出发点的。但或是基于古希腊罗马宪政传统的传承，或是源于北方蛮族原始民主遗风的遗留，或是出于对绝对君主权力的恐惧，抑或三者兼而有之，使他们在构建政府机构时不自觉的采用了多元分权的模式。按照美国学者斯科特·戈登的观点，这种模式是古今宪政的共同特征。在这种模式下，相互作用的独立的部门之间是一个网状结构，它们当中没有最高权威，其对应物是"对抗"（Countervailance）或"制衡"的原动力。[14]可见，在形式上，佛罗伦萨共和宪政的框架结构和古希腊罗马的宪政结构有着异曲同工之妙，也是一种三元并存、相互制约的权力分配结构。

2. 抽签选举

佛罗伦萨共和国建立后，为了维护共和国的自由，保障人民的权益，

---

〔13〕 例如，首长会议成员卸任后，必须经过3年的间隔方可再次当选该职位。

〔14〕 参见［美］斯科特·戈登：《控制国家——西方宪政的历史》，应奇等译，江苏人民出版社2001年版，第18页。

同时确保共和国机构能够顺利运转，佛罗伦萨人民经过不断的探索，建立了一套复杂的选举制度。希望借此入选国家机关的人员能够是共和国的德才兼备之士。

佛罗伦萨官员的选举机制经历了两个阶段，早期实行的是推选制，后来实行抽签选举制。在推选制下，首先将首长会议成员的名额分配到各行会和城市各区，然后由在任首长与行会领袖共同协商推选下届首长会议成员。这种选举制度较之以前的官员任命机制有较大的进步，通常能将共和国的优秀人才推选到国家机关中来。但这种选举制度也存在着难以克服的弊端。因为，首长会议已握有了共和国最高的行政权力，行会领袖也是本行会的无冕之王。如果让他们再享有首长的推举权，无疑会使选举的普遍性和公正性大打折扣。事实也是如此，随着时间的推移，选举舞弊现象日益严重。

为了纠正推选制的弊端，14世纪前期佛罗伦萨进行了选举制改革，废除了推选制，实行抽签选举的制度。每次选举，首先，由各行会领导人从本行会中提名政府官员的候选人；其次，由专门的审查委员会对提名参选的候选人进行资格审查，将合格者的名签放入特制的选举袋——这种审查非常严格，通常只有获得2/3以上票数的人才被认为合格；最后，到政府换届时，从装有参选者名单的选举袋中随机抽取名签，被抽中者如果未违反相关法律规定（禁令 devieto），即可在本届政府担任相应的官职。

抽签选举制度的确立在当时是一个巨大进步。①它大大减少了推选制下人为操纵选举的可能。因为，作为抽签选举最关键的步骤——资格审查，已不再垄断在首长会议和行会首领手中，资格审查委员会（Squittino）有着更广泛的社会基础。[15]另外，即便是发生例外，资格审查被干预，有部分不合格的名签被投入选举袋，还有第三步的保障措施。因为，要想使假冒者在装有成百上千名单的选举袋里被抽中，并通过没有违反"禁令"的法律审查，也非易事。②佛罗伦萨的抽签选举能够确保入选官员的基本

---

〔15〕 这个资格审查委员会就是上段中提到的专门委员会，是佛罗伦萨在抽签选举公职人员时设立的临时机构，主要职责是对提名的候选人进行筛选和分配。除了首长会议成员外，委员会成员还包括"贤人团"和"旗手团"的成员以及由首长会议和顾问机构选举的由80人组成的委员会。参见朱孝远、霍文利："权力的集中：城市显贵控制佛罗伦萨政治的方式"，载《河南大学学报》2007年第6期。

品质和才干。抽签选举并非佛罗伦萨人首创，在古希腊就存在抽签选举公职人员的制度。但与古希腊人追求极端平等、忽视德才标准的抽签选举制不同，佛罗伦萨人针对抽签选举的这些弊端采取了补救措施：其一，通过把候选人的提名权下放到各个行会，可以保证他们首先推荐本行会中的优秀人士——唯此才能确保本行会在政府中有尽可能多的代言人；其二，即便是偶尔出现意外情况，滥竽充数者也难以通过第二关和第三关的资格审查而进入选举口袋，并担任政府官职；其三，再退一步，即便是万一有不合格者通过了审查并担任了国家机关的相应职位，在绝大多数情况下也不会对国家政策制定产生决定性影响，因为佛罗伦萨的同一政府职位中通常都有多个任职官员，他们之间实行少数服从多数的原则，个人并不能左右本职位乃至国家的决策。因此，在佛罗伦萨，通过抽签选举，一方面，可以确保选举的公正性；另一方面，还能保证出任政府官职的都是共和国德才兼备的优秀人士，可谓一举两得。

3. 民主、法治、自由的协调发展

民主、法治、自由是宪政的基本要素。民主是前提，是宪政的基石；法治是宪政的基本依托；自由是宪政的灵魂与归宿。在佛罗伦萨共和国的历史上，这三项宪政基本要素均有了长足的发展。

首先值得一提的是佛罗伦萨的民主制，这是佛罗伦萨宪政的鲜明特征之一。这一时期共和国确立的民主制的若干原则，已初步体现出近代民主制的基本精神，并一直持续到美第奇公国的建立。具体而言，佛罗伦萨的民主政治主要体现在政府体制结构和官员选任上。

广泛的民主赋予了共和国政权强大的社群基础，极大地激发了市民的爱国热情，增强了他们对国家的认同感，使各阶层的人民紧密团结在共和国周围，极大地促进了国家的进步发展。但是，如果民主发展不受约束，也有可能侵犯个人的自由和权利，甚至会出现"多数人暴政"。佛罗伦萨共和国之所以没有出现这种情况，究其原因，主要是因为政府在发展民主的同时，并没有忽略对法治和自由的重视，从而避免了民主走向极端，保证了民主、法治与自由三者的协调发展。

"法治是宪政的必然结果，是宪政的基本价值。"[16] 对宪政主义下的法

---

[16] 邹平学："宪政界说"，载《社会科学研究》1996 年第 5 期。

治而言，至少有三项基本要求：一是"宪法至上"，强调宪法具有最高权威，在社会生活中处于主导地位。二是强调权力的合法性，即权力的来源和行使都要有合法的依据。三是弱化国家权力，强化公民权利。依据这三条标准，佛罗伦萨共和国已经具备了较高的法治程度，在当时的欧洲大陆属于法治最完备的国家之列。主要体现在以下几个方面：

第一，从法制整体看，佛罗伦萨建立了较为完备的法制体系。"法制是法治的制度基础[17]，"建设法治国家首先要有健全的法律制度。佛罗伦萨共和国成立后，对国家法制建设非常重视，政府设有专门的机构从事立法工作。经过长期努力，佛罗伦萨的法制建设取得显著成效，法律制度日渐完善——形成了以《正义法规》为统帅的系统的法律体系；制定了担任政府官员的禁令和告诫制度；[18]专门汇编了被称为《法规案卷》（Provisioni）的巨册，包含了共和国成立以来的各项法令（提案），法律内容已涉及国家和社会生活的各个方面。主要有两大特点：①国家权力受到限制。国家各级机关必须在宪法和法律之下行事，任何机构和个人都没有超越法律的特权；各机构之间的权限范围有明确划分，公职人员只能在自己的职权范围内行使权力。②公民的权利得到法律保障，特别是市民阶层的权利得到法律确认，任何人和机构不能任意践踏。

第二，从司法制度看，佛罗伦萨建立了复杂完善的司法系统。佛罗伦萨共和国的审判机构是非常健全的，它设立了众多的专门法庭审理相关案件；聘请国外人士担任法官；等等。除此之外，佛罗伦萨人对执法和法律监督也十分重视，并制定了相应的措施予以保障。

第三，从法律观念看，民众的法治意识有了大幅提高，法律至上的观念已深入人心。这主要体现在对待家族成员犯罪行为的态度、暴力犯罪的数量及纠纷解决方式等。

---

〔17〕 戴红兵："'法治'理念辨析"，载《广西政法管理干部学院学报》1999年第4期。

〔18〕 禁令的创立目的是为了避免某些公民或其家族成员短期内重复出任政府重要官职，告诫制定的初衷则是为了查找吉贝林派，由人民首长行使，规定发现吉贝林派后，人民首长要告诫他们不要在政府中担任任何官职，如果不服从则要受到惩处。这两项制度曾在佛罗伦萨共和国存续很长时间，抛开制度本身内容是否合理来看，在当时，佛罗伦萨人民能够以创立一项新的法律制度的方式，来维护公平（权利）、解决冲突，无疑是一个巨大的进步。

"宪政的直接目标在于自由"[19]，在宪政体制下论及国家和个人之间的关系时，必须把个人自由的存在作为先决条件。对中世纪佛罗伦萨公民的自由状况，学界争议很大，其中不乏一些针锋相对的观点。[20]笔者认为，共和国时期的佛罗伦萨是一个自由程度较高的国家，人们的自由观念非常强烈。布克哈特在其巨著《意大利文艺复兴时期的文化》一书中也有类似观点。他在谈到文艺复兴时期意大利国家的社会变化时，曾强调个人已从中世纪的集体纽带中解放出来，成为一个自由的社会制度中的自由人。他说："在意大利……人成了精神的个体……在13世纪末，意大利开始充满具有个性的人物；施加于人类人格上的符咒被解除了；成千上万的人物各自以其特别的形态和服装出现在人们面前。"[21]佛罗伦萨是这些国家中最典型的一个。

总而言之，民主、法治、自由是构建宪政国家不可或缺的要素，缺失任何一项宪政大厦都将难以牢固建立。实践中，这三者之间既相互联系，又存在着一定的张力，任何一项畸形发展，都会损害其他两项的正常存在状态，也会受到它们的抵制。中世纪的佛罗伦萨，在共和国宪政的框架范围内基本实现了三者的协调发展。尽管它们发展水平并不完全一致，但并未出现一方取得压倒性优势的情况。人们追求民主、自由的行为，大都保持在理性范围内；广泛民主的获得也不是以牺牲法治和自由为代价换取的；以大规模暴力破坏民主、法治和自由的事例在该国历史上极为罕见。这种民主、法治、自由协调发展的关系，在佛罗伦萨共和国时期长久的保持下来，共同推动着佛罗伦萨宪政的发展。

4. 宗派斗争此起彼伏

中世纪的佛罗伦萨是一个宗派斗争连绵不绝的国家。在共和国几百年的历史上，行会之间、家族之间、党派之间的冲突相互交织，此起彼伏，

---

[19] 杜刚建："新宪政主义与政治体制改革"，载《浙江学刊》1993年第1期。

[20] 例如，布克哈特就高度赞扬佛罗伦萨的自由，而丹尼斯·哈伊则认为不能高估佛罗伦萨的自由。还有学者认为，佛罗伦萨共和国的自由是在付出了个人自由的代价才获得的，而共和国的自由和个人自由是风马牛不相及的事。参见王人博："西方宪政的语境、目标和价值"，载《清华法治论衡》2000年第00期。

[21] ［瑞士］雅各布·布克哈特：《意大利文艺复兴时期的文化》，何新译，商务印书馆1981年版，第125～126页。

成为佛罗伦萨宪政发展历程中的又一显著特色。

第一，家族冲突。家族在中世纪佛罗伦萨社会中占有举足轻重的地位，"说到底，佛罗伦萨历史是家族史"，[22]佛罗伦萨整个国家实际上就是由大大小小数百个家族构成的整体。每个佛罗伦萨公民既是其社会中的一员，又是某一家族的成员。家族是和个人联系最紧密的一级单位，"在整个文艺复兴时期，家族始终是佛罗伦萨社会生活的基本核心，存在于家庭成员之间的联系，是这个城市的社会结构中最强有力的纽带"。[23]在家族的庇荫下，佛罗伦萨人能够获得各种帮助。因此，他们对家族有着强烈的认同感。家族是佛罗伦萨宪政研究中一个无法回避的因素。

第二，行会冲突。中世纪佛罗伦萨的行会组织十分发达，在鼎盛时期，共和国共有 21 个行会，分为大、中、小三个级别。到 13 世纪，这些行会的职能已不再只专注于经济领域，已经演变成一个在国家和社会生活中发挥重要作用的政治性社团组织。其中，对共和国政治生活影响最大的是 7 个大行会，它们在 13 世纪中叶以后就长期操控政府权柄。此外，国家机构中的其他官员也大都出自各级行会。因此，如同家族一样，行会也是佛罗伦萨最基本的社群组织。它有自己的领导机构来处理日常事务；有自己的法庭来解决行业纠纷；同时，行会还是一个立法团体，能够制定各种行会法令、行会章程，对经济、社会生活施加影响；有的行会甚至有自己的武装力量；关键的是，各行会都有自己的财政收入，来维持这些机构的运转。

第三，党派斗争。由于教皇国的干涉，早期佛罗伦萨社会分裂为两大派别——亲教皇的归而夫派（Guelph）和亲皇帝的吉贝林派（Ghibelline），两派的斗争几乎贯穿于共和国始终。后来，又有比安卡派（Bianea）和内拉派（Nera）的冲突夹杂其中。这使得中世纪佛罗伦萨的党争更为复杂，成为当时欧洲大陆党派斗争最激烈的国家。

持续不断的宗派斗争对佛罗伦萨的社会发展产生了正反两方面的影响。一方面，各派为了争夺国家控制权，长期争斗不已，使国家政局动

〔22〕 John Stephens, *The Fall of Florentine Republic*, Oxford: Clarendon Press, 1983, p. 220.
〔23〕 ［美］坚尼·布鲁克：《文艺复兴时期的佛罗伦萨》，朱龙华译，三联书店 1985 年版，第 117 页。

荡，导致大量有识之士或被流放，或远走他乡，让共和国损失了大批优秀人才，成为国家衰落的根源之一。但另一方面，宗派斗争也对共和国的当权者形成一定的监督制约，客观上发挥了抑制国家权力过度膨胀的积极作用。以行会为例，每当共和国政府作出侵犯市民权益的举动时，通常都会受到行会组织的反对。"行会成员组成了一支强大的政治力量参与城市自治生活，行会与行会之间的利益冲突对城市内部权力形成了互动的牵制力。"[24]正如一位学者所言，"当权的党派更换的次数越多，个人就越充分行使和享受权利，特别是在佛罗伦萨的历史上。"[25]另外，通过各派的斗争，佛罗伦萨曾在较长一段时间内出现交替执政——单从这一点上看，已初步显露出近代宪政国家多党对抗、轮流执政模式的迹象。这样就在佛罗伦萨筑起了一座抵御个人独裁的堡垒，遏制了专制政府的出现，促进了宪政的发展。

5. 人文主义色彩浓厚

中世纪后期，欧洲爆发了文艺复兴运动，这是欧洲历史上一次重要的文化变革运动，一次人类思想的大解放，其持续时间之长，波及范围之广，前所未有，对西欧各国的政治、经济和社会发展有着深远的影响。恩格斯曾对文艺复兴给予高度评价，认为"这是一次人类从来没有经历过的最伟大的、进步的变革。"[26]

佛罗伦萨是文艺复兴的摇篮和早期文艺复兴的中心。文艺复兴所倡导的政治观、价值观、生活方式等在佛罗伦萨有充分的体现，特别是其所倡导的人文主义中包含有大量宪政主义的理念和原则，对佛罗伦萨的国家和社会建设有积极的推动作用。在其影响下，佛罗伦萨宪政发展过程充满了浓厚的人文主义色彩。主要表现在以下几个方面：

（1）文化的进步与繁荣。在文艺复兴的推动下，佛罗伦萨的文化发生了质的飞跃，由一个边缘小镇一举跃为世界文化名城。其文化的繁荣程度，从以下事例中可见一斑：①教育非常发达，国民的识字率大幅提高。根据威兰尼的记载：1336～1338年佛罗伦萨全城上学的儿童有8000～

---

〔24〕 雷勇："西欧中世纪的城市自治"，载《现代法学》2006年第1期。

〔25〕 ［瑞士］雅各布·布克哈特：《意大利文艺复兴时期的文化》，何新译，商务印书馆1981年版，第127页。

〔26〕 恩格斯：《自然辩证法·马克思恩格斯选集》，人民出版社1975年版，第445页.

10 000名左右，学习珠算和算术的约有1000～1200名，在较大学堂进修文法和逻辑的学生则有500～600名。[27]教育内容也有了重大变革，在注重理论修养的同时更加注重内容的实用性。通过长时间努力，为国家和社会发展培养了大量的后备人才。②出现了大批举世闻名的文化伟人。文艺复兴时期佛罗伦萨人才济济，既有但丁（Dante）、彼特拉克（Petrarch）、薄伽丘（Boccaccio）、布鲁尼（Bruni）、马基雅维利（Machiavelli）这样的文学家和人文主义者，也有布鲁奈莱斯奇（Brunelleschi）、乔托（Giotto）、米开朗琪罗（Michelangelo）这样的艺术家，还出现了像列奥纳多·达·芬奇（Leonardo da Vinci）、阿尔贝蒂（Alberti）那样全才式的人物。他们创造了辉煌的文化成果，像但丁的《神曲》，米开朗琪罗的雕塑，乔托的壁画，佛罗伦萨大教堂及政府大厦等，都从不同侧面反映了这一时期佛罗伦萨在文学和科技等方面取得的成就。总之，文艺复兴时期是佛罗伦萨文化最为繁荣的时代，在同时代人的眼中佛罗伦萨人几乎成了无所不能的伟人。

（2）近代自由主义的出现、发展。文艺复兴是一场在思想、文化领域发生的革新运动，它不仅仅是古典文化的"复兴"，更是新文化的"诞生"。这一时期，佛罗伦萨的人文主义者高举古典文化的大旗，反对封建专制，抨击传统宗教神权的腐朽没落；重视人的作用，倡导以"自由"、"美德"、"积极生活"、"批评"等为核心内容的新政治观、伦理观、价值观和宗教观，极大地促进了人性的解放，催生了近代自由主义政治观的出现和发展。在文艺复兴的推动下，西方社会走上了世俗化的道路。这使得基督教所坚持的教俗二元对立的政治观在世俗化进程中渐趋消解，逐渐为近代自由主义的二元政治观所替代。[28]在这种新的政治观下，私域和公域的范围有了明确划分，个人的地位和作用受到了充分重视，已经成为一个"独特的人"。[29]布克哈特认为，"在13世纪，意大利开始充满具有个性的人物；施加在人类人格上的符咒被解除了，上千的人物各自以其特别的形

---

〔27〕 ［意］乔万尼·威兰尼：《佛罗伦萨编年史》（第11卷），转引自朱龙华：《意大利文化》，上海社会科学院出版社2004年版，第198页。

〔28〕 参见丛日云：《在上帝与恺撒之间——基督教二元主义与近代自由主义》，三联书店2003年版，第5页。

〔29〕 这是布克哈特书中的概念，"独特的人"是指个人发展的较高阶段，与之相对应的还有"唯一的人"的概念，指个人发展的最高阶段。

态和服装出现在人们面前。"[30] 佛罗伦萨已成为这一时期欧洲大陆个人发展最充分的地方，人文主义者所倡导的近代自由主义政治观在这里得到充分落实，其个人特色之鲜明，是同时代欧洲大陆其他任何国家和地区的人民都无法比拟的。

（3）公民参政热情高涨，推动了共和政治的发展。在文艺复兴的推动下，佛罗伦萨人民的政治热情非常高涨，积极参与共和国的政治建设。许多著名的人文主义者，纷纷走出象牙塔，在共和国政府中担任要职，利用自己所学为国家服务。例如，但丁曾出任最高行政机构首长会议的成员，萨琉塔蒂曾担任佛罗伦萨共和国文书长达30年之久，此外，像布鲁尼、马基雅维利等文艺复兴时期的巨匠都曾担任过共和国的重要职位。他们将包含有大量宪政因素和原则的人文主义理论带到国家政权中来，一方面，通过长时间潜移默化的影响使佛罗伦萨的政权性质逐渐向近代国家演变；另一方面，可以借助国家机构促进法治、自由、公平、正义、民主等进步思想的传播，推动了佛罗伦萨共和宪政的发展。正如布鲁尼在其撰写的《佛罗伦萨颂》中写的那样："在佛罗伦萨，一切之中最重要的是保证公正的法律居于至高无上的神圣地位，没有公正就没有城市，或者说那样佛罗伦萨就没有资格称为一个城市。其次要提供自由，如果没有自由，这个城市的伟大民众将会觉得生活毫无意义。"

四、家族集权与佛罗伦萨共和宪政的衰亡

宪政制度赋予佛罗伦萨共和国强大的生机与活力，促进了佛罗伦萨经济的发展，使其综合国力大为提升，成为中世纪意大利的霸主。但由于中世纪后期特殊的历史背景以及意大利半岛的特殊政情，加之国家基础与共和国结构之间的内在矛盾无法解决，使得15世纪以后佛罗伦萨共和宪政陷入了愈来愈严重的、无法自拔的危机之中，最终一步步走向了衰亡。

（一）佛罗伦萨的宪政危机

1. 国内外局势恶化

14世纪后，在风靡欧洲的绝对主义大潮中，意大利的各个城市国家纷

---

［30］［瑞士］雅各布·布克哈特：《意大利文艺复兴时期的文化》，何新译，商务印书馆1981年版，第126页。

纷出现君主化倾向。"作为欧洲（意大利也处于其中）的政治结构来讲，当然不可否认 15 和 16 世纪可以被认为是君王的时代。""可以说在宗教改革以前，已刮起了偏向国王的风。""13 世纪末，君权的概念已经广泛流行了。"[31]在这些因素的影响下，这一时期意大利的城市共和国也陆续陷入大大小小的君主的统治之下，佛罗伦萨是蜕化较晚的一个，但也难以抵挡君主制的时代趋势。15 世纪后，其政权君主化、集权化色彩越来越浓厚。

实际上，君主集权的因素在佛罗伦萨一直未根除。早在共和国盛期的 14 世纪，佛罗伦萨就有三次可能沦为君主统治的危险。第一次是，1313 年邀请那不勒斯国王罗伯特作为城市首长，任期 5 年，拥有独裁权力；第二次是，1328 年授权卡拉布里亚的查理担任城市军事长官和总督，任期 10 年；第三次是，1342 年，雅典公爵沃尔特担任共和国政府首长时，将 1 年的首长任期改为终身独裁，要求无条件拥有共和国的统治权。除了沃尔特是由佛罗伦萨人赶跑外，另外两次要不是机会和运气比较青睐佛罗伦萨的话，它极有可能成为一个君主国了。[32]

2. 封建土地经济死灰复燃

受各种因素的影响，作为佛罗伦萨共和国经济基础、具有资本主义性质的工商业，14 世纪后期出现衰退迹象，到 15 世纪加速衰落。在工商业衰落的背景下，封建土地关系逐渐恢复起来。许多工场主、企业主把通过工商业获得的利润，不是用于扩大经营，而是投资地产，颇似中国封建社会"以末致富，以本守之"的模式。美第奇家族上台以后，封建地产经济进一步发展，科斯莫（Cosmo）和洛伦佐（Lorenzo de Medici）就曾经营大量地产。15 世纪 70 年代佛罗伦萨城周围已有 3 万余块地产，到该世纪末，对地产征收的税额已作为佛罗伦萨共和国不动产的基本税收。[33]农奴制和封建庄园经济有卷土重来之势。经济基础决定上层建筑，有什么样的经济基础就有什么样的生产关系与之相适用。由于佛罗伦萨共和国经济的变

---

[31] 参见［英］丹尼斯·哈伊：《意大利文艺复兴的历史背景》，李玉成译，三联书店 1988 年版，第 32 页。

[32] 那不勒斯国王罗伯特因为国内事务繁忙无暇顾及佛罗伦萨，而使其躲过一劫；查理则是在准备成为佛罗伦萨终身独裁首长时突然去世。

[33] 参见郑如霖："略论佛罗伦萨资本主义发展的曲折道路"，载《华南师范大学学报》1982 年第 1 期。

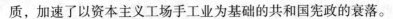

质，加速了以资本主义工场手工业为基础的共和国宪政的衰落。

3. 家族集权日益明显

庶民政府被推翻后，佛罗伦萨的政治基础开始萎缩，已有家族集权的迹象。"显贵家族成员占据了绝大多数的公社政府官职，他们垄断了那些在佛罗伦萨管辖下的最有油水的外地督办和军事长官……他们当中的上层分子还从国家税收中大获其利。"[34] 根据记录佛罗伦萨官员选任情况的特拉特档案（Arehivio delle Tratte）显示，15 世纪到 16 世纪前期，城中约有 40 多个家族当选正义旗手、首长和顾问团超过 40 次，而其中 32 个超过 50 次。[35] 因此，到共和国后期，显贵家族已经控制了共和国政府，国家政权越来越向少数大家族手里集中。这成为导致佛罗伦萨宪政衰落最直接、最主要的原因，特别是美第奇家族的专权，直接导致了共和国宪政的毁灭。

（二）佛罗伦萨共和宪政的衰落

由于国内外局势的变化，特别是显贵家族采取的集权措施，使 15 世纪以后的佛罗伦萨政治越来越趋于保守，共和国政权越来越集中在以美第奇家族为首的一小部分人手中。宪政光辉黯然失色，这在政治、经济和社会生活中均有诸多反映。

1. 民主沦丧

广泛的民主曾是佛罗伦萨宪政的基石。显贵家族的集权，首先践踏了佛罗伦萨的民主制，特别是对选举制的改革，排除了广大平民参与国家高级职位的机会。因此，尽管共和国后期依然保有 1282 年确立的政府基本结构，设有首长会议、正义旗手、立法会议等机构，尽管政府官员依然实行选举制，但由于这些机构的成员来自同一群体，各机构之间已难以有效发挥相互监督制约的功能。民主已虚有其表。民主既丧，共和国宪政就失去了坚实的根基，随时有坍塌的危险。

---

〔34〕 参见［美］坚尼·布鲁克尔：《文艺复兴时期的佛罗伦萨》，朱龙华译，三联书店 1985 年版，第 184 页。

〔35〕 David Herlihy, R. etc., *Florentine Renaissance Resources*, *Online Tratte of office Holders 1282～1532*, 载 http://www.stg.brown.edu/projects/tratte/（accessed October 12, 2006）. 转引自朱孝远、霍文利："权力的集中：城市显贵控制佛罗伦萨政治的方式"，载《河南大学学报》2007 年第 6 期。

2. 自由观念淡化

共和国前期的佛罗伦萨是一个自由程度很高的国家，人们的自由观念非常强烈，任何侵犯自由的行为都会受到人们的强烈反对。前述意图侵犯公民自由、在佛罗伦萨建立独裁统治的雅典公爵沃尔特被推翻和梳毛工起义就是鲜明的事例。但到了共和国后期，人们的自由意识已明显淡化。显著事例是，洛伦佐时期，帕奇家族部分人为恢复昔日共和国的自由，曾试图刺杀洛伦佐兄弟，并以"自由"来号召人们反抗美第奇家族的统治，却受到了人们冷漠的嘲弄。用马基雅维利的话说，"（这时期）自由，佛罗伦萨人根本不知其为何物。"[36] 这种说法尽管有些夸大，但也反映了家族专权的背景下，人们自由意识的淡薄。

3. 社群组织萎缩，统治基础缩小

由于国家政权已完全掌握在极少数上层人士手中，国家统治基础不断缩小，公民逐渐失去了对共和国的归属感。党派的自由活动与公众对政治生活的积极参与，成了无法想象的事情。[37] 家族、行会等社群组织也已不能充分发挥凝聚公民、激发公民爱国心的作用，与共和国盛期强大的社群基础形成了鲜明对比。

4. 文化的停滞和文艺复兴中心的转移

作为文艺复兴的发祥地和中心，佛罗伦萨在13～14世纪创造了辉煌的成就，先进的宪政制度推动了佛罗伦萨文学、艺术和自然科学的空前繁荣，出现了大批卓越的人文主义学者。但15世纪后，伴随宪政的衰落，佛罗伦萨的文化发展失去了社会大众的土壤，趋于停滞；文化成为统治者的御用工具，日益私人化、功利化；无数有识之士离开了佛罗伦萨远走异乡，文艺复兴的中心也转移到欧洲其他地方。

（三）共和国尾声与宪政的终结

随着国家权力越来越向美第奇家族手里集中，佛罗伦萨共和宪政面临严重的危机。基于对昔日共和国辉煌的怀念，以及数百年"自由"、"民主"传统的熏陶，人们对美第奇家族的专权展开了激烈的反抗斗争。

---

〔36〕 ［意］尼科洛·马基雅维利：《佛罗伦萨史》，李活译，商务印书馆1982年版，第411页。

〔37〕 参见蔡纤："文艺复兴时期佛罗伦萨的共和政治对文化的影响"，载《湘潭大学社会科学学报》2003年第S1期。

事实上，1494 年之前美第奇家族在上层公民中就有反对派出现。[38] 早在科斯莫时代，被其放逐的里纳尔多·德利·阿尔比齐就曾鼓动米兰公爵攻打佛罗伦萨，以推翻美第奇家族的统治。15 世纪中期以后，针对科斯莫权势不断膨胀的情况，显贵上层开始着手削弱他的权力，在卢卡·皮蒂、阿尼约洛·阿奇阿尤里等显贵上层的努力下，中枢委员会被取消，改用原先的投票制，通过抽签选举的办法任命政府官员。1466 年，也就是科斯莫去世后两年，佛罗伦萨还曾爆发了"保卫共和"的签名运动。参加这场运动的公民认为，城邦应当由民主选举的官员治理，而不应由少数人操纵，斗争目标直接指向美第奇家族专权。为避免共和国遭受个人奴役，佛罗伦萨人甚至用上了很少使用的暗杀手段，1478 年 4 月 26 日，在帕齐阴谋案（Pazzi Conspiracy）中，洛伦佐的弟弟遇刺身亡，洛伦佐本人侥幸逃脱。[39]洛伦佐 1480 年改革成立的 70 人议会，成为佛罗伦萨寡头政治形成的标志，但 1484 年、1489 年以及 1493 年授权其延期的法令在审议通过时都遭受到很大的阻力。[40]

洛伦佐去世后这种反抗斗争达到高潮。1494 年，在教士吉若拉莫·萨沃纳若拉（Girolamo Savonarola）的带领下，佛罗伦萨人民驱逐了美第奇家族，重建了共和国。这个共和国存续了 18 年。1512 年，在教皇、西班牙和威尼斯组成的"神圣联盟"军队的联合绞杀下，共和国归于失败，美第奇家族恢复了在佛罗伦萨的统治。佛罗伦萨人民为捍卫共和传统继续进行了不懈斗争，1527 年，趁罗马被攻陷，教皇无暇他顾之际，佛罗伦萨的共和主义者再次掀起推翻美第奇家族的运动，又一次重建共和。但这时的欧洲已是绝对君主制的天下，重建后的佛罗伦萨共和国自始就处于风雨飘摇之中。1532 年，美第奇家族在西班牙王国的武力保护下在佛罗伦萨建立了美第奇公国，确立了君主专制统治，中世纪佛罗伦萨共和宪政最终退出了历史舞台。

---

〔38〕 John Stephens, *The Fall of Florentine Republic*, Oxford: Clarendon Press, 1983, p. 26.

〔39〕 朱孝远、霍文利："权力的集中：城市显贵控制佛罗伦萨政治的方式"，载《河南大学学报》2007 年第 6 期。

〔40〕 Nicolai Rubinstein, *The Government of Florence Under the Medici*, *1434 ~ 1494*, Oxford: Clarendon Press, 1966, pp. 239 ~ 241.

五、佛罗伦萨共和宪政的价值和局限性

（一）佛罗伦萨共和宪政的价值[41]

佛罗伦萨虽然历史悠久，但长期以来发展缓慢，到中世纪前期它还只是托斯堪纳地区、阿诺河边上一个名不见经传的小镇。13 世纪以前，其发展程度不但远逊于威尼斯、米兰、热那亚这些沿海港口和平原城市，甚至比不上近邻比萨。据相关资料记载，到 12 世纪末，佛罗伦萨城市在面积、人口、财富等方面仍落后于比萨。12 世纪 70 年代，当佛罗伦萨开始扩建新城墙时，城墙内的面积尚只有 200 英亩，而此时比萨城区的面积已达 300 余英亩，是其一倍半。

宪政体制在佛罗伦萨确立后，立刻显示出先进制度的巨大优越性。佛罗伦萨经济在 13 世纪开始腾飞，短时间内就取得了巨大成就——到 13 世纪末，其经济水平已超过了比萨、热那亚。13 世纪后期，佛罗伦萨再次修建新城墙，这次扩建活动持续了 50 多年，到 1340 年才告完成。新城墙建成后，佛罗伦萨的城区面积扩大到 1500 英亩，跻身到国际大都市的行列。与经济高速发展同步的还有文化的飞跃，这一时期欧洲爆发了文艺复兴运动，佛罗伦萨成为文艺复兴的发源地和中心。在开明的政治环境、发达的经济推动下，佛罗伦萨精英辈出，出现了大批杰出的文学家、艺术家和科学家，他们在文学、艺术、自然科学等方面创造了辉煌灿烂的文化。正如一位学者指出的那样，佛罗伦萨共和国已成为中世纪政治、经济、文化同步飞速发展的国家的典型代表。[42]与西欧大多数国家在封建君主专制和教会神权控制下黑暗愚昧、战乱频繁、民不聊生相比，佛罗伦萨政治自由、经济发达、文化繁荣，一度赢得了欧洲各国人民的普遍向往。

不可否认，这些成就的取得是多种因素共同作用的结果，但与佛罗伦萨较早地建立了较为完善的宪政制度是分不开的。

（二）佛罗伦萨共和宪政的局限性

在肯定佛罗伦萨宪政价值的同时，我们也不能给予其过高的评价。由

---

〔41〕 本文此处所谈及的佛罗伦萨宪政的价值，指的是佛罗伦萨建立宪政制度后，对国家建设和社会发展的影响，强调的是宪政制度本身的巨大优越性。而不是指其他方面，如学术研究价值等。

〔42〕 朱龙华：《意大利文化》，上海社会科学院出版社 2004 年版，第 191 页。

于时代和社会环境的局限，中世纪佛罗伦萨的宪政体制还存在诸多缺陷。主要有以下几点：

1. 弥漫着浓厚的封建残余

佛罗伦萨宪政的建立是新兴市民阶级反对封建压迫的胜利成果，但是，从当时欧洲的国际局势来看，封建势力依然占据主导地位，它们对佛罗伦萨这个新生的城市共和国百般敌视；同时，由于市民阶级本身的局限性——他们斗争的首要目的是为了创造一个适宜本阶层生存的社会环境，使他们的反抗斗争很不彻底。佛罗伦萨独立后，封建势力并未完全退出历史舞台，市民阶层推行的一系列改革措施中也保留了大量的封建残余。这对佛罗伦萨宪政建设和发展产生了严重的负面影响。

（1）社会各阶层等级分化严重。尽管佛罗伦萨社会中已经取消了法律上的等级差别，但始终存在着事实上的等级区分与特权，在上层显贵和下层民众之间、大小家族之间、大小行会之间以及家族、行会的内部成员之间，有着明确的等级差别，界限分明。其中的大家族和大行会享有诸多特权，控制着国家政权的大多数显要职位。

（2）催生了寡头政治，导致政府逐渐走向君主集权。"文艺复兴时期佛罗伦萨政治最富有戏剧性的变化，就是从一个城邦共和国最后转变成为一个君主国。"[43]之所以发生这种变化，与佛罗伦萨国家建立过程中保留了浓厚的封建因素是分不开的。到共和国后期，封建势力死灰复燃，原先被打倒的封建贵族阶级逐渐得以恢复权威，重新参与国家政权，在佛罗伦萨建立了贵族寡头政治，并向单一家族集权演变。这成为导致佛罗伦萨共和国衰亡的最直接、最根本的原因之一。

2. 分权制衡体制不够健全

分权制衡是宪政国家的基本特征。但受各种因素的影响，佛罗伦萨的分权制衡体制并不健全。尽管其机构设置已初步具备了"权力分立、相互牵制"的特点，但并没有彻底跳出古希腊罗马学者设计的混合政体结构的窠臼。在这里，作为最高行政机关的首长会议在一定情况下可以干预司法；还能够提出议案，参与立法；甚至还能作为选举机构的组成人员，参

---

〔43〕 朱孝远、霍文利："权力的集中：城市显贵控制佛罗伦萨政治的方式"，载《河南大学学报》2007年第6期。

与下届政府机构的选举，实际上拥有立法、司法、行政多项权力。作为立法机关的民众会议，在特定情况下（如政局动荡时）也能行使一部分司法权和行政权。这意味着，在佛罗伦萨，立法、行政、司法各机构之间的权力存在着部分重叠之处，并未完全分立。而且，佛罗伦萨还有一个最高权力机构"巴利阿"，尽管它不是一个常设机构，但其权力之大，是任何一个机构都无法与之匹敌的。如同古希腊极端民主干涉法治、自由一样，在佛罗伦萨共和国历史上，"巴利阿"绑架立法、行政乃至司法的事件也有发生。例如，梳毛工起义及"庶民政府"期间，佛罗伦萨就曾多次成立"巴利阿"，使原先许多被告诫或放逐的人免于处罚，剥夺或授予某一个人荣耀。

3. 机构臃肿，效率低下

作为一个不成熟的宪政国家，一方面，佛罗伦萨在国家机构设置中确立了多元分权的基本体制；另一方面，由于制度不健全，其又陷入了早期宪政国家的通病——机构臃肿，效率低下。以佛罗伦萨的行政机关为例，在中央，除了首长会议、贤人团、旗手团等高级官吏外，还有众多的委员会和大量的普通官吏；在城市各区，有以区长为首的官员组成的官僚系统；在国外，还有大量的驻外使节和督办；而且每一官职都有数人担任。立法机关、司法机关也与行政机关类似，机构和人员十分庞大。为了确保政府官员公正无私，佛罗伦萨人还制定了繁琐的程序，几乎每一项政府决议的作出都是各机构多次召开会议，集体讨论的结果。由于制度不完善，加之不同派别的成员总想利用自己手中的权力约束他方，这使得政府各机构之间相互扯皮的现象时有发生，工作效率极端低下。佛罗伦萨公民安东尼奥·卢斯蒂齐（Antonio Rustichi）的信件中曾记载了其与兄长之间的一场普通纠纷，经过整整 5 年，共和国法庭才予以解决。这样的事例，在佛罗伦萨共和国历史上举不胜举。正如一位学者所言，"（佛罗伦萨政府）无论在公开还是私下的场合，都反对采取匆忙的行动，而是乐于对问题进行很细致而长时间的讨论。"[44] 如此低的工作效率，使佛罗伦萨错失了很多发展机遇。

---

[44] ［美］坚尼·布鲁克尔：《文艺复兴时期的佛罗伦萨》，朱龙华译，三联书店 1985 年版，第 189 页。

4. 缺乏科学理论的支撑

尽管佛罗伦萨宪政制度存续了数百年之久，然而，一个不容忽视的历史事实是，佛罗伦萨人始终没有（也不可能）提出自己的宪政理论。他们只能从古希腊罗马学者有关政体学说的著作中汲取些许思想养分，但中世纪又是宗教神权和封建王权的时代，在教会的严格控制下，这些著作能够流传下来的少之又少，无法满足现实需要；而同时代最典型的宪政国家——英国的宪政理论和实践经验还没有条件和机会传播到意大利。因此，在佛罗伦萨历史上虽然出现过许多名垂青史的文学家、诗人、哲学家、艺术家，乃至法学家，留下了辉煌灿烂的文化成果，但自始至终没有一部完整的关于宪政的论著问世。由于这些因素的局限，使得中世纪佛罗伦萨宪政的理论基础极其薄弱。宪政之所以能够在中世纪的佛罗伦萨出现和发展，很大程度上是得益于机遇和运气，或者说是人们无意识行为的结果。但机遇和运气不会总是垂青佛罗伦萨。所以，尽管佛罗伦萨宪政曾盛极一时，但其衰败也同样不可避免。到 16 世纪，当绝对君主制洪流袭来时，佛罗伦萨宪政因缺乏坚实的理论根基，只能像漂泊在茫茫大海上的一叶扁舟，随风飘荡，把握不住正确的航向，最终被君主专制的大潮所吞没。

（文字编辑　王世柱）

后穆巴拉克时代埃及宪法变迁研究[*]

张小虎 [**]

一、引言

埃及是非洲最早展开立宪探索的国家之一，早在 1923 年，法鲁克王国就仿效比利时宪法颁布了埃及历史上第一部宪法，开启了君主立宪制的宪政试验。随后，在纳赛尔的领导下，埃及建立民主共和国，于 1953 年颁布宪法声明，又于 1956 年、1958 年、1964 年三次颁布临时宪法。进入萨达特时代后，1971 年出台了《阿拉伯埃及共和国永久宪法》，并在穆巴拉克执政期间经历了 1980 年、2005 年至 2007 年这三次修改，直至 2011 年埃及爆发"颜色革命"，军方宣布暂停适用"永久宪法"，从此，埃及的宪法变迁步入新的阶段。变局后，埃及进入了制宪与修宪的高峰期，短短三年间，埃及出台了 1 部修宪草案，颁布了 2 部宪法文本，举行了 3 次宪法公投，制定了 4 部宪法声明，后穆巴拉克时代宪法变迁的速度之快、内容之多，加之影响宪法修订的因素异常丰富，这使得研究的复杂性大大增加。另一方面，相比 2011 年前的立宪活动，变局后军方、穆兄会和世俗派先后控制着宪法声明和草案的制订，修宪扩权以维护统治利益的做法屡见不鲜，工具主义价值观充斥着立宪的全过程，这为研究后穆巴拉克时代的立宪活动增添了难度。综上，我国学界目前尚未出现考察后穆巴拉克时代宪

* 本文系笔者参与的 2013 年度国家社会基金项目"埃及宪政发展研究"（编号：13BFX030）之阶段性成果。

** 湘潭大学法学院博士研究生。

法变迁的文章，但随着 2014 年新宪法的出台，埃及局势趋于平缓，总统和议会的选举即将开启，故有必要对当代埃及宪法变迁的问题作出归纳与总结，这虽有一定的复杂性，却有巨大的研究价值，既能够填补有关领域的研究空白，又能够丰富宪法变迁理论，还能为抵御相关政治风险提供前车之鉴。

二、军方的宪法修改草案与补充宪法声明（2011 年 3 月 ~ 2012 年 6 月）

2011 年 2 月 11 日，受"颜色革命"的冲击，穆巴拉克被迫辞职，国防部长坦塔维领导的武装部队最高委员会全面接管埃及国家事务，随后，军方宣布解散议会、中止适用"永久宪法"，并先后颁布宪法修正草案与补充宪法声明，针对穆巴拉克时期"总统过于集权"的宪法进行修改，企图通过修宪加紧攫取埃及的立法权和行政权。

（一）2011 年 3 月 19 日　军方的宪法修正草案

为了加快修宪进程，武装部队最高委员会任命了由 8 人组成的宪法修改委员会，要求在 6 个月内完成宪法的修改以及议会与总统的选举。期间，宪法修改委员会在 2 月 26 日向埃及民众公布了宪法修正草案，该草案在 3 月 19 日的全民公投中获得通过。

1. 军方修宪草案的主要内容

在总体内容上，军方的修宪草案涉及总统候选人资格、总统任期、选举司法监督、议员资格确定、副总统任命和紧急状态等，一共 11 项议题。其中，修改了"永久宪法"第 75、76、77、88、93、139、148、189 条，共 8 条；废止了"永久宪法"第 179 条有关反恐主义的条款；制定新条款第 189 条和新的结语，共 2 条。[1] 在具体内容上，军方修宪草案涵盖以下几个方面：

（1）对原 75 条有关总统候选人的资格进行了修改。规定"其条件是年龄应该不低于 40 岁，只具有埃及国籍且不得与外籍人士结婚"。该条款对候选人的年龄资格放宽了限制，有利于加快总统选举的进程。

---

〔1〕 See *The 2011 Referendum to Amend the Constitution*，Amend Articles：75，76，77，88，93，139，148&189（Total：8）；Stricken Articles：179（Total：1）；New Articles：189 Repeated and 189 Repeated 1（Total：2）

（2）对原76条有关总统候选人的提名程序进行了修改。规定"候选人必须获得议会中30名议员或全国约半数省份（15个省以上）、3万名合格选民的支持，或者由注册政党提名，但该政党必须至少有1名成员是议会议员。"相比原宪法，修宪草案降低了总统候选人的选举门槛、放宽了总统选举的硬性条件，迎合了各党派积极参与埃及大选的热情。[2]

（3）对原77条总统的任期进行了缩减。规定"总统任期为4年，且只能连任两届"，相比原宪法"任期六年，并无限期连任"实为巨大的进步，该条款杜绝了总统长期专政的可能，是埃及民主宪政改革的重大进步。

（4）对原76条有关总统选举的监督程序作出了更加详尽的规定。要求"包括候选、投票、计票在内的总统选举的全过程都必须在有效的司法监督机制下进行。"[3]这样的规定既能够保障总统选举的合法性和有效性，又能够促使各派积极参与政治活动。

（5）对原139条有关副总统的任命制度进行完善。规定，"总统应在就职后的60天内任命一名或多名副总统"。此外，军方修宪草案还对原宪法的第88条有关立法和全民公投的监督程序、第148条国家紧急状态等内容进行了完善。

2. 简评军方的修宪草案

鉴于军方修宪草案对困扰埃及宪政发展的顽疾所进行的修改，限制总统任期、规范选举程序、加强监督机制等内容似乎得到了社会各界的肯定，据统计，"1800万人参与公投，投票率达到41.19%，其中1400万人赞成宪法修正案。"[4]赞成修宪草案的群体多为世俗党派、司法律师和开明政界人士，他们认为上述11条修改建议稿，能够最大限度地满足大众诉求，促进埃及民主宪政的改革。限制总统的权力特别是任期，缓解了民众

---

〔2〕"永久宪法"第76条规定："总统候选人必须得到协商会议（议会下院）、人民议会（议会上院）和地方议会共250名议员的支持。"

〔3〕"Overview of Egypt's Constitutional Referendum", March 19, 2011, 载 http://egyptelections. carnegieendowment. org/2011/03/16/overview-of-egypt% e2% 80% 99s-constitutional-referendum, (Carnegie Endowment for International Peace), 最后访问日期：2013年7月27日。

〔4〕朱俊清、李来房："埃及军方宣布将于10月或11月举行总统选举"，载http:// news. xinhua-net. com/world/2011 - 03/31/c_121250454. html, 最后访问时间：2013年8月12日。

对穆巴拉克"长老统治"的恐惧，完善了总统与议会选举过程中的监督程序，保障了埃及即将到来的大选的公正性。但是，军方的修宪草案也存在不少缺陷。军方包办了整个草案的制订，有关副总统应当通过选举产生还是通过任命产生，也引发了争议，此外，对总统候选人配偶的国籍进行限定也有违民主的原则。因此，部分人士对军方宪法修正草案表示不满，他们认为此次修宪草案的制定过程简单、讨论时间仓促，内容不够全面。

（二）2012年6月17日　军方的补充宪法声明

军方修宪草案获公投通过一年来，埃及国内各项政治活动依法开展，议会选举顺利完成，但出乎军方意料的是，2012年初埃及人民议会的选举中，以自由与正义党和萨拉菲派光明党为主的伊斯兰政党赢得超过70%的席位，穆兄会下属的自由与正义党则成为议会第一大党。面对权力的流失和议会的选举争议，即将在6月30日交权于议会的军方却突然颁布"补充宪法声明"，要求解散议会，并将立法权暂时收回武装部队最高委员会手中。

1. 军方补充声明的主要内容

军方补充声明对3月19日颁布的宪法修改草案进行了补充与修正，对修宪草案第30、38、53、56和60条进行了修改，共8处，针对性极强：

首先，解决制宪委员会的争议。因世俗与宗教政党人员比例的不均，制宪委员会的矛盾愈演愈烈、屡遭解散，就此宪法补充声明添加了第60条B款："如果现有的制宪委员会因某种原因不能完成任务，军方将在1周内组建新的宪法起草小组，3个月内完成宪法起草，然后15天内付诸公投。"[5]

其次，解决人民议会及其立法权的争议。由于2012年初议会选举所依据的法律有部分违宪，最高宪法法院裁定新组建的人民议会无效。因此，面

---

〔5〕 Article 60 B: If the constituent assembly encounters an obstacle that would prevent it from completing its work, the SCAF within a week will form a new constituent assembly – to author a new constitution within three months from the day of the new assembly's formation. The newly drafted constitution will be put forward after 15 days of the day it is completed, for approval by the people through a national referendum. The parliamentary elections will take place one month from the day the new constitution is approved by the national referendum.

对伊斯兰政党近乎垄断议会的趋势，军方立即向议会下发决定，告知其最高宪法法院的判决，要求解散人民议会，在补充宪法声明中增设第 56 条 B 款规定："新宪法通过后的 1 个月内，举行新的人民议会选举。在新人民议会（议会下院）选举产生之前，埃及武装部队最高委员会将行使立法权。"〔6〕

最后，再次赋予武装部队最高委员会以更大的权力，维护军方利益，在补充宪法声明中扩充第 53 条的内容规定："总统只有在得到武装部队最高委员会批准的情况下才能宣战。"〔7〕此外，在国家内部面临局势动荡需要武装力量干预的情形下，总统可以经武装部队最高委员会的批准而进行武力干预，同时，赋予军方依法进行逮捕或拘留的权力。〔8〕

2. 简评军方的补充宪法声明

从具体内容看，埃及武装部队最高委员会发布补充宪法声明显然是出于时局所迫，通过暂时收回立法权并扩充军方在紧急状态下的权力，实现对最高国家利益的垄断，用宪法性文件来维护军方一贯的威信和地位。但是，这种"修宪擅权"的方式值得商榷，补充宪法声明看似为埃及的派别矛盾和议会争议指明了出路，武断、干脆地解决了这些冲突，但实际上确立了军方在埃及革命中的权威，通过领导修宪活动，军方上升为埃及的权力核心。面对日益强大的伊斯兰政党和穆兄会势力，借助世俗派别对人民议会和制宪委员会的抵制，军方通过补充宪法声明暂时收回了立法权，保障了自身地位。然而，军方颁布补充宪法声明的做法及其所引发的问题，埋下了未来埃及宪政危机的隐患。

二、穆尔西的两部宪法声明及其新宪法（2012 年 6 月 ~ 2013 年 7 月）

2012 年 6 月 30 日，埃及历史上首位民选总统穆尔西宣誓就职，在此

---

〔6〕 Article 56 B: The SCAF will assume the authorities set out in sub – article 1 of Article 56 as written in the 30 March 2011 Constitutional Declaration until a new parliament is elected.

〔7〕 Article 53/1: The president can only declare war after the approval of the SCAF.

〔8〕 Article 53/2: If the country faces internal unrest which requires the intervention of the armed forces, the president can issue a decision to commission the armed forces-with the approval of the SCAF – to maintain security and defend public properties. Current Egyptian law stipulates the powers of the armed forces and its authorities in cases where the military can use force, arrest or detain.

后的半年里，穆尔西先后撤换了国防部长和政界领导，其党羽牢牢把持着埃及国内各部门要职。通过两度颁布宪法声明，穆尔西大大扩充了总统权力，并且让新宪法的起草严格依照伊斯兰主义进行。

（一）2012 年 11 月 22 日穆尔西的旧宪法声明

由于以伊斯兰主宗教派别为根基的政党已经在新一届的埃及议会上下两院中占据了 2/3 以上的绝对优势，再加上民选总统穆尔西的上台，穆兄会由原来的半地下活动状态走到了政治前沿，他们在人事上牢牢把持着制宪委员会，控制着新宪法的制定。穆尔西在 2012 年 11 月 22 日颁布宪法声明，为其修宪扩权之路拉开了序幕。

1. 穆尔西旧宪法声明的主要内容

（1）规定总统有权任命总检察长。根据该条款，穆尔西解除了总检察长马哈茂德的职务，任命塔拉特·易卜拉欣·阿卜杜拉接替该职，实现了对检察机关的控制。

（2）总统有权作出一切决定、采取任何措施来保护"革命"，防止国家统一和安全以及国家机构的工作受到威胁。利用宪法声明以及当时埃及混乱的局势，穆尔西自我赋权，使总统权力日趋扩大。

（3）强调在新宪法颁布及新议会选出前，总统发布的所有总统令、宪法声明、法令和政令均为最终决定，不受司法部门裁定制约，任何方面无权更改。穆尔西借助宪法声明一步步走向"集权"，妄图直接控制司法权的行使。

（4）为保护负责草拟新宪法的制宪会议免遭解散，规定司法机关不得解散制宪委员会或相当国会上议院的协商会议（舒拉议会）。该条款维护了伊斯兰舒拉议会首次获准的立法权，使穆兄会得以牢牢控制新宪法的制定，确保立法、司法与行政的全面伊斯兰化。

（5）宣布将制宪委员会工作期限延长至 2013 年 2 月 12 日，并在 12 月 15 日举行宪法草案公投。通过声明保障新宪法起草工作能够排除世俗反对派的干扰，树立穆尔西和穆兄会在法律起草中的绝对权威。

2. 简评穆尔西的旧宪法声明

从宪法制定的进程看，穆尔西的宪法声明保障了新宪法得以按时、按量的完成起草工作。"宪法声明的颁布事实上使得最高行政法院不得不宣布无限期推迟对制宪委员会合法与否的判决，从而避免了制宪委员会在新宪法草案出笼前再次被解散的危险。"[9]但是，从民主宪政的角度看，宪法声明内容必将引发争议。因为，总统能否利用宪法声明自我赋权，干涉立法权和司法权，这本身存在着合法性与合宪性的争议，穆尔西政府妄图通过扩大总统权力，以独揽立法、司法与行政权，以保障新宪法在伊斯兰主义的指导下完成起草，这种做法显然不符合宪政精神。故穆尔西的旧宪法声明引发了埃及各界、特别是司法界的抗议，作为埃及全国法官代表的埃及法官俱乐部公开呼吁全国检察署和法院立即罢工，而因宪法声明引起的街头政治活动更是造成 3 人死亡、600 余人受伤的惨状。因此，穆尔西只得废除旧宪法声明，颁布新宪法声明以缓和矛盾。

（二）2012 年 12 月 8 日穆尔西的新宪法声明

由于旧宪法声明引发的激烈反对，加之军方突然介入此事，不再协助穆尔西镇压反对派别，在军方宣扬的对话协议等建议下，穆尔西只得妥协退让，宣布废除上月的旧宪法声明，并于 12 月 8 日再次颁布新宪法声明，以缓和矛盾，寻求军方的支持，确保新宪法如期完成。

1. 穆尔西新宪法声明的主要内容

相比上月颁布的旧宪法声明，此次新宪法声明的内容较为平缓，显然是为消除冲突而来。首先，原定 12 月 15 日进行的宪法草案公投将如期举行。但是，若草案在全民公投中未获通过，总统将在 3 个月内再次选举组建新的制宪委员会，并务必在 6 个月内完成宪法起草工作，随后 30 天内将对宪法草案进行公投。其次，不允许对宪法声明提出上诉。不允许任何人针对此次新宪法声明以及之前颁布的所有宪法声明向司法机构提出上诉。最后，重启埃及动荡期间所有谋杀案件的调查。新宪法声明规定，如果确实存在新的证据，将重新开始调查自 2011 年初至 2012 年 6 月 30 日期间发生的涉及示威者被杀害的案件。

2. 简评穆尔西的新宪法声明

面对穆尔西及其伊斯兰政党对新宪法制定的垄断，世俗派依然对内容平缓的新宪法声明持反对态度，"全国拯救阵线"等反对派联盟坚持要求废除穆尔西先后颁布的两部宪法声明，甚至要求取消宪法草案的制定和公

---

〔9〕 李绍先："穆尔西宪法声明是着'妙棋'"，载《环球》2012 年第 24 期。

投。但是，按照新声明的规定，不允许对先前的宪法声明提出上诉，且宪法草案的公投也将如期举行，那么，任何一方都无法推迟宪法起草，也无法改变公投日期，这就从另一个角度确保了穆尔西新宪法的顺利完成。此外，新声明还对新宪法草案未获公投通过的挽救措施进行了详尽的规定，由议会指定制宪委员会成员的做法，事实上仍会让宪法起草处于穆尔西的控制之中，因为，此时的人民议会和舒拉议会已经被伊斯兰政党所垄断。故新宪法声明再次维护了穆尔西的政治利益，保障了新宪法在伊斯兰主义的指导下完成起草。

（三）2012 年 12 月 25 日穆尔西颁布新宪法

在宪法声明的保障下，穆尔西的制宪工作逐步展开，但其过程却充满争议，在制宪委员会的 100 个席位中，秉承伊斯兰主义的成年男性占据了90 个席位，而占埃及人口约 10% 的科普特教派和占埃及人口 50% 的埃及女性，以及广大青年仅仅分配到 10 个席位。很显然，各阶层利益严重分配不均的制宪委员会，将被伊斯兰主义和宗教教义所充斥。在 2012 年 12 月举行的公投中，虽然新宪法草案以 63.8% 的支持率获得通过，但是在全国民众的反对声中，参与投票的人数只占总选民人数的 32.9%，这种"合法性"的相对性，给宪法实施造成了巨大的阻力。

1. 穆尔西宪法的主要内容

从宏观体例上看，新宪法由序言加五篇十六章共 236 条组成：序言由11 条构成；第一篇"国家与社会"，下设 3 章"政治原则"、"社会与道德原则"、"经济原则"；第二篇"权利与自由"，下设 4 章"个人权利"、"道德与政治权利"、"社会与经济权利"、"权利与自由的保障"；第三篇"公共权力"，下设 2 章"立法权"、"行政权"；第四篇"独立机构和管理机构"，下设 4 章"一般条款"、"管理机构"、"经济与社会委员会"、"独立机构"；第五篇"结语和暂行条款"，下设 3 章"宪法修正案"、"一般条款"、"暂行条款"。[10]其具体内容主要有如下几方面：

（1）包涵大量伊斯兰主义条款。新宪法第 2 条便规定了伊斯兰教法原

---

〔10〕 See *The Contents of the Draft of the New Constitution.*

则（沙里阿原则）是立法的主要渊源。[11]而第219条则进一步规定了沙里阿原则主要有一般理论、基本规则、法律体系，以及经教法学家或大型团体认可的权威渊源。[12]如此宗教性质的规定在之前的宪法文本中从未出现，故引发较大争议。此外，新宪法还允许穆斯林神职人员监督立法机构，并按照伊斯兰教义对言论自由、女性权利和其他自由进行了必要的限制。[13]

（2）赋予总统以更多的权力。新宪法第147条规定，总统有权依法任免普通官员和军事官员，可以任免外交代表、确认驻外使节和组织等，[14]这将使势力庞大的军方因人事任免权而受制于总统。

（3）变更立法机关，舒拉议会地位上升。新宪法第230条规定："在新的众议院（议会下院）成立之前，现有舒拉议会应当承担完整地立法权。在新的舒拉议会选举后，完整地立法权应当在众议院会议开始后6个月内被转移至众议院。"[15]最后，为了防止歧义，还增加了针对第131条的特殊授权，规定：在议会下院（人民议会）选举完成之前，议院上院（舒拉议会）拥有"完全的立法权"。

（4）确定人民主权原则。新宪法第5条规定："埃及主权由人民独享，人民也是权力的来源，埃及人民应当行使并保卫他们的主权，以宪法指定的方式捍卫祖国统一。"[16]显然，穆尔西期望通过宪法获得人民支持，以

---

〔11〕 Article 2 of The Draft of the New Constitution: Islam is the religion of the state and Arabic its official language. Principles of Islamic Sharia are the principal source of legislation.

〔12〕 Article 219 of The Draft of the New Constitution: The principles of Islamic Sharia include general evidence, foundational rules, rules of jurisprudence, and credible sources accepted in Sunni doctrines and by the larger community.

〔13〕 Nathan J. Brown and Clark Lombardi, "Islam in Egypt's New Constitution", Foreign Policy Magazine, December 19, 2012. 载 http://mideastafrica. foreignpolicy. com/posts/2012/12/13/islam_ in_ egypts_ new_ constitution, 最后访问时间：2013 年 12 月 24 日。

〔14〕 Article 147: The President of the Republic shall appoint civil and military personnel and dismiss them, shall appoint diplomatic representatives and remove them, and shall confirm political representatives of foreign countries and organizations, as regulated by law.

〔15〕 Article 230: The existing Shura Council shall assume full legislative authority until the new House of Representatives is formed. Full legislative authority will then be transferred to the House of Representatives, until the election of a new Shura Council, which shall occur within six months from the start of the House of Representatives' session. (Egypt's draft constitution of 2012)

〔16〕 Article 5: Sovereignty is for the people alone and they are the source of authority. The people shall exercise and protect this sovereignty, and safeguard national unity in the manner specified in the Constitution.

此保障其执政的稳定。

（5）有关公民权利平等的条款相对模糊。新宪法仅第9条规定，国家将保障所有公民不受歧视的享有安全、安定和平等的机会。[17]同时，对弱势群体利益保护的条款也相对不足，缺失对非穆斯林宗教信仰群体的保护条款，让占埃及人口10%的持基督教信仰的科普特族人的生存状况受到了严重威胁。

（6）对司法机关的工作方式进行规范。要求每个司法机关应当管理自己的事务，并且要有自己独立的预算，在法律的监管下，提供法律咨询事务。[18]

2. 简评"穆尔西宪法"

考察穆尔西新宪法的内容可以发现，首先，新宪法没有对解决埃及政治纷争、如何改善民生、怎样恢复经济做出指导性的规定，这使新宪法不但没能使埃及摆脱困境，反而加剧了社会的动荡和分裂，造成穆尔西的改革无法可依、执政能力极度匮乏。其次，新宪法还在公民权利、沙里阿的核心地位、军方的权限、司法权、劳动者权益等问题上存在缺陷，这些问题在新宪法中含糊不清或未有涉及，成为随后政局动荡的潜在危机。[19]再次，穆尔西将大量伊斯兰主义的内容写入新宪法，以寻求统治权力的稳固和穆兄会的全面掌权，这种立宪方式带有典型的"工具性主义"价值观倾向。最后，宪法也未能体现出广大中产阶级和青年阶层，特别是世俗派别和科普特群体的利益，以至于他们自始至终对这部宪法保持抵制。因为，埃及"颜色革命"的基本性质是世俗的，民众驱赶穆巴拉克下台，是为追求更广泛的政治与经济权利，而不是单纯维护伊斯兰教的国教地位和穆斯林的至高无上。所以，这样一部包涵大量宗教特性的新宪法在2012年12月25日颁布以来，引发的争议与冲突不断，使世俗派和宗教团体的角逐异

---

〔17〕 Article 9: The State shall ensure safety, security and equal opportunities for all citizens without discrimination.

〔18〕 Article 169: Every judiciary body shall administer its own affairs; each shall have an independent budget and be consulted on the draft laws governing its affairs, by the means that are regulated by law.

〔19〕 See *Controversial Articles in the 2012 Egyptian Constitution*，载 http://egypte-lections. carnegieendowment. org/2013/01/04/controversial-articles-in-the-2012-egyptian-constitution（Carnegie Endowment for International Peace），最后访问时间：2013年8月9日。

常激烈。

四、临时政府的过渡时期宪法声明与曼苏尔宪法（2013 年 7 月 ~ 2014 年 2 月）

由于穆尔西的新宪法及其伊斯兰化所引发的争议，再加上治国能力的欠缺，埃及国内爆发了新一轮的街头政治运动，世俗派和部分民众对穆尔西的宗教化政治极其反感，局势的危急关头，由穆尔西亲自任命的军方领导人、国防部长塞西将军突然干政，于埃及时间 2013 年 7 月 3 日晚宣布："解除穆尔西的总统职位，公布了埃及政治发展的线路图，暂停使用现行宪法，提前举行总统选举，最高宪法法院院长曼苏尔暂行临时总统职权，成立联合政府以及专门委员会商讨修改宪法等。"[20]

（一）2013 年 7 月 8 日 过渡时期宪法声明

2013 年 7 月 4 日，最高法院院长曼苏尔宣示就任埃及临时总统，在军方的协助下于 8 日颁布过渡时期宪法声明，后又于 20 日以临时总统的身份颁布共和国令，要求成立修宪委员会，并在 30 日内完成对穆尔西宪法的修改工作。

1. 过渡时期宪法声明的主要内容

宪法声明共 33 条，主要对过渡时期埃及所面临的特殊问题作出具体的说明：

（1）对公民的基本权利和政治地位进行肯定，规定公民在法律面前一律平等，且不论性别、出身、语言、宗教或信仰，国家均平等的保障他们享受公共权利、履行公共义务。

（2）对过渡时期的国家制度进行明确认定，第 1、2 条分别规定了埃及是民主共和国、伊斯兰教和阿拉伯语分别是国教和官方语言，伊斯兰教法（沙里阿）原则是主要的立法渊源，国家基于人民主权原则而构建等等。

（3）对过渡时期的临时总统进行权力授予，赋予临时总统在同内阁商议后签署法案的权力、赋予临时总统审批通过国家政策和预算的权力、赋

---

[20] Egypt's New Road Map: After ousting President Mohamed Morsi and suspending the 2012 Egyptian constitution on July 3, 2013, the General Command of the Egyptian Armed Forces issued a statement laying out a road map for moving the country toward national reconciliation.

予临时总统在内阁准许后宣布紧急状态的权力[21]等等。

（4）对过渡时期埃及公民的政治权利和个人自由进行规定，保护公民的个人财产、出版自由、工作权利等，禁止国家干涉公民的私人生活，邮件、电报和电话等不受监听,[22]保障人身自由，不得任意逮捕、搜查、扣押公民，且每一位公民都有自由表达其意见的权利。

（5）对当前埃及国家紧急状态进行时间限定。过渡时期宪法声明规定，紧急状态的维持期限只能为3个月，若需推迟则只能延长3个月，且必须获得民意的支持并获全国公投通过。[23]

2. 简评过渡时期宪法声明以及修宪路线图

此次过渡时期宪法声明颁布的非常及时，在军方废除民选总统的舆论压力之时，宪法声明凸显了军方的强权与铁腕，使埃及民众重新燃起了宪政改革的信心。其一，宪法声明弥补了缺陷，补充了穆尔西宪法相对缺少的公民基本权利；其二，宪法声明迎合了大众，再次以宪法性文件的权威保障公民的政治权利、减少宪政变革给他们带来的伤害；其三，宪法声明向过渡政府及临时总统授权，军方行动是双刃剑，虽然破坏性大，但争取到了暂时的稳定，通过宪法声明第 24 条，临时总统曼苏尔获得了 8 项主要的政治权力，使其能够在军方的保障和宪法声明的框架下，逐步推进政治改革和修宪活动。综上，根据过渡时期宪法声明，临时政府为修正穆尔西宪法制定了详细的线路图，首先将组建一个法律委员会，自组建之日起 30 天内对宪法进行修订，由一个 50 人的专门小组在 60 天内审批新宪法草案，随后在 30 天内对新宪法草案举行全民公投。新宪法草案公投通过后，将在 15 天内举行议会选举。同时，在新宪法草案通过全民公投之后，以上 33

　〔21〕　Article 27/A of constitutional declaration for transitional period: The President of the Republic shall declare the state of emergency as regulated by the law, after the approval of the cabinet.

　〔22〕　Article 5 of constitutional declaration for transitional period: The private lives of citizens shall be protected by law. Mail correspondences, cables, telephone calls and other means of communication are private, and their confidentiality is guaranteed, and may not be confiscated, viewed or monitored except by virtue of a prior judicial warrant and for a definite period of time and in accordance with the provisions of the law.

　〔23〕　Article 27/B of constitutional declaration for transitional period: Declaring the state of emergency shall be for a specific period not exceeding three months, and shall only be extended to the same period of time after the approval of the people in a public referendum.

条的宪法声明将自动废除。[24]

（二）2014 年 1 月 17 日　曼苏尔颁布修订后的新宪法

根据过渡时期宪法声明，临时政府开始对穆尔西宪法展开修订，一方面组成 10 人修宪委员会，司法人士和法律教授各占一半，着力对穆尔西宪法中的伊斯兰主义的条款进行修改；另一方面，又成立了由 50 名社会各界代表组成的"宪法复议委员会"，并规定该委员会由党派代表、宗教派别、警察军队、知识分子、工农阶层、企业工会等人士组成，其中弱势群体中的妇女和青年代表人数不少于 10 人，以此保证宪法修改能够最大限度地满足社会各阶层的利益。最终，在 2014 年 1 月 15 日和 16 日两天的公投中，新宪法草案以 98.1% 的支持率获得通过。

1. 曼苏尔宪法的主要内容

新宪法在结构上由序言和六章组成，共 247 条，约有 1/5 为新增内容。其中，第一章"国家"由沙里阿原则、主权、公民等 6 条组成；第二章"社会基本结构"由社会成分、经济成分和文化成分等 3 节组成；第三章"公民的权利、自由与责任"由人格权、人身自由、出版自由、儿童及残疾人权益等 32 条组成；第四章"法治"由正当程序、诉讼与辩护、侵犯人身自由等 7 条组成；第五章"统治体系"由立法权（众议院）、行政权、司法权、最高宪法法院、武装部队与警察、国家选举委员会等 11 节组成；第六章"总则和过渡条款"则规定了埃及的首都、国旗、法律延续性、地方行政、宪法声明等内容，共 2 节 28 条。[25]

新宪法的主要内容有：其一，保留伊斯兰教在埃及国家和立法中的地

---

〔24〕　Article 29 of constitutional declaration for transitional period: The committee stipulated for in the previous article shall submit proposals of constitutional amendments to a 50 - member committee representing all categories of society and demographic diversities especially parties, intellectuals, workers, peasants, members of trade unions and qualitative unions, national councils, Al Azhar, churches, the Armed Forces, the Police and public figures including ten members from the youth and women at least. Each entity nominates its representatives and the cabinet nominates public figures. The committee shall wrap up the final draft of the constitutional amendments within sixty days at most from the date it receives the proposal during which it is committed to submitting it to societal dialogue. The President of the Republic shall issue decrees required for the formation and venue of the committee. The committee shall identify work regulations and the procedures guaranteeing societal dialogue on the amendments.

〔25〕　See *The Arab Republic of Egypt Draft Constitution 2013*，载 http://www. constitutionnet. org/e-gypt-draft-constitution-dec-2013，最后访问时间：2014 年 1 月 20 日。

位，规定伊斯兰教是国教，阿拉伯语是官方语言，伊斯兰教法（沙里阿）原则是立法的主要渊源。[26]其二，在政党制度上，为限制穆兄会参政，肃清他们对国家世俗化改革路线的影响，新宪法第 74 条明确禁止以宗教为基础成立政党，并且不得进行秘密活动或拥有军事、准军事力量。其三，在议会制度上，剥夺舒拉议会的立法权，改两院制为一院制，取消协商会议（议会上院），取消议会中工人和农民代表比例不得少于一半的强制性规定，同时一院制议会则由不少于 450 名议员组成，其中 5% 的比例可由总统任命，议会 5 年换届。其四，在司法制度上，允许军事法庭审判平民，第 204 条规定："军队可以对埃及公民进行军事审判，而且情报机构、内政机构的相关人员有权对埃及公民进行监视。"[27]这意味着埃及国内包括官员、议员、政客在内的任何人都将可能受到军队、情报机构和内政部门的监视和审判，宪法允许军方的司法干预行为。其五，限制总统的任期，规定总统可以连任两届，但每届任期为 4 年，最长执政时间为 8 年，且议会有权罢免总统，而总统却无权再解散议会，也不得持任何党派的立场，[28]杜绝了"长老统治"的潜在可能。其六，在临时总统职权上，允许临时总统通过签署相关法案，对总统选举和议会选举的先后顺序予以规定。其七，确保少数群族的利益，虽然规定伊斯兰教是埃及的国教，但是

---

〔26〕 Article 2 Islam, Principles of Islamic Sharia: Islam is the religion of the state and Arabic is its official language. The principles of Islamic Sharia are the principle source of legislation.

〔27〕 Article 204 Definition, mandate, military trial of civilians: The Military Judiciary is an independent judiciary that adjudicates exclusively in all crimes related to the armed forces, its officers, personnel, and their equals, and in the crimes committed by general intelligence personnel during and because of the service. Civilians cannot stand trial before military courts except for crimes that represent a direct assault against military facilities, military barracks, or whatever falls under their authority; stipulated military or border zones; its equipment, vehicles, weapons, ammunition, documents, military secrets, public funds or military factories; crimes related to conscription; or crimes that represent a direct assault against its officers or personnel because of the performance of their duties. The law defines such crimes and determines the other competencies of the Military Judiciary. Members of the Military Judiciary are autonomous and cannot be dismissed. They share the securities, rights and duties stipulated for members of other judiciaries.

〔28〕 Article 140 Term, election, prohibition on partisan positions: The President of the Republic is elected for a period of four calendar years, commencing on the day the term of his predecessor ends. The President may only be reelected once. The procedures for electing the President of the Republic begin at least 120 days before the end of the presidential term. The result is to be announced at least 30 days before the end of term. The President of the Republic may not hold any partisan position for the duration of the presidency.

明确承认宗教信仰的绝对自由，保障了类似科普特人等少数族裔的安全利益。其八，给予埃及公民最广泛的权利，宪法第三章用32款条文规定了公民的人格权、人身自由、出版自由、儿童及残疾人权益等，还进一步肯定了他们在教育、医疗和住房等方面的权利，明确保障了全体男女公民在民事、政治和经济上的权利平等。其九，为争取弱势群体的支持，第一次在宪法中增添了保障残疾人权益的条款，对他们的经济、社会、文化、娱乐、体育和教育权利进行保障，为他们提供均等的就业机会。[29]此外，还扩大了妇女、儿童和青年的权利。其十，为建立军方的政治特权，新宪法第201条规定国防部长人选必须是军人，[30]且第234条还规定国防部长的任命必须得到武装部队最高军事委员会的同意。[31]同时，赋予情报机构和负责国家安全的内政部以特殊权力，这些规定使国防部的地位上升，削弱了宪法法律对其的规制，使军方的主导地位合法化，也保证了文职官员或议会议员将被排除在军方的最高决策权之外。

2. 简评"曼苏尔宪法"

从主要内容上看，曼苏尔临时政府宪法对穆尔西宪法的修改力度较大，既去除了许多伊斯兰色彩的条款，又增添了许多公民人身权利和政治权利的内容。因此，除一些伊斯兰政党之外，多数世俗自由派政党均对"曼苏尔宪法"表示欢迎。一方面，确立宪法的公正性与客观性，解决了1971年"永久宪法"将国家权力集中于总统的缺陷，也去除了2012年穆尔西宪法中浓重的伊斯兰色彩；另一方面，新宪法最大限度赋予公民权利，既有法律面前人人平等的规定，又有保证妇女、青年和残疾人行使议会代表权的条款，还允许最高宪法法院对破坏人权、宗教信仰、性别歧视的行为进行

---

[29] Article 81 Rights of the disabled: The state shall guarantee the health, economic, social, cultural, entertainment, sporting and education rights of dwarves and people with disabilities. The state shall provide work opportunities for such individuals, and allocate a percentage of these opportunities to them, in addition to equipping public utilities and their surrounding environment. The state guarantees their right to exercise political rights, and their integration with other citizens in order to achieve the principles of equality, justice and equal opportunities.

[30] Article 201 Commander in Chief of the armed forces: The Minister of Defense is the Commander in Chief of the Armed Forces, appointed from among its officers.

[31] Article 234 Minister of defense: The Minister of Defense is appointed upon the approval of the Supreme Council of the Armed Forces. The provisions of this article shall remain in force for two full presidential terms starting from the date on which this Constitution comes into effect.

监督。但是，过渡政府新宪法仍然具有一定的缺陷：首先，"规定各政党不能建立在宗教基础上，且不得进行秘密活动或拥有军事、准军事力量"，[32]显然这是为了打压排挤穆兄会下属的自由与正义党，防止其东山再起。其次，国防部长的任命由军方授意进行，允许军方对普通公民进行审判，甚至还使军方获得了监督财政预算的职能，这将使其在未来继续成为埃及宪政改革的"太上皇"。[33]最后，赋予国防部长更多的职权显然是为了确保军方得以延续威权统治，甚至是为塞西参选总统提供可能。因此，新宪法在全民公投前后，招致了包括穆兄会在内的十余个伊斯兰党派的强烈反对，作为回应，过渡政府总理贝卜拉维则宣布穆兄会为恐怖组织。可见，宗教派别对宪法的抵制，还是带来了一些消极影响，从新宪法仅38.6%的投票率可以折射出埃及的教俗之争依旧存在，合法性下的"相对性"带来的潜在危机，使得"曼苏尔宪法"的未来扑朔迷离。

五、结语

自2011年初"颜色革命"以来，埃及已先后出台了一部修宪草案，颁布了两部宪法文本，举行了三次宪法公投，制定了四部宪法声明，很难想象短短三年间埃及宪法已历经了多次废存，在后穆巴拉克时期，埃及的宪法变迁体现出如下几个特征：其一，"新政权催生新宪法"。变局后的军方干政带来了修宪改革的宪法声明，民选总统穆尔西的上台催生了伊斯兰色彩的"穆尔西宪法"，而"武力清场"后临时政府又加紧宪法修订，"曼苏尔宪法"成功通过公投，很显然，埃及政权的更迭直接导致宪法的变迁。其二，"工具主义的立宪价值观"。军方、穆尔西和曼苏尔临时政府的修宪活动带有典型的工具性立宪色彩，历次宪法的修订都以扩充本利益

---

〔32〕 Article 74 Freedom to form political parties: Citizens have the right to form political parties by notification as regulated by the law. No political activity may be exercised or political parties formed on the basis of religion, or discrimination based on sex, origin, sect or geographic location, nor may any activity be practiced that is hostile to democracy, secretive, or which possesses a military or quasi – military nature. Parties may only dissolved by a judicial ruling.

〔33〕 Scott Williamson, *Egypt's New Draft Constitution Expands the Military's Powers*, November 26, 2013, 载 http://egyptelections. carnegieendowment. org/2013/11/26/new-draft-egyptian-constitution-expands-the-military's-powers (Carnegie Endowment for International Peace), 最后访问时间：2013 年 12 月 23 日。

集团的权力、保障执政的稳定为根本出发点，而对公民的政治权利和结束国家纷争的纲领则鲜有规定，以至于每部宪法性文件和宪法文本在制订、公投中都引发各派别的巨大争议。其三，教俗之争是宪法存废的实质。透视埃及宪法的变迁，其本质仍是以穆兄会为代表的宗教势力和以军方、反对派为代表的世俗势力之间的争夺，而这种宪政改革道路的博弈，在两次宪法的制定和修改中展现得淋漓尽致，立法权的争夺、总统权力的限制、军方的扩权、公民的政治权利等条款的设置无不体现着教俗之间的权力争夺。其四，宪法文本的完善程度略有提升。对比历次修宪的内容，从军方宪法声明到穆尔西新宪法，再到曼苏尔临时政府宪法的颁布，宪法文本的结构和内容已经日趋完善，不论是立法技术还是完备程度均得到了提升，在曼苏尔宪法中，公民和社会弱势群体的权利保障条款非常丰富，甚至在序言中，以一篇优美的散文"这就是我们的宪法"介绍了埃及的立宪之路。其五，宪法实施的价值远未实现。宪法的最高价值应当被作为公共生活的基本准则而受到尊重和信仰，但是缺少公民的权利保障机制、缺失明确的宪政改革纲领，追求修宪扩权谋求统治利益，这样的宪法很难实现其真实的价值，故造成了宪法公投投票率的低下，也导致了宪法实施的危机。综上所述，预测未来埃及宪法变迁的趋势，若实现宪政协商、各派别妥协利益，埃及过渡政府的新宪法将会在数次修补下持久适用（逐步限制曼苏尔宪法中的军方特权）。若再次陷入教俗势力的争斗，或是军方与穆兄会的纠缠，那么，未来埃及宪法的变迁将会再起波澜，存废与修改在所难免。

（文字编辑　王世柱）

书　评

重读《法家思想与法家精神》

——兼论先秦法家思想研究的新视野

姜晓敏[*]

  《法家思想与法家精神》一书于 1998 年 3 月由中国广播电视出版社出版，2007 年 1 月修订。该书是"诸子百家与现代文化"丛书[1]中的一本，应丛书主编朱耀庭之邀，由武树臣、李力合作完成。笔者在 20 世纪 90 年代初即有幸听过两位作者的授课，非常敬重他们的学识和为人，所以在该书首次出版后即从图书馆借阅过，获益良多。2013 年中国法律思想史大同年会的主题为"先秦法家法治思想研究的新视野"，促使笔者又重读了该书的修订版，并对当下学术界有关先秦法家思想的研究进行了新的梳理，由此有了一些新的体会和感悟，愿意在本文中与同仁们分享。

一、《法家思想与法家精神》简述

  该书由序言"法家的再评价"、第一章"法家概述"、第二章"法家思想概述"、第三章"法家精神述要"、第四章"法家精神与封建法制"、第五章"法家法律文化遗产的批判与继承"组成，约 16 万字。其中序、第一章、第五章由武树臣撰写，第二章、第三章、第四章由李力撰写，全书由武树臣统稿。"诸子百家与现代文化"丛书要求在写作时"尽量运用通俗易懂的语言，深入浅出地向读者介绍先秦诸子学说，使深奥难懂的学

---

  * 中国政法大学法学院法律史研究所副教授。

  〔1〕 该丛书共 8 本，由张岱年受邀撰写总序。据修订版序介绍，该丛书被列为北京市教委哲学、社会科学"九五"规划项目，在 1999 年的结题报告会上，以楼宇烈为组长的专家组对这套丛书给予了很高的评价。

术著作成为广大群众能够读通弄懂的人文素质教材"[2]。或许正是为了迎合丛书编写的这一总体要求，该书虽为学术研究性著作，但是和作者那些厚重、精细的论著如《中国传统法律文化》[3]、《"隶臣妾"身份再研究》[4]相比，显然简洁、明快了许多。由于两位作者在撰写本书之前，已经发表了大量有关法家的著述[5]，奠定了非常深厚的研究基础，因而能够在有限的篇幅内系统而深刻地展现"法家思想与法家精神"的主要内涵，将这一论题的研究推进到一个新的高度。

该书前两章是对法家和法家思想的概述，题目看似平淡，实则反映了当时最新的研究水平，不乏一些精妙之论。例如第一章第四部分第二个小标题为"法家与成文法的形成、发展"，从三个方面展开论述：其一，"从'判例法'到'成文法'"；其二，"从'刑书（鼎）'到《秦律》"；其三，"李悝六篇之《法经》与《秦律》"。其中就提出西周立法形式的最大特点是"单项立法"，即"名例项"、"刑罚项"、"判例（判例项）"是"三项分离"的，并从这一独特视角来解释从"判例法"到"成文法"的演变过程。[6]这显然是吸收了作者以及其他学者的前期研究成果。[7]再如第二章第六、七部分，探讨了法家思想与名辩思潮以及齐法家与晋法家的关系，肯定名辩思潮"与成文法的问世、成熟及与法家思想的形成发展有着

---

[2] 武树臣、李力：《法家思想与法家精神》"修订版序"，中国广播电视出版社 2007 年版，第 3 页。

[3] 武树臣等：《中国传统法律文化》，北京大学出版社 1994 年版。

[4] 李力：《"隶臣妾"身份再研究》，中国法制出版社 2007 年版。

[5] 武树臣："晋国文化：'法治'思潮的发祥地和输出港"，载《晋阳学刊》1989 年第 1 期；"让历史预言未来——论中国法律文化的总体精神与宏观样式"，载《法学研究》1989 年第 2 期；"名辩思潮与'成文法'的诞生"，载《中外法学》1991 年第 4 期；"中国古代法律样式的理论诠释"，载《中国社会科学》1997 年第 1 期等。李力："刑·法·律——先秦法观念探微"，载《中外法学》1989 年第 5 期；"从几条未引起人们注意的史料辨析《法经》"，载《中国法学》1990 年第 2 期；"论春秋末期成文法产生的社会条件"，载《法学研究》1990 年第 4 期；"秦简'小隶臣妾'的身份与来源"，载《法学研究》1993 年第 3 期；《出土文物与先秦法制》，大象出版社 1997 年版等。

[6] 参见该书第 33~42 页。

[7] 参见武树臣、马小红："中国成文法探源"，载《政法论丛》1990 年第 4 期；武树臣、马小红："中国成文法的起源"，载《学习与探索》1990 年第 6 期；武树臣、马小红："从以刑统例到以罪统刑"，载《文史知识》1991 年第 2 期。

直接的关系"[8]，辨析了晋法家与齐法家的异同以及法家思想与地域文化特别是晋秦文化与晋法家思想的关系，[9]更是明显带有武树臣老师个人研究的印记，拓展了那一时期关于法家研究的新领域。

该书后三章在内容编排以及观点提炼等方面也颇有新意。例如第三章从"尊君与尚法"、"公法与私情"、"公端之心与明法审令"、"不避权贵与刑无等级"、"法随时变与移风易俗"这五个方面来概括法家精神。作者将尊君与尚法作为法家精神的首要之点，认为其精神实质是探讨政权与法律的关系；指出在中国法理学史和中国法律思想史上，"公"、"私"观是由吴起首先提出的，这比一般的思想史论著只着重强调慎到是系统提出"公"、"私"观的第一人又有所发展[10]；肯定法家对公法与私情的探讨是对中国古代法理学的重要贡献之一，而"明法审令"、"不避权贵与刑无等级"、"法随时变与移风易俗"的精神在当时的社会起到了积极的进步作用，对后世有很大影响。[11]再如第四章从集权政治、历代变法、历代律典、历代酷吏、严于治吏、律学传统、法律教育、法律艺术、历代清官、罪刑法定这十个方面阐述了法家精神与封建法制的关系，大大拓展了法家思想研究的视野。第五章第一部分论述"对待法家法律文化遗产的态度"，作者在回顾法家及其学说在不同历史时期的不同命运的基础上，强调"不应该割断历史"、"不要忘记中国法律文化的优势"、"以史为鉴，反对全盘否定和全盘肯定两种错误倾向；注重改造，反对照搬、照抄"。[12]这些论断至今读来仍发人警醒，有一定的现实意义。第五章第二部分将法家文化遗产分为三大类：良性遗产、劣性遗产、中性遗产，并分别加以解析。作者认为先秦法家法律文化的良性遗产主要有"朴素的唯物主义、辩证法因素和无神论精神"、"统一的中央集权制的国家结构形式"、"'以法治国'的'法治'思想"以及"严于治吏的精神"；劣性遗产则是"极端的君主专制主义"、"极端的重刑主义"与"文化专制主义"；中性遗产则包括

---

〔8〕 参见该书第94页。

〔9〕 参见该书第106~120页。

〔10〕 参见张国华、饶鑫贤主编：《中国法律思想史纲》（上），甘肃人民出版社1984年版，第192页；丁凌华主编：《中国法律思想史》，科学出版社2009年版，第87页。

〔11〕 参见该书第122~138页。

〔12〕 参见该书第185~187页。

"立足于社会总体利益的'集体本位'精神"、"建立完备的法律设施"以及"有关法律艺术的思想和实践"。〔13〕这种区分非常的细致、全面，为批判地继承法家思想合理的内容或外壳，给今天的法律文化建设提供有益的营养，指明了方向。

综上，该书在相当有限的篇幅内，纵贯上下数千年，对法家、法家思想、法家精神及其对封建法制的影响以及应如何对待这份历史遗产，进行了清晰的梳理和深入的解析，兼顾基本论题而又不乏个性化的探索，引人入胜，发人深思，代表了那一时期相关学术研究的最高水准，因而称得上是对法家思想与法家精神研究的一部佳作。不过该书毕竟已出版多年，随着学术研究的推进，无论是作者本人还是其他学者，又发表了大量新的论著，展现了先秦法家思想研究的新视野。

二、关于先秦法家思想研究的新视野

在完成该书之后，两位作者不仅没有停止对相关论题的探究，反而新见迭出，硕果累累。例如武树臣老师不仅出版了《武树臣法学文集》〔14〕、《中国法律思想史》〔15〕等重量级作品（有关先秦法家思想的研究无疑是其中重要的组成部分），而且此后又陆续发表了多篇很有影响的论文，继续对该论题进行新的阐发。例如《劲士精神与成文法传统》一文〔16〕，提出"劲士精神是中国古代一气呵成的成文法的精神支柱"；《法家法治思想的再评判——兼与杨师群同志商榷》一文〔17〕，则从学术观点、史料运用、研究方法等多个方面对杨师群的《法家的"法治"及其法律思想批判》提出了商榷意见；《寻找最初的"律"——对古"律"字形成过程的法文化考察》一文〔18〕，从官职、制度、器物三个方向勾画古律字形成的轮廓，提出战鼓之聿与画笔（笔）之聿的重叠便是法律之律；《秦"改法为律"

---

〔13〕 参见该书第 188~197 页。

〔14〕 分别为光明日报出版社 1998 年版与中国政法大学出版社 2003 年版。

〔15〕 武树臣：《中国法律思想史》，法律出版社 2004 年版。

〔16〕 武树臣："劲士精神与成文法传统"，载《法律科学》1998 年第 5 期。

〔17〕 武树臣："法家法治思想的再评判——兼与杨师群同志商榷"，载《华东政法学院学报》1998 年创刊号。

〔18〕 武树臣："寻找最初的'律'——对古'律'字形成过程的法文化考察"，载《法学杂志》2010 年第 3 期。

原因考》一文 [19]，不仅对学术界多年来众说纷纭的秦国商鞅"改法为律"的真实性提出肯定性意见，而且从社会文化特别是法律样式的角度，对其原因进行了新的探讨。李力老师近年来也发表了不少有关法家研究的新成果，例如《追本溯源："刑"、"法"、"律"字的语源学考察》一文 [20]，根据目前所掌握的甲骨文、金文等出土文字资料，从语源学的立场重新考察"刑"、"法"、"律"字的本义；再如《从另一角度审视中华法系：法家法律文化的传承及其评判》一文 [21]，针对在以往的相关研究中，儒家法律文化与中华法系的关系较为引人注目，而对法家法律文化与中华法系之关系的专题讨论却相对受到冷落这一现象，重申陈顾远所言"中国固有法系之创始，不能不归功于法家"，通过扎实而细致的论证，肯定了法家法律文化也是中华法系的法律文化基础，从战国时期直至清末而代代传承。

值得关注的是，在两位作者对法家论题进行深入探讨的同时，学术界也涌现出大量相关研究成果，大大拓展了先秦法家思想研究的新视野。其中笔者最感兴趣的，一是对秦朝灭亡与法家思想关系的探讨，二是如何认识先秦法家思想、怎样进行现代化转化的论述。

众所周知，商鞅变法使落后的秦国迅速国富兵强，奠定了其统一天下的基础，可是以法家思想为治国指导思想的秦王朝却在短短的十五年内土崩瓦解，如何解释法家思想在其中所起的作用，的确是一个耐人寻味的话题。有人指出，"秦朝立法和司法的指导思想不再是法家思想，而是教条的法家思想，如同教条的马克思主义不是马克思主义一样，教条的法家思想，归根结底也不是法家思想"，"不是法家思想断送了秦王朝，而是秦王朝在把法家思想教条化的同时，也断送了自己"。[22] 有人提出"韩子亡秦论"，认为韩非已不是"纯粹的法家"，他把由商鞅阐发而行之于秦的法家

---

〔19〕 武树臣："秦'改法为律'原因考"，载《法学家》2011 年第 2 期。

〔20〕 李力："追本溯源：'刑'、'法'、'律'字的语源学考察"，载《河北法学》2010 年第 10 期。

〔21〕 李力："从另一角度审视中华法系：法家法律文化的传承及其批判"，载《法学杂志》2012 年第 6 期。

〔22〕 参见贺嘉："秦朝立法和司法的指导思想不再是法家思想"，载《研究生法学》1994 年第 3 期。

之学引入歧途，淹没了秦法家原有的合理思想，所以比较一下商鞅、韩非的法律思想，结论应当是：兴秦者商鞅的法治思想，亡秦者韩非的"集大成"之学。[23] 当然这并不等于说由商鞅及其后学最先系统阐发的法治理论一经形成便完美无缺，它实际上存在着严重的缺失，所以"如果说秦亡的原因主要是由于韩非子的已非'纯粹法家'的学说的指导，是由于韩非、秦始皇父子等违背了法家法治的一些基本原则，是由于秦始皇父子等把法家的某些主张推向极端，那么，商鞅也有所贡献的法治理论不完善，有导致弊政的因素，没有对实践中可能出现的极端情况预为之防的责任"。[24] 相较于以往学术界只是泛泛地将秦朝推崇并奉行法家思想作为其速亡的根本原因或重要原因，从"韩子亡秦"这一新的视角提出新的见解，确实是不落俗套，让人耳目一新。但是紧接着又有学者明确提出不同见解，指出"兴秦者，商鞅也；亡秦者，亦商鞅也"，商鞅的思想不是"重农抑商"而是"唯农禁商"，因而"用繁法酷刑强人务农"，结果破坏了小农经济的正常发展，逼迫农民走上反抗道路。[25] 之后又有学者继续提出质疑，认为"法家治国方略导致秦朝速亡的通说存在诸多疑问"，"秦朝速亡的根本原因是最高统治者对法家治国方略的理解与运用发生严重偏差，从而导致重大政策失误，法、势、术尽失而致灭亡"。[26] 与之相对，商鞅变法在秦国能够取得巨大成效的根本原因则是"商鞅法律思想中成熟的社会控制理论与秦国具备实践该理论的良好条件相结合，而战国时期的其他诸侯国以及统一中国的秦朝因不具备这些条件而无法取得类似的成效。"[27] 也有学者提出，"法家的重刑思想到秦灭亡前夕，得到了淋漓尽致的表现，致使其二世而亡"。[28] 不管上述论点能否得到学界普遍的认同，但是作者那种大

---

〔23〕 参见徐进："韩子亡秦论——商鞅、韩非法律思想之比较"，载《法学研究》1994 年第 4 期。

〔24〕 参见徐进："商鞅法治理论的缺失——再论法家思想与秦亡的关系"，载《法学研究》1997 年第 6 期。

〔25〕 参见高积顺："商鞅的经济法律思想述论"，载《河北法学》1998 年第 4 期。

〔26〕 参见屈永华："法家治国方略与秦朝速亡关系的再考察"，载《法学研究》2007 年第 5 期。

〔27〕 参见屈永华："商鞅法律思想中的社会控制理论分析"，载《法商研究》2008 年第 3 期。

〔28〕 参见霍存福："法家重刑思想的逻辑分析"，载《法制与社会发展》2005 年第 6 期。

胆质疑、孜孜以求的学术探索精神，的确是非常令人感佩的。

如何认识先秦法家思想、怎样进行现代化转化，以为今日之法治建设提供有益的借鉴，一直是法律史学界关注的热点话题，因此吸引了很多学者纷纷投身其中，见仁见智，形成了比较热烈的学术争鸣。尽管大家都认识到，先秦法家思想与现代法治观念有着本质的差异，但是在具体观点上又有差异，笔者姑且将其大略区分为乐观派、谨慎派和中间派[29]。乐观派是指对法家思想的现代化转化抱乐观态度，主张应当积极借鉴先秦法家思想的合理成分；而谨慎派认为先秦法家的法治思想与现代法治理论存在着相当大的差距，进行这种转化在理论及实践等各方面均面临着诸多困难，必须慎重对待；中间派则只是就该论题进行客观论证，试图还原出一个更为真切的法家面相，以期全面而准确地理解法家思想的内涵，思想倾向不明显。

乐观派的代表性论文有艾永明的《法家的重刑思想值得借鉴》[30]、徐祥民的《法家的法律思想研究》[31]、萧伯符的《商鞅法治理论及其现代借鉴》[32]、王人博的《一个最低限度的法治概念——对中国法家思想的现代阐释》[33]、高鸿钧的《先秦和秦朝法治的现代省思》[34]、刘广安的《法家法治思想的再评说》[35]、田博的《苛酷之下的宽缓——探析秦代刑罚的另一个面相》[36]等。这些论文重在为以往背负了过多负面评价的法家思想"正名"，希望大家能够认识到法家思想中所蕴含的合理内容和积极因素，并积极探索，努力搭建古今与中西法治会通的桥梁。例如针对历史上最受诟病的法家的重刑思想，艾文承认其"有不少偏误"，但仍认为"从刑法学和犯罪学的角度分析，法家的重刑有明显的合理性，是一份值得珍视的

---

〔29〕 由于笔者的学识和阅读有限，这种划分未必准确，仅仅是为了便于论述而姑且这样处理。不当之处，恳请文中所涉及的论文作者原谅！

〔30〕 艾永明："法家的重刑思想值得借鉴"，载《法学》1996 年第 11 期。

〔31〕 徐祥民："法家的法律思想研究"，中国政法大学 2001 年博士学位论文。

〔32〕 萧伯符："商鞅法治理论及其现代借鉴"，载《中国法学》2002 年第 2 期。

〔33〕 王人博："一个最低限度的法治概念——对中国法家思想的现代阐释"，载《法学论坛》2003 年第 1 期。

〔34〕 高鸿钧："先秦和秦朝法治的现代省思"，载《中国法学》2003 年第 5 期。

〔35〕 刘广安："法家法治思想的再评说"，载《华东政法学院学报》2006 年第 2 期。

〔36〕 田博："苛酷之下的宽缓——探析秦代刑罚的另一个面相"，中国政法大学 2013 年硕士学位论文。

法学遗产"；徐文则提出"法家的法治是一种治国方略，其与亚里士多德的法治具有相同的意义。以往的研究者不承认这一点，在很大程度上是由于对法家的法治和亚里士多德的法治的误解"；萧文则指出，"应从依法促进和保障我国加快发展、不断提高综合国力和国际竞争力，进一步健全社会主义法制等方面借鉴商鞅法治理论的合理成分"；王文认为"中国的法治理论是继受西方的产物"，"中国法家的'法治观'在一定程度上与普世主义的路径是相融通的"，"从法治方面讲，能够做到由法家提供的'最低限度'的法治概念所要求的，就是一个了不起的进步"；高文则明确主张"传统法治中的一些原则、义理和机制与现代法治有相通之处，可为现代法治所用"，强调"中国的现代法治只有基于自己的传统才有望获得成功"，为此我们有必要"珍惜并善待自己的传统"；刘文也认为法家的法治思想"与现代法治思想的一般理论和原则有许多相通的地方"，而秦汉以来"以君权本位代替国家本位的法治思想，是对先秦法治思想的片面发展和恶性发展。这不能反映先秦法家法治思想的正面内容和良性因素"，我们"不能因重刑主义总体特征的概括和否定，而抛弃了法家重刑治国思想中含有的某些合理因素。对轻刑治国的主张，也要进行历史的、具体的分析，不能笼统地加以肯定或赞扬"；田文则从"刑罚种类的宽缓化"、"定罪量刑的宽缓倾向"以及秦时"失期"并非"法皆斩"等内容的辨析，论证"秦代刑罚苛酷之外还表现出了宽缓的一面"，试图"为秦代法制研究倡导一种更为公允的态度"。

　　谨慎派的论文主要有马小红的《法治的历史考察与思考》[37]、夏勇的《飘忽的法治——清末民初中国的变法思想与法治》[38]、李德嘉的《"最低限度的法治"不足为治——兼论法家法治思想的现代转化》[39]等。这些论文重点解析了西方法治被引入中国、中国传统法治进行现代化转化所遭遇的困顿与艰难，在对其艰辛曲折进行深刻省思的同时，试图从理论及实践等方面找准病源、给出具有针对性的建设性意见，其中所隐含的那种对家国命运的忧思以及对现实法治前途的深切关怀，感人至深。例如马文

---

〔37〕　马小红："法治的历史考察与思考"，载《法学研究》1999年第2期。

〔38〕　夏勇："飘忽的法治——清末民初中国的变法思想与法治"，载《比较法研究》2005年第2期。

〔39〕　本次会议论文，尚未公开发表，感谢作者提前发送此文，让笔者可以先睹为快。

指出，西方法治在中国的实践是令人遗憾的，"在西方资产阶级革命中发挥了巨大作用的法治，不仅未能如中国变法者所设想的那样使中国走出困境，置身于世界强国之林，相反，被引入中国的法治学说成为一种社会发展的破坏力"，"欲抛弃传统，又必然而且必须承受传统；欲效法西方，又丧失了吸纳外学的能力——这就是近代以来法律建设所面临的尴尬"；夏文则从阐释中国法治的历史文化基础入手，指出了中国固有变法思想与近现代法治内涵的差异与关联，认为"在近代中国，有变法而无法治，有变道而无治道。再往深处说，根本的问题是，只知变之道，不知不可变之道，只知毁道变法，不知守道变法，有道可变，无道可守"，因而"这是变法的法治，飘忽的法治"；李文则主张，"欲实现法家法治思想的现代转化，必须认真反思法家思想与极权政治之间的关系，重新发现儒家'德治'的现代意义。只有在确立了人的尊严、社会自治等一系列价值观念的基础上，法家所主张的'最低限度的法治'才能实现现代性的转化"。

中间派的论文则有何勤华的《法家法治理论评析》[40]、程燎原的《"洋货"观照下的"故物"——中国近代论评法家"法治"思想的路向与歧见》[41]、侯铭峰、张晓永、杨兴香的《"无为"与"有为"的平衡——法家法治思想之当代启示》[42]等。这些论文重在对法家法治理论自身及后人的解读进行客观的梳理和解析，冷静地提醒人们防止可能的偏差，以便更为公允地认识其思想价值，更好地发挥其积极作用。例如何文以细致客观的笔触，对先秦法家法治理论的基本内容、思想前提、实现的方法和途径、历史进步性、与古代西方法治学说的异同点、对中国古代法学所发生的负面影响等，作了比较详细的评述，"阐述了法家法治理论和西方法治学说各自出现的历史必然性和存在的合理性"；程文则从一个新的视角，"对中国近代思想学术界诠释、阐发与评论法家'法治'思想的学术实践，作一些必要的梳理和分析，以期解释、说明与检视'洋货'（'西洋法治思

---

[40] 何勤华："法家法治理论评析"，载《华东政法学院学报》1999年第1期。

[41] 程燎原："'洋货'观照下的'故物'——中国近代论评法家'法治'思想的路向与歧见"，载《现代法学》2011年第3期。

[42] 侯铭峰等："'无为'与'有为'的平衡——法家法治思想之当代启示"，载《渤海大学学报》2012年第6期。

想'）观照法家'法治'思想这个'故物'的几个基本问题"，进而犀利地指出，"用'洋货'观照'故物'，已成为具有重大影响与意义的思想学术路向，但也应克服其'强为比附'的结习"；侯、张、杨文则揭示了已往易为人们所忽略的法家在治国方略上也有其"无为"的一面，"法家之'无为'与法家之'有为'是矛盾的统一体"，"都有一定的合理成分，都有着重要的思想价值和现实意义"，它提醒我们"应在立法上明确国家无为与有为的界限，在'无为'与'有为'之间寻求一定的平衡"。

通过以上对于近些年来法家思想研究现状的并不完全的梳理，可以看到，这些学术成果各有千秋，具有不同的理论价值和现实意义。无论是乐观派、谨慎派还是中间派，都在为构建更加客观准确的研究基础、排查各种潜在的漏洞与隐患、探寻切实可行的中国法治发展之路而共同努力。他们对现实法治命运的深切关注，对学者、学子责任的自觉担当，勇于挑战自我、冷静而理性地质疑通说，积极借鉴新的理论、方法与材料，大胆合理论证，竭力弥补研究中的种种缺欠和不足，继续拓展研究视野，正是学术发展得以薪火相传、不断推进的动力。即便是这样一个挂一漏万的学术史的回顾，也足以使我们感受到众多学者乐观而不盲目、积极而又审慎、殚精竭虑、不为稻粱谋的艰辛探索。固然其中有的论点还比较新奇，尚没有撼动已有的通说[43]；尽管有些论题已经引起相当多的关注，很可能颠覆或修正原来的经典理论[44]；虽然目前学术界对不少问题的认识尚未取得共识，但是这种不同视域、不同进路的探讨，推陈出新，异彩纷呈，无疑大大丰富了中国法律思想史的内容，令人鼓舞，催人奋进。就像人类文化每一次新的飞跃都要回顾"轴心时代"那些古圣先贤的思想一样，先秦

---

〔43〕 例如有学者提出，"前期法家在强调法的同时，对势和术几乎都有详略不等的论述"，所以张国华、徐进等人所提出的法、势、术属于前期法家中的不同支派，商鞅只讲法而不讲术等这类说法不完全准确。参见屈永华："法家治国方略与秦朝速亡关系的再考察"，载《法学研究》2007年第5期。

〔44〕 例如随着对法家思想研究的深入，原来深入人心、长期在学界被奉为经典的"法律儒家化"一说，已不断有学者如孙家洲、余英时、祝总斌、张纯、王晓波、郝铁川、范忠信、杨振红、武树臣、韩树峰等提出不同见解。参见武树臣："变革、继承与法的演进：对'古代法律儒家化'的法文化考察"，载《山东大学学报》2012年第6期；韩树峰："从法律、社会的变迁审视法律'儒家化'学说"，载氏著：《汉魏法律与社会——以简牍、文书为中心的考察》"后论"，社会科学文献出版社2011年版。

法家思想研究的点滴进步也离不开学界同仁长期以来辛苦累积的一砖一瓦的支撑，所以当我们放眼向前积极探求学术研究的新视野时，请不要忘记回顾那些已有的研究成果，以温情与敬意去品读和回味前贤的心血之作，因为只有登上前人的肩膀，才能高瞻远瞩、更好地前行。这也正是笔者写作本文的用意所在。

（文字编辑　康骁）

重读《法家思想与法家精神》